COLLECTION
DES MÉMOIRES

RELATIFS

A L'HISTOIRE DE FRANCE.

MÉMOIRES DU MARÉCHAL DE GRAMONT, TOME II.
MÉMOIRES DU MARÉCHAL DU PLESSIS.

DE L'IMPRIMERIE DE A. BELIN.

COLLECTION
DES MÉMOIRES

RELATIFS

A L'HISTOIRE DE FRANCE,

DEPUIS L'AVÉNEMENT DE HENRI IV JUSQU'A LA PAIX DE PARIS
CONCLUE EN 1763;

AVEC DES NOTICES SUR CHAQUE AUTEUR,
ET DES OBSERVATIONS SUR CHAQUE OUVRAGE,

PAR MESSIEURS

A. PETITOT ET MONMERQUÉ.

TOME LVII.

PARIS,

FOUCAULT, LIBRAIRE, RUE DE SORBONNE, N° 9.

1827.

MÉMOIRES

DU

MARÉCHAL DE GRAMONT.

SUITE DE LA SECONDE PARTIE.

Pendant ce temps les affaires des Suédois se trouvoient en grand désordre. Leurs ministres à Francfort étoient Bierenklou et Schnolski en qualité de plénipotentiaires, ne se hasardant pas d'y envoyer des ambassadeurs; car, étant glorieux et pauvres, ils ne se croyoient pas en état de soutenir la même dépense qu'ils avoient faite à Munster, où en magnificence d'équipage, aussi bien qu'en toutes les formalités de préséance, ils n'avoient rien cédé au duc de Longueville, et mesuré si bien tous les pas qu'ils faisoient avec lui et les autres ambassadeurs du Roi, qu'on ne pouvoit pas les accuser de n'avoir poussé l'orgueil gothique tout aussi loin qu'il pouvoit aller.

Ces plénipotentiaires nous assistoient plus de soupçons que de toute autre chose, nous jetant en des défiances continuelles de nos meilleurs amis; ce qui est assez naturel à la nation : mais il sembloit encore dans cette conjoncture qu'il y avoit de l'affectation pour paroître clairvoyans, et gens dont les avis nous étoient absolument nécessaires.

Bierenklou étoit un cavalier fort entêté, et amoureux de son opinion, dont il ne se départoit presque jamais; grand et prolixe écrivain, et faisant sur toutes matières des mémoires en latin qui ne finissoient point, et qu'il regardoit néanmoins comme des pièces fort nécessaires. Ces mémoires n'épargnoient pas les Autrichiens. Wolmar, qui étoit un personnage à peu près de même étoffe, prit le soin d'y répondre, et d'y riposter vigoureusement, particulièrement dans un écrit où il appeloit les Suédois *Galliæ mercenarios*: ce qui outra Bierenklou de telle sorte, qu'étant venu trouver le maréchal de Gramont, le maréchal le crut possédé, et que tous les diables lui étoient entrés dans le corps; et jamais farce ne fut pareille. Il se débattoit comme un furieux sur ces mots de *Galliæ mercenarios*, se levoit de son siége, et revenoit à la charge, répétant *mercenarios*, en disant au maréchal *amicos, confœderatos*, lequel acquiesçoit à tout avec un sang froid qui augmentoit encore l'emportement du Suédois: mais comme le maréchal vit que la conversation tiroit en longueur, toujours de la même force, il s'avisa de la finir, en lui demandant s'il croyoit que Wolmar prît de ses mémoires pour composer les siens; qu'ainsi il ne lui feroit pas raison de ce qu'écrivoit un vieux fanatique ennemi juré de la France, qui ne suivoit que sa passion outrée, et qui ne savoit ce qu'il disoit.

Cette nation est incommode, et difficile à traiter par sa fierté et sa défiance, et peu sujette à se relâcher sur ce qui regarde le moindre de ses intérêts.

Il y eut de la prudence au cardinal Mazarin d'empêcher que leur armée n'achevât de se dissiper: ce qui fût apparemment arrivé, se trouvant, après leur guerre de Pologne, épuisés de toutes sortes de choses, et n'ayant plus pour toute infanterie, de leur propre aveu, que deux mille trois cents hommes de pied, et pas un cheval d'artillerie; mais le maréchal de Gramont reçut ordre du Roi de leur donner quatre cent mille écus, sans pourtant s'engager à aucun traité de guerre offensive : ce qu'ils eussent fort désiré, et poussé même plus loin qu'on n'auroit peut-être souhaité.

Avec cette assistance considérable, venue si à propos, ils se raccommodèrent, de manière qu'ils firent l'année suivante les grandes choses que l'on vit : ce qui fut un coup de la dernière importance pour le Roi[1], qui fortifia ses alliés, et les délivra de l'appréhension que les armes autrichiennes leur eussent raisonnablement causée, si elles se fussent trouvées en Allemagne sans opposition.

Jamais prince n'a eu de plus grandes qualités que le feu roi de Suède : il ne cédoit guère en valeur, ni en la connoissance de la guerre, à son prédécesseur Gustave[2]; la force de son esprit remuoit facilement un corps pesant, et si accablé de graisse qu'il en étoit quasi monstrueux. Il faisoit de sa main les dépêches à ses ambassadeurs et à ses généraux d'armée, dont il y en avoit souvent de fort longues. Son courage dans les occasions importantes, et où il voyoit que sa présence étoit absolument nécessaire, lui faisoit oublier qu'il étoit roi; et, pour engager ses troupes à bien faire en suivant son exemple, il se mettoit à

---

(1) *Pour le Roi* : Charles x, mort en 1660. — (2) *Son prédécesseur Gustave* : Gustave-Adolphe, surnommé *le Grand*. Sa fille Christine lui avoit succédé; et Charles x, autrement dit Charles-Gustave, n'étoit monté sur le trône qu'après l'abdication de cette princesse.

leur tête, puis se mêloit avec les ennemis comme un simple soldat. Les hommes capables d'en user ainsi sont bien redoutables.

Son ambition démesurée lui faisoit quelquefois concevoir des chimères; mais il ne laissoit pas de les exécuter, et tout le monde lui a vu mettre à fin des entreprises étonnantes, dont celle d'avoir fait passer un bras de mer à son armée sur la glace pour combattre ses ennemis, qui se croyoient de l'autre côté en grande sûreté, sera difficilement crue de ceux qui viendront après nous : et dans les occasions où il se trouvoit pressé d'un nombre infini d'ennemis qui le devoient accabler, comme on l'a vu en Pologne, il s'en démêloit, ou par miracle, ou par la force de son bras ou de son esprit. Du reste, nulle parole, et aussi peu de reconnoissance pour les gens à qui il avoit les dernières obligations, et qui se sacrifioient pour lui.

Ce prince étoit emporté dans le vin, dont il prenoit à outrance, et avoit le défaut dans ces momens de se trop découvrir, comme il parut en une débauche qu'il fit avec d'Avaugour, ambassadeur du Roi près de lui, auquel il dit ces paroles avec une cordialité suédoise et pleine de vin : « Tu es un très-bon et très-valeu-
« reux gentilhomme, que j'aimerois tout-à-fait, sans
« une qualité que tu as : c'est que tu es né Français. »

Le lendemain, après avoir dormi sur sa sottise, il voulut la raccommoder, et fut trouver Avaugour dans son logis, pour lui témoigner le déplaisir qu'il avoit d'un discours que le vin lui avoit fait tenir la veille, et sur lequel il croyoit qu'il n'auroit fait aucune réflexion; mais Avaugour, qui étoit ferme, haut, hardi, et qui aimoit son maître, lui repartit sur-le-champ qu'il savoit bien qu'en Allemagne l'on croyoit que le cœur parloit quand on étoit ivre; et qu'ainsi il ne s'étoit pu empêcher de rendre compte au Roi son maître, dès le même matin, d'un discours auquel il ne se fût jamais attendu, en quelque état d'ivresse où Sa Majesté eût pu se trouver, la manière dont le Roi l'avoit secouru et assisté dans tous ses besoins les plus pressans. Je laisse après cela à juger si nos larmes pour la perte d'un tel allié ne devoient pas être promptement essuyées.

[1658] Le prince de Lobkowitz, président du conseil de guerre, et conseiller d'Etat du roi de Hongrie, arriva devant lui à Francfort en qualité de son ambassadeur. Il fit tous ses efforts pour avoir entrée dans le collége électoral. Ses raisons pour y être reçu paroissoient être si bonnes, qu'il sembloit qu'il n'y devoit pas rencontrer la moindre opposition, parce que le roi de Hongrie étant aussi roi de Bohême, qui est électeur de l'Empire, il étoit naturel de croire qu'il ne devoit pas être traité de pire condition que les ambassadeurs des autres électeurs, auxquels on n'avoit jamais fait de pareille difficulté. Et ce qui le fortifioit davantage, il avoit encore pour lui le sens de la *Bulle d'or,* qui est tout-à-fait en sa faveur.

Mais à ses bonnes raisons l'on allégua l'usage, qui prévalut, et l'exemple du cardinal Cleselius et de l'évêque de Neustadt, qui étant ambassadeurs du roi de Bohême, qui fut depuis élu empereur sous le nom de Mathias, ne purent obtenir d'être admis dans ledit collége électoral, quelque instance qu'ils en fissent de la part de leur maître, quoique, comme j'ai dit ci-dessus, ils fussent fondés sur l'autorité de la *Bulle d'or.*

Ce refus donna un déplaisir sensible aux partisans de la maison d'Autriche, qui s'étoient persuadés d'en venir à bout : ce qui leur fit craindre que la suite de leurs affaires ne seroit pas si favorable qu'ils avoient imaginé.

Le prince de Lobkowitz arrivant à Francfort envoya visiter le maréchal de Gramont et M. de Lyonne, et leur donner part de son arrivée : formalité accoutumée entre des gens qui sont fort bien ensemble ; mais ils découvrirent que c'étoit plutôt un piège qu'une civilité, car s'ils eussent reçu ce compliment, il attiroit leur visite, et par conséquent toute bonne correspondance avec lui. Mais comme toute leur ambassade n'avoit d'autre fondement apparent que des plaintes contre le feu Empereur, et même contre le roi de Hongrie, pour toutes les infractions faites au traité de Munster dont ils venoient demander raison au collége électoral, aussi bien qu'un remède pour l'avenir, le prince de Lobkowitz leur eût pu représenter avec grande raison qu'il ne savoit pas de quoi les ministres du roi de France, qui vivoient en toute amitié avec ceux du roi de Hongrie, se pouvoient plaindre de lui. Les ambassadeurs évitèrent donc de tomber dans cet inconvénient : et pour ne pas paroître incivils, ils lui envoyèrent témoigner le déplaisir qu'ils avoient de ne pouvoir suivre leurs inclinations, qui seroient de vivre avec lui en toute amitié et bonne correspondance ; mais qu'ils espéroient que, recevant les justes satisfactions qu'ils prétendoient du roi de Hongrie, ils auroient ensuite l'occasion de traiter ensemble, et de lui témoigner en son particulier l'estime qu'ils avoient pour sa personne.

Le prince de Lobkowitz ne se rendit pas pour cela, et revint une seconde fois à la charge en les priant de lui envoyer quelqu'un de confiance, et que peut-être les choses se pourroient ajuster à leur satisfaction; mais quoiqu'ils fussent très-persuadés que de semblables conférences ne pouvoient aboutir à rien, ils ne laissèrent pas d'y envoyer l'abbé Bouti, qui lui exposa leurs sujets de plaintes. Le prince de Lobkowitz lui dit des raisons qui lui paroissoient bonnes pour justifier la conduite du feu Empereur et de son maître, desquelles néanmoins ils ne voulurent pas se payer : et, pour conclusion, ils jugèrent à propos de couper court à une négociation où ils voyoient bien qu'il n'y avoit rien à gagner pour eux.

Les ambassadeurs d'Espagne marchoient avec le roi de Hongrie ; et passant par Wurtzbourg et Aschaffenbourg, lieux appartenant à l'électeur de Mayence, l'électeur leur envoya faire les complimens qui se devoient à un prince qui venoit dans l'espérance d'être élu empereur, et à des ministres d'un aussi grand roi que celui d'Espagne.

Il est à croire qu'ils en eussent bien désiré qui s'expliquassent mieux et plus clairement que ceux qu'ils reçurent. Mais, quoi qu'il en soit, Peneranda soutint toujours que, seulement à quatre lieues de Francfort, l'électeur de Mayence lui avoit fait proposer de traiter de la paix entre la France et l'Espagne, par la médiation du collége électoral ; à quoi il avoit répondu dès-lors qu'il n'avoit nul pouvoir pour cette affaire, et que le seul ordre qu'il eût reçu en partant d'Espagne étoit celui d'assister à la diète près la personne du roi de Hongrie : ce qui vouloit dire en bon français qu'il étoit parti de Madrid cavalièrement pour le voir couronner empereur, sans s'imaginer y trouver que des difficultés très-aisées à surmonter.

Le comte de Peneranda fit son entrée à Francfort avec le marquis de Las-Fuentès son collègue, avant celle de l'Empereur; mais comme leurs gens étoient vêtus de deuil, et que leurs habillemens se sentoient un peu de la fatigue et de la longueur du voyage, elle n'attira pas l'admiration des spectateurs.

Le roi de Hongrie fit la sienne ensuite : l'archiduc étoit seul avec lui dans son carrosse. Elle étoit composée de quantité de chevaux de main et de trompettes, de beaucoup de carrosses à six chevaux ; mais le tout en deuil, et lugubre au possible.

Il y avoit eu une grande contestation avec le magistrat de Francfort, qui ne vouloit point permettre que deux régimens de cuirassiers bien montés et bien armés, qui avoient accompagné le roi de Hongrie pendant sa marche, entrassent avec lui dans la ville. Le roi de Hongrie s'adressa à l'électeur de Mayence, et le pria instamment de faire en sorte que le magistrat y consentît : ce que l'électeur de Mayence obtint dudit magistrat, sous la condition qu'ils entreroient par une porte et sortiroient par l'autre. Ces précautions du magistrat ne furent pas hors de propos pour empêcher qu'ils n'y fissent plus de séjour; et pour leur en ôter toute espérance, toutes les chaînes des rues qui aboutissoient à celles où ils devoient passer étoient tendues avec des corps-de-garde derrière, et trois cents mousquetaires suivoient le dernier régiment, qui les hâtoient d'aller; en telle sorte qu'ils ne permirent à aucun cavalier de descendre de son cheval pour acheter la moindre chose qui lui fût nécessaire, ou, si cela lui arrivoit par hasard, il étoit assuré d'être bientôt remonté sur son cheval à coups de bout de mousquet dans les reins.

Ce qui fit insister le plus le roi de Hongrie à faire entrer ces deux régimens avec lui fut la crainte qu'il avoit que, sans cela, son entrée seroit fort déparée. Et, à parler naturellement, je crois qu'il n'avoit pas grand tort.

Les ambassadeurs d'Espagne avoient mené pour gardes des heiduques, et prétendoient qu'ils pourroient porter leurs carabines, comme le marquis de Castel-Rodrigo avoit fait à Ratisbonne; mais il ne parut pas à propos au collége électoral de le souffrir, parce qu'il eût fallu que ceux du maréchal de Gramont eussent marché de même; ce qu'on ne lui avoit pas voulu accorder. Ainsi ils furent réduits à leurs seules épées.

Leur séjour à Francfort ne fut pas long; car la quantité de coups de bâton que la garnison et les bourgeois leur donnoient continuellement, et qu'à dire la vérité ils méritoient assez par leurs insolences, les en chassèrent en moins d'un mois, sans qu'il y eût jamais une seule plainte de ceux du maréchal de Gramont, qui le suivirent toujours jusques au dernier jour qu'il partit de Francfort. Le roi de Hongrie fut visité par tous les électeurs. Sa manière de les recevoir est assez singulière : c'est de les attendre au haut de son escalier; quand il les voit en bas, il descend trois marches, et il prend sur eux la porte et la main droite.

Lorsque l'électeur de Mayence fut lui rendre visite, il s'aperçut qu'il n'avoit descendu que deux marches, et il resta au pied de l'escalier jusqu'à ce que l'on eût dit au roi de Hongrie qu'il y avoit encore un pas à faire : tant cette nation est exacte à ne rien relâcher ni innover des cérémonies qu'ils ont accoutumé de pratiquer. Après cela le roi de Hongrie leur rendit la visite. Il étoit seul dans son carrosse; tous les comtes de l'Empire qui l'avoient accompagné marchoient à pied autour, et même le prince de Bade, qui étoit capitaine de ses gardes. Il y a un peu loin de la manière française à celle-là.

Mais ce qui est de singulier, c'est que le comte de Hanau, souverain d'un Etat considérable, et d'une ville aussi bien fortifiée qu'il y en ait en Allemagne, et d'une naissance autant illustre qu'elle le sauroit être, accompagnoit à pied l'électeur de Mayence dans ses visites, qui étoit seul dans son carrosse. On peut juger par cet exemple que les autres comtes de l'Empire n'en faisoient pas difficulté.

Les visites de complimens étant achevées, les ministres du roi de Hongrie et les ambassadeurs d'Espagne pressèrent vivement le collége électoral pour une prompte élection.

Le conseil du roi de Hongrie étoit composé du prince de Porcie, son principal ministre, qui avoit été son gouverneur du vivant du roi des Romains son frère. Il y a de l'apparence que ce premier grade l'avoit élevé au poste qu'il occupoit; car ceux qui le connoissoient particulièrement n'en voyoient point d'autre raison. Son intelligence en toutes sortes d'affaires étoit des plus bornée; mais les personnes qui traitoient avec lui avoient remarqué en sa personne un don singulier d'oubliance, étant nécessaire de lui présenter jusques à sept ou huit fois les mêmes mémoriaux, non-seulement pour des choses qu'il promettoit, mais pour celles qu'il désiroit ardemment d'achever; et pourvu que Dieu lui fît la grâce de se souvenir de ce qu'il promettoit, il le tenoit assez fermement : mais, comme je le viens de dire, le bon seigneur voloit un peu le papillon, et sa mémoire étoit très-sujette à caution.

Le prince d'Ausberg étoit le second. Il avoit été tout puissant auprès de Ferdinand III; tout le monde convenoit de son extrême capacité, mais l'on tomboit aussi d'accord qu'il falloit bien prendre garde qu'il n'eût ou ne crût avoir quelque intérêt en une affaire; car pour peu qu'il se l'imaginât, rien n'étoit capable de lui faire prendre une autre route. Son crédit auprès du roi de Hongrie étoit médiocre; et le mépris qu'il avoit pour le prince de Porcie son premier ministre alloit au-delà de l'imagination : aussi n'avoit-il aucune correspondance avec lui.

Le prince de Lobkowitz, le comte de Schwartzemberg et le comte de Curtz, vice-chancelier de l'Empire, qu'on tenoit très-bien informé des affaires, et homme de fort bon sens, étoient aussi dans le conseil.

Quant à l'archiduc, tous ceux qui l'ont connu particulièrement, et traité avec lui, convenoient tous que c'étoit un prince doux et d'une grande bonté, qui avoit de la valeur, et plein de piété et de religion. Le comte de Schwartzemberg avoit un grand crédit sur son esprit; les jésuites de leur côté n'en avoient pas moins. Sa manière de traiter d'affaires étoit douce et accorte, et personne ne sortoit d'auprès de lui qu'il n'en fût très-satisfait.

Chacun n'oublioit rien pour parvenir à son but, et le maréchal de Gramont et M. de Lyonne demeuroient renfermés dans les demandes qu'ils avoient faites des réparations des infractions du traité de Munster, et un bon ordre à l'avenir pour les empêcher : mais quand les électeurs de Mayence et de Cologne vinrent de nouveau à presser Peneranda sur la paix, ce fut alors qu'ils rallumèrent sa bile.

La cause de la mauvaise humeur de Peneranda étoit non-seulement de se trouver abusé (ayant, par ses lettres écrites en Espagne, rendu l'élection du roi de Hongrie si facile), mais encore de ce que se voyant sans pouvoir pour traiter de la paix, et fort pressé par les électeurs de donner passe-port à Blum, qui alloit de leur part en Espagne, il falloit qu'en y donnant les mains, et consentant à cette proposition, il retardât l'élection, et par conséquent donnât moyen aux armes du Roi de continuer leurs progrès en Flandre : ce qu'il avoit espéré empêcher par la prompte élection du roi de Hongrie pour empereur, comptant que, d'abord qu'il auroit été élu, il auroit envoyé des forces assez considérables pour s'opposer aux nôtres.

Pour se tirer de tous ces embarras, il prit le parti de refuser le passe-port que les électeurs lui avoient demandé pour ledit Blum : ce qui fut un assez bon moyen pour faire connoître que les intentions de son maître n'étoient pas si tournées du côté de la paix que celles du Roi.

Pour sortir encore mieux, à ce qu'il croyoit, de ce

mauvais pas, où il s'étoit terriblement embourbé, il s'avisa de publier que cette proposition de paix n'étoit qu'une suite des fourberies du cardinal Mazarin, et un artifice grossier pour retarder l'élection. Sur quoi le maréchal de Gramont et M. de Lyonne lui fermèrent promptement la bouche, proposant au collége électoral que pourvu qu'on leur fît raison sur les griefs qu'ils avoient déclarés audit collége, ils traiteroient la paix par sa médiation aussi bien après comme avant l'élection.

Mais comme pour juger des choses avec équité il se faut parfois mettre à la place des autres, j'avouerai ingénument qu'il ne me paroît point du tout extraordinaire que Peneranda se trouvât embarrassé : et l'on peut dire que si les ambassadeurs du Roi méritèrent quelque louange dans toute cette négociation, il semble qu'elle leur étoit assez due pour avoir mis un ministre du premier ordre et d'une expérience si consommée en état de ne savoir plus de quel côté se tourner ni quel parti prendre, voyant des précipices inévitables de toutes parts.

Enfin il crut que de deux maux il lui falloit éviter celui qu'il estimoit le pire. Pour cet effet, il refusa tout net le passe-port pour aller en Espagne demander au roi Catholique les pouvoirs nécessaires pour traiter la paix : et comme il prévoyoit à merveilles les suites d'un tel refus, et qu'un homme qui se noie se prendroit à des rasoirs pour se sauver, il dit que Blum, qui avoit traité avec lui de la part des électeurs, leur avoit rapporté faux ; et se mit ensuite en un tel excès de rage et de fureur, que, sans consulter son collègue, il résolut, lorsque Blum retourneroit chez lui, de le faire jeter par les fenêtres. Ce parti violent n'eût pas rendu ses affaires meilleures, et il est à croire que s'il l'eût exécuté la bourgeoisie et la garnison de Francfort l'eussent attaqué dans sa maison, et fait le même traitement que Blum auroit reçu. C'est une particularité que le maréchal de Gramont a sue du depuis en France par le marquis de Las-Fuentès, lorsqu'il y étoit ambassadeur, qui lui dit que c'étoit lui seul qui avoit paré le coup, non pour en détourner Peneranda qu'il voyoit n'être plus capable de raison (car il ne lui en fit jamais le moindre semblant), mais en faisant avertir Blum sous main, et par gens de la dernière confiance, de ne plus rentrer dans la maison de Peneranda, parce qu'on avoit résolu de lui faire une insulte.

Peneranda vint ensuite à une rupture ouverte avec l'électeur de Mayence, qui fut précédée de paroles fort aigres entre eux, que Son Excellence espagnole et fanfaronne accompagnoit de certaines démonstrations auxquelles l'électeur, grave et sérieux, étoit peu accoutumé; car, négociant avec lui, il frondoit son chapeau dans la chambre, mettoit souvent la main sur la garde de son épée, tempêtoit et menaçoit extrêmement, et à un tel point que l'électeur, fatigué et outré de tant d'impertinences, sortit de son naturel doux et patient, et conclut par lui dire que, comme il savoit qu'il étoit président des Indes, il pouvoit sortir de chez lui pour aller au Mexique gouverner ses Indiens à sa mode; et qu'il lui donnoit parole d'honneur que quant aux Allemands, il n'en gouverneroit jamais aucun, parce qu'ils étoient nés trop sages pour être dirigés par un Espagnol qui l'étoit aussi peu que lui.

Cette conversation finie, Peneranda débita dans le public mille choses injurieuses contre l'électeur. L'on peut croire que le maréchal de Gramont et M. de Lyonne ne les laissoient pas tomber à terre; et ils avoient des gens d'esprit et de confiance chez Peneranda et chez l'électeur qui ne leur étoient point suspects, et dont ils se servoient habilement pour les échauffer et entretenir leur mésintelligence. Ce petit manége dura tout le temps de la diète, sans qu'aucun d'eux s'en doutât jamais : ce qui réussit si bien, qu'on trouva le secret de les rendre irréconciliables.

Mais comme dans les affaires de grande importance, dont la conclusion tire en longueur, l'on ne peut jamais s'assurer en sorte qu'il n'y puisse arriver des accidens imprévus, capables d'y apporter du changement, le maréchal de Gramont et M. de Lyonne ne furent pas exempts de crainte, ni leurs adversaires ne conçurent pas de petites espérances de la déclaration de Hesdin en faveur du prince de Condé. Fargues, qui en étoit lieutenant de roi, et La Rivière major, avoient si bien ménagé la garnison, que d'un commun consentement elle se révolta contre le Roi, et prit le parti du prince. Et comme le duc Bernard de Weimar le disoit autrefois au maréchal de Gramont assez plaisamment, qu'il avoit trouvé que les Français étoient faits comme les moutons qui se laissent conduire par le premier, et sautent par tous les endroits où il a passé, de même ce mauvais exemple fit espérer aux ennemis qu'il seroit suivi par beaucoup d'autres places.

D'un autre côté, le maréchal d'Hocquincourt étoit sorti de France, et avoit passé dans l'armée d'Espagne;

et quoiqu'il n'apportât guère d'argent et amenât moins de troupes, et qu'encore le caractère qu'il avoit donnât plus d'éclat à son action que de préjudice aux affaires du Roi, néanmoins on ne laissoit pas de publier à Francfort la moitié de la France soulevée.

A cela se joignit l'affaire du maréchal d'Aumont à Ostende, sa prison et celle des gens commandés du régiment des gardes du Roi, qui avoient été pris avec lui comme des dupes : dont les Espagnols faisoient des comédies perpétuelles, et avoient tourné la chose sur un tel burlesque, qu'il n'y avoit pas moyen d'y résister.

Les partisans de la maison d'Autriche faisoient aussi leur devoir de leur côté sur le traité qu'ils savoient que le Roi venoit de conclure avec Cromwell pour attaquer Dunkerque ; et c'étoit leur grand cheval de bataille, et la raison pour laquelle ils ne doutoient pas que les électeurs ecclésiastiques n'abandonnassent la France. Tous les moines étoient déchaînés, et eussent fait beaucoup plus de mal qu'ils ne firent, si les électeurs de Mayence et de Cologne leur eussent lâché la bride et donné quelque crédit : ce qui n'arriva pas, bien que deux pères de la compagnie fussent leurs confesseurs.

Quelques mois auparavant, un bon Français, galant homme au possible et des mieux intentionnés pour sa patrie, comme il s'en rencontre parfois de cette espèce, avoit composé un écrit pernicieux au dernier point, non-seulement pour décrier la conduite du Roi et de son premier ministre le cardinal Mazarin, mais pour la mettre en abomination. Cet écrit avoit été trouvé si bien fait et tellement au gré des Espagnols, qu'ils le firent traduire en latin et en allemand, puis le semèrent de tous les côtés. En un mot, cet écrit faisoit passer le Roi pour fauteur de l'hérésie, le destructeur de la religion catholique, et celui qui, contre tout droit divin et humain, au préjudice d'un prince qui lui étoit si proche, n'avoit pour but que l'établissement d'un trône que Cromwell avoit occupé par des voies si inhumaines et si tyranniques, qu'elles devoient causer de l'horreur à tous les gens de bien.

L'on fit une réponse à ce mémoire telle qu'on a coutume de faire en cas pareil : mais, à dire vrai, l'on connut par expérience que la vive voix dont on se servit fit un meilleur effet pour dissuader que les écritures, qui n'ont jamais tant de force.

A peu près dans le même temps que tout se passoit ainsi à Francfort, le cardinal Mazarin avoit eu la précaution d'envoyer au maréchal de Gramont et à M. de Lyonne la copie du traité que le marquis de Leyde et don Alonzo de Cardenas avoient signé comme ambassadeurs du roi d'Espagne près du Protecteur. Ils le portèrent dans l'instant aux électeurs, et les supplièrent de vouloir juger sans prévention du procédé du Roi, et de croire que Sa Majesté aussi bien qu'eux tomboit d'accord que c'étoit un grand mal de mettre Dunkerque entre les mains des Anglais; mais qu'ils avoueroient aussi qu'il étoit moindre que celui de leur laisser prendre Calais : ce que le traité fait entre le Protecteur et les ambassadeurs d'Espagne portoit expressément.

Peneranda s'inscrivit en faux contre ce traité; mais il perdit bientôt la parole, et les bras lui tombèrent entièrement, lorsque le maréchal de Gramont et M. de Lyonne lui offrirent de consigner vingt mille écus entre les mains de tel marchand de Francfort qu'il voudroit choisir, pourvu que de sa part il en consignât autant, et qu'il gagneroit les vingt mille écus si avant six semaines ils ne rapportoient pas en face du collége électoral l'original du traité en question, signé desdits ambassadeurs de la part du roi d'Espagne leur maître; que faute par eux de le faire, il auroit deux plaisirs : l'un, de leur faire perdre les vingt mille écus et de les gagner (ce qui certainement ne nuiroit pas à ses affaires); et l'autre, de les faire passer pour des faussaires en présence de la plus noble et de la plus respectable assemblée de l'univers; et qu'ils ne le tenoient pas si indulgent, qu'il ne voulût bien qu'ils fissent la pénitence du mensonge qu'ils auroient inventé.

Cet argument parut si fort, que Peneranda avec tout son bel esprit n'y put trouver de réplique; et les électeurs connurent par des faits convaincans que le roi d'Espagne et les Espagnols, si scrupuleux et si zélés sur ce qui regarde la religion catholique, ne s'embarrassoient pas plus que de raison de se liguer avec des protestans lorsqu'ils y trouvoient leur intérêt; et qu'ils ôtoient en même temps au Roi une place de l'importance de Calais, qui étoit une des principales clefs de son royaume.

Le nonce du Pape qui étoit à Francfort, nommé San-Felice, pouvoit bien quitter cette qualité de nonce pour prendre celle de troisième ambassadeur d'Espagne; car il étoit tellement partial pour les moindres intérêts du roi Catholique, qu'il ne le cédoit à aucun de ses sujets : mais quoiqu'il chantât la même chanson que Peneranda, et que toutes les audiences qu'il demandoit aux électeurs ne fussent à autre fin que pour tâcher de leur persuader que c'étoient toutes moqueries que les propositions de paix que le maréchal de Gramont et M. de Lyonne faisoient, il ne leur faisoit pas grand mal; car, outre qu'il étoit peu persuasif de son naturel, les ambassadeurs l'avoient assez fait connoître pour véritable Espagnol; et Sa Sainteté n'avoit pas plus de crédit que de raison sur les personnes d'où dépendoit le bon ou le mauvais succès des affaires de France.

Enfin ce qui est de certain, c'est que le maréchal de Gramont non plus que M. de Lyonne n'ont point eu à se reprocher d'avoir omis aucune des choses nécessaires pour faire connoître aux électeurs que Sa Sainteté jouissoit paisiblement de toutes les douceurs du pontificat, sans se mettre trop en peine de la durée de la guerre entre la France et l'Espagne.

Aussi le maréchal de Gramont n'a jamais pu se résoudre à parler sérieusement avec ledit nonce; et les plus grandes louanges (traitant avec lui) qu'il ait données à Sa Sainteté étoient d'avoir fait cette belle ordonnance, et si nécessaire à la chrétienté, que les cardinaux, pour soutenir leur éminente dignité, ne porteroient jamais le deuil de leurs pères; que les rues de Rome se mettroient dans une juste proportion et alignement; et qu'enfin, après un long et pénible travail, on avoit découvert sous son pontificat le propre et véritable mot de *perruque* en latin (1).

(1) Ce pape étoit Alexandre VII : on a dit de lui *qu'il étoit petit dans les plus grandes choses, et grand dans les plus petites.*

Le maréchal de Gramont ne fut pas insensible au plaisir de voir le peu d'attention qu'on eut pour le nonce à son arrivée à Francfort, auquel on refusa de rendre les honneurs qu'on accorde aux marchands qui viennent à la foire, auxquels on tire trois coups de canon pour leur bienvenue : mais pour le *signore nunzio*, on n'en voulut point entendre parler. Il demeura quelque temps hors de la ville à négocier avec l'électeur de Mayence, par l'entremise duquel il croyoit pouvoir arracher quelque civilité du magistrat : ce qui seroit arrivé pour peu que l'électeur en eût eu envie; mais comme il se soucioit médiocrement de faire quelque chose d'agréable à Sa Sainteté, de laquelle il n'avoit nul sujet d'être content, il entreprit l'affaire justement comme il falloit pour qu'elle ne réussît pas.

Le roi de Hongrie ne bougeoit guère de son logis, où il jouoit à la prime les après-dînées, tête à tête avec l'archiduc, fort petit jeu et fort tristement; car l'un et l'autre étoient très-silencieux. Il sortoit rarement pour s'aller promener à la campagne; ce qui ne lui arriva que trois fois pendant son séjour à Francfort : mais il venoit *incognito* dans un carrosse fermé au jardin des ambassadeurs d'Espagne, où il se délectoit extrêmement au noble jeu de quilles, passe-temps tout-à-fait convenable à un prince de vingt-deux ans, qui s'attendoit à tout moment d'être élu empereur.

Comme il avoit la bouche extrêmement grande et toujours ouverte, il se plaignoit un jour au prince de Porcie son favori, jouant aux quilles avec lui (la pluie étant survenue), de ce qu'il lui pleuvoit dedans. Le prince de Porcie (bel effort de génie!), après y avoir rêvé quelque temps, lui conseilla de la fermer : ce que fit le roi de Hongrie, et s'en trouva fort soulagé.

Il y a tant de portraits faits de lui, qu'il seroit superflu de parler de sa personne. Quant aux qualités de son esprit, j'ai ouï dire que son naturel étoit fort bon et doux ; peu de connoissance des sciences et des langues, n'en sachant que la sienne, et l'italienne qu'il parloit fort bien ; il ne savoit pas un mot de l'espagnole, ce qui ne laissoit pas d'être bizarre par plus d'une raison. Il aimoit la musique, et la possédoit assez bien pour composer des airs fort tristes avec beaucoup de justesse. Les réponses qu'il faisoit étoient toujours très-laconiques ; cependant il passoit pour avoir fort bon sens et une grande fermeté. Il n'avoit, jusques au temps qu'il arriva à Francfort, jamais parlé à femme qu'à l'Impératrice sa mère, et donnoit de grands exemples de continence : vertu d'autant plus estimable, qu'elle est rare aux princes de son âge, et du rang qu'il tenoit.

Tous les électeurs le traitèrent chacun selon leur rang. Il buvoit autant qu'il falloit pour faire raison sans se troubler. L'archiduc étoit avec lui, mais toujours au-dessous du dernier électeur. Les princes et les personnes de grande qualité s'efforçoient à le divertir, et ils firent une course de têtes par quadrilles séparés : la dépense n'en fut pas extraordinaire ; et je ne sais quel étoit le plus court, ou le temps ou l'argent. Quoi qu'il en soit, la chose parut belle à ceux qui n'en avoient point vu de semblable. Ils furent honorés de la présence de plusieurs belles dames, auxquelles je veux croire qu'ils songeoient plus à plaire par leur adresse, qu'à gagner des prix qui étoient certainement de très-mince valeur.

Le maréchal de Gramont tâcha aussi de son côté à régaler par quelque chose d'extraordinaire tous les partisans du Roi. Pour cet effet il fit bâtir une grande salle dans le jardin de son logis, où il donna à dîner à messieurs les électeurs et à plusieurs princes et comtes de l'Empire, tous de la faction de France. Il avoit fait faire un théâtre, qui ne se voyoit point de la salle où l'on mangeoit : l'on ouvrit pendant le repas la toile, et l'on y dansa un ballet avec des intermèdes de musique. La fête fut somptueuse et galante au possible ; elle plut tout-à-fait aux Allemands, et dura depuis midi jusques à dix heures du soir.

La maison du maréchal étoit ouverte à toute la bourgeoisie ; tous les domestiques du roi de Hongrie et des ambassadeurs d'Espagne s'y trouvèrent, malgré les ordres qu'ils avoient de leurs maîtres de n'y point aller ; et généralement tout ce qu'il y avoit dans Francfort y assista. Les foudres de vin étoient partout enfoncés, et il y avoit des gens préposés pour faire boire tout le monde : ce qui se passa avec beaucoup d'alégresse et une approbation générale. Les trompettes et les timbales retentissoient de tous côtés, et l'on n'entendoit que des voix tumultueuses qui crioient de toutes leurs forces : *Vive le roi de France, et son ambassadeur le maréchal de Gramont, qui nous régale si bien avec tant de profusion et magnificence ! Il ne faut bouger de chez lui, et ne jamais aller chez les autres, où il n'y a ni plaisirs, ni largesses, ni grâce à obtenir.* Ce sont les discours que le peuple tenoit à quarante pas du logis du roi de

Hongrie et de l'archiduc : ce qui ne laisse pas d'avoir sa singularité, surtout dans une ville où six mois avant tous les Français étoient en horreur, et où on les eût volontiers brûlés.

Voilà ce que produit la différence d'un ambassadeur courtois, accort, libéral quand il le faut être pour la gloire de son maître, plein d'esprit et d'élévation dans l'ame, qui a un grand usage du monde, et une parfaite connoissance des hommes avec qui il vit, d'avec un autre qui ne songe qu'à vivre de ménage pour ne pas déranger ses affaires domestiques, et qui croit avoir fait merveille quand il porte dans les cours où on l'envoie le seul esprit et le goût de sa nation ; ce qui souvent ne concilie pas le cœur des autres. Cependant il arrive souvent (je ne sais par quelle bizarrerie) que le caractère de ces derniers est presque toujours préféré aux premiers, et qu'on les met en place quand les autres restent dans une entière inaction : c'est à d'autres que moi à décider si c'est bien ou mal fait, et si à la longue on s'en est bien trouvé ; car cette matière est grave, et passe ma suffisance.

Le terme de l'élection s'approchoit, et les Autrichiens n'oublioient rien de tout ce qui pouvoit nous nuire, et par conséquent leur devoir être utile. Ils firent attaquer de nouveau l'électeur palatin par le père Saria ; et comme les articles de la capitulation s'étoient faits en présence de tant de personnes différentes, qu'ils n'étoient ignorés de qui que ce soit, l'on avoit encore à se parer des Suédois, qui ne pouvoient supporter et faisoient publiquement leurs plaintes que la France obtenoit tout ce qu'elle demandoit, et qu'on n'accordoit rien à la Suède.

Pour ne pas faire cette relation plus longue que je me la suis proposée, je renverrai aux Mémoires du maréchal de Gramont et de M. de Lyonne, où l'on verra toutes leurs conversations sur ce sujet avec le président Bierenklou, et les raisons dont ils se servirent pour s'assurer du palatin. Mais, après avoir cru prendre toutes les précautions imaginables, et surmonté les difficultés qui s'étoient présentées, le palatin leur garda pour la bonne bouche la déclaration suivante, qu'il fit en plein collége électoral en cette sorte :

Qu'il n'entendoit pas que son vœu qu'il avoit donné pour la France eût aucun lieu, qu'en cas qu'au même temps on donnât satisfaction à la Suède sur la prétention qu'elle avoit aussi que l'Empereur ne se pût mêler de la guerre de Pologne, et fût obligé avant l'élection d'en retirer ses troupes.

A quoi ceux de Brandebourg s'étant opposés, et déclaré qu'ils suspendoient leur vœu pour la France jusqu'à ce que l'électeur palatin eût ôté cette condition qui regardoit la Suède, et ledit électeur ayant persisté jusques au bout à vouloir faire dépendre une affaire de l'autre, sous prétexte d'empêcher la division qui pourroit autrement arriver entre les couronnés, on se sépara sans avoir pu rien conclure : dont les Autrichiens et tout leur parti sembloient triompher.

Les deux ambassadeurs d'Espagne, qui jusque là n'avoient pas voulu visiter l'électeur palatin, y allèrent ensemble l'après-dînée du même jour en grande pompe : ce que toute l'assemblée prit alors comme un remercîment qu'ils étoient allés lui faire du grand service qu'il avoit rendu à la maison d'Autriche.

Mais cette joie ne leur dura guère; car enfin, soit par bonheur ou par adresse, l'on trouva le secret de ranger le palatin à la raison, et il donna son vœu pour la capitulation, que le roi de Hongrie a signée et jurée avant d'être élu empereur, dont j'ai voulu mettre ci-après les quatrième, treizième et quatorzième articles, par lesquels on verra que la France a remporté de si grands avantages, et en a pareillement procuré à ses alliés par sa médiation.

Article 4, touchant le duc de Savoie.

« Surtout nous ferons délivrer au duc de Savoie, en la personne de son légitime procureur, l'investiture du Montferrat, qui lui a été promise par l'instrument de la paix de Munster entre l'Empereur et la France (*Cæsarea Majestas*), dans la même forme et manière qu'elle avoit été accordée au duc de Savoie Victor-Amédée par l'empereur Ferdinand II, d'heureuse mémoire : et ce incontinent après que nous aurons pris en main le gouvernement de l'Empire, sans aucun délai, et aussitôt que nous en serons dûment requis et sollicités, conformément aux constitutions de l'Empire et aux droits féodaux, sans y ajouter aucune réserve extraordinaire ni restriction générale, ou semblable clause, et généralement toutes les choses qui ont été ordonnées et promises au profit de la maison de Savoie dans ledit instrument de paix et le traité de Cherasco qui y est confirmé; et emploierons notre autorité impériale pour le faire exécuter, et ne différerons ni ne retiendrons aucune des choses susdites, sous quelque couleur, cause ou prétexte que ce puisse être, et spécialement l'investiture du Montferrat, même pour raison des quatre cent quatre-vingt-quatorze mille écus dus par le roi de France, et qui n'ont point encore été payés au duc de Mantoue, desquels l'article *Ut autem omnium* a disposé, et en décharge la maison de Savoie. Outre cela, nous interposerons effectivement notre autorité impériale auprès du roi d'Espagne pour lui faire restituer sans délai au duc de Savoie la ville de Trino pleinement et en son entier. Et quant au duc de Mantoue, nous lui ordonnerons au plus tôt et sérieusement, en vertu de notre pleine autorité impériale, et l'obligerons en effet par des moyens convenables, de se démettre, dans un certain temps bref et préfix, de tout exercice de juridiction, tant audit lieu qu'en tous ceux qui sont situés dans le Montferrat, et qui ont été adjugés à la maison de Savoie par les derniers traités de paix de l'Empire, afin que le duc de Savoie puisse jouir dûment et paisiblement des droits qui lui appartiennent dans lesdits lieux. Pareillement nous nous emploierons et ordonnerons, sous de rigoureuses peines, que ni ledit duc de Mantoue ou ses successeurs, ni aucun autre en son nom ni au leur, ne puissent contrevenir en la moindre chose, par quelque voie ou manière que ce soit, ni attenter rien à l'avenir contre ce qui est contenu dans ledit traité de paix et notre présente capitulation. A l'égard du Montferrat en faveur de la maison de Savoie, nous consentons pareillement et confirmons ce que le collége électoral a écrit depuis peu, en date du 4 juin, au même duc de Mantoue, pour annuler et casser le vicariat et généralat du Saint-Empire en Italie, qu'il a pris au préjudice de ladite maison de Savoie; en sorte que nous en observerons fermement le contenu, et protégerons et maintiendrons les ducs de Savoie dans leurs droits et priviléges de leur vicariat dans le détroit de l'Italie.

Article 13, *pour la conservation réciproque de la paix.*

« Pareillement nous entretiendrons la paix durant tout le temps de notredit gouvernement avec les princes chrétiens, nos voisins et limitrophes, et ne commencerons aucunes querelles, dissensions ou guerres au dedans ni au dehors de l'Empire à son sujet, sous quelque prétexte que ce puisse être, sans le su, avis et le consentement des électeurs, princes et Etats, ou au moins des électeurs, et ne permettrons point qu'aucune armée entre dans l'Empire sans ledit consentement ; et surtout nous observerons inviolablement les choses qui ont été traitées et conclues à Osnabruck et Munster entre notre prédécesseur en l'Empire romain et les électeurs, princes et Etats d'une part, et les autres traitans de l'autre ; et ne ferons rien attenter à l'encontre, ni par nous ni par autrui, qui puisse affoiblir ou rompre cette paix universelle et chrétienne, et qui doit toujours durer, et la vraie et sincère amitié. C'est pourquoi, pour une plus grande assurance de ladite paix, nous ne fournirons aucunes armes, argent, soldats, vivres ou autres commodités aux étrangers ennemis de la couronne de France présens ou à venir, sous quelque couleur ou prétexte que ce puisse être, soit pour quelque démêlé ou sujet de guerre contre ladite couronne ; ni ne donnerons logemens, quartiers d'hiver ou passage à aucunes troupes qui seront conduites par d'autres contre ceux qui sont compris dans ledit traité d'Osnabruck et Munster : comme aussi réciproquement la couronne de France, par ladite paix de Westphalie, est obligée à toutes lesdites choses envers nous, le Saint-Empire, les électeurs, princes et Etats. Et ainsi nous nous comporterons conformément à ladite paix de Westphalie au regard du cercle de Bourgogne, et de la guerre qui y étoit allumée du temps dudit traité, et qui dure encore aujourd'hui. Que si semblable chose étoit entreprise par un ou plusieurs Etats de l'Empire ou quelques autres potentats, et que l'on menât des troupes étrangères par les terres de l'Empire ou contre icelui, de qui qu'elles puissent être, et sous quelque couleur ou prétexte que ce soit, nous nous y opposerons de tout notre pouvoir, et repousserons la force par la force; et assisterons en effet les Etats offensés de notre secours et défense impériale, selon les constitutions de l'Empire et l'ordre de l'exécution. Que si nous, au sujet de l'Empire, ou l'Empire même, venions à être assaillis de guerre, il nous sera permis dès-lors de nous servir du secours de qui que ce soit ; en sorte toutefois que durant une semblable guerre, ni autrement, nous ne bâtirons aucuns nouveaux forts dans les provinces et territoires des électeurs, princes et Etats, ni ne renouvellerons les anciens, et permettrons encore moins à d'autres de le faire, et ne chargerons aucun desdits Etats de quartiers d'hiver autrement que les constitutions de l'Empire l'ordonnent.

Article 14. *Tous secours réciproques défendus.*

« Pour éviter que notre chère patrie la nation germanique, ou nous-mêmes, ne retombions en de nouveaux embarras, nous ne nous mêlerons en façon quelconque dans les guerres qui se font présentement dans l'Italie et le cercle de Bourgogne, ni n'enverrons, soit en notre nom comme empereur, ou pour raison de notre maison, aucun secours de soldats, d'argent, d'armes, ou autre chose, contre la couronne de France et ses alliés dans ladite Italie, ni cercle de Bourgogne, pour aucun sujet de dispute ou de guerre, et ne donnerons faveur ni assistance en aucune autre manière; à condition toutefois que réciproquement la couronne de France et ses alliés ne donneront aussi aucun secours ni assistance de soldats, argent, armes, ou autres moyens, par quelques voies ou manières que ce puisse être, à nos ennemis ou à ceux de l'Empire, de notre maison en Allemagne, d'aucuns électeurs, princes ou Etats conjointement ou séparément. Et ce qui est contenu dans le présent article, et le treizième ci-dessus touchant la couronne de France et ses alliés, se doit entendre de nos alliés et de ceux de l'Empire, de notre maison en Allemagne, de tous les électeurs, princes et Etats, ne plus ne moins que de nous-mêmes, de l'Empire, de notre maison en Allemagne, des électeurs, princes et Etats conjointement ou séparément, en sorte que tout ce que dessus s'observe réciproquement et également de part et d'autre; pourtant avec cette déclaration encore qu'au cas qu'un ou plusieurs des électeurs, princes et Etats de l'Empire fût attaqué par guerre de quelqu'un, et que ledit électeur, prince ou Etat implorât le secours de la couronne de France ou de ses alliés, dès-lors il sera libre, et ne pourra préjudicier à ladite couronne de France ni à ses alliés de donner un tel secours, ni à tel électeur, prince ou État de se servir de la force du droit d'alliance convenable, et qui est confirmé par le traité de paix. Et afin que le Saint-Empire demeure tranquille, et dans un état assuré de paix, nous donnerons ordre avant toutes choses, incontinent après que nous aurons pris possession de son gouvernement, que l'on commence effectivement des traités de paix dans l'Allemagne entre les deux couronnes qui sont en guerre, principalement dans l'étendue des cercles et patrimoines de l'Empire; et que, moyennant la grâce divine, le repos soit rendu à leurs royaumes et sujets, à la république chrétienne et à tout l'Empire, et que pareillement l'on conduise sans délai à une bonne et due fin les traités de paix de Pologne.

Article 39, touchant le duc de Modène, et l'investiture de Corregio vers la fin.

« Et il ne pourra préjudicier au duc de Modène, sur le fait de l'investiture de Corregio, de ce qu'il s'est joint en guerre avec la couronne de France, pourvu qu'il se qualifie conformément aux droits du fief, et s'il n'y a une autre exception légitime. »

Le serment que l'Empereur fit d'observer les susdits articles de la capitulation est conçu en termes qui méritent bien de tenir leur place dans ces Mémoires :

Toutes lesquelles choses en général et en particulier nous, roi des Romains susnommé, avons promises auxdits électeurs, tant pour eux qu'au nom du Saint-Empire romain, y engageant notre honneur royal, notre dignité et la parole de la vérité, ainsi que nous les promettons par ces présentes; et prêtons le serment corporel à Dieu et à ses saints Evangiles, pour leur ferme, fidèle et inviolable observation, de ne rien faire à l'encontre, ni procurer qu'il y soit contrevenu par quelque voie que l'on puisse imaginer, renonçant à toutes exceptions, dispensations, absolutions, droits tant canoniques que civils, de quelque nom que l'on les appelle. Donné en notre ville impériale de Francfort le 18 juillet 1658, l'an premier de notre empire, le quatrième de notre règne en Hongrie, et le deuxième en Bohême.

LÉOPOLD.

Les partisans de la maison d'Autriche publioient que le roi de Hongrie ne jureroit jamais une capitulation qui lui étoit si honteuse, et qu'il s'en iroit plutôt de Francfort sans accepter l'Empire : mais le tout aboutit à être fort aise de se voir le successeur de Charlemagne, et le quatorzième empereur de sa maison ; et il passa la capitulation aux termes qu'elle lui fut présentée. Après quoi l'on procéda à l'élection et au couronnement.

Peu de jours avant qu'il se fît, tous les ambassadeurs sortirent de la ville selon les constitutions de la *Bulle d'or*, et le maréchal de Gramont et M. de Lyonne se retirèrent à Mayence. Ils pouvoient jusque là se vanter d'avoir obtenu beaucoup; mais ce n'étoit pourtant qu'en papier que consistoient leurs avantages. La ligue n'avoit pu être conclue avant l'élection, et ils découvroient tous les jours de nouvelles difficultés, dont les plus épineuses leur venoient du côté des Suédois.

Il y a une petite ville située entre Francfort et Mayence, qu'on nomme Hœchst, où ils s'assembloient souvent avec Bierenklou, le baron de Bennebourg, le comte Egon de Furstemberg, son frère le comte Guillaume, et les ministres des princes de la ligue, laquelle ils eurent enfin le bonheur de signer à Mayence le 15 d'août de l'année 1658. Ils firent aussi l'accommodement des électeurs de Mayence et palatin : ce qui ne leur donna pas une peine médiocre, étant deux personnages, chacun dans son espèce, d'aussi difficile convention qu'il s'en pût trouver. Et comme le sceau des réconciliations en Allemagne est d'ordinaire un grand repas, quoique entre gens fort sobres, l'électeur de Mayence en fit un à l'électeur palatin audit lieu de Hœchst, où les ambassadeurs de France se trouvèrent, comme garans de la sincère amitié que les deux électeurs se promirent dans la chaleur du vin.

J'ajouterai ici quelques articles de la ligue que le maréchal de Gramont et M. de Lyonne conclurent, afin que l'on puisse voir clairement que ce que les Espagnols croyoient leur être du dernier préjudice devint leur salut, puisque cette ligue leur ayant ôté toute espérance de recevoir aucun secours d'Allemagne, et par conséquent ne se trouvant plus en état de défendre la Flandre, ils songèrent sérieusement et solidement à mettre tout en œuvre pour avoir la paix : à quoi ils parvinrent un an après, par l'entremise du cardinal Mazarin et de don Louis de Haro.

« Comme ainsi soit que Sa Majesté Très-Chrétienne, comme intéressée en la paix, entre dans la ligue que les éminentissimes, sérénissimes et révérendissimes princes et seigneurs, M. Jean-Philippe, archevêque de Mayence, M. Charles-Gaspard, archevêque de Trèves, M. Maximilien-Henri, archevêque de Cologne, archichanceliers du Saint-Empire romain dans l'Allemagne, Gaule, et royaume d'Arles et Italie, et princes électeurs; M. Christophe-Bernard, évêque de Munster, prince du Saint-Empire romain; M. Philippe-Guillaume, comte palatin du Rhin, duc de Bavière, Juliers, Clèves et Mons; Sa Majesté de Suède, comme duc de Bremen et Werden, et seigneur de Wismar; messieurs Auguste-Christian-Louis et Georges-Guillaume, duc. de Brunswick et de Lunebourg, et M. Guillaume, landgrave de Hesse, ont fait en vertu du recez de Francfort, de la présente année 1658, le 14 août, unanimement confirmée, Sadite Majesté approuve entièrement ledit recez en toutes ses parties et selon sa teneur, et sous les mêmes conditions elle s'associe avec lesdits électeurs et princes. Et ainsi le roi Très-Chrétien d'une part, ensuite les électeurs et princes, confédérés de l'autre pour conserver la tranquillité commune dans le Saint-Empire, ont lié entre eux une bonne amitié et correspondance d'une défense mutuelle, laquelle ils confirment par cette paction particulière, outre le susdit recez accordé et accepté solennellement de tous, et sont enfin convenus de part et d'autre des conditions ci-dessous écrites; en sorte toutefois que, comme il est contenu dans le susdit recez, il sera libre d'entrer dans ladite alliance à un chacun des autres princes compris dans la paix, tant catholiques que ceux de la confession d'Augsbourg, sans en excepter aucun.

« En vertu de cette alliance, tous et un chacun les électeurs et princes confédérés promettent d'employer toutes sortes de moyens et toutes leurs forces, tant dans les diètes de l'Empire qu'ailleurs, pour obtenir l'observation de la paix, et pourvoiront à ce que la garantie générale fondée sur l'instrument de paix (*verum tamen*) soit effectivement et réellement mise en exécution; laquelle étant établie, ou une garantie spéciale étant accordée, en attendant et jusques à ce que cette garantie générale soit pleinement confirmée entre les associés à la paix par l'association de plusieurs à cette ligue, l'on conviendra ensuite des autres moyens réels et effectifs de conserver et défendre la paix, et pour unir les conseils et les forces contre les contrevenans. Cependant tous et un chacun des électeurs et princes ligués qui habitent sur les rivières, et particulièrement sur le Rhin, et en quelque endroit qu'il pourra arriver par la commodité des lieux, chacun d'eux en leur territoire, seront obligés de prendre garde que nulles troupes envoyées dans les Pays-Bas ou ailleurs, contre le roi Très-Chrétien et ses alliés modernes, ne passent par leurs terres, et que l'on ne leur y donne aucuns quartiers d'hiver, armes, canons, vivres, comme choses contrevenantes à la paix.

« Le roi Très-Chrétien et les électeurs et princes confédérés se promettent réciproquement que si, au sujet ou sous le prétexte de cette correspondance défensive pour la paix en Allemagne, aucun d'eux ou tous ensemble étoient offensés ou traités en ennemis de qui que ce puisse être, soit au dedans ou au dehors de l'Empire, alors ils s'assisteront l'un l'autre de toutes leurs forces et pouvoir, comme la nécessité le requerra, feront marcher leurs armées, et les joindront pour la défense de leur allié qui sera en peine. »

Comme toutes les choses qui avoient été commises à la négociation du maréchal de Gramont et de M. de Lyonne s'étoient heureusement terminées, et que la ligue mettoit en sûreté les articles de la capitulation, ils résolurent leur départ. M. de Lyonne voulant voir la Hollande, prit cette route; et le maréchal de Gramont celle du comté de Bourgogne, pour repasser en France. Partant de Mayence, l'électeur voulut lui continuer les mêmes civilités et les honneurs qu'il lui avoit fait rendre ci-devant. Il fit mettre la garnison en bataille, et tout le canon de la ville sur le bord du Rhin, dont on le salua de trois salves. L'électeur le vint conduire jusques au-delà de la rivière, et ce fut là qu'il prit congé d'un prince qui lui avoit paru doué de très-grandes qualités. Sa naissance étoit d'une bonne et ancienne noblesse, nommée Schonborn; l'estime qu'on fit de son mérite le fit élire évêque de Wurtzbourg, et par conséquent duc de Franconie. Ensuite il devint le premier électeur de l'Empire, travailla avec grand succès à donner le repos à sa patrie par le traité de Munster, et personne ne se peut attribuer à plus juste titre que lui la gloire d'avoir contribué à celui des Pyrénées entre la France et l'Espagne.

Il est certain que rien ne l'engagea davantage à se tourner du côté du Roi que la connoissance qu'il eut des bonnes et droites intentions de Sa Majesté : en quoi il ne s'est pas trompé, puisque l'on les a vues depuis confirmées par les œuvres.

Sa physionomie témoignoit la douceur de son naturel ; son parler étoit un peu lent, en allemand comme en français, et donnoit dans les commencemens quelque peine : mais pour peu qu'on le pratiquât, l'on lui démêloit tant de bon sens, qu'on ne pouvoit s'empêcher de concevoir pour lui beaucoup d'estime.

Il avoit une grande tendresse pour ses parens, et l'on ne se brouilloit point avec lui, pour leur faire du bien : aussi leur en procuroit-il autant que les voies honnêtes et licites lui pouvoient permettre. Il avoit très-bien fait ses études, et sa conversation gaie et libre ne tenoit rien du pédant. Il étoit sobre dans ses repas, mais ne laissant pas de boire autant qu'il étoit nécessaire pour être agréable à ses convives, qui ne se paient pas de médiocrité en ce pays-là, et pour lesquels il avoit la complaisance qui est indispensable en Allemagne, lorsqu'au lieu d'un compliment l'on ne veut pas faire une injure à ceux qu'on a conviés. Il se mettoit régulièrement à table à midi, et n'en sortoit guère qu'à six heures du soir. Sa table étoit longue, et de trente couverts. Il ne buvoit jamais que trois doigts de vin dans son verre, et buvoit régulièrement à la santé de tout ce qui étoit à table, puis passoit aux forestières (1), qui alloient bien encore à une quarantaine d'augmentation ; de sorte que, par une supputation assez juste, il se trouvoit qu'en ne buvant que trois doigts de vin à la fois, il ne sortoit jamais de table qu'il n'en eût six pintes dans le corps ;

(1) *Aux forestières :* Aux personnes étrangères.

le tout sans se décomposer jamais ni sortir de son sang froid, ni des règles de la modestie affectée à son caractère d'archevêque.

Il étoit très-bon chrétien sans avoir rien de bigot, exact observateur des fonctions épiscopales, d'un travail quasi continuel, et d'une application si grande aux affaires, que nul plaisir dans la vie n'étoit capable de l'en divertir. Etant aussi bon catholique qu'il étoit, il ne pouvoit qu'avoir de l'aversion pour la religion luthérienne : cependant ceux qui la professoient ne laissoient pas d'être bien venus près de lui; il avoit même plusieurs de ses domestiques qui en étoient, et il tâchoit de les tirer de leur erreur plutôt par de savantes instructions et de bons exemples que par autorité, qu'il s'étoit acquise à un tel point qu'il n'y avoit point de prince luthérien en Allemagne, à commencer par le roi de Suède, qui ne le fît avec joie l'arbitre de ses différends pour les choses séculières.

Lorsqu'il avoit sujet de se méfier de quelqu'un, il ne falloit point lui donner de leçon pour les précautions qu'il devoit prendre; et quand il conduisit l'Empereur jusque hors des Etats de Mayence et de Franconie, sous prétexte de lui rendre les honneurs dus à Sa Majesté Impériale, il avoit tellement disposé son affaire, qu'à toutes les couchées aussi bien que dans la marche il étoit toujours, en cavalerie et en infanterie, plus fort que l'Empereur, qui outre sa cour avoit deux bons régimens de cuirassiers avec lui.

Je finis par dire de l'électeur de Mayence que c'étoit un homme véritablement attaché à la personne du Roi, et à qui Sa Majesté avoit seul l'obligation du succès favorable de la négociation de la diète, et que sans lui le maréchal de Gramont et M. de Lyonne ne fussent jamais entrés dans Francfort.

Il seroit bien à désirer, pour les intérêts de la France, que l'électeur de Mayence qui vit maintenant ressemblât à son oncle, dont je viens de parler; la ligue avec les princes d'Allemagne subsisteroit encore, l'Empereur seroit moins despotiquement le maître en Allemagne qu'il ne l'est à présent, et nous le verrions assez docile pour ne pas refuser les avantageuses et les justes propositions de paix que la reine d'Angleterre lui a offertes; mais *altri tempi, altri curi.*

Le maréchal de Gramont vint rejoindre le Roi à Fontainebleau, où la cour étoit. Sa Majesté le reçut comme l'homme du monde qui venoit de la servir le plus utilement et avec plus de zèle; et le cardinal Mazarin comme son homme de confiance et son ami intime, à qui il voulut encore donner dans la suite des marques de son estime et de sa tendre et sincère amitié, qu'il lui a conservée sans diminution quelconque jusques au moment de sa mort.

[1659] Le traité de paix entre les deux couronnes s'avançant par la négociation de don Antonio Pimentel avec le cardinal Mazarin, et chacun raisonnant selon sa passion, mais avec fort peu de connoissance (ce qui se passoit entre eux étant extrêmement secret), l'on avoit pourtant assez de lumière pour juger que la paix et le mariage du Roi avec l'Infante (1) iroient conjointement, et qu'il falloit de nécessité que Sa Majesté la fît demander par un ambassadeur extraordinaire. Le bruit se répandit aussitôt par toute

(1) *L'Infante :* Marie-Thérèse, fille de Philippe IV.

la cour que le maréchal de Gramont auroit cette commission, et les gazettes étrangères le publièrent. C'est de quoi néanmoins le cardinal ne lui parla point, et il le laissa partir au mois de mai de l'année 1659 pour aller tenir les Etats dans son gouvernement, sans qu'il lui en dît une seule parole. Ce n'étoit pas aussi sa première intention, mais bien d'y envoyer le duc de Mercœur ou le comte de Soissons, lesquels ayant épousé ses nièces étoient considérés de lui comme les personnes qui lui convenoient le mieux pour avoir cet emploi.

Mais avant que de passer outre je ne puis m'empêcher de toucher quelques particularités sur la manière dont il plut à Dieu de conduire ce qui fut dans la suite si heureusement consommé, qui est la paix et le mariage : et ceux qui ont vu les choses de plus près, aussi bien que ceux qui en entendront parler, demeureront d'accord que c'est purement un ouvrage de cette main toute puissante, laquelle dans le temps qu'on tient les choses plus éloignées et moins praticables les rapproche et les facilite, et qui étant lasse de châtier la France et l'Espagne par le fléau d'une si longue guerre, fit tomber les armes de nos mains, lorsque vraisemblablement l'on pouvoit être persuadé que rien n'étoit capable de leur résister.

Le méchant état où se trouvoient pour lors les affaires du roi d'Espagne lui faisoit souhaiter la paix; mais les moyens pour y parvenir étoient bien contraires à son intention. Ce n'étoit, du côté des Espagnols, qu'injures contre le cardinal Mazarin, qu'invectives sur le peu ou le point d'assurance qu'il y avoit en sa parole. Les propositions faites par le maréchal de Gramont et M. de Lyonne, de la part du Roi, au collége électoral pendant la diète de Francfort, de vouloir bien prendre les électeurs pour arbitres de la paix, le pouvoir qu'il plut à Sa Majesté de donner à ses ambassadeurs de la traiter, les médiations du Pape et de l'ambassadeur de Venise, furent traités par le comte de Peneranda de pures illusions, et d'échappatoires grossières pour tirer en longueur l'élection de l'Empereur, et lui ôtant les moyens de secourir les Etats de Flandre, nous donner ceux d'y continuer nos progrès.

D'ailleurs ceux qui avoient fait des tentatives pour commencer quelque traité, comme don Gaspard-Boniface et un moine de saint François, avoient cru bien faire leur cour auprès de don Louis de Haro, et paroître fort clairvoyans, en lui rapportant avoir découvert dans l'esprit du cardinal Mazarin plus d'artifice que de sincérité.

Le seul comte de Fuensaldagne avoit toujours persisté dans la croyance que le cardinal n'étoit pas si éloigné du désir de la paix, et que par son propre intérêt il la devoit souhaiter; et comme don Louis avoit en lui une confiance entière, il l'envoya consulter à Milan sur ce qu'il jugeroit qu'il y auroit à faire. Le comte lui proposa d'envoyer don Antonio Pimentel au cardinal, l'assurant qu'il trouveroit dans son esprit des sentimens bien différens de ceux qu'on lui avoit dépeints. Don Louis, après avoir mûrement pesé les avis de Fuensaldagne, résolut de les suivre, et dépêcha aussitôt un courrier à Pimentel, qui étoit déjà arrivé à Merida, s'en allant en Portugal, avec ordre de revenir à Madrid pour y prendre congé du roi d'Espagne, et recevoir les ordres nécessaires pour faire les ouvertures de la paix et celles du mariage.

Ses pas furent heureusement comptés; car, pour peu qu'il y eût eu de retardement en sa marche, il trouvoit le Roi marié à Lyon avec la princesse Marguerite de Savoie, que madame Royale sa mère (¹) y avoit amenée à ce dessein.

Le Roi avoit quasi forcé le cardinal à faire ce voyage, qui n'étoit pas à son goût, et qu'il avoit empêché autant qu'il lui avoit été possible, sans toutefois faire de violence à sa volonté : car comme la princesse ne passoit pas pour être des plus aimables, il appréhendoit avec raison que son visage venant à choquer le Roi, il n'en voulût plus après pour sa femme, et que madame Royale étant venue sur l'espoir d'un mariage assuré, et s'en voyant frustrée, ce ne fût un affront public pour toute la maison de Savoie : ce qui se pouvoit éviter, le Roi ne partant point de Paris, et par conséquent n'en venant pas à un si grand éclat, et évitant de donner une mortification de semblable nature à une maison qui, pendant tout le cours de la guerre, étoit demeurée fermement attachée à l'alliance et aux intérêts de la France.

Le raisonnement du cardinal étoit juste et plein de raison; mais la chose se tourna bien différemment de ce qu'il avoit craint et imaginé : car le Roi étant allé au devant de la princesse, et l'ayant vue, il revint au galop dire à la Reine qui le suivoit qu'elle la trouveroit fort à son gré; et s'étant mis en portière avec elle, l'entretint tout le long du chemin

(1) *Sa mère :* La princesse Christine, fille de Henri IV.

avec une liberté et un agrément si extraordinaire, que tous les courtisans les plus éveillés ne doutèrent plus de l'avoir bientôt pour leur reine. Mais, à dire vrai, ils ne tardèrent guère à changer de note; car Pimentel étant arrivé dès le même soir à Lyon, et ayant exposé sa commission au cardinal, il fut conduit en secret chez la Reine, où le Roi se trouva, auquel il fit entendre les bonnes intentions de Sa Majesté Catholique.

L'on peut juger de la joie de la Reine par l'aversion qu'elle avoit, non-seulement pour le mariage de Savoie, mais pour tout autre que celui de sa nièce : et comme lorsque les passions sont fortes elles se cachent malaisément, l'on vit le lendemain la scène bien changée. Madame Royale vint au cercle; et le Roi, après tout l'empressement qu'il avoit eu la veille, ne regarda ni ne parla à sa fille. La Reine applaudit aux railleries qu'on fit sur son extrême laideur; et le duc de Savoie arrivant le lendemain, le Roi eut pour lui des sécheresses infinies.

Ces prompts et imprévus changemens ouvrant les yeux aux personnes intéressées, et les courtisans faisant leur devoir accoutumé, c'est-à-dire pénétrant en peu de temps ce qui se passe de plus secret dans le cabinet pour peu de lumière qui leur en vienne, ils jugèrent bientôt qu'il falloit qu'il fût arrivé *incognito* quelque envoyé d'Espagne; et l'on sut, vingt-quatre heures après, que Pimentel étoit celui qui avoit si soudainement troublé la fête et dérangé les escabelles.

Le cardinal fut trouver madame Royale, et lui dit qu'il ne la vouloit ni tromper ni flatter, et qu'il manqueroit à ce qu'il devoit au Roi et à l'Etat, s'il ne recevoit pas avec joie et à bras ouverts les propositions qu'on lui faisoit de la part du roi d'Espagne. Madame Royale fondit en larmes, fit ses plaintes inutilement à tout le monde. Le duc de Savoie regagna Turin en diligence, sa mère le suivit de près : et pour adoucir en quelque façon sa juste et vive douleur, le Roi lui donna en partant un écrit signé de sa main, et contre-signé des quatre secrétaires d'Etat, par lequel Sa Majesté lui promettoit d'épouser la princesse sa fille, en cas qu'il ne se mariât pas avec l'Infante ; et il fallut bien qu'elle se payât de cette mauvaise monnoie, n'en pouvant avoir de meilleure.

La cour s'en retourna à Paris, Pimentel eut les pouvoirs nécessaires d'Espagne, la suspension d'armes se fit ; et le 4 de juin, les articles de paix furent signés par le cardinal Mazarin et ledit Pimentel. Le Roi vint à Fontainebleau, et le cardinal prit sa route pour aller à Saint-Jean-de-Luz. Arrivant à Poitiers, Pimentel reçut d'Espagne la ratification du traité qu'il avoit signé à Paris.

Enfin, après plusieurs conférences entre le cardinal et don Louis dans cette île des Faisans si renommée, et les difficultés surmontées sur l'article de M. le prince, qui causoit le plus grand embarras, le cardinal déclara au maréchal de Gramont que le Roi l'avoit choisi pour aller à Madrid demander en son nom, au roi d'Espagne, l'Infante sa fille en mariage. Il lui dit ensuite qu'il avoit jeté les yeux sur sa personne préférablement à tout autre, pour la fonction la plus honorable que le Roi pouvoit jamais donner à un de ses sujets. Le maréchal lui rendit toutes les grâces qui étoient dues à ces derniers témoignages d'estime et de confiance qu'il lui donnoit : mais sa surprise fut extrême lorsque, pour se préparer à un voyage d'un tel éclat, le cardinal ne lui donna que quinze jours de temps, lui disant qu'il le falloit faire en poste, c'est-à-dire sur des mules, n'y ayant point d'autre allure plus commode pour un homme qui marche avec plus d'un valet; que le temps pressoit, en sorte qu'il ne se pouvoit faire autrement; et qu'il avoit été concerté entre don Louis et lui que Sa Majesté Catholique lui donneroit ses carrosses, et des domestiques pour le servir. Le maréchal lui représenta qu'il croyoit d'un grand préjudice à la dignité du Roi si, après une si longue guerre, un ambassadeur qui alloit pour le marier paroissoit à Madrid pour annoncer la paix et demander l'Infante sans train, livrée ni suite, et qu'il y avoit de la différence entre faire la chose avec la magnificence requise en cas pareil (puisque le temps ne le permettoit pas), ou de paroître ridiculement dans une cour orgueilleuse et superbe, qui se croyoit au-dessus de toutes les autres, et qui depuis un temps infini n'avoit vu de Français chez elle; mais qu'il le laissât faire, et qu'il espéroit d'en sortir à son honneur.

Dès l'heure même il dépêcha à Paris quantité de courriers qui se suivoient l'un l'autre pour lui apporter les choses nécessaires, tant pour lui que pour une livrée qui pût paroître avec éclat. Les difficultés qui se rencontrèrent dans une si grande affaire que celle de donner la paix à l'Europe lui donnèrent quelques jours de plus pour se préparer; mais il arriva qu'après avoir pris congé de Son Eminence et de don Louis, toutes choses étant ajustées, et étant allé coucher à Irun pour de là continuer son voyage, il reçut un ordre du cardinal d'aller le retrouver à Saint-Jean-de-Luz, et de ne pas faire partir la première troupe de ses gens, comme il avoit été résolu, auparavant qu'il ne l'eût entretenu.

Un écrit que les partisans du prince de Condé avoient donné à don Louis pour être inséré dans les articles de paix étoit la cause de ce retardement. Il étoit conçu en termes que le cardinal jugeoit peu convenables à la dignité du Roi : mais, en deux conférences qu'il eut avec don Louis, les choses furent accommodées, et le maréchal de Gramont continua son voyage pour Madrid.

Mais, avant que d'entrer dans le détail de ce qui se passa, j'ai cru qu'il ne seroit ni désagréable ni inutile au public qui lira ces Mémoires d'exposer d'où provenoit l'opiniâtreté invincible de Peneranda de ne pas vouloir traiter la paix en Allemagne, et d'en renvoyer toujours la négociation aux Pyrénées.

La véritable cause étoit donc qu'il nous avoit donné tant d'avantage, et par conséquent apporté un si notable préjudice aux affaires du Roi son maître par le refus qu'il avoit fait de toutes les propositions de paix que l'électeur de Mayence lui avoit faites, qu'il est constant que celui qu'il fit encore de donner un passe-port pour aller en Espagne de la part du collége électoral, afin que Sa Majesté Catholique en voulût admettre l'adjudication, persuada le collége électoral, et particulièrement l'électeur de Mayence, bien plus fortement que tous les ambassadeurs de France eussent pu dire, que les Espagnols ne vouloient point de paix : ce qui le rangea entièrement du côté du Roi, et qui, pour dire la vérité, fut la seule cause des heureux succès de la négociation de Francfort.

Je dirai de plus que la pensée de Peneranda étoit que si l'on traitoit la paix en Allemagne, le cardinal Mazarin pourroit, toutes les fois qu'il lui sembleroit être bon pour ses intérêts, en éluder la conclusion, comme on prétendoit qu'il avoit fait à Munster; mais que si une fois il faisoit la démarche de se charger seul de cette grande affaire, et de la traiter avec don Louis de Haro, il n'oseroit en la rompant s'exposer à la malédiction publique, et que les peuples, étant réduits à la dernière extrémité par les maux d'une si longue guerre, lui jeteroient des pierres lorsqu'ils verroient leurs espérances frustrées, dont l'on ne pourroit rejeter la faute que sur lui.

A ce raisonnement il en ajoutoit un autre, sur lequel je ne prétends rien décider, mais seulement exposer le fait, qui étoit qu'il y avoit plus à gagner pour don Louis traitant tête à tête avec le cardinal Mazarin, que par toute autre voie : non pas qu'on pût s'imaginer sa capacité plus grande, sa connoissance plus étendue, ni plus de détours ni de souplesse d'esprit pour en donner à tâter à son compagnon, puisque ces qualités ne furent jamais possédées à plus haut degré qu'elles l'ont été par le cardinal Mazarin, mais par la croyance du vulgaire d'une certaine condescendance qui approchoit de la foiblesse, lorsqu'on traitoit avec lui sans médiateur ; ce que, pour rendre témoignage à la vérité, il faut avouer qu'il évitoit avec grand soin en toutes rencontres avec toutes sortes de gens.

Quoi qu'il en soit, c'est une chose des plus étonnantes qu'un traité fait et signé entre le cardinal et Pimentel, et dont la ratification par le roi d'Espagne fut apportée à Poitiers audit cardinal par le même Pimentel, ait été changé à la conférence dans ses articles les plus importans, étant certain que dans le premier traité M. le prince avoit été absolument abandonné, et dans le dernier rétabli, comme nous l'avons vu du depuis ; dont il ne faut pas d'abord s'effaroucher ni condamner le cardinal, si l'on veut faire réflexion sur ce qu'il en coûta aux Espagnols, savoir, trois places de l'importance d'Avesnes, Marienbourg et Philippeville, qui pouvoient un jour faciliter de grands progrès aux armes du Roi dans les Pays-Bas, si la guerre venoit jamais à s'y rallumer.

Je reviens au maréchal de Gramont, qui partit d'Irun le 4 d'octobre, et arriva le 15 à Alcobendas, d'où il partit le 16 à quatre heures du matin pour aller à Mauden, qui est un petit village éloigné de Madrid d'un quart de lieue, où il avoit fait préparer les habillemens et les autres choses nécessaires pour son entrée, que la poudre eût gâtés et mis en grand désordre partant de plus loin. Il y trouva un lieutenant général des postes, un lieutenant particulier, six maîtres courriers et huit postillons, tous habillés de taffetas incarnadin de rose, et montés sur des chevaux admirables que le roi d'Espagne lui avoit envoyés avec soixante autres chevaux superbement harnachés pour autant de gentilshommes qui devoient l'accompagner à son entrée. Et comme elle se devoit faire comme si c'eût été avec des chevaux de poste, le maréchal ayant estimé qu'étant envoyé par un roi jeune, galant et amoureux, il n'étoit pas à propos qu'il entrât à Madrid d'autre façon que comme un courrier qui venoit par la voie la plus prompte témoigner à l'Infante l'impatience et la passion de son maître (ce qui plut infiniment aux Espagnols, qui n'avoient point encore perdu l'idée de l'ancienne galanterie des Abencerrages), ainsi il fit au galop tout le chemin qu'il y a depuis la porte de la ville jusques au palais.

Comme il falloit se conformer à l'équipage auquel il se trouvoit et à l'affaire qu'il venoit traiter, le maréchal disposa lui-même toute sa troupe, afin qu'il n'y eût aucune confusion, et fit marcher à la tête le lieutenant des postes, et les six maîtres courriers suivis des huit postillons, qui faisoient un bruit de tous les diables avec leurs cornets, qui annonçoient la venue des courriers. Après venoit le lieutenant général, derrière lequel le maréchal alloit tout seul ; six pas après marchoit toute la quadrille française, qui certainement ne faisoit pas de honte à l'ambassadeur, car ceux qui la composoient étoient faits à peindre, et vêtus d'une magnificence surprenante. Le maréchal entra par la porte du Prado, qu'il traversa d'un bout à l'autre, et passa de là dans la Calle Mayor. Il y avoit partout un si grand nombre de carrosses, disposés pourtant avec un tel ordre qu'ils n'empêchoient pas sa course, et une quantité de monde si prodigieuse, que les rues, qui sont très-larges, et les balcons, qui sont à toutes les maisons jusques au quatrième étage, ne la pouvoient contenir.

Il est aisé de s'imaginer beaucoup de monde et une quantité innombrable de carrosses dans une ville comme Madrid, qui est le séjour des rois d'Espagne ; mais il est impossible de concevoir et encore moins d'exprimer la joie et le ravissement de tout ce peuple. L'on n'entendoit de tous côtés que crier en espagnol : *Viva el marescal de Agramont* (1), *que es de nuestro sangre, y que nos trahe la pas y la bodas de nuestra serenissima Infanta con el rey Christianissimo, tan bravo, tan lindo y tan moço! Dios los bendiga à todos!* L'on peut dire qu'il ne fut jamais d'alégresse publique plus parfaite ; et bien qu'on se fût attendu à être bien reçu, vu le sujet de l'ambassade, l'on ne s'imaginoit pas trouver des transports de joie si véritables et si extraordinaires que ceux qui paroissoient sur les visages et dans tous les mouvemens de tant de personnes.

Il est vrai que la manière dont l'entrée se fit parut charmante à tout le monde ; et l'on peut dire aussi sans flatterie qu'elle eut toutes les grâces de la nouveauté. Le maréchal de Gramont étoit toujours tête nue, pour répondre à toutes les civilités qu'il recevoit des dames et des cavaliers. Enfin il arriva au palais, et entra à cheval dans une manière de vestibule qui est au pied du grand escalier, où il rencontra l'amirante de Castille, que le roi d'Espagne avoit destiné pour le recevoir, accompagné de tous les grands qui étoient pour lors à la cour, savoir, le marquis de Liche, le comte de Monterey, le connétable de Castille, le duc d'Aurante, le duc d'Alva, le duc de Montalto, le mar-

(1) *Viva el marescal de Agramont,* etc. : Vive le maréchal de Gramont, qui est issu du même sang que nous, qui nous apporte la paix, et qui vient conclure le mariage de notre sérénissime Infante avec le roi Très-Chrétien, si bon, si beau et si jeune ! Dieu les bénisse tous !

T. 57.

quis d'Aytonne, le duc de Sessa, le duc de Terra-Nova, le prince d'Astillano, le marquis de Alcaniz, le comte d'Aguilar, le duc de Bejar, le marquis de Léganès, le marquis de Santa-Cruz, le comte de Fuensaldagne, et le marquis de Vellada. Le maréchal ne pouvoit presque monter l'escalier, pour la grande foule qu'il y avoit : tout le monde le couroit ; ceux qui l'avoient vu le vouloient encore voir ; et bien qu'il fût entouré de toutes parts, hommes et femmes le tiroient par le justaucorps pour le faire tourner de leur côté, et lui bouchoient le passage pour l'obliger de s'arrêter. Quant à moi qui étois fort beau, fort eune et fort paré, et qui marchois à ses côtés, je fus enlevé comme un corps saint par les *tapades*, qui sont les femmes de joie de Madrid, lesquelles me prenant à force, après m'avoir pillé tous mes rubans, peu s'en fallut encore qu'elles ne me violassent publiquement : ce qui seroit indubitablement arrivé, si l'amirante de Castille et deux ou trois autres grands, s'apercevant du risque que je courois, ne m'eussent arraché avec violence d'entre les bras de ces carognes effrénées. Ce fut donc avec bien de la peine que le maréchal de Gramont parvint jusques à l'appartement du Roi, qui l'attendoit à l'audience dans un grand salon paré des plus belles tapisseries de la couronne. Il étoit au bout sous un dais en broderie d'or et de fort grosses perles, assis dans un fauteuil ; et la queue du dais étoit couverte par le portrait de Charles v à cheval, fait par le Titien, si au naturel qu'on croyoit que l'homme et le cheval étoient vivans. A sa gauche se mirent tous les grands que je viens de nommer, et un peu éloigné de lui un nombre infini de gens de la plus grande qualité. Bien que la parure de tous ces messieurs-là ne fût pas des plus brillantes, il y avoit néanmoins un air de grandeur et de majesté que je n'ai vu nulle part. Le Roi se leva quand il vit paroître le maréchal, et le salua du chapeau ; et quand le maréchal fut à vingt pas de sa chaise, il lui fit les trois révérences accoutumées ; puis s'étant approché tout seul de la personne du Roi, il lui fit le discours suivant :

« SIRE,

« Le Roi mon maître m'envoie à Votre Majesté pour lui témoigner l'extrême joie qu'il ressent de voir que Dieu a béni les saintes intentions que Vos Majestés ont toujours eues de donner fin à une si longue guerre, le repos non-seulement à ce grand nombre de peuples qui leur sont soumis, mais à toute la chrétienté, qui soupire depuis si long-temps après un si grand et si nécessaire ouvrage : et parce que le Roi mon maître ne souhaite rien davantage qu'une bonne et durable union entre Vos Majestés, il a cru que rien ne la pouvoit mieux établir qu'en demandant, comme je fais en son nom à Votre Majesté, la sérénissime infante dona Maria-Thérésa, fille aînée de Votre Majesté, en mariage ; l'assurant que l'estime particulière qu'il fait des rares qualités dont la sérénissime Infante est douée, jointe à l'éclat et la grandeur de sa naissance, lui font souhaiter, avec un désir passionné et une impatience extrême, l'accomplissement d'un mariage qui doit remplir l'univers de joie, effacer la mémoire de tant de calamités publiques, réunir les cœurs de Vos Majestés par le lien le plus doux et le plus ferme qu'on puisse s'imaginer, combler la France de bénédictions, et la personne du Roi mon maître d'un contentement si parfait, que mes paroles ne sont pas capables de l'exprimer à Votre Majesté (1). »

Le roi Catholique lui répondit que le jour qu'il avoit tant souhaité étoit enfin arrivé, dont il avoit une extrême joie ; qu'il contribueroit de son côté à maintenir avec le Roi son frère et neveu une bonne et sincère correspondance : et quant à la demande qu'il lui faisoit de l'Infante, il l'estimoit et jugeoit convenable, et qu'il donneroit une prompte et favorable réponse ; que cependant il allât voir la Reine et l'Infante. Après quoi le maréchal de Gramont se retira un peu au côté droit de la chaise du Roi, et fit signe à toutes les personnes de condition qui étoient avec lui de s'approcher pour le venir saluer, l'ayant supplié auparavant d'agréer qu'ils eussent cet honneur. Le comte de Guiche fut le premier qui vint lui faire la révérence ; mais comme c'étoit l'homme du monde le plus agréable, et de la figure la plus noble, le Roi le regarda avec attention ; puis adressant la parole au maréchal, il lui dit : *Buen moço es* (2). Je vins ensuite ; et le Roi me trouvant encore plus à son gré, et quelque chose de plus gracieux que le comte de Guiche, voici par où il finit avec le maréchal sur le compte des deux frères : *Teneis muy* (3), *buenos y lindos hijos ; y bien*

(1) Dans un écrit du temps, on prétend que le maréchal fut présenté au Roi et à l'Infante, et qu'il ne leur adressa que ces mots : « Sire, le « Roi mon maître vous accorde la paix ; et à vous, madame, Sa Majesté « vous donne son cœur et sa couronne. » L'auteur cite cette prétendue harangue comme un modèle de laconisme. — (2) *Buen moço es* : Il est bel homme. — (3) *Teneis muy*, etc. : Vous avez de bons et beaux enfans ; il est aisé de voir que les Gramont sont de race espagnole.

se hecha de ver que los Agramonteses salen de la sangre de España. Ces paroles, sorties de la bouche de Philippe IV, qui ne l'ouvroit pas volontiers, surprirent tous les grands, qui en battirent des mains, et en vinrent faire leurs complimens à mon père sur-le-champ. Le reste des cavaliers français suivirent l'un après l'autre avec beaucoup d'ordre, le maréchal disant le nom et la qualité de chacun. Le Roi eut la bonté et la patience d'attendre qu'ils eussent tous passé en revue devant lui, et dit même au maréchal avec une politesse infinie, lorsqu'il lui faisoit des excuses sur le grand nombre de salutations, qu'il n'en étoit point importuné, et qu'au contraire il étoit ravi de les voir.

Pendant que toutes ces choses se passoient, la Reine et l'Infante se tinrent cachées derrière une jalousie qu'on avoit faite exprès pour cela dans une porte qui regardoit la chaise du Roi, d'où elles voyoient tout ce qui se faisoit sans être presque vues.

Après quelques paroles de complimens, le maréchal se retira dans le même ordre qu'il étoit entré, et accompagné de l'amirante de Castille et de tous les grands d'Espagne. Il passa dans l'appartement de la Reine, et lui parla un moment le chapeau sur la tête, qu'il ôta incontinent; puis il continua son discours toujours découvert, et ensuite salua l'Infante. Et parce que le roi Catholique l'avoit fait avertir à Alcobendas par don Christoval de Gavilla que pour cette première fois il eût à se garder de parler de mariage à l'Infante, le maréchal crut qu'il suffisoit, en lui rendant la lettre de la Reine, d'y ajouter ces paroles en espagnol, le français lui étant aussi inconnu que l'arabe: *Señora, la carta* (1) *de la Reina my señora : my respecto y my silencio podran significar à V. A. R. lo que no me atrevo à dezille.*

Les complimens achevés, il descendit l'escalier, accompagné toujours de l'amirante et des autres grands, avec lesquels il se mit dans un carrosse du Roi, qui le mena dans une maison qu'on lui avoit préparée, et meublée des plus belles tapisseries de la couronne. L'amirante le conduisit jusques à son appartement, où il le laissa pour se délasser d'une journée qui lui avoit donné bien de la peine et de la fatigue, mais dans laquelle aussi il avoit reçu tant d'honneur et de distinction, qu'il est impossible qu'un particulier en pût passer une qui lui parût jamais si belle.

Le lendemain matin il fut visité par l'amirante, suivi de plusieurs grands d'Espagne, qui depuis le vinrent voir tous l'un après l'autre en leur particulier, aussi bien que le nonce du Pape, les ambassadeurs de l'Empereur et de Pologne. A la vérité la visite de l'ambassadeur de l'Empereur surprit le maréchal; car ne l'ayant jamais vu pendant son séjour à Francfort, et venant à Madrid pour lui enlever une maîtresse de l'importance de l'Infante, il ne s'attendoit pas à recevoir ses complimens. Le palais du maréchal étoit toujours plein de tout ce qu'il y avoit de plus qualifié à Madrid; et lorsqu'il alloit dans les rues, le peuple avoit encore le même empressement de le voir que le jour qu'il arriva. Il sortit l'après-dînée dans un carrosse du Roi, accompagné de six autres remplis de gentils-

---

(1) *Señora, la carta,* etc. : Princesse, voilà la lettre de notre Reine : mon respect et mon silence indiquent à Votre Altesse Royale ce que je n'ai pas la hardiesse de lui dire.

hommes français extrêmement propres, et suivis de ses pages et valets de pied, qu'on peut dire qui étoient assez galamment vêtus pour attirer les yeux et la curiosité de toutes sortes de personnes.

Le 18, le Roi lui envoya sur le soir toute sa musique, qui chanta trois heures dans sa chambre : elle étoit bonne pour des Espagnols qui y étoient accoutumés, et diabolique pour les Français, qui ne pouvoient s'empêcher d'en rire assez mal à propos ; mais c'est dans le caractère de la nation, qui n'approuve guère tout ce qui n'est pas d'elle, et qui veut toujours partout où elle est porter la mode de France.

Le 19, le maréchal assista à la messe du Roi, qui fut dite en cérémonie dans le palais, où se trouvèrent aussi le nonce du Pape, l'ambassadeur de l'Empereur et de Pologne : de là il fut dîner chez l'amirante de Castille, qui lui fit un festin superbe et magnifique à la manière espagnole, c'est-à-dire pernicieux, et duquel personne ne put manger. J'y vis servir sept cents plats, tous aux armes de l'amirante : tout ce qui étoit dedans étoit safrané et doré ; puis je les vis reporter comme ils étoient venus, sans que personne de tout ce qui étoit à table en pût tâter ; et si le dîner dura plus de quatre heures. Le soir, il y eut un concert de voix et d'instrumens qui ne valut pas mieux que le repas ; et la fête finit à minuit par une comédie qu'il fallut admirer, bien qu'elle ne fût rien moins qu'admirable.

Le 20, don Fernando Ruys de Contreras, secrétaire d'Etat, vint apporter au maréchal les lettres du roi Catholique, et l'assurer de sa part qu'il consentoit avec joie au mariage du Roi et de l'Infante, et que Sa

Majesté lui diroit de sa propre bouche : ce qu'elle fit le lendemain par un discours si bien suivi et si obligeant, qu'on n'y sauroit rien ajouter. Après une si prompte et si favorable expédition, il prit congé du Roi et de la Reine, qui lui dit qu'elle lui vouloit faire voir les princes ses fils (qui étoient tous deux auprès d'elle), la sérénissime Infante, et la petite Infante, qui étoit vive et jolie au possible. Ce fut celle que l'Empereur épousa peu de temps après, et qui ne survécut guère à son mariage.

Ces fonctions si honorables étant achevées, le Roi, par surcroît de grâces, voulut que le maréchal assistât à une comédie qu'il fit jouer au palais, afin qu'il eût encore plus de loisir de considérer l'Infante et d'y voir toutes les dames, où l'on eut un soin particulier de faire placer tous les cavaliers français dans les endroits les plus honorables et les plus commodes. Quant au maréchal, on le fit mettre derrière une jalousie pour qu'il fût assis, les grands d'Espagne étant toujours debout lorsqu'ils sont devant le Roi. Sa Majesté poussa l'excès de sa bonté jusques à commander qu'on fît placer les pages dans un lieu où il n'y a que les grands et les dames du palais qui aient le droit d'entrer.

Le soir, comme le maréchal se retiroit en son logis, le roi Catholique lui envoya son garde-joyaux lui porter de sa part un cordon de diamans de très-grand prix. La plupart des grands d'Espagne, à l'envi l'un de l'autre, lui donnèrent aussi des tableaux magnifiques, et les plus beaux chevaux qu'ils eussent.

Peu de jours après, il fut voir Aranjuez et l'Escurial : la situation du premier, ses fontaines, ses grandes allées en terrasse d'une lieue de long, avec deux rangs d'arbres plus beaux que tous les tilleuls que j'ai vus en Flandre, du long desquels passent les deux belles rivières du Tage et du Xarès, font un aspect admirable. Pour la maison, il n'est point de petit bourgeois aux environs de Paris qui n'en ait une plus commode, plus belle et plus ornée : c'étoit pourtant un des palais favoris de Philippe II. Quant à l'Escurial, séparément l'on peut voir de plus belles choses; mais le tout ensemble compose une magnificence et une richesse surprenante.

Le maréchal de Gramont ne voulut pas partir aussi sans voir le Buen-Retiro, le palais et le Prado. La maison du Retiro fut bâtie par le comte duc d'Olivarès : elle est assez grande, les appartemens passablement commodes, mais mal tournés, et de mauvais goût; car les Espagnols n'en ont aucun pour tout ce qui s'appelle meubles, jardins et bâtimens. Il y avoit trois ou quatre grandes salles pleines des plus beaux tableaux du Titien et de Raphaël, d'un prix inestimable; mais depuis la mort de Philippe IV, la reine sa femme prit en gré de les convertir en copies, et de faire passer en Allemagne tous les originaux, qu'elle vendit quasi pour rien.

Le palais du Roi est grand : tous les appartemens sont de quinconce, et presque point éclairés. On les a bâtis de la sorte, à cause de l'excessive chaleur qu'il fait en été à Madrid. Il n'y a nul ornement dans tous les appartemens, excepté le salon, où le Roi reçoit les ambassadeurs; mais ce qui est admirable, ce sont les tableaux dont toutes les chambres sont pleines, et les tapisseries superbes, et beaucoup plus belles que celles de la couronne de France, dont Sa Majesté Catholique a huit cents tentures dans ses garde-meubles : ce qui m'obligea une fois de dire à Philippe v, lorsque depuis j'étois ambassadeur extraordinaire auprès de lui, qu'il en falloit vendre quatre cents pour payer ses troupes et faire la guerre, et qu'il lui en resteroit encore suffisamment de quoi meubler quatre palais comme le sien.

La situation et la vue du palais sont belles ; et la place qui est au devant magnifique.

La maison du Prado fut bâtie par Charles v : les appartemens en sont petits, et assez commodes ; mais cela ne sent nullement sa maison royale. Elle est située en fort beau lieu, et en très-bon air.

Quant à la Casa del Campo, il y a quelques jardins très-petits et mal entretenus ; et la maison a plus de l'air d'un cabaret que d'autre chose.

Pendant que le maréchal de Gramont visitoit tous ces lieux, il fit partir le sieur de Gontery, premier maître d'hôtel de Monsieur, pour porter à Leurs Majestés, et au cardinal Mazarin, les nouvelles de sa prompte et favorable expédition ; et les lettres qu'il leur rendit de sa part étoient de cette teneur :

« SIRE,

« Je m'estime le plus heureux de tous les hommes de pouvoir, sans flatter Votre Majesté, l'assurer qu'il n'y a rien de plus beau que l'Infante, et que le roi d'Espagne l'a accordée pour femme à Votre Majesté, avec des témoignages de joie et de paroles si obligeantes qu'on n'y sauroit rien ajouter : dont je me réserve à rendre en peu de jours un compte plus exact à Votre Majesté, lorsque j'aurai l'honneur de lui présenter la lettre du roi Catholique. Ceux qui ont l'honneur de connoître l'Infante sont en admiration de la beauté et de la douceur de son esprit; mais, à dire vrai, c'est de quoi je ne puis informer Votre Majesté, ses paroles dans les deux audiences que j'ai eues ayant été si mesurées, qu'elles n'ont point passé, à la première, *la demande de la santé de la Reine;* et à la seconde, *des assurances d'être en toutes occasions soumise à ses volontés,* sans qu'il m'ait été possible d'en tirer davantage : de quoi Votre Majesté ne s'étonnera pas, s'il lui plaît, puisque, excepté le Roi son père, elle n'entretint jamais homme si long-temps. Je suis, avec un profond respect, etc.

« A Madrid, le 22 octobre 1659. »

A la Reine.

« Madame,

« J'obéis au commandement que Votre Majesté m'a fait de lui mander sincèrement ce qui me sembloit de l'Infante avec une joie qui ne se peut exprimer, puisque, me tenant dans une règle exacte de l'obéissance et de la vérité, je puis assurer Votre Majesté qu'il n'y a rien de plus beau qu'elle. J'aurois trop de choses à dire si j'en prétendois faire le portrait à Votre Majesté; et il me suffit, pour le rendre le plus parfait qu'il puisse être, de dire que c'est celui de Votre Majesté. Pour les parties de son esprit, je n'en parlerai point à Votre Majesté, puisqu'à ma première audience, où l'on m'avertit de n'entrer en aucune matière, je me contentai, en lui donnant la lettre de Votre Majesté, de lui dire : *La carta*(1) *de la Reyna my señora : my respecto y my silencio podran significar à V. A. lo que no me atrevo à dezille.* J'eus pour toute réponse : *Como esta* (2) *la Reyna mi tia ?* et à celle de mon congé, où je m'étendis davantage, le roi Catholique l'ayant accordée au Roi pour sa femme : *Desid à la Reyna* (3) *mi tia que yo estare siempre muy rendida à su voluntad.* Ce discours assez succinct ne surprendra pas Votre Majesté, puisqu'elle sait bien la modestie et la mesure avec laquelle les infantes parlent, lorsqu'elles sont sous la puissance paternelle. Le prince d'Espagne est beau, l'Infantine un petit ange; et le roi Catholique m'a donné une si prompte et favorable expédition, et m'a fait tant d'honneur en mon particulier, que je ne serois pas croyable sur les louanges que je suis obligé de donner à sa personne, et à sa manière d'agir. Je rends compte exact de toutes choses à M. le cardinal, tant par la lettre que je lui écris, que par une relation de tout mon voyage; et il ne me reste rien à dire à Votre Majesté, sinon que le roi Catholique m'a dit et répété plus d'une fois que rien dans le monde ne pourroit l'empêcher de conduire l'Infante à la frontière, et de voir Votre Majesté, qui est ce qu'il désiroit avec le plus d'ardeur avant mourir. Je suis avec respect, etc.

« A Madrid, le 22 octobre 1659. »

(1) *La carta*, etc. : Voilà la lettre de la Reine mère : mon respect et mon silence feront connoître à Votre Altesse ce que je n'ai pas la hardiesse de lui dire. — (2) *Como esta*, etc. : Comment se porte la Reine ma tante ? — (3) *Desid à la Reyna*, etc. : Dites à la Reine ma tante que je serai toujours très-soumise à sa volonté.

A Son Eminence (1).

« Monseigneur,

« Par ma précédente dépêche, Votre Eminence aura vu que j'attendois, par la bouche du roi Catholique, ce que don Fernando Ruys de Contreras m'avoit déjà dit de sa part. Hier, à onze heures, j'eus mon audience de congé, où il me fit un très-beau discours et bien suivi, pour me témoigner l'extrême joie qu'il avoit, non-seulement de voir la paix qu'il avoit tant désirée entre le Roi son frère et neveu et lui, mais de lui donner encore l'infante dona Maria-Thérésa sa fille aînée et si chérie en mariage, espérant que ce seroit un lien indissoluble qui maintiendroit une parfaite union et bonne intelligence entre les deux couronnes; que, par la prompte expédition qu'il me donnoit, je pouvois juger de ses sentimens; qu'il avoit résolu de conduire l'Infante à la frontière, et de voir la Reine sa sœur (ce qu'il souhaitoit si ardemment, qu'il n'y avoit rien dans le monde capable de l'en empêcher); que j'allasse prendre congé de la Reine et de l'Infante; et qu'il désiroit que je visse les princes ses fils, afin d'en pouvoir rendre compte à Leurs Majestés. J'avois oublié de mander à Votre Eminence qu'à ma première audience il me dit *que tenia* (2) *muy buenas y precisas noticias de lo que el cardenal havia obrado en el negocio de la paz.*

---

(1) En ce temps-là les ducs ne ménageoient point le *monseigneur* à un cardinal un peu plus que favori. (*Note de l'auteur*). — (2) *Que tenia*, etc. : Qu'il avoit de bons et exacts renseignemens sur la conduite du cardinal lorsqu'on avoit négocié la paix.

« Ayant pris congé de Sa Majesté Catholique, je fus à l'appartement de la Reine, que je trouvai avec ses fils à droite, et les Infantes à gauche (l'Infante qui doit être notre reine dans le même rang). Elle me témoigna en peu de paroles beaucoup de satisfaction de la paix et du mariage, et me dit qu'elle avoit fait venir les princes ses fils afin que je les visse. Le prince d'Espagne me parut fort joli; l'Infant n'a que dix mois, et le coloris si blafard, qu'il pourroit bien passer avant qu'il fût peu en l'autre monde.

« Après avoir achevé mon compliment à la Reine, je lui demandai permission de m'approcher de l'Infante, et de lui parler; à quoi elle me répondit : *Bien podeis* (1); car le langage laconique leur est en particulière recommandation. Je crus que le roi Catholique m'ayant déclaré qu'il donnoit au Roi l'Infante sa fille en mariage, je pouvois avec liberté m'étendre davantage que je n'avois fait à ma première audience, et m'étois imaginé qu'à cette seconde j'aurois quelque réponse moins sèche qu'à la première; et pour l'y obliger, je tâchai à dire en espagnol ce que la rhétorique gasconne peut dicter à une personne qui galantise pour son maître; mais ce que j'en pus arracher fut : *Desid à mi tia*(2) *que yo estare siempre muy rendida à su voluntad*. Et comme ce sont paroles sacramentales, je n'ai pas cru devoir ni en omettre une lettre, ni les changer de langage, ni me passer de les écrire au Roi, à la Reine et à Votre Eminence, qui ne seront pas surpris de la brièveté du discours, puisque, excepté le Roi son père, elle n'en a jamais

---

(1) *Bien podeis* : Vous le pouvez. — (2) *Desid à mi tia*, etc. : Dites à ma tante que je serai toujours très-soumise à sa volonté.

tant dit à homme vivant. Sur ce fondement, Votre Eminence jugera aisément que je ne m'étendrai pas à lui parler de la délicatesse et de la douceur de son esprit (que tous ceux qui la connoissent louent au dernier point), puisqu'à moins d'un don particulier du Saint-Esprit pour pénétrer dans le fond de son cœur, il me seroit un peu difficile d'en parler avec certitude.

« Quant aux qualités du corps, elles ne peuvent être à mon sens plus agréables : c'est une blancheur qui ne se peut exprimer, des yeux perçans et vifs, la bouche belle. Pour les dents, je n'en saurois parler, car la conversation a été trop courte pour les pouvoir remarquer, non plus que la taille, que la hauteur des chapins et un garde-infant large de deux aunes peuvent aisément cacher; seulement, l'ayant vue entrer et sortir de la salle de la comédie, elle m'a paru fort libre, le ton de la voix agréable, les cheveux de belle couleur : et afin de finir par un portrait qui puisse satisfaire Votre Eminence, je l'assurerai que c'est la parfaite ressemblance de la Reine. J'envoie une relation à Votre Eminence de tout le reste de mon voyage; à quoi je dois ajouter que don Juan d'Autriche m'ayant envoyé son confesseur me faire de sa part un compliment fort obligeant, je ne voulus point m'engager à y répondre, que je ne susse premièrement du roi Catholique de quelle manière il trouvoit à propos que j'en usasse, ayant pris ma résolution de ne pas faire un pas sans être informé de combien de pieds il devoit être composé dans une cour où les coutumes sont si différentes non-seulement des nôtres, mais même de celles du reste du monde, et où, pour le peu de temps que j'y ai demeuré, j'ai assez remarqué que d'un compliment l'on en pourroit faire aisément une injure, et ce que l'on estimeroit galanterie en un autre pays passeroit en celui-ci pour une indécence. Enfin, ayant fait proposer s'il seroit à propos que j'y envoyasse mon fils le comte de Guiche, ce parti ne fut point accepté, ni même celui de prier don Christoval de Gavilla d'y aller de ma part, le Roi se chargeant du compliment (avec lequel, par parenthèse, il n'a pas de fort longues ni de fréquentes conversations). Hier, au sortir de la comédie que Sa Majesté Catholique désira que je visse au palais pour avoir plus de temps d'y considérer l'Infante, je fus régalé de sa part d'un cordon de diamans, dont Votre Eminence jugera de la valeur, car elle sait bien que mon fort n'est pas de me connoître en pierreries. Ce matin elle est partie pour l'Escurial; demain je vais à Aranjuez, de là à l'Escurial pour revenir à Madrid, où je ne séjournerai qu'un jour, et prendre ensuite le chemin de Saint-Jean-de-Luz, où je serai au désespoir de rencontrer encore Votre Eminence, sachant combien ce séjour lui est ennuyeux et peu propre à sa santé, qui est la chose du monde qui m'est la plus chère. Je suis avec respect, etc.

« A Madrid, ce 22 octobre 1659. »

Toutes ses dépêches étant parties pour la cour, le maréchal de Gramont partit aussi de celle de Madrid, et fut accompagné en s'en retournant, comme il avoit été en y allant, par un alcade de Valladolid, nommé don Pedro de Salcedo, qui eut toujours un soin extraordinaire de ses logemens et de tous ceux qui étoient avec lui, et l'adresse et la bonne fortune d'y réussir; en sorte qu'il n'y eut pas un seul Français qui n'en fût satisfait au dernier point : chose peu ordinaire à des gens naturellement si difficiles, et qui avoient aussi peu de connoissance de la langue espagnole que don Pedro de Salcedo en avoit de la française. Sa Majesté Catholique ne récompensa pas mal ses soins, le faisant à son retour alcade de Corte; et il manda depuis au maréchal de Gramont que le bien qu'il avoit dit de lui au roi d'Espagne avoit fait sa fortune.

Le maréchal arriva à l'île de la Conférence le même jour que le cardinal Mazarin et don Louis de Haro se séparoient après avoir signé la paix. Aussitôt qu'on leur dit son arrivée, ils le firent entrer pour lui témoigner leur commune joie, et s'enquérir des particularités de son voyage. Il fut ensuite à Fontarabie visiter le roi d'Angleterre, que don Louis avoit logé dans son appartement il y avoit déjà quelques jours, et qui étoit sur le point de son départ. Il fit aussi ses complimens à don Louis, et lui rendit les grâces qu'il devoit à toutes les civilités qu'il avoit reçues du marquis de Liche et du comte de Monterey ses enfans. Il lui dit des nouvelles de la marquise sa belle-fille, et don Louis ne fut pas fâché de lui entendre dire que c'étoit la plus belle et la plus aimable dame de Madrid et de tout le monde; car, à dire la vérité, il n'y avoit rien de plus parfait qu'elle, tant par les beautés du visage que par la délicatesse de son esprit.

Le cardinal s'en alla, sans s'arrêter nulle part, trouver le Roi, qui l'attendoit à Toulouse avec une impatience extrême. Le maréchal lui demanda la permission de séjourner quelques jours à Bidache pour vaquer à quelques affaires domestiques qu'il y avoit; après quoi il partit en toute diligence pour rendre ses lettres, et compte de sa légation à Leurs Majestés, dont il fut reçu avec tous les agrémens possibles, et les témoignages de satisfaction qu'il pouvoit espérer. Il est aisé de croire qu'il fut assez particulièrement questionné sur la personne de l'Infante : ses réponses furent sans exagération, et il eut l'avantage, après que le Roi l'eut vue, de s'entendre dire par Sa Majesté qu'il n'y avoit rien de plus exact que le portrait qu'il lui avoit fait d'elle. Et, à dire vrai, c'eût été un méchant moyen de faire sa cour, que de vouloir commencer à fasciner des yeux qui devoient bientôt juger clairement de la réalité de ses paroles.

J'ai cru devoir en cet endroit interrompre la relation de ce qui se passa pour l'accomplissement du mariage du Roi, pour donner les remarques suivantes. On peut s'assurer qu'elles sont justes, et pourront servir à ceux qui les verront un jour pour connoître parfaitement la manière dont la monarchie d'Espagne se gouvernoit du temps de Philippe IV, et les caractères des personnes principales de sa cour.

La distribution des tribunaux suprêmes qui résident à la cour d'Espagne près de Sa Majesté Catholique a différentes origines, pour avoir été formés selon l'occurrence des temps, les réunions des royaumes, et les conquêtes qui ont été faites.

Mais d'autant que les rois catholiques ont voulu donner à connoître que leur premier égard a été celui de la religion, il sera bon avant toutes choses de parler du conseil dans lequel il se traite de ces matières, et d'expliquer quelles ont été les précautions qu'ils ont apportées pour la maintenir dans sa pureté.

Le tribunal de l'Inquisition a été le principal fondement sur lequel ils ont prétendu élever et soutenir cette grande machine de domination, dont les pères de ceux qui vivent aujourd'hui s'étoient pu flatter, mais qui n'a pas réussi si facilement à ceux qui les ont suivis, comme l'expérience dans les derniers temps a fait connoître en tant de différentes rencontres.

Il connoît de toutes les matières de foi ; il est gouverné par un ministre supérieur qui s'appelle *inquisiteur général,* et lequel souvent est fort ignare et non lettré ; son pouvoir s'exerce en vertu de bulles apostoliques, conformément à la nomination du Roi et à la fondation dudit tribunal. Six conseillers, qui doivent être ecclésiastiques, et dont le savoir est fort médiocre, et les connoissances sur le fait de la religion tout-à-fait bornées, assistent l'inquisiteur général, pour le moins aussi ignorant que ses adjudans ; mais en revanche ils sont d'une gloire, d'une présomption et d'une suffisance qui passe toute imagination. Sa Majesté Catholique les nomme, mais l'inquisiteur major les propose ; comme aussi deux conseillers de Castille qui assistent au même tribunal pour la connoissance de certaines causes, mais non pas généralement de toutes. Il y a un secrétaire, un fiscal, et autres ministres nécessaires pour l'expédition des affaires. D'autres tribunaux inférieurs dépendent de cet inquisiteur général, et sont distribués dans tout le reste du royaume, chacun ayant son territoire séparé, comme par exemple sont les inquisitions de Tolède, de Valladolid, de Cuença, de Logrono, de Santiago, de Llerena, de Cordoue, de Grenade, de Murcie, de Séville, de Saragosse, de Valence, de Barcelone, de Sardaigne, de Sicile, des Canaries, de Carthagène, des Indes, du Mexique et de Lima.

Tous les royaumes et pays ci-dessus sont soumis à la juridiction de l'inquisiteur général, et la puissance de nommer absolument les inquisiteurs lui appartient sans la participation du Roi; et en chaque tribunal il y a trois inquisiteurs, un fiscal, deux secrétaires, et autres ministres inférieurs.

Pour le bien universel de la monarchie et sa conservation, il y a un conseil qu'on nomme celui d'Etat, où il n'entre que des gens d'épée et quelques cardinaux, dans lequel Sa Majesté établit des ministres les plus capables et les plus qualifiés de tout son royaume, tant par leur naissance, mérite et qualités particulières, que par les postes principaux qu'ils ont tenus dans la paix et dans la guerre : maxime aussi sage qu'admirable, et qu'il seroit fort à désirer qui fût admise partout pour le bien des monarchies. Le nombre de ces ministres n'est point préfix, ni les places réglées, qu'ils tiennent selon qu'ils y arrivent, ainsi que les grands d'Espagne à la chapelle du Roi, et autres cérémonies.

Le Roi n'y entre jamais; mais il leur adresse généralement tout ce qui regarde ses Etats, qu'ils examinent, et lui envoient leurs avis. Dans le lieu où il se tient il y a une fenêtre avec une jalousie, derrière laquelle le Roi peut entendre et voir tout ce qui se passe sans être vu : ce qui tient un peu messieurs les ministres la croupe dans la volte, et les fait cheminer droit. Tous les papiers et les dépêches sont commis à trois secrétaires, dont l'un a le département d'Italie et d'Allemagne; le second, la Flandre et le Nord; et le troisième, les Indes et le dedans de l'Espagne. L'occupation de ces trois messieurs a un peu changé de face depuis ce temps-là, et ils sont devenus plus oisifs; car la malheureuse guerre qu'on a eue a fait que l'Espagne n'a presque plus que voir présentement à toute l'Italie, à la Flandre, ni à l'Allemagne : et c'est de quoi les Espagnols ne se consoleront jamais, et en vérité ce n'est pas sans raison.

Le conseil suprême de Castille dès le temps de Philippe II étoit composé, et l'est encore aujourd'hui, d'un président, de seize conseillers, et d'un fiscal, lesquels sont obligés d'être *letrados* : c'est ce que nous appelons gradués. On y traite de toutes les matières publiques, des droits de la couronne, et autres choses concernant le bien du royaume en ce qui touche la justice. La forme dans laquelle se résolvent les choses selon les ordres qu'il plaît à Sa Majesté de donner, afin que l'on examine et que l'on puisse dire son avis, est que tous les conseillers opinent, et que selon la pluralité des voix l'on s'adresse au Roi, qui ordonne ce que bon lui semble.

Si la matière est publique, dans laquelle le fiscal demande quelque droit à des communautés ou à des particuliers, on tire de différens conseils des personnes pour en connoître. Il y a en ce conseil quatre chambres, celle de *Gouverneur*, où assiste le président avec deux conseillers; celle qu'ils appellent le *Mille cinq cents*, dans laquelle il y en a cinq; celle de *Pro-*

vince et celle de *Justice*, dans chacune desquelles il y en a trois, lesquels donnent sentence en première et seconde instance, dont il n'y a point d'appel; et dans les causes qui viennent des sentences données par les juges qui ont la première connoissance, il n'intervient qu'une seule sentence, par laquelle on met fin à l'affaire.

Dans la chambre de *Mille cinq cents*, on voit les procès qui vont par appel en troisième instance devant la personne du Roi, des sentences données en vision et révision par les auditeurs des chancelleries de Valladolid et Grenade, qui sont de certaines natures prescrites par les lois. On y examine aussi les visites et résidences des ministres et corrégidors du royaume. Pour les matières de crimes qui se commettent en la cour et en son détroit, la connoissance en appartient absolument et sans appel à la chambre des *alcades de Corte*, qui sont au nombre de huit.

De ce corps du conseil de Castille, dont j'ai parlé ci-dessus, on en compose un autre qu'on appelle de *la Chambre*, duquel est toujours le président de Castille avec deux ou trois conseillers, tels qu'il plaît au Roi de nommer. Dans celui-ci se traitent seulement les matières de grâces, indults et concessoires : c'est par celui-ci que tous les archevêchés, évêchés, résidences, charges de conseillers, *oydores* [1], et tout autant d'offices qu'il y a dans les royaumes de Castille et de Navarre, prébendes et bénéfices qui sont de la nomination royale, se proposent à Sa Majesté. Il y a trois secrétaires, dont l'un expédie les grâces, l'autre toutes les provisions ecclésiastiques, et le troisième

(1) *Oydores* : Auditeurs.

ce qui regarde les places des conseillers, résidens, *oydores,* et autres offices.

La forme qui s'observe dans ce conseil, aussi bien que dans tous les autres, pour proposer à Sa Majesté les sujets que l'on juge capables de remplir quelques uns des offices ci-dessus, est que venant à vaquer quelque évêché ou autre charge, les conseillers qui s'y trouvent opinent sur les sujets du plus de mérite qui pourroient être proposés à Sa Majesté; en sorte que si de trois conseillers il y en a deux qui opinent pour un sujet, celui-là est nommé entre eux; et ils dressent en même temps un mémoire dans lequel sont les qualités, la capacité et les services de ceux qui ont été proposés, lequel mémoire l'on remet à Sa Majesté, laquelle élit qui bon lui semble; et bien souvent il arrive que ce n'est aucun de ceux qui lui ont été proposés, ayant la souveraine disposition d'agir comme il lui plaît.

Le conseil de guerre gouverne tout ce qui appartient au dedans de l'Espagne terrestre et maritime; il consulte et propose toutes les charges militaires, depuis le capitaine général jusques à l'enseigne d'infanterie, mais en la même forme que le conseil de la *Chambre.* Il est composé de quatre conseillers et deux secrétaires, dont l'un a le département de la terre, et l'autre celui de la mer : ceux du conseil d'Etat y entrent quand ils veulent. Ce conseil a la connoissance de toutes les causes civiles et criminelles des soldats: c'est pourquoi un conseiller de celui de Castille s'y trouve, et avec son assistance se jugent les procès. Dans ce conseil assiste aussi un fiscal ministre gradué.

Le conseil d'Arragon est composé d'un président

qu'on appelle vice-chancelier, de six conseillers gradués, savoir, deux du royaume d'Arragon, deux de Valence, un de Catalogne, et un autre des îles; trois secrétaires des trois royaumes, ou regnicoles des susdites couronnes. L'on y traite de leurs gouvernemens, de la provision de leurs évêchés, places et offices, mais avec cette distinction que c'est le vice-roi qui propose trois sujets sur chaque matière: ce qui s'examine dans le conseil, où l'on opine sur la qualité et le mérite desdits sujets; et si le conseil ne se conforme pas au sentiment du vice-roi, le tout est remis au Roi, qui ordonne ce qui lui plaît. A ce conseil sont évoquées, par faveur ou grâce, certaines causes graves et civiles, et on y opine selon la coutume des lieux; car généralement et régulièrement toutes choses se doivent terminer suivant les lois de chaque royaume.

Le conseil d'Italie est composé d'un président et de six conseillers, deux du royaume de Naples, deux de Sicile, et deux de Milan; trois secrétaires, chacun de son pays. Des six conseillers, un doit être Espagnol, et l'autre regnicole; et l'Espagnol doit être de ceux qui ont servi en ces royaumes-là pour y avoir eu en iceux quelques places qui sont affectées particulièrement aux Espagnols.

La provision de tous les offices de ces royaumes se fait de la même forme que dans le conseil d'Arragon, les vice-rois envoyant leur nomination à Sa Majesté; et la proposition s'en fait comme nous avons dit qu'elle se faisoit en la chambre de Castille.

Lorsque la trêve se fit avec la Hollande, on forma un conseil politique de Flandre, qui subsiste encore aujourd'hui; mais comme la connoissance de toutes les matières de la guerre qui se fait dans ce pays est proprement attribuée au conseil d'État, on expédie seulement dans celui-ci la provision de certains offices politiques, d'évêchés et de bénéfices. Il est composé d'un président, de deux conseillers, et d'un secrétaire.

Le conseil des Indes est composé d'un président, de huit conseillers et d'un fiscal gradué, deux secrétaires, dont l'un expédie ce qui touche le Pérou et ses îles, et l'autre le royaume de Mexique et ses dépendances. La provision de ces places se fait par le conseil de la chambre de Castille. L'on y traite de toutes les matières de gouvernemens, visites des vicerois, présidens, oydores, résidences de corrégidors, et de certaines causes civiles entre particuliers, dont il doit connoître par les lois du royaume; car toutes les autres se jugent sans appel en dix parlemens ou audiences, qui sont distribuées dans ces provinces-là.

Le même conseil prend aussi le soin de toutes les armées navales, galions et flottes qui vont aux Indes, de la provision des postes et offices militaires : ce qui se fait dans une chambre du même conseil, en une assemblée qui s'appelle *de la guerre des Indes,* en laquelle sont admis aussi les quatre conseillers du conseil de guerre; et ils proposent tous ensemble à Sa Majesté les sujets qu'ils estiment les plus capables de remplir les charges et emplois de ces royaumes. De ce corps de conseil s'en forme un autre comme celui de Castille, qu'on nomme *conseil de chambre des Indes;* où l'on consulte et propose au Roi les évêchés, places, offices de corrégidors, prébendes et bénéfices ecclésiastiques, en la même forme que dans celui de Castille.

Le *conseil des Ordres* a un président, six conseillers, deux de Calatrava, deux de Santiago et deux d'Alcantara, un fiscal, qui doivent tous être gradués; et deux secrétaires, un pour l'ordre de Santiago, et un pour les deux autres ordres, qui jugent des matières civiles; et celui de Santiago pour les trois ordres, qui connoissent ensemble de celles de grâce.

Ces trois ordres connoissent en général de toutes les causes civiles et criminelles du territoire de leur grande-maîtrise, délibèrent sur les offices séculiers de chacun d'eux, et sur tous les bénéfices ecclésiastiques annexés aux religieux des mêmes ordres; et ce même conseil examine et autorise les preuves de noblesse que font ceux qui prétendent porter la croix.

Le conseil des finances est divisé en trois corps, mais tous sous le même président.

Le premier est appelé *conseil des finances,* où assistent quatre conseillers qui doivent être d'épée, des plus intelligens en de semblables matières. Ils prennent le soin du recouvrement des finances royales, impôts et fermes, et de la sûreté d'icelles. Il y assiste un fiscal gradué et deux secrétaires, qui ont chacun leur département dans tout le royaume.

Le second s'appelle *le tribunal des oydores,* dans lequel entrent cinq officiers gradués et un fiscal : l'on y connoît et détermine tous les droits et biens royaux par point de droit et de justice.

Le troisième est *le tribunal de la comptablerie major,* en laquelle résident trois officiers séculiers et un fiscal, qui prennent soin de faire rendre compte à tous ceux qui sont chargés des deniers et revenus du Roi, et leur donnent un temps préfix pour les rendre : ce qu'étant fait, on remet l'examen du compte à une table qu'ils appellent *des résultats,* en laquelle assistent trois auditeurs des comptes. Ils vaquent ordinairement à cela trois heures le matin et deux heures l'après-dînée. En examinant les comptes, s'il se trouve du reliquat, les auditeurs du compte en donnent leur certificat, et l'affaire retourne au tribunal des maîtres des comptes, qui ont soin du recouvrement.

Le président de ce conseil dispose de tous les revenus du Roi, et tout se paie par son seul ordre ; mais de tout ce qu'il ordonne il faut qu'il soit arrêté et approuvé par deux *comptadores,* que l'on nomme de *la razon ;* sans quoi rien n'est payé.

Le *conseil de la croisade* se gouverne par un commissaire général, assisté pour les matières de justice d'un conseiller de Castille, un d'Arragon, un d'Italie, et un autre des Indes. On y prend soin du recouvrement et distribution qui proviennent des bulles de la *sainte croisade,* du droit de subside, et de celui qui est appelé *excusado,* qui sont rentes ecclésiastiques que le clergé d'Espagne a accordées. Il y a dans ce conseil un fiscal et un secrétaire.

Cette forme de gouvernement commis aux gens de qualité d'épée (n'y en entrant point d'autres dans le conseil d'Etat, et les présidences des conseils d'Italie, de Flandre et des Indes étant possédées par des personnes de même profession), joint au peu d'officiers de robe qui sont établis dans toute la monarchie d'Espagne, étoit bien différente de celle de notre royaume, que l'épée a fondé et que l'épée a conservé, où les emplois des conseils sous le règne précédent n'étoient possédés que par des gens de robe: mais le grand prince qui, par le droit de sa naissance et par ses éminentes qualités, vient d'être appelé à la régence du royaume (1), travaillant sans relâche sur les mémoires du plus juste et du plus religieux prince que jamais la France auroit possédé, et que la mort nous a ravi à la fleur de son âge, vient d'établir cette même forme de gouvernement, en mettant, à la tête et dans tous les conseils par lesquels cette puissante monarchie est gouvernée, les princes du sang et les plus grands seigneurs du royaume.

Je vais maintenant passer à certaines particularités que j'ai remarquées concernant la manière de vivre des personnes de la première qualité en Espagne, et des mœurs en général de cette nation, fière, superbe et paresseuse.

La valeur lui est assez naturelle ; et j'ai souvent ouï dire au grand Condé qu'un Espagnol courageux avoit encore une valeur plus fine que les autres hommes. La patience dans les travaux, et la constance dans l'adversité, sont des vertus que les Espagnols possèdent au dernier point. Les moindres soldats ne s'étonnent que rarement des mauvais événemens, qu'ils attribuent à quelque cause fort éloignée, souvent même hors de la vraisemblance, et se consolent dans l'espoir d'un prompt retour de leur bonne fortune : ce que nous avons vu plusieurs fois dans le cours des guerres passées, et entendu dire assez plaisamment, à

---

(1) *La régence du royaume* : Le duc d'Orléans, régent après la mort de Louis XIV.

la plupart des prisonniers que l'on faisoit, que le roi d'Espagne avoit sujet de se réjouir de la révolte du Portugal et de la Catalogne, les priviléges de ce royaume et de cette province étant de telle nature que, pour en obtenir quelque chose, il falloit avoir plutôt recours à la prière (qui étoit le plus souvent infructueuse) qu'au commandement; mais que venant à être assujétis par la force des armes (comme cela étoit indubitable), leurs priviléges seroient abolis; et le Roi en étant le maître absolu en tireroit un revenu prodigieux, qui le pourroit aider à faire de nouvelles conquêtes.

Quant à l'esprit, on voit fort peu d'Espagnols qui ne l'aient vif, et assez agréable dans la conversation; et il s'en trouve dont les *agudezas* (1) (pour se servir de leur terme, qui se traduiroit difficilement en français) sont merveilleuses. Leur vanité est au-delà de toute imagination; et pour dire la vérité, ils sont insupportables à la longue à toute autre nation, n'en estimant aucune dans le monde que la leur seule.

Leur fidélité pour le Roi est extrême, et louable au dernier point : et quoique par politique ils soient obligés de dissimuler le mépris qu'ils font de ceux qui, oubliant leur devoir, viennent à les servir contre leur prince, ils l'ont pourtant bien avant dans le cœur; et c'est par force que la vérité les contraint de témoigner de la vénération pour la vertu, la valeur et la fermeté du prince de Condé, et d'avouer qu'ils ont à lui seul l'obligation d'avoir empêché la ruine totale de leurs affaires dans les Pays-Bas.

Leur paresse, et l'ignorance non seulement des

(1) *Agudezas* : Saillies.

sciences et des arts, mais quasi généralement de tout ce qui se passe hors de l'Espagne, et on peut dire même hors du lieu où ils habitent, vont presque de pair, et sont inconcevables.

La pauvreté est grande parmi eux, ce qui provient de leur extrême paresse; car si nombre de nos Français n'alloient faucher leurs foins, couper leurs blés et faire leurs briques, je crois qu'ils courroient fortune de se laisser mourir de faim, et de se tenir sous des tentes pour ne se pas donner la peine de bâtir des maisons. Ils sont fort sobres quant à leur vivre, mais ils ne se peuvent rassasier de femmes : aussi faut-il avouer qu'elles sont si jolies, si spirituelles, si insinuantes et de si bonne volonté, qu'il est bien malaisé, lorsqu'on ne se trouve pas tout-à-fait impuissant, de s'empêcher de succomber à la force de leurs charmes, au hasard du risque qu'on en peut courre, les plus belles étant souvent très-sujettes à caution.

Les gens de la première qualité qui sont à la cour suivent quasi la même manière de vivre. Ils se lèvent fort tard, ne voient le Roi que lorsqu'ils l'accompagnent à la messe, c'est-à-dire ceux qui sont *grands*; et le soir aux comédies, où ils assistent couverts, mais non point assis, et ne lui parlent jamais que par audience, quand la nécessité de leurs affaires les oblige à la demander. Les comédies et le cours font tout leur divertissement; et ils sont tellement assujétis à leurs coutumes, qu'ils ne vont qu'en de certains temps préfix au Passeò del Rio, qui est le plus agréable endroit qu'on puisse imaginer, et abandonnent ce lieu-là dans l'excessive chaleur de l'été (où ils ont une promenade d'une lieue de long, dessous des arbres, sur du sable ferme que la rivière de Mançanarès arrose par cinquante petits canaux différens) pour avaler l'épaisse poussière du Prado. Il est vrai que comme c'est un lieu qui tient à Madrid, et qu'il faut un peu descendre pour aller à l'autre, cette paresse naturelle dont j'ai parlé ci-dessus le leur fait préférer.

Après les dix heures du soir, chacun sort en son particulier, et ils restent tous jusques à quatre heures du matin chez les courtisanes publiques, qui les savent engager par tant d'agrémens, qu'il s'en trouve peu ou point qui s'embarquent à une galanterie d'une femme de condition. La dépense qu'ils font chez ces courtisanes est excessive; car rien ne leur paroît cher de ce qui sert à leur divertissement. La plupart des grands se ruinent avec les comédiennes; et j'en ai vu une fort laide et fort vieille, que l'amirante de Castille aimoit à la fureur, à qui il avoit donné plus de cinq cent mille écus sans qu'elle en fût plus riche.

La plupart de tout ce qu'il y a de gens à Madrid passent les nuits d'été dans les prés et dans les places publiques de la ville, où, au premier coup de sifflet, toutes les femmes de mauvaise vie (que l'on peut dire être en grand nombre) accourent, et là chacun se couple à sa fantaisie; de sorte qu'on peut comparer ce spectacle au rut des cerfs, qui se fait à la fin de septembre dans les forêts. Cela paroît fabuleux : cependant j'en parle après l'avoir vu de mes propres yeux. Ces sortes de dames, qui se nomment *tapades*, ont tellement perdu toute honte, que même le jour elles sautent au cou des personnes qui leur paroissent un peu bien faites.

Toutes sortes de maux vénériens y sont fort communs; mais la raison qui empêche que les Espagnols n'en guérissent presque jamais est la paresse qu'ils ont à se faire traiter, et l'ignorance crasse de leurs chirurgiens; car, du reste, je crois qu'il y a autant de danger de prendre du mal à Paris qu'à Madrid. La sûreté par les rues y est grande, et l'on s'y promène seul la nuit sans danger, avec sa rondache et sa lanterne; car pour des flambeaux, ni le connétable ni l'amirante n'oseroient en faire porter.

L'indévotion de quelques Espagnols, et leur mascarade de religion, est une chose qui ne se peut comprendre; et rien n'est plus risible que de les voir à la messe avec de grands chapelets pendus à leurs bras, dont ils marmottent les patenôtres en entretenant tout ce qui est autour d'eux, et songeant par conséquent médiocrement à Dieu et à son saint sacrifice. Ils se mettent rarement à genoux à l'élévation. Leur religion est toute des plus commodes, et ils sont exacts à observer tout ce qui ne leur donne point de peine: on puniroit sévèrement un blasphémateur du nom de Dieu, et une personne qui parleroit contre les saints et les mystères de notre foi, parce qu'il faut être fou, disent-ils, de commettre un crime qui ne donne point de plaisir; mais pour ne bouger des lieux les plus infâmes, manger de la viande tous les vendredis, et entretenir publiquement une trentaine de courtisanes, et les avoir jour et nuit à ses côtés, ce n'est pas seulement matière de scrupule pour eux. Je ne parle que des libertins, dont le nombre est grand; car il faut convenir que dans toutes les conditions il y a plusieurs personnes d'une piété solide et d'un grand exemple.

Pour les moines, ils ne savent guère de latin, et encore moins de théologie; mais il s'en trouve parmi eux de fort adroits pour toute sorte d'intrigues. La dissipation et le peu de régularité de certains couvens de religieuses ne se peut exprimer.

Les grands seigneurs ne font presque point de cour au favori, et la liberté d'en parler est beaucoup plus grande qu'elle n'est ailleurs : l'on peut être brouillé avec lui sans l'être avec le Roi, et il leur peut bien empêcher d'avoir des emplois et des grâces; mais ne leur faisant point de bien, cela ne va pas aussi à leur faire du mal; et, à n'en point mentir, on ne prive pas d'un grand bonheur les grands d'Espagne de la première classe quand on ne leur donne ni le commandement des armées, ni le gouvernement des provinces, charges qui, à leurs sentimens, ne doivent pas être préférées à la douceur de la vie oiseuse et libertine de Madrid : et le seul emploi que j'ai remarqué dont ils fassent quelque cas est celui de gentilhomme de la chambre en exercice, parce que servant le Roi à table, et l'habillant et déshabillant, ils jouissent pendant la semaine de leur exercice du privilége d'voir Sa Majesté, dont tous les autres sont exclus.

Le mépris que ces messieurs-là font des gens qui vont à la guerre, ou qui y ont été, n'est quasi pas imaginable. J'ai vu don Francisco de Mennessès, qui avoit si valeureusement défendu Valenciennes contre M. de Turenne, et si bien qu'on ne put jamais lui prendre sa contre-escarpe, n'être pas connu à Madrid pendant que nous y étions, et ne pouvoir saluer le Roi ni l'amirante de Castille : et ce fut le maréchal de Gramont qui le présenta à l'amirante chez lui, lequel n'avoit jamais entendu parler de don Francisco de Mennessès, ni de la levée du siége de Valenciennes; ce qui ne laisse pas d'avoir sa singularité. Et il est surprenant que dans ce vaste empire tous ceux qui du temps dont je parle pouvoient commander les armées fussent réduits à don Juan d'Autriche, qui étoit un très-médiocre capitaine; au comte de Fuensaldagne, qui n'entendoit rien à la guerre, et qui ne l'aimoit point; au marquis de Caracène et au comte de Mortare, qui étoient encore, s'il se peut, plus bouchés que les deux autres.

L'éducation de leurs enfans est semblable à celle qu'ils ont eue de leurs pères, c'est-à-dire sans qu'ils apprennent ni sciences ni exercices; et je ne crois pas que parmi tous les grands que j'ai pratiqués il s'en trouvât un seul qui sût décliner son nom.

Le marquis de Liche avoit une bibliothèque extrêmement curieuse, pleine des plus beaux manuscrits du monde, contenant les dépêches et les affaires les plus importantes de toute la monarchie, depuis Charles v jusques à présent : mais on pourroit dire de lui ce que le Tassoni disoit dans la Secchia de monsignor Boscheti: *Non dava troppo il guasto à la scrittura;* et l'ignorance de ces grands d'Espagne dans les demandes qu'ils font est quelquefois si surprenante, qu'on ne peut pas s'empêcher d'en rire, et mérite bien que j'en rapporte ici quelques exemples. Le nonce du Pape causant un jour avec le maréchal de Gramont à Madrid, lui dit que la nouvelle étant venue que les Vénitiens avoient gagné un combat contre les Turcs, un grand d'Espagne lui demanda en grande amitié: *Quien era* (1) *verey à Venezia?* Sur quoi il

---

(1) *Quien era, etc.* : Qui étoit vice-roi à Venise?

lui répondit fort agréablement qu'il le pouvoit demander à M. l'ambassadeur vénitien, qui étoit tout proche; dont il s'abstint par bonne fortune, car il est sûr que le pantalon lui eût fait une riposte telle que méritoit le sauvage de la question.

L'ambassadeur de l'Empereur disoit un jour au maréchal de Gramont qu'un autre grand de la première classe s'étoit soigneusement enquis de lui *si Alemagna* (1) *era buena ciudad, y si avia tambien carneros como en España;* et plusieurs pauvretés de la sorte que je ne rapporte pas. Enfin on peut parler devant la plupart de ces messieurs-là allemand, italien, latin et français, sans qu'ils distinguent trop quelle langue c'est; ils n'ont nulle curiosité de voir les pays étrangers, et encore moins de s'enquérir de ce qui s'y passe.

J'ai pris grand soin d'examiner autant qu'il m'a été possible en quoi consistoit cette grandeur qui les fait traiter d'égal avec tous les princes souverains. Il est vrai qu'il y a des races extrêmement illustres, et dont l'ancienneté et les alliances ne sauroient être meilleures; mais pour toutes les marques extérieures qui accompagnent la grandeur, et qui font la distinction des hommes, les séparant du commun et imprimant le respect dans les esprits, je n'en ai pu remarquer aucunes, ni dans le nombre de leurs domestiques, qui est fort médiocre; ni dans leur table, n'y en ayant pas un seul chez qui on aille manger; ni dans leurs écuries, qui ne sont remplies que de deux attelages de mules, et que de cinq ou

---

(1) *Si Alemagna*, etc. : Si Allemagne étoit une belle ville, et s'il y avoit des moutons comme en Espagne.

six vieux chevaux dressés pour les fêtes de taureaux.

Quant à leurs habillemens, l'on peut leur donner la louange que le luxe n'a pas pénétré jusques à eux; car la dépense du plus grand seigneur qui s'habille le mieux n'excède pas cent écus par an; et deux ou trois golilas, qui valent bien deux réaux chacune, est tout ce qui leur coûte en linge, car la chemise blanche n'est certainement pas en vogue, même chez les plus galans: et quand on s'étonne, avec raison, que des personnes qui possèdent tant de biens (car il est certain que leurs Etats sont grands) soient si engagés et n'aient jamais un sou, l'on a pour toute réponse que les femmes les ruinent, et qu'une course de taureaux leur coûte des millions; et il faut se payer de cette mauvaise monnoie.

Ayant toujours ouï parler de ces grands hommes qui avoient eu part au gouvernement de la monarchie sous les règnes de Ferdinand, de Charles-Quint et de Philippe II, je m'étois imaginé que les enfans avoient hérité de la lumière de leurs pères; et j'écoutois un jour avec grande disposition à admirer ce que j'entendrois dire au duc d'Albe, le grand-père de celui que nous avons vu récemment ambassadeur en France, qui étoit un fort bon gentilhomme, mais des plus ignares, lequel s'engageant par malheur à raconter une histoire de son aïeul, qui avoit gouverné les Pays-Bas et causé leur entière révolte, ne se put jamais souvenir du nom du prince d'Orange qui servoit à son propos, et en sortit en l'appelant toujours *el rebelde*.

L'amirante de Castille étoit bien fait et agréable de sa personne, d'assez bon esprit, peu humilié devant les favoris, mais uniquement occupé de sa grandeur, de ses comédiennes et de ses plaisirs, et ne se souciant point du tout de la guerre, où il auroit pu réussir s'il avoit voulu servir.

Le connétable de Castille avoit une physionomie qui plaisoit, et beaucoup de douceur dans l'esprit. Il fut général de la cavalerie en Catalogne, défendit Gironne, et en fit lever le siége au maréchal d'Hocquincourt; gouverna quelque temps l'Etat de Milan, puis s'en retourna promptement à Madrid, où il se trouva si bien et tellement à son aise, qu'il ne fut plus au pouvoir du roi d'Espagne de l'en faire sortir pour l'envoyer ailleurs.

Le duc de Medina de Las-Torres étoit fort bien fait, tant du corps que de l'esprit; sa libéralité alloit jusques à la profusion, et je lui ai vu donner au Roi, comme une paire de gants, une tapisserie qu'il avoit fait faire à Naples, qui lui coûtoit deux cent mille écus, parce que Sa Majesté Catholique l'étant venue voir chez lui, l'avoit louée et trouvée à son gré. Il avoit assez de connoissance des affaires du dedans et du dehors de la monarchie, et même au-delà de ce que des personnes de sa qualité ont accoutumé d'avoir; et quoique le favori et lui ne fussent pas trop bien ensemble, il ne laissoit pas de soutenir avec dignité son rang et sa naissance, et d'être considéré du Roi autant que qui que ce soit dans la cour.

Le marquis de Liche et le comte de Monterey étoient deux figures peu avenantes, et qui n'avoient de talens et de mérite que de se trouver les fils du favori.

Quant aux autres grands que j'ai pratiqués, *tienen*

partes (1) *tan limitadas,* qu'on les peut passer sous silence.

La naissance de don Louis Mendès de Haro est illustre : il avoit une connoissance parfaite des affaires du dedans de la monarchie d'Espagne, et une médiocre des étrangères; ses résolutions étoient lentes et incertaines; son travail assidu, mais dont les productions ne passoient point pour merveilleuses; le crédit qu'il avoit près de son maître étoit sans bornes; son gouvernement beaucoup moins sévère que celui du comte d'Olivarès; beaucoup de probité et d'honneur, ferme dans ses paroles; les biens qu'il possédoit excessifs, mais ils lui venoient plutôt par héritage que par faveur. Ses deux fils étoient mariés; le marquis de Liche avoit épousé la fille du duc de Medina-Celi, qui étoit la plus belle femme de toute l'Espagne, et le comte de Monterey l'héritière qui lui fait porter ce nom, et tous deux sans enfans : c'étoient les deux plus vilains hommes que j'aie vus de ma vie; mais, en récompense, mesdames leurs sœurs étoient encore incomparablement plus laides : l'aînée étoit mariée au comte de Niebla, fils aîné du duc de Medina-Sidonia; et si quelque chose pouvoit surpasser la laideur de la femme, ce seroit l'incapacité du mari. Telle étoit composée la famille de don Louis, qui a eu le bonheur de conclure, dans le piteux état des affaires de son maître, une paix qui, à la vérité, n'étoit pas si avantageuse que les précédentes : mais ce n'étoit pas sans raison qu'il avoit suivi l'exemple du sage chirurgien qui coupe hardiment un bras pour sauver la vie à son malade; et qui considérera la Flandre sans

---

(1) *Tienen partes*, etc. : Leur intelligence est si rétrécie.

hommes ni argent jugera s'il est équitable qu'il valoit mieux nous céder les conquêtes que nous y avions faites, que de la laisser conquérir tout entière, et d'y ajouter Avesnes, Marienbourg et Philippeville, que d'abandonner les intérêts d'un prince (1) qui avoit soutenu ceux d'Espagne avec tant d'honneur et de foi : exemple qui eût été d'une périlleuse conséquence, et bien contraire à la politique d'une nation dont les vues s'étendent si loin, et qui regarde plus attentivement l'avenir que le présent.

[1660] Je reprends la suite du mariage du Roi, qui ayant été conclu comme je l'ai dit ci-devant, Sa Majesté, la Reine sa mère et toute la cour partirent de Toulouse au commencement du printemps, et vinrent à Saint-Jean-de-Luz pour recevoir l'Infante sur la frontière. L'entrevue des deux rois se fit dans l'île des Faisans, où le cardinal Mazarin et don Louis de Haro avoient signé la paix. Je n'entrerai point dans le détail de cette grande et superbe cérémonie, plusieurs plumes meilleures et plus délicates que la mienne ayant suffisamment traité cette matière ; je dirai seulement que chaque nation fit de son mieux pour témoigner sa joie et faire honneur à son maître, et que les Français et les Espagnols y réussirent. Le Roi ramena l'Infante à Saint-Jean-de-Luz, où les noces se firent le lendemain, à la grande satisfaction de toute la France ; puis le Roi se mit en marche avec toute la cour pour s'en revenir à Paris, où la Reine fit son entrée, et où elle fut reçue avec la pompe et la magnificence due à la majesté royale, et à une princesse pleine de vertus et de qualités

---

(1) *D'un prince* : Le prince de Condé.

charmantes; car l'on peut dire sans flatterie qu'il n'y avoit rien au-dessus de la Reine pour la beauté, ni pour la générosité de son cœur; et jamais il ne fut de couple plus parfait que celui du Roi et d'elle.

L'hiver se passa en ballets, en assemblées, en comédies, en jeux et en fêtes magnifiques; et le Roi, qui étoit jeune, galant, fait à peindre, et le plus aimable de tous les hommes, inventoit tous les jours des moyens nouveaux de divertir la Reine et de lui plaire : à quoi il n'eut pas de peine à réussir, car elle l'aimoit à l'adoration, et n'a jamais changé un instant pour lui jusques à la mort.

Le cardinal, triomphant de son côté de ce qu'il venoit de faire, et se trouvant toujours le premier homme de l'Etat, et dans le comble de la plus haute faveur, ne songeoit plus qu'à *gauder le papa* (1), et à se réjouir avec un nombre d'amis choisis, qui étoient les plus déliés et les plus honnêtes gens de France, à la tête desquels étoit le maréchal de Gramont : ce n'étoit que jeu, que festins, que bombances chez lui; et jamais la cour ne fut plus remplie de joie, de galanterie et d'opulence qu'elle l'étoit. Tous les courtisans regorgeoient d'or; et leur extrême magnificence en habits, en bonne chère, et en équipages superbes, faisoit honneur à leur maître, et rendoit sa cour la plus éclatante et la première de l'univers.

[1661] Au commencement du printemps de l'année 1661, le cardinal, qui se sentoit fort incommodé de la goutte, quitta Paris pour s'aller établir à Vin-

---

(1) *Gauder le papa* : Du proverbe italien *godere il papato* : être heureux comme un pape, jouir des douceurs de la vie lorsqu'on est parvenu au comble de ses vœux.

cennes, qui étoit sa maison favorite et celle qu'il avoit fait bâtir à son gré, pour y être plus à son aise et plus retiré du grand monde, qui commençoit à le fatiguer dans ses souffrances; et comme il avoit le meilleur esprit et le plus solide qu'on pût avoir, qu'il sortoit de venir de donner la paix à l'Europe, et de marier le Roi à sa satisfaction; que rien ne manquoit plus à sa gloire, et que du reste il se trouvoit comblé de biens et d'honneurs, il songeoit, en homme aussi sage qu'il étoit, à mettre une sorte d'intervalle entre la vie et la mort, qui est ce qu'il avoit toujours projeté, et ce qui le faisoit vivre assez retiré à Vincennes, néanmoins avec un certain nombre d'amis choisis qu'il ne vouloit jamais qui l'abandonnassent.

Sa maladie augmentant, et la goutte commençant à gagner la poitrine, le Roi et les deux Reines vinrent s'établir à Vincennes pour être plus près de lui, et savoir quel seroit le dénouement de sa maladie. Deux mois après, l'hydropisie fut entièrement formée; et Valot, premier médecin du Roi, qui n'abandonnoit pas le chevet de son lit, lui déclara que l'art de la médecine ne pouvoit rien à son mal, et qu'il n'y avoit plus que Dieu seul qui le pût tirer de l'état périlleux où il étoit. Il reçut cet arrêt fatal avec un courage et une fermeté de héros. Il envoya supplier le Roi, deux jours avant sa mort, de le venir voir; et il lui dit tout ce qu'un homme comme lui étoit capable de dire à un jeune prince qu'il avoit toujours respecté et aimé tendrement, et de l'éducation duquel il avoit pris un si grand soin, en lui enseignant cet art de régner qu'il a si bien retenu, et que nous lui avons du depuis vu mettre en pratique au-dessus de tous les rois du monde.

Le Roi s'attendrit extrêmement avec le cardinal, et regretta la perte d'un aussi digne et aussi fidèle ministre, autant que les princes sont capables de regretter ceux qui les ont fidèlement servis toute leur vie, et qui ne se trouvent plus en état de le faire; c'est-à-dire le cardinal mort, il ne fut plus question de son ministère. Cela n'a rien néanmoins de surprenant, c'est ce qui a été de tous les temps, et ce qui durera jusques à la fin du monde. Ainsi il ne faut ni s'en étonner, ni que cela dérange jamais un instant un sujet de son devoir, et de servir son maître, pendant le cours de sa vie, avec le zèle et la fidélité qu'on lui doit.

Le maréchal de Gramont assista toujours le cardinal jusques à son dernier soupir, et il perdit en lui un protecteur et un ami tel qu'on n'en trouve guère dans la vie : aussi n'a-t-il jamais perdu la mémoire de toutes les obligations qu'il lui avoit, et l'on peut dire que sa reconnoissance pour le cardinal n'a fini qu'avec lui.

Le lendemain que le cardinal fut expiré, toutes les affaires changèrent de face à la cour : le Roi, quoiqu'à la fleur de son âge et au milieu de ses plaisirs, prit seul le timon de l'Etat, et se livra entièrement aux affaires; ce qu'il a continué de faire pendant le cours de son règne long et glorieux. La Reine sa mère, qui avoit été régente si long-temps, n'eut plus de part aux affaires; non plus que les princes du sang et les plus grands seigneurs de France, qui jusques alors avoient été admis dans les conseils, et fait une figure distinguée. Tout le gouvernement de l'Etat fut renfermé en la personne du Roi, et en trois ministres dont il forma son conseil étroit : M. Le Tellier pour la guerre, M. de Lyonne pour les affaires étrangères, et M. Colbert pour les finances ; tout le reste fut congédié, et M. Fouquet, qui comptoit d'occuper la place du cardinal, fut mis dans une prison étroite, où il a fini ses jours. Nous avons eu lieu de croire que la politique du Roi étoit admirable et meilleure que toute autre, puisque, pendant tout le temps qu'elle a duré, la barque a été gouvernée de manière qu'il s'est rendu redoutable à toute l'Europe par les grandes actions qu'il a faites en personne, par la sagesse de son gouvernement, qui n'étoit due qu'à son bon esprit et à lui seul ; et il est constant qu'il eût été jusques à sa mort l'arbitre de l'Europe, si ses ordres avoient été ponctuellement exécutés, et qu'on n'eût pas joué de malheur en plus d'une occasion.

Après cette légère digression, que j'ai crue en sa place, je passe à ce qui concerne la suite de la vie du maréchal de Gramont à la cour.

Bien qu'il fût d'un âge de beaucoup plus avancé que celui du Roi, et qu'un homme qui frise déjà la soixantaine n'est guère à la mode, ni de mise auprès de celui qui n'en a que vingt-trois, cependant le maréchal de Gramont, qui avoit un esprit jeune et de tous les temps, ne laissa pas que de plaire infiniment au Roi ; et il se rendit si assidu et si agréable auprès de sa personne, qu'il ne pouvoit plus se passer de lui, et il falloit que le maréchal de Gramont fût de tous ses plaisirs. La manière honorable et distinguée dont il vivoit à la cour lui donnoit un grand relief ; et il n'étoit question, tant pour le courtisan que pour les étrangers, que de sa maison, de sa bonne chère, et de tout l'honneur qu'il faisoit à son maître.

[1662] Un an après la mort du cardinal, M. le duc d'Epernon, qui étoit colonel général de l'infanterie française, venant à mourir, le Roi jugea à propos d'abolir cette charge, l'autorité et le crédit en étant trop grands pour un sujet. Il envoya chercher le maréchal de Gramont le moment d'après, pour lui annoncer qu'il l'avoit choisi, sur toute la cour, pour lui donner la charge de colonel de ses gardes françaises, qu'il créoit en sa faveur, et qui, n'étant plus subordonnée à celle de colonel général, devenoit la première et la plus importante de l'Etat.

Le maréchal de Gramont reçut cette grâce singulière avec tout le respect et la reconnoissance qu'il devoit; et l'on peut dire aussi qu'il a servi du depuis à la tête de ce régiment d'une manière qui l'honoroit, et à la grande satisfaction du Roi; personne n'ayant jamais vécu avec tant d'éclat et de noblesse qu'il a fait jusques à la malheureuse catastrophe qui l'obligea à se défaire de cette charge avant sa mort, malgré toutes les oppositions du Roi pour l'en empêcher. Mais il étoit écrit dans les destinées que cela devoit être ainsi, et que, quoique Sa Majesté m'en eût donné la survivance avec une bonté infinie, je n'en jouirois pas, et que par succession des temps elle reviendroit dans ma maison, où elle est maintenant, et exercée par le duc de Guiche mon fils.

Le maréchal de Gramont fut douze ans colonel des gardes (1), et le courtisan le plus délié et le plus dis-

(1) *Colonel des gardes*: Le maréchal ne conserva pas cette charge

tingué qu'il y eût à la cour. Il suivit le Roi à ses premières campagnes de Flandre; et bien qu'il n'y eût point l'emploi qu'il devoit naturellement y avoir, M. de Turenne étant à la tête de l'armée, il ne laissa pas de monter la tranchée, comme simple colonel des gardes, aux siéges de Tournay et de Douay, obéissant aux officiers généraux qu'il avoit vus à la bavette, et qui étoient ses aides de camp lorsqu'il commandoit les armées avec le grand prince de Condé.

Tout ce que le maréchal de Gramont faisoit n'étoit que pour marquer au Roi son entier dévouement, et son obéissance aveugle à ses volontés; car il étoit au-dessus de la fausse et de la mauvaise gloire, et ne faisoit consister la véritable que dans ce qui alloit uniquement à plaire à son maître, et à faire ce qui lui étoit agréable.

La campagne de Flandre finie, il s'en alla dans ses gouvernemens, où il crut sa présence utile pour le service du Roi. Il y obtint pendant son séjour la grâce du comte de Guiche son fils, et son rappel à la cour (1), avec cette condition qu'il ne serviroit plus à la tête des gardes comme survivancier; ce qui toucha extrêmement le maréchal, et qui le détermina enfin à prendre, comme je l'ai déjà dit, le mauvais parti de vendre sa charge, voyant que mon frère ne pouvoit consentir que je l'eusse, en étant privé : dont le pauvre garçon a été du depuis inconsolable, mais

---

pendant douze ans; le Roi la lui avoit donnée en 1662, et il s'en étoit défait avant le passage du Rhin en 1672.

(1) *Son rappel à la cour :* Voyez, sur les causes de la disgrâce du comte de Guiche, l'Histoire de madame Henriette d'Angleterre, par madame de La Fayette, histoire qu'on trouvera dans cette série.

inutilement ; car la faute faite, il n'y eut plus moyen de la réparer. Ce qui doit bien apprendre aux hommes à aller bride en main lorsqu'il s'agit d'affaires essentielles, et à se donner de garde de suivre certains mouvemens de vengeance qui tournent ensuite contre eux.

[1672] L'année d'après, le Roi fit cette fameuse et surprenante campagne de Hollande, que la postérité croira avec peine ; car il soumit à son obéissance, en moins de trois mois, toutes les places où Philippe II (qui ne prétendoit pas moins qu'à la monarchie universelle) avoit échoué au bout d'une guerre de trente ans. C'est au commencement de cette campagne que le Roi, étant touché de l'action brillante et inouïe du comte de Guiche, qui passa le Rhin à la nage à Tholus, en sa présence, à la tête de toute la cavalerie qui le suivit, et qui battit les ennemis qui étoient en bataille de l'autre côté de ce fleuve rapide (1), l'embrassa publiquement, et lui dit qu'il oublioit sa conduite passée, dont il n'avoit pas lieu d'être content, et qu'il lui redonnoit toute son ancienne amitié ; qu'il étoit bien fâché que le maréchal de Gramont se fût défait de sa charge, ce qu'il avoit fait malgré lui ; mais qu'il l'assuroit désormais qu'il n'y auroit rien de grand auprès de sa personne à quoi il ne pût prétendre.

Ces paroles charmantes furent accompagnées de tout ce que le Roi savoit dire quand il vouloit enchanter quelqu'un. Le comte de Guiche acheva la campagne, et s'en revint à la cour, comblé d'hon-

(1) Le comte de Guiche a laissé une relation fort détaillée du passage du Rhin ; on la trouvera à la suite de ces Mémoires.

neurs, de gloire et de distinction de la part de son maître; et tout lui auroit réussi, si pendant l'hiver il eût su profiter de la bonne volonté du Roi, et de l'affection que Sa Majesté avoit pour lui; et s'il eût été docile et courtisan comme il convenoit de l'être, il est certain qu'il se fût trouvé bientôt après à la tête des affaires, et un des premiers hommes de l'Etat : car l'on peut dire sans flatterie que personne n'avoit de plus grandes qualités, et que du surplus de l'excellent qui étoit en lui l'on en eût composé deux sujets parfaits. Mais il avoit trouvé le secret de gâter tout cela par une présomption qui n'étoit ni permise, ni dans sa place; car il vouloit maîtriser toujours, et décider souverainement de tout, lorsqu'il convenoit uniquement d'écouter et d'être souple : ce qui lui attira une envie générale, et enfin une sorte d'éloignement de la part du Roi, qui lui tourna la tête, et ensuite lui donna la mort, car il ne put tenir à nombre de dégoûts réitérés. Il mourut à Creutznach (1) près de Mayence, entre mes bras, la campagne suivante [1673] (2).

[1674] L'année d'après, les Espagnols s'étant déclarés pour les Hollandais, le Roi marcha au mois d'avril en Franche-Comté, et en fit la conquête en trois semaines; car quand il se mettoit en œuvre, et qu'il alloit à la guerre, il ne se contentoit pas de médiocrité, et rien ne résistoit à la force de ses armes, à son courage, et à la justesse de ses entreprises.

Le jour que le Roi fit investir Dôle, il m'envoya

---

(1). *A Creutznach* : Dans le palatinat du Rhin. — (2) Le comte de Guiche, fils aîné du maréchal de Gramont, mourut le 29 novembre 1673, à l'âge de trente-six ans.

chercher le soir dans sa chambre, où je le trouvai tout seul ; il me fit l'honneur de me dire qu'il avoit besoin de moi pour la chose du monde la plus pressée et la plus importante, et à laquelle je n'avois pas moins d'intérêt que lui ; qu'il s'agissoit de la perte de Bayonne ou de sa conservation ; qu'il venoit de recevoir dans le moment un courrier de M. Colbert, par lequel il lui donnoit des avis très-certains que le prince d'Orange avoit formé le dessein d'attaquer Bayonne, et que l'armement considérable de sa flotte, qui étoit déjà sous voiles, n'avoit d'autre objet que celui-là ; qu'il y avoit dessus dix-huit mille hommes de débarquement, et toutes les choses nécessaires pour un siége ; que la flotte, composée de soixante vaisseaux de ligne et de plus de cent bâtimens de transport, devoit aller mouiller au Passage, ce fameux port d'Espagne ; et que l'infanterie espagnole qui étoit dans les places du Guipuscoa devoit se joindre avec les dix-huit mille hommes de pied hollandais commandés par le comte de Horne, et marcher ensuite droit à Bayonne, qui étoit une place négligée depuis long-temps, et à emporter d'emblée, d'autant qu'il y avoit deux brèches à une courtine, où un bataillon de front pouvoit monter ; nul dehors, point de fossés, pas un canon en état de tirer, moins de fusils, dix milliers de poudre en tout, et pour toute garnison cinquante vieux coquins dans les deux châteaux, et la garde bourgeoise dans la ville, commandée par M. le maire, qui, au premier coup de canon tiré sur lui, ouvriroit certainement les portes.

Après ce détail, que le Roi me fit en me lisant lui-même les lettres de M. Colbert, et les avis qu'on lui avoit envoyés de Hollande, il m'honora d'une embrassade bien tendre, et me dit que le maréchal de Gramont étant accablé de goutte à Paris, où il étoit resté, il n'avoit de ressource et de confiance qu'en moi, et qu'il falloit que je partisse sur-le-champ, et que je marchasse jour et nuit pour essayer de me rendre à Bayonne avant que la flotte des ennemis pût arriver au Passage, parce qu'il étoit persuadé que ma présence rectifieroit bien des choses, et qu'étant aussi accrédité et aimé que je l'étois dans la province, bien des gens me sachant à Bayonne se joindroient à moi, qui ne marcheroient pas pour M. le maire; que du reste il me donnoit un plein pouvoir d'agir comme je l'entendrois, et que généralement tout ce que je ferois seroit approuvé de lui.

Le Roi me fit donner sur-le-champ une lettre de crédit sur Lyon pour y prendre tout l'argent dont je pourrois avoir besoin, de laquelle néanmoins je ne voulus pas me servir. Et comme Sa Majesté étoit persuadée (la flotte ennemie ayant déjà paru sur les côtes de Poitou) que je trouverois peut-être Bayonne investi, mon ordre étoit d'y entrer à quelque prix que ce fût, c'est-à-dire, en bon français, par la porte ou par la fenêtre. Après lui avoir embrassé les genoux, et assuré fortement que je ferois mon devoir, et que je n'oublierois rien de tout ce qui pouvoit lui marquer mon zèle et mon parfait attachement, je montai à cheval, et je me rendis de Dôle à Bayonne le sixième jour. A la vérité, je ne dormis pas beaucoup par les chemins; et les beautés de Montpellier, par où je passai, ne me retinrent pas plus que de raison.

A mon arrivée à Bayonne, je trouvai les choses encore en pire état que le Roi ne me les avoit dépeintes; mais heureusement il n'y avoit aucun vaisseau encore d'arrivé au Passage, ce qui me donna quelque soulagement, et un peu d'espoir de prévenir le coup funeste qui menaçoit cette importante place; et bien que je ne fusse pas un homme fort important, ma présence ne laissa pas de produire un bon effet.

Je commençai premièrement par ce qui me parut être le plus nécessaire, qui étoit la réparation des brèches et de fermer la ville; ce qui fut fait en quatre jours, au moyen de la quantité de travailleurs que je mis en œuvre, lesquels travailloient de bonne voile, sans même vouloir d'argent. Je fis faire une espèce de chemin couvert, creuser les fossés, mettre les canons sur des affûts : l'on m'apporta des armes du Béarn. J'avois dépêché à Toulouse, en passant, un courrier à Duteron, intendant de marine à Rochefort, et mon ami intime, pour lui faire part de l'extrémité où je me trouvois, n'ayant pas de quoi tirer un coup de mousquet, faute de poudre, et de m'en envoyer incessamment par une frégate légère; que j'avois ordre du Roi de lui en demander, et que j'allois vraisemblablement être attaqué; que tous les momens étoient précieux, et qu'il ne pouvoit faire trop de diligence, parce que la flotte des ennemis arrivée au Passage, rien ne pouvoit plus entrer par mer dans Bayonne.

Je fus servi à souhait; et le sixième jour de mon arrivée, la frégate que j'attendois entra vent arrière dans la rivière, et m'apporta deux cent milliers de poudre et trois mille fusils, qui furent les très-bien reçus.

Le bruit du siége de Bayonne s'étant répandu partout, et bien des gens étant informés que le Roi m'y avoit envoyé de Franche-Comté pour la défendre, il n'y eut fils de bon père et de bonne mère de toutes les provinces voisines qui ne voulût avoir sa part à la défense d'une place de cette considération, qui étoit la clef du royaume; de sorte que le huitième jour j'eus plus de sept cents gentilshommes, tant du Béarn, de Guienne que du Périgord, qui me vinrent trouver, et qui ne me quittèrent jamais qu'au moment du départ de la flotte ennemie. Je fis venir les bandes béarnaises, qui montoient à trois mille hommes; j'en tirai mille du pays de Labour, autant de la basse Navarre, et plus de douze cents que je fis venir de mes terres; ce qui ne laissa pas de faire un corps d'infanterie assez considérable pour me garantir de quelques tentatives que j'avois à craindre de la part des ennemis; car pour un siége dans les formes, je m'en moquois, attendu que je savois bien que les ennemis n'étoient pas en état de le former, et que l'amiral Tromp connoissoit trop bien les ouragans de la côte de Biscaye pour se commettre à y rester du temps avec une flotte de plus de cent soixante voiles.

J'avoue que je commençai alors à respirer; et peu s'en falloit que je ne désirasse qu'il leur prît envie d'en faire le siége, très-persuadé que j'étois qu'ils y échoueroient, et que j'en sortirois à mon honneur et gloire.

Au bout de quinze jours la flotte parut à la vue de Bayonne, et vint mouiller au Passage; ce qui m'obligea d'écrire aux alcades de Saint-Sébastien, qui sont les maîtres du pays, et avec lesquels j'avois signé un traité de bonne correspondance entre les frontières l'année d'auparavant, qu'étant informé que la flotte de Hollande étoit dans leurs ports à dessein de m'attaquer, j'étois bien aise de leur faire savoir que j'étois dans Bayonne avec un corps de troupes assez considérable pour ne rien craindre, ce qu'ils savoient déjà par d'autres que par moi; et que s'ils souffroient le débarquement des troupes ennemies, et qu'il y eût un seul Hollandais qui mît le pied en France, je prendrois cela pour une rupture ouverte du traité qu'ils avoient fait avec moi; qu'au reste je les assurois que si M. Tromp et M. le comte de Horn s'avisoient de venir jusqu'à Bayonne, ils ne me feroient pas grand mal, et qu'ils s'en retourneroient promptement dans leurs vaisseaux avec leur courte honte; mais qu'après je leur donnois ma parole que le retour vaudroit matines; et que de l'instant que la flotte se seroit retirée (ce que je les assurois qui arriveroit immanquablement), il ne seroit plus alors question avec moi de paix ni de concorde sur nos frontières; que je leur ferois la guerre du monde la plus vive, et que j'étois en état, par la supériorité de troupes que j'avois sur eux, de les aller brûler jusque dans Vittoria, et de ruiner le pays à jamais.

Ma lettre porta coup, et produisit l'effet que j'en attendois; car l'amiral Tromp et le comte de Horn ayant demandé, de la part de Leurs Hautes Puissances leurs maîtres, qu'on assemblât à Saint-Sébastien la junte du pays, en conformité du traité avec Sa Majesté Catholique, pour qu'elle eût à faire fournir par la Biscaye et le Guipuscoa les troupes, l'artillerie et les munitions de guerre nécessaires pour l'exécution du projet du siége de Bayonne, les principaux de la junte répondirent que la flotte étoit arrivée trop tard, et que ce qui eût été facile quinze jours plus tôt, par l'abandon où étoit Bayonne, devenoit maintenant impraticable, vu la nombreuse garnison qu'il y avoit dedans, la quantité de noblesse qui m'y étoit venue joindre, et le bon état où j'avois mis la place ; qu'ainsi ils pouvoient s'en retourner comme ils étoient venus ; que le pays ne fourniroit rien de tout ce qu'ils demandoient, et que les peuples de Biscaye et de Guipuscoa ne vouloient point, pour une tentative qui ne pouvoit plus être désormais qu'infructueuse, rompre le traité qu'ils avoient signé avec moi, et rentrer dans une guerre qui étoit la perte de leur pays par l'entière cessation du commerce avec la France.

Pendant tout ce conflit rentre la junte et les généraux hollandais, le maréchal de Gramont, à qui le Roi avoit mandé de Franche-Comté l'ordre qu'il m'avoit donné de me jeter dans Bayonne, et le péril éminent où se trouvoit cette place, prit son parti sur-le-champ, et malgré sa goutte, qui étoit violente, fit mettre les chevaux à son carrosse, et arriva en treize jours à Bayonne.

La nouvelle de l'arrivée du maréchal de Gramont à Bayonne fut sue dès le lendemain à Saint-Sébastien ; et les Espagnols, estimant qu'un homme comme lui, et de sa considération, y augmenteroit encore la compagnie, déclarèrent net à l'amiral Tromp et au comte de Horn qu'ils ne souffriroient aucun débarquement, et que tout le pays alloit se soulever contre eux et prendre les armes, s'ils ne remettoient promptement à la voile. Ce discours laconique ne leur plut pas ; mais comme ils n'étoient pas les plus forts, il fallut s'y soumettre ; et Tromp, qui d'ailleurs avoit une connoissance parfaite de la mer où il étoit, toute des plus scabreuses en temps d'équinoxe, et craignant avec raison les vents de la mer qui chassent à terre, ne se le fit pas dire deux fois, et appareilla dès le lendemain pour regagner la Manche : en quoi il donna une marque de son bon esprit et de sa grande connoissance, car s'il eût tardé vingt-quatre heures de plus, les vents qu'il appréhendoit toujours survinrent, et si furieux, que toute sa flotte se seroit perdue dans l'anse pleine de rochers de la côte qui règne depuis Saint-Sébastien jusques à Cabreton, et d'où il n'est plus possible de se retirer quand on y est une fois entré ; ce qui eût été un beau coup de filet, et une perte dont les Etats-généraux ne se seroient jamais relevés. Voilà quel fut le résultat du siége prétendu de Bayonne, que le Roi d'abord avoit tant de sujet de craindre, et la manière dont on le sauva.

Le maréchal de Gramont me dépêcha à l'instant au Roi pour lui en porter la nouvelle, qu'il reçut avec joie ; et je puis dire qu'il me parut satisfait du zèle et de l'intelligence avec laquelle il avoit été servi à point nommé, et dans un temps où, à plus de cent cinquante lieues de Bayonne, il n'y avoit pas un seul homme de troupes réglées à portée de le secourir ; ce qui prouve assez clairement que les gens qui ont un nom et un attachement fidèle doivent parfois être mis en place, et valent du moins autant que messieurs les intendans, qui ont une autorité despotique dans toutes les provinces : mais ce n'est pas là mon affaire, et j'en reviens à finir la vie du maréchal de Gramont. Quand je fus de retour à la cour, le Roi m'ordonna de mander au maréchal de Gramont que, pour peu que sa santé lui permît, il vouloit qu'il ne passât pas l'hiver à Bayonne, et qu'il revînt près de sa personne : ordre auquel il obéit volontiers, car il aimoit passionnément le Roi, auprès de qui il avoit passé partie de sa vie, et ne s'accommodoit guère de celle qu'on mène en province, peu convenable à un courtisan tel que lui.

Il fut reçu à merveille, et toujours avec une sorte de distinction de la part de son maître; mais comme il commençoit à être sur l'âge, que la cour étoit tout-à-fait différente de ce qu'il l'avoit vue, que le comte de Guiche son fils aîné étoit mort, qu'il se trouvoit sans charge, et que je n'en avois point; que les vieillards sujets à des incommodités, de quelque bon esprit qu'ils puissent être, deviennent souvent incommodes aux jeunes gens, et qu'au lieu de les rechercher on les évite; que cette affluence de monde, qui autrefois ne bougeoit de chez lui, n'y venoit plus que par un reste de bienséance, et que parfois il se trouvoit seul, et réduit à la méditation, chose qui lui noircissoit l'humeur : tout cela le frappa, et fit une telle impression sur lui, qu'il résolut, en homme sage qu'il étoit, de mettre un intervalle entre la vie et la mort, et de quitter la cour, bien qu'il ne fût point scrupuleusement dévot, pour achever le reste de sa carrière chez lui avec tranquillité et douceur.

[1677] Le Roi partit au mois de février de l'année 1677, pour aller faire les siéges de Valenciennes et de Cambray; et le maréchal de Gramont, sur le prétexte du risque que Bayonne avoit couru il y avoit deux ans, et pour lequel l'on n'avoit du depuis pris aucune précaution, M. de Louvois se souciant médiocrement des choses qui n'étoient pas sous ses yeux, supplia le Roi de trouver bon, moi servant en Flandre auprès de sa personne, qu'il s'y en retournât pour éviter une nouvelle tentative de la part des ennemis, laquelle pouvoit arriver sans miracle : c'est la raison dont il se servit, qui avoit un air de vraisemblance, pour obtenir son congé; mais la réalité étoit sa retraite, qu'il avoit préméditée, et à quoi il étoit résolu. Son départ fit néanmoins de la peine au Roi, et il fit humainement tout ce qu'il put pour le dissuader, mais inutilement : son heure étoit venue, et il fallut payer le tribut à la nature (1). Le Roi revint de Flandre au bout de trois mois, victorieux à son ordinaire; et étant à Saint-Germain, il apprit par moi la mort du maréchal de Gramont, qui ressembla à sa vie, c'est-à-dire pleine de confiance en la miséricorde de Dieu, et de zèle et de fidélité pour son maître, qu'il aima tendrement jusques à son dernier soupir.

(1) *Tribut à la nature :* Le maréchal de Gramont mourut à Bayonne le 12 juillet 1678, à l'âge de soixante-quatorze ans.

RELATION
DU PASSAGE DU RHIN,

PAR LE COMTE DE GUICHE.

(TOME 2, PAGE 325 DE SES MÉMOIRES.)

Ma précédente relation vous aura suffisamment instruit de la rapidité avec laquelle les conquêtes du Roi s'étoient poussées. Le premier du courant [juin 1672] Wesel fut attaqué, et le 9 Emerich se rendit à M. le prince, qui s'étant avancé avec l'aile droite, et les dragons commandés par Foucault, prit ses postes devant cette place. Je joignis le lendemain au point du jour avec le reste de l'armée, et le soir il fut visiter la garde qui étoit postée sur une hauteur appelée Sherenberg, d'où l'on découvroit le cours du Rhin et de l'Issel, et d'où l'on voyoit le Welaw et le Betaw. L'entrée de cette île, si renommée par sa richesse, et si célèbre par les guerres des Romains aussi bien que par celles des derniers temps, est défendue par le fort de Schenk, et couverte à la droite par le Wahal, dont la largeur et la rapidité, jointe à tant de places qui sont assises dessus, nous ôtoient tout moyen de nous faire par cet endroit un passage dans l'île.

Il falloit donc nécessairement passer entre Arnheim et le fort de Schenk, quoique l'armée ennemie fût postée sous la première de ces places, en s'étendant le long de l'Issel, mais avec un grand pont de bateaux, afin de donner aussi la main aux troupes du Betaw. Le prince d'Orange avoit par dessus cela laissé Montbas, commissaire général de la cavalerie des Etats, avec huit régimens et du canon pour défendre cette tête; et les troupes avoient été divisées en trois camps retranchés le long du Rhin, l'un sous Hussen, petite ville fermée; l'autre à Borgschott, et le troisième auprès du Tolhus.

Tout le Betaw est, comme j'ai dit, un perpétuel retranchement; et l'espace contenu entre les digues qui bordent le Wahal et le

Rhin est coupé par tant de fossés et de canaux, qu'il faut toujours donner le travail d'une journée à faire la communication du coupement de l'armée, lors même qu'elle ne trouve aucun autre obstacle que celui de la nature. Les ennemis avoient donc aplani un chemin le long du Rhin, pour la communication des corps qui y étoient campés; et pour que le chemin ne pût être utile qu'à leurs troupes, ils ne lui avoient donné d'ouverture que celle du front d'un escadron ordinaire. Ainsi le derrière et le flanc de leurs postes étoient couverts par des fossés, des haies vives et des claies à hauteur d'appui, entrelacées et arrêtées dans la terre par des pieux fichés fort avant; et c'est ainsi que le bord des digues se trouve appuyé, et que tous les champs des particuliers sont divisés les uns des autres. Du reste, leur camp étoit assuré par le front du Rhin, qui leur servoit de fossé. Il est vrai que le retranchement, ou pour mieux dire le parapet, qu'ils avoient derrière n'étoit pas continué depuis Arnheim jusqu'au fort de Schenk, d'autant que le pays étant bas et coupé de l'autre côté, ils ne s'étoient retranchés qu'à la tête des digues et des chemins par où les armées étoient aussi forcées d'aborder. Sur quoi l'on peut dire que leurs mesures n'ont pas été plus justes que dans tout le reste, et qu'on ne les peut excuser ni sur leur paresse à travailler davantage avec le grand nombre d'hommes dont ils étoient les maîtres, ni sur la confiance qu'ils avoient prise aux avantages de la situation de leur pays, parce que la diligence et la vigueur de troupes courageuses peuvent toujours surmonter ce que l'art n'a pas perfectionné.

M. le prince ayant reconnu du haut de la montagne, et étant informé d'ailleurs de la disposition des troupes ennemies, jugea d'abord qu'il passeroit dans le Betaw, et qu'il leur feroit quitter l'Issel d'autant plus aisément, qu'ayant cru le passage du Rhin impossible entre deux grosses places, toute leur application étoit à défendre l'Issel, que la sécheresse avoit rendu guéable presque dans tout son cours. Il manda à l'instant son avis au Roi, qui lui donna un rendez-vous auprès de Rées, où Sa Majesté étoit avancée. Il fut résolu qu'on tenteroit le passage, que le Roi viendroit à la tête de notre armée, et que M. le prince disposeroit toutes choses pour cette entreprise. Sur cela il fit partir Saint-Abre, qui étoit de jour, avec deux escadrons et cent dragons, pour aller reconnoître le bord de la rivière, tout le plus près d'Arnheim qu'il lui seroit possible. Saint-Abre, au lieu de cela, dès qu'il trouve des ennemis postés de l'autre côté, s'arrête, et commence à escarmoucher contre eux; et après avoir établi un petit poste de dragons vis-à-vis de celui des ennemis, revient au camp.

M. le prince, qui étoit allé trouver le Roi, reçut cette nouvelle avec chagrin, disant qu'il n'en falloit pas davantage pour donner une juste alarme au camp des ennemis, les faire ébranler de là, et leur donner lieu de mettre le poste en sûreté avant que notre pont et notre artillerie qui descendoient le Rhin pussent joindre. Il n'étoit pas de bonne humeur ce soir-là; et comme il a la louable coutume de prendre tout sur lui quand on n'a pas fait à sa mode, il partit dès le point du jour, 11e du mois, et s'en alla vers ce petit poste que nos dragons devoient occuper. Là il défendit à qui que ce soit de le suivre, hors à monsieur son fils et à huit que nous étions; et il prit un guide pour le mener vis-à-vis du premier camp des ennemis, sans aucun garde sur sa droite. Quand il fut au premier camp, voyant qu'il étoit abandonné, il lui prit envie d'aller voir ce qui se passoit à la tête du second; et comme il le trouva encore dégarni, étant pour lors à moitié chemin d'Arnheim et de son camp, plutôt par lassitude qu'autrement, il partagea sa troupe en deux, garda quatre hommes avec lui, et m'envoya pour reconnoître le troisième camp. Un parti des ennemis avoit croisé sur cette marche tout le matin, et la fortune voulut qu'il s'étoit retiré avant que nous fussions arrivés. Je fus rejoindre M. le prince, et je le trouvai qui avoit été au *qui vive?* avec un parti que M. de Turenne envoyoit vers l'Issel, commandé par le comte de Roye et feu M. de Longueville.

Ses raisons pour avoir fait cette marche étoient, disoit-il, pour être sûr du pays par lui-même; et que s'il avoit marché seul, c'étoit pour ne pas donner l'alarme. Or, comme il ne pouvoit conjecturer par quelle raison les ennemis abandonnoient ces postes, ne pouvant faire passer personne au-delà pour savoir s'ils s'étoient retirés tout de bon, ou s'ils s'étoient retirés en arrière, afin de paroître seulement à l'endroit que nous choisirions pour passer, il résolut de faire son pont à deux portées de mousquet du Tolhus, tant parce qu'il faisoit sa marche à couvert depuis Emerich jusque là, que parce que plus il eût descendu vers Arnheim, plus eût-elle été longue, difficile, et à la vue des ennemis. Quoique les apparences fussent que le poste étoit quitté, il ne le vouloit point croire, surtout parce qu'ayant fait monter au clocher de Zevenaer, je l'avois assuré que les troupes étoient bien retirées du dernier camp ; mais qu'on découvroit de petits partis qui rouloient sans cesse dans le derrière du pays, tout du long de la rivière : de sorte qu'il ordonna sa batterie, et fit sa disposition tout de même que si l'armée entière des ennemis avoit été devant lui. Il me renvoya pour la poster, parce qu'il attendoit le Roi à souper. Sa Majesté ayant disposé de toutes choses, voici quelle en fut la disposition :

Saint-Abre commandoit l'infanterie, Monime et Louvigny chacun cinq cents mousquetaires détachés pour être à la tête de tout, et le reste des bataillons fut dispersé pour border la rivière. Suivant l'ordre de bataille, Foucault, avec l'aile droite, les dragons et deux régimens d'infanterie, s'étendoit du côté d'Arnheim ; et comme je devois avoir l'avant-garde, j'avois doublé avec l'aile gauche, derrière l'infanterie, à l'endroit où l'on devoit faire le pont : aussi bien ne pouvois-je m'étendre sur la gauche sans m'exposer sous le feu de la tour, où il y avoit des mousquetaires, trois pièces de fonte, et quelques arquebuses à crocs.

Le Roi étoit à deux cents pas de la batterie, assez proche de la rivière, et avoit envoyé M. le prince vers la droite, pour tâcher d'y faire passer la cavalerie. Son Altesse l'avoit fait tenter ; mais les dragons qui en avoient eu la commission, étonnés de la rapidité de l'eau, et du feu de quelques mousquetaires qui étoient de delà, avoient bientôt rebroussé chemin. Il vint donc rendre compte au Roi de l'impossibilité de la chose ; sur quoi Sa Majesté ajouta qu'on l'assuroit qu'il y avoit un passage encore à la gauche, du côté du Tolhus. M. le prince répondit qu'il l'avoit bien ouï dire, mais que c'étoit sous le pied de cette grosse tour qui tiroit contre notre batterie, et qu'il ne croyoit pas que ce fût un passage à choisir. Il me parut qu'il étoit fatigué de voir qu'on faisoit au Roi des propositions qu'il ne jugeoit pas exécutables, et que, n'ayant aucun des matériaux dont on lui avoit répondu pour faire son pont, sa batterie ne servoit qu'à avertir l'armée du prince d'Orange que l'on tâchoit de passer le Rhin. Sur cela, je m'offris d'aller reconnoître le passage dont on avoit parlé. On me donna le guide, à qui le cœur manquoit fort souvent, et qu'il falloit rafraîchir d'eau-de-vie. Comme je fus arrivé sur le bord, j'entrai dans l'eau assez avant avec mes gens, remarquant seulement bien l'entrée et la sortie. Je vis la première capable de huit à dix hommes de front, et la dernière plate, et propre pour un escadron tout entier. Dans ce temps-là la tour me fit sa décharge à cartouche ; mais comme les pièces étoient pointées sur le bord, tous les coups donnèrent dans le rivage, et me passèrent sur la tête. Je sortis de l'eau à l'instant ; et m'en allant pour chercher M. le prince, que j'avois laissé auprès du Roi, je trouvai Sa Majesté seule, et l'assurai que nous passerions infailliblement, ou que nous y mourrions à la peine. Le Roi me renvoya à M. le prince pour recevoir ses ordres, et me parut être bien aise de la proposition. Je remarquai là le partage des courtisans, quelque peu de mes amis s'intéressant à mon aventure, et le reste souriant, se parlant à l'oreille, et ayant bonne espérance de ce qui m'alloit arriver.

Je trouvai M. le prince qui s'étoit avancé à la batterie avec Monsieur. Je lui redis les mêmes choses qu'au Roi, et l'ordre que j'en avois reçu. Il me dit : « Allons-nous-en voir ensemble. » Il fut suivi par quelques courtisans et des officiers de son armée ; et par le chemin me repassant tout ce qui en pouvoit arriver, il me dit qu'il craignoit le succès pour moi ; que c'étoit des choses à tenter avec de la cavalerie polonaise ou tartare ; mais que d'une part la nouveauté effraieroit nos cavaliers ; que je ne serois suivi que de peu d'officiers seulement, et que le reste se noieroit, ou ne soutiendroit pas la charge des ennemis, car on voyoit leurs vedettes sur le bord. Je n'avois aucune bonne raison à opposer aux siennes, si ce n'est que je serois pris ou tué de l'autre côté ; que mes gens me suivroient ; qu'entre la haie et la tour il n'y avoit d'espace que pour un escadron ; qu'ainsi ma tête pourroit aussi bien renverser la leur, qu'il leur seroit possible de renverser la mienne ; qu'il voyoit la nécessité de l'action ; que rien de ce qu'il falloit pour faire son pont n'étoit arrivé ; qu'il n'avoit que ses méchans bateaux de cuivre, qu'un coup de canon de la tour couleroit à fond sans remède ; que le poste ayant été dégarni, venoit d'être ressaisi par les ennemis ; qu'il ne pouvoit savoir par combien d'hommes ; et qu'apparemment ce seroit une tête de leur armée. Il me dit que ces mêmes raisons faisoient toutes contre moi. Cependant il s'avança jusqu'à l'eau avec monsieur son fils, ses gens, les miens, et feu Nogent qui l'avoit suivi. On lui fit une salve pareille à celle que j'avois reçue. Il se retira ensuite, et m'envoya aux escadrons, que je fis avancer. Les ayant fait décharger de tous leurs sacs et de leurs manteaux, je leur représentai que le Roi et M. le prince étoient là, et leur dis de rang en rang tout ce qui pouvoit les obliger à bien faire ; et j'avoue que la gaieté avec laquelle tous me répondirent me donna une confiance entière du bon succès. Les six premiers escadrons de la brigade de Pilois, commandés par lui, étoient deux de cuirassiers, deux de Pilois, et deux de Bligny ; le reste de l'aile venoit ensuite ; mais dès que ces six-là furent prêts, M. le prince les fit avancer jusqu'au bord, néanmoins un peu à couvert d'un petit rideau bordé d'une rangée de saules. Je détachai le baron de Begolles, le chevalier de Lavedan, Sponheim et La Villette, pour nous montrer le chemin qu'ils avoient déjà reconnu. M. le prince, suivi de monsieur son fils et de moi seulement, vînmes jusqu'à l'entrée de l'eau pour voir comme ils passeroient ; et ils le firent d'un tel air, en menaçant les vedettes ennemies qui étoient de l'autre côté de l'eau, que M. le prince fit signe à l'instant à l'escadron de les suivre. Dans ce temps-là Pilois et moi nous nous jetions à l'eau avec tous mes gens. Que dirai-je ? La fine fleur de cavalerie y passe en même temps ; le duc de Coaslin, le chevalier de Vendôme, Vivonne, le comte de Sault, Cavoye, La Salle, ses deux neveux, deux ou trois cadets des gardes du corps, Sevignan, Nayant, Olivet, Briolles, Ricous, d'autres domestiques de M. le prince, et ses pages. Tout cela formoit ensemble un gros de quarante chevaux, suivi sur les talons par Revel et le premier escadron des cuirassiers.

M. le prince, toujours vis-à-vis de cette tour, fait serrer et anime tout le reste ; et retint la bride du cheval de monsieur le duc son fils, qui vouloit passer à toute force. Dans ce temps, ma première troupe avoit déjà pris pied et étoit déjà sur la rive, lorsque les vedettes des ennemis font signal à leurs gens, qui débandent un gros escadron sur elle. Mes gens, voyant qu'ils étoient trop foibles pour les soutenir avec si peu d'hommes, rentrèrent cinq ou six pas dans l'eau; et dès qu'ils virent que nous, qui nagions encore, les atteignions, ils s'avancèrent, et se mêlèrent à coups d'épée. La droite des ennemis fit fort bien son devoir, et perça jusqu'à moi, qui nageois encore : en sorte que le cheval de Pilois, étonné du feu, se renversa sur le mien, et faillit à me noyer; mais mon cheval étant extrêmement hardi, je ne feignis point à lui donner une saccade, et de le tourner à gauche; de sorte que d'un élan il passa sur la croupe de celui de Pilois, et me tira d'affaire. Il étoit encore en balance qui céderoit, des ennemis ou de nous. Nous les voyions soutenus de deux autres grands escadrons, quand le Roi fit tirer notre canon très à propos, qui commençant d'ébranler leur gauche, notre droite leur entra dans le flanc; et le désordre se mettant dans l'escadron de derrière, nous les culbutâmes tous l'un sur l'autre. Tout le monde les poussa, et je retournai aux cuirassiers pour les faire doubler sur la rive et en former un escadron.

Je vis là le plus pitoyable spectacle du monde, plus de trente officiers ou cavaliers noyés ou se noyant, et Revel à leur tête; enfin le Rhin plein d'hommes, de chevaux, d'étendards, de chapeaux, et d'autres choses semblables; car le feu de la droite des ennemis avoit été assez grand pour effrayer les chevaux, qui, se jetant sur la droite, tomboient dans un courant d'où personne ne revenoit. Ce fut là que je vis Brassalay, le cornette des cuirassiers, dont le cheval s'étoit renversé au milieu de l'eau, étant botté et cuirassé, nager d'un bras, et sauver son étendard de l'autre. Enfin cet escadron se forme, des cuirassiers se jettent gaiement à l'eau, voyant tout le désordre du premier; et M. le prince faisant toujours serrer le reste avec une telle diligence, quoiqu'il s'en noyât sans cesse, qu'en un moment j'eus quatre ou cinq escadrons de l'autre côté de l'eau. J'avois déjà passé la haie avec le premier escadron des cuirassiers; et trouvant une petite plaine, je commençai d'étendre ma droite vers le Rhin, qui fait un coude dans cet endroit, et ma gauche au village du Tolhus, mon front étant vers le Betaw. Mes ailes étoient assurées, et ma ligne étoit parallèle à celle qu'on pouvoit tirer du Wahal au Rhin. Il falloit défiler par des haies pour venir à moi. J'avois un espace raisonnable pour m'ébranler avant que d'aller à la charge, et j'étois maître de l'intervalle. Ainsi je pouvois choisir la quantité qu'il m'eût plu de combattre. Enfin la nature m'avoit offert le plus beau poste du monde, même M. le prince l'avoit trouvé occupé; en sorte qu'il m'a dit plusieurs fois depuis qu'il auroit souhaité que le prince d'Orange et le chevalier de Villeneuve eussent suivi leur pointe jusqu'à nous, persuadé que nous eussions eu un plus grand avantage.

Pour entrer dans cette plaine que je vous marque, il avoit fallu passer derrière le défilé sous lequel les ennemis tenoient leurs troupes à couvert, et l'espace contenu entre ce défilé et l'eau étoit uni et plein de sable; car le Rhin le couvrant presque tout entier lorsqu'il est gros, la cavalerie de la maison du Roi, qui s'y vint loger ensuite, s'y pouvoit poster commodément. Cependant quelques coureurs que j'avois détachés devant moi venant me rapporter qu'il paroissoit encore des ennemis derrière ces haies qui bordoient la plaine où j'étois en bataille, j'envoyai m'assurer seulement de ma droite, afin de poster des gens de deçà pour travailler à l'établissement du pont. Plusieurs personnes de qualité, et des officiers même, ayant envie d'avancer, je ne le voulus point faire, pour ne me pas dessaisir du poste avantageux que j'avois occupé, et qui pouvoit assurer le passage au Roi contre l'armée ennemie. J'envoyai pourtant Ricous à M. le prince, pour lui rendre compte de l'état où nous étions, recevoir ses ordres, et lui dire que dès que j'aurois ma seconde ligne formée, j'allois me mettre à portée des ennemis; qu'il étoit apparent qu'ils n'étoient point encore assez forts pour oser entrer dans la plaine, et me venir charger: mais que puisqu'ils tenoient encore dans leur camp et faisoient feu contre nos dragons, qui étoient de l'autre côté de l'eau à l'aile droite, il étoit apparent qu'ils attendroient dans ce poste la tête de leur armée; et que, comme il falloit passer par dessus eux pour voir leurs derrières, j'allois attendre ses ordres avant que de rien engager.

Dès que Ricous eut fait ce rapport, M. le prince prit un petit bateau, fit passer ses chevaux à la nage, et vint à nous avec M. le duc, M. de Longueville, messieurs de Marsillac, de Bouillon, et plusieurs autres. Tous ces messieurs marchoient un peu sur la gauche de M. le prince, qui, venant à la tête des cuirassiers où j'étois, s'arrêta pour s'informer de moi en quel état étoient les choses. Comme il me parloit, nous entendîmes une furieuse salve; sur quoi il s'avança, et me commanda de le suivre avec les troupes. Depuis ce temps-là je ne le vis plus; mais je vous dirai, le sachant de lui-même, ce qui se passa là où il étoit. Vous verrez, par le plan du camp des ennemis le long du Rhin, que ma droite joignant presque cette rivière, ma gauche s'étendoit vers le Wahal. Ainsi pour attaquer bien leur camp il falloit, soutenant ma droite, faire marcher ma gauche, qui, prenant l'extrémité de leur camp, leur coupoit en même temps le chemin de leur retraite vers Arnheim. Le milieu de ma ligne les eût chargés par le front, et je les prenois par le flanc, et par le derrière de leur camp que j'avois reconnu le jour de devant par l'autre côté de l'eau, ainsi que je vous l'ai déjà dit.

Dans ce temps-là les volontaires qui avoient ouï cette salve s'étoient ébranlés vers là, M. le duc étant à leur tête. M. le prince baisse la main, et leur regagne le devant; il leur crie de faire halte, et l'obtient pour un moment, leur disant d'attendre les troupes qui venoient. Cependant l'un d'un côté, l'autre de l'autre, s'échappant encore, il leur regagne la tête pour une seconde fois; mais, à la vérité, il ne les arrêta qu'à dix pas des ennemis. Il prit un parti de hauteur, voyant qu'il n'y en avoit point d'autre: il leur crie de mettre les armes bas. Quelques-uns d'entre eux, entendant nommer M. le prince par nos gens, et voyant l'ordre de M. le duc, croyant que c'étoit M. le prince d'Orange qui venoit visiter les postes, commencèrent à saluer. D'autres officiers criant que c'étoient les ennemis, et qu'il falloit tirer, cela les mit dans quelque désordre. Dans le temps, M. le prince dit qu'il ne savoit si M. de Longueville ou eux tirèrent les premiers; mais il est constant qu'il se jeta tout au milieu. M. le prince et M. le duc s'y mêlant par l'espace d'une barrière arrachée seulement, ce fut là que M. le prince eut le bras cassé [1], où Vivonne et plusieurs autres reçurent leurs coups. Ils poussèrent ainsi l'escadron dont je vous parle, qui étoit un gros de deux ou trois cents chevaux, jusqu'à une seconde haie, et la lui font passer. Mais dans ce temps l'in-

[1] Il ne fut que blessé au bras selon les uns, à la main selon les autres.

fanterie, qui gardoit le poste de la rivière, revint au secours de la cavalerie. Sur cela, Wurts lui fait border la haie, et repasse par la barrière avec un escadron sur tous ces volontaires, qui plioient tous dans cet endroit sur M. le prince. Il fait ferme; tous se rassemblent sous lui, et, à l'abri d'un escadron de cuirassiers que je lui avois envoyé, retournent à la charge. Pour vous dire aussi ce qui se passoit de mon côté depuis le temps que je vous ai marqué que M. le prince me parloit, il poussoit deux fois à toute bride pour arrêter la tête des volontaires. Il étoit par conséquent bien éloigné de moi, qui, entendant la première décharge, avois, comme vous pouvez croire, bien de la douleur de la lui laisser essuyer tout seul : mais si j'eusse couru sans les troupes, mon zèle lui eût été infructueux, et pouvoit perdre l'affaire. Je débandai donc vitement la moitié d'un escadron de cuirassiers sous Dumesnil, sans étendard, et le suivis au grand trot avec tout le reste : mais comme ma droite étoit plus proche, ma gauche n'ayant pas le temps de faire ce que je lui avois ordonné, au lieu de neuf escadrons que j'aurois eus, je n'en avois plus que quatre. J'arrivai néanmoins par bonheur lorsque les ennemis repoussoient nos gens. C'étoit fait d'eux et de M. le prince, qui ne vouloit point céder, lorsque, trouvant une entrée dans l'espace contenu entre les deux haies, je fis charger Revel avec le premier escadron des cuirassiers. Il eut les deux jambes percées, et son cheval tué de cinq coups. Il fit repasser la barrière et la haie aux ennemis. M. le duc, se mettant à la tête, perça la manche droite du bataillon, et entra dedans. Dans ce temps-là Wurts, voyant que je lui prenois le flanc par le chemin qu'il y avoit le long de la rivière, vint s'opposer à moi avec deux escadrons de la manche du bataillon. Ces deux escadrons plièrent devant nous, sans tirer que quelques méchans coups; de sorte que les faisant pousser avec le corps de Pilois à la charge contre cette manche de mousquetaires, et une partie de leurs piquets qui firent fort bien, Yloy les ayant rompus, Narbonne, qui commandoit son régiment, poussa avec un escadron à un des ennemis qui soutenoit encore l'infanterie. Celui-ci prit la queue du camp avec le régiment de Nonant. Nous achevâmes de défaire le reste de l'infanterie qui se défendoit dans ses huttes, et une troupe de quarante chevaux qui tenoit dans l'intervalle. Enfin nous nous joignîmes avec le reste de ces messieurs et du premier escadron des cuirassiers, qui avoient toujours chargé par la tête. L'on poussa encore une demi-lieue après les ennemis. Je fus voir M. le prince, le cœur plus serré qu'homme du monde; et il continua à nous donner ses ordres depuis le commencement jusqu'à présent, qu'il est hors d'affaire. L'on peut dire avec vérité que jamais homme ne fit moins d'état d'un bras cassé. Il me donna ses ordres avec beaucoup de tranquillité; et après s'en être remis à mes soins, il se retira au village de Tolhus pour s'y faire panser.

Je repris donc d'abord le même poste que j'avois déjà occupé; et garnissant le village et la tour de cinq cents mousquetaires commandés par mon frère, qui avoit passé dans des bateaux, ma gauche étoit inattaquable. Cependant Rochefort, qui avoit passé ensuite avec toute la gendarmerie, se poste derrière mes troupes, sur le terrain qui est entre la rivière et les haies. Le pont s'acheva ensuite. Sur les sept heures du soir, l'infanterie commença de passer, et de se loger le long du Rhin, sur le même terrain, et à la droite de la gendarmerie. Je mis des gardes de ma cavalerie à la tête, qui se trouvoit au vieux camp des ennemis. J'avançai sur la digue qui va à Nimègue, le long du Wahal; et en laissant un à la tête du fort de Schenk, les ennemis ne pouvoient nous chasser de ce poste, quand même, abandonnant l'Issel, ils seroient venus avec toutes leurs forces. Je fus ensuite voir le Roi, qui me fit plus d'honneur que je n'en eusse osé prétendre. Je lui rendis compte de toutes choses, et il fut satisfait du poste et de l'ordre que j'y avois établi. Sur cela il passa la rivière, fut voir M. le prince; et après lui avoir donné toutes les marques possibles de tendresse et de reconnoissance, il donna le commandement de son armée à M. le duc, et déclara M. de Turenne général de la nôtre jusqu'à la convalescence de M. le prince.

M. de Turenne arriva le soir même, passa la nuit de notre côté; et le lendemain il vit encore le Roi sur les neuf heures, et l'on résolut de marcher en avant. Sa Majesté ordonna que je prisse encore l'avant-garde de tout, avec l'aile gauche que je commande. L'on y joignit un régiment de dragons, et mon ordre fut de m'avancer vers Hussen, petite ville située à une petite lieue d'Arnheim, et de voir de près la contenance des ennemis. M. de Turenne me suivoit avec le reste de la cavalerie et cinq cents mousquetaires détachés. Saint-Abre marchoit avec le reste de l'infanterie avec quelques pièces de campagne, et il avoit encore détaché à sa tête Trassi, major général, avec cent mousquetaires commandés. Je partis du camp vers les onze heures du matin ; et comme je fus auprès de Hussen, je commençai à voir par la poussière la marche des ennemis, qui, régnant le long de l'Issel, venoient de retomber sur Arnheim. M. de Turenne apercevant la même chose, envoya Claudoré, et ensuite le comte de Fiesque, pour me dire qu'il lui paroissoit que la tête des ennemis et la mienne s'alloient joindre, et qu'il me serreroit le plus près qu'il lui seroit possible ; et comme j'étois à la tête, il m'ordonnoit seulement de prendre le parti que je jugerois à propos. Sur cela, connoissant que les ennemis ne pouvoient rien entreprendre sur nous dans le Betaw, que de défendre ou chicaner le passage du canal appelé le Grieff, qui va d'Arnheim à Nimègue, je mandai à M. de Turenne que je me hâtois pour me saisir des ponts qui étoient sur deux digues qui y conduisent seulement : car le milieu du pays est si coupé, comme je vous ai déjà dit, de fossés et de haies, qu'il faudroit beaucoup de temps à des troupes pour s'y faire un chemin, et qu'il seroit impossible de le rendre propre ni à l'artillerie ni au bagage. La digue qui est le long du Wahal, aboutissant au fort de Knotzembourg, n'étoit pas une route pour notre armée, à qui par conséquent il ne restoit de marche aisée que celle qui avoit prise sur la digue qui borde le Rhin. Elle se coupe en deux au sortir de la ville de Hussen. Une des branches joignant tout-à-fait le Rhin est entièrement sous le mousquet d'Arnheim ; l'autre, distante environ de mille pas, traverse un village appelé Elten, où il y a des écluses et un pont de pierre sur le canal, avec un autre pont de bois un peu au-dessous. La tête de l'armée ennemie y étoit arrivée un peu avant moi, et l'on avoit déjà brûlé le pont de bois. Deux cents mousquetaires, soutenus de deux escadrons, travailloient à rompre le pont de pierre. Une partie de leur cavalerie paroissoit en bataille de l'autre côté de l'eau, attendant apparemment que cela fût fait pour pouvoir passer dans le Betaw, et se retirer sûrement vers les têtes qu'ils vouloient conserver. Le prince d'Orange étoit à Arnheim avec les officiers généraux et les députés, pour y donner les ordres ; mais sur cette entrefaite arriva la tête de mes gens près du pont. J'avois détaché Saint-Etienne du régiment de Castic, avec cent chevaux et cinquante dragons, que je soutenois avec deux escadrons. Tout le corps des dragons marchoit ensuite, puis toute l'aile.

Saint-Etienne m'ayant donné avis qu'il étoit en présence des ennemis, et qu'on tiroit déjà sur lui, je fis faire halte pour le renforcer avec cent dragons sur la digue; et tous les autres restèrent dans le bas, afin que leur feu facilitât ma charge. Dès que cela fut fait, je lui commandai de charger, et suivis ensuite. L'infanterie ennemie, faisant seulement sa décharge, quitta l'ouvrage et le pont, se jetant à droite et à gauche le long des haies; et la cavalerie s'enfuit par le long de la digue qui borde le canal, et qui aboutit au pont que les ennemis avoient fait sur le Rhin au-dessous de la ville. On la poussa jusque là, et à l'instant les ennemis commencèrent à le rompre : leur cavalerie, qui étoit en halte de l'autre côté d'Arnheim, monta tout-à-fait sur la hauteur, et une partie prit sa marche le long du Rhin en tirant vers Utrecht. Sur ceci il m'arriva le plus bizarre accident dont on ait jamais ouï parler. J'avois trouvé les ennemis rompant le pont de pierre qui est sur le canal, et je les avois poussés par les deux digues qui le bordent jusqu'au pont de bateaux qu'ils avoient sur le Rhin. Pour cet effet j'avois tourné à droite, et par conséquent ma tête étoit sous Arnheim. La cavalerie des ennemis faisoit une grosse poussière par sa marche, et toute celle qui suivoit étoit enfournée sur la digue. Dans ce temps une voix bizarre porte au second escadron de Bligny que j'étois engagé sur la gauche; et, sans reconnoître, il passa sur le ventre à une petite garde de dragons que j'avois d'abord mise au pont, et va au grand galop tout le long de la digue, qui, s'approchant du Rhin, va jusqu'à Warseningue. Enfin quatre escadrons le suivent de même air, et avant que j'en pusse être averti, car la digue où j'étois étoit bordée de grands arbres; lorsque Sponheim ayant regardé derrière, me vint avertir qu'une partie de ma cavalerie s'en alloit de ce côté-là. J'y pousse à l'instant, et j'arrête le reste au pont de pierre. Je retire mes troupes avancées vers Arnheim; car le pont de bateaux s'étant rompu, je n'avois plus rien à faire ni à craindre de ce côté-là, et je m'en vais à toute bride après ma cavalerie, qui couroit après moi

Je voyois trotter celle des ennemis de l'autre côté de l'eau. Je ne pouvois concevoir, n'ayant point d'officier principal à la tête, qui pouvoit mener mes troupes par cet endroit, et si vite. Beaulsé, Pilois et Bligny avoient été de l'autre côté avec moi, et c'étoit un lieutenant de Bligny qui menoit cette avant-garde. Jugez de l'embarras d'un homme qui a bien disposé de tout son fait, qui vient de réussir, et à qui tout d'un coup il arrive un désordre dans un pays difficile, et joignant une armée de trente mille hommes! Je vous avoue que je n'ai jamais tant souffert que je fis pour lors, jusqu'à ce que j'eusse attrapé la tête de mes gens. A mesure que j'en rencontrois, je n'avois d'autre raison d'eux que de me dire : « Nous « voyions les ennemis sur notre droite, et nous suivions ce qui alloit « devant nous. » Quand je fus à la tête, ils me dirent qu'on leur avoit dit que j'étois engagé par là : de sorte que n'étant point arrivé de malheur, il fallut essayer d'en profiter. Pour cet effet, on chercha des passages sur le Rhin, et l'on se saisit de quelques bateaux; et remarchant avec le reste à Elten, je fis laisser des gardes fort avancées. Cependant le prince d'Orange et Wurts, qui avoient vu ce mouvement extraordinaire, et qui savoient qu'il y avoit plus bas des gués dans le Rhin où nous pouvions passer, et des bateaux auprès de plusieurs gros bourgs dont nous pourrions nous servir, crurent qu'après avoir gagné le passage du canal nous en allions chercher un autre dans leur derrière sur le Rhin. Leur intention étoit de rompre tous les ponts du canal, et dès que cela eût été fait, d'y faire passer un petit corps, afin de se mettre entre Arnheim et Nimègue, pour nous chicaner quelques jours, et faire ainsi une retraite lente, donner ordre au fond de leur pays, et se faire un poste sous Utrecht. Mais le bonheur ayant voulu qu'on ait prévenu leur dessein, battu leurs gens à la vue d'Arnheim, et ébranlé ce qu'ils avoient derrière, ils se crurent obligés de se hâter; et au lieu de ne partir d'Arnheim que le lendemain à six heures du matin, comme ils l'avoient résolu, le prince d'Orange partit avec tout son corps dès minuit.

FIN DES MÉMOIRES DU MARÉCHAL DE GRAMONT.

MÉMOIRES

DES

DIVERS EMPLOIS ET DES PRINCIPALES ACTIONS

DU

MARÉCHAL DU PLESSIS.

NOTICE

SUR

LE MARÉCHAL DU PLESSIS

ET

SUR SES MÉMOIRES.

César, duc de Choiseul, pair et maréchal de France, comte du Plessis-Praslin, vicomte de Saint-Jean, etc., naquit à Paris, sur la paroisse Saint-Jean-de-Grève, le 12 février 1598. On n'est point d'accord sur l'origine de la maison de Choiseul, l'une des plus anciennes et des plus considérables de la Champagne. Suivant les uns, elle descendoit des anciens comtes de Langres; et suivant les autres, des comtes de Bassigny. Elle étoit déjà illustre du temps des croisades, et elle a eu plusieurs alliances avec la famille royale. Cette maison avoit été successivement divisée et subdivisée en plusieurs branches : les Praslin étoient une branche des Choiseul, et les Du Plessis une branche des Praslin. Ferry de Choiseul, père du maréchal, étoit issu de cette dernière branche : il avoit été d'abord destiné à l'état ecclésiastique, et avoit eu l'abbaye de Saint-Martin-ès-Aires de Troyes. Il épousa Madeleine de Beauverger, fut gentilhomme ordinaire de la chambre du Roi, colonel général de la cavalerie légère de France, et se montra, dit-on, meilleur soldat que courtisan.

Le jeune Du Plessis, connu d'abord sous le nom de comte de Praslin, eut pour parrain César de Vendôme, fils naturel de Henri IV, et fut placé à l'âge de huit ans comme enfant d'honneur auprès du Dauphin (depuis Louis XIII), qui le prit en grande affection. Plusieurs précepteurs furent successivement chargés de diriger les études du jeune prince, et des enfans qui étoient élevés avec lui. Florence Rivault, le dernier de ces précepteurs, étoit l'un des mathématiciens les plus célèbres de son temps. Il s'appliqua surtout à enseigner à ses élèves la manière d'attaquer et de défendre les places, et tout ce qui tenoit à l'art des fortifications. Ce genre de travail plut à Du Plessis; il s'y livra avec ardeur, et les connoissances qu'il acquit lui furent d'autant plus utiles qu'elles étoient peu répandues alors : dès son début dans la carrière des armes elles lui donnèrent une grande supériorité sur les autres officiers de son âge; plus tard, elles contribuèrent à son avancement et à ses succès.

Dès l'année 1612, c'est-à-dire à l'âge de quatorze ans, on lui donna un régiment d'infanterie, dont il prit le commandement malgré son extrême jeunesse. Il dut cette faveur non-seulement au crédit de son père et à l'amitié du jeune Roi, mais aux services de son oncle Charles de Choiseul, qui avoit été un des bons généraux de Henri III et de Henri IV, et qui fut fait maréchal de France en 1622.

Du Plessis fit sa première campagne sous les ordres de son oncle en 1614. Il marcha à la tête de son régiment contre les princes, qui levèrent à plusieurs reprises l'étendard de la révolte; et quoiqu'il eût à peine atteint sa seizième année, il sut se faire estimer des vieux officiers qu'il commandoit. Lorsque la paix fut rétablie à la mort du maréchal d'Ancre, il revint à Paris, et se battit en duel avec l'abbé de Gondy, depuis cardinal de Retz. Malgré toutes les peines que prit l'abbé pour que cette affaire fît de l'éclat, elle fut assoupie; et Du Plessis servit en 1617, comme simple volontaire, contre les protestans. En 1627, il fut chargé de conduire des troupes dans l'île de Ré, passa heureusement au travers de la flotte ennemie, et contribua à la défaite des Anglais. Il eut le commandement d'un fort pendant le siége de La Rochelle : après la réduction de cette place, il continua à faire la guerre aux protestans jusqu'à l'édit de pacification. En 1630, il fut envoyé en Italie avec son régiment; il se distingua au siége de Pignerol, aux combats de Veillane, de Carignan et du Pô, et au secours de Casal. Pendant la paix qui suivit le traité de Cherasco [1631], le cardinal Richelieu, qui avoit su apprécier ses talens et son caractère, et auquel il s'étoit entièrement dévoué, le fit charger d'une mission délicate auprès des divers princes de l'Italie. Du Plessis réussit dans ses négociations; et lorsque la guerre recommença dans le Milanais, il y fut envoyé avec le grade de maréchal de camp [1635]. Il augmenta sa réputation au siége de Valence sur le Pô, au combat du Tésin, à la bataille de Montalbon, et au siége de Chivas.

En 1639, le comte d'Harcourt, qui prit le commandement de l'armée après la mort du cardinal La Valette, eut ordre du cardinal Richelieu de ne rien faire sans consulter Du Plessis. Ce dernier n'abusa point de la faveur du ministre, et la meilleure intelligence régna entre les deux généraux. Ce fut à lui que l'on dut en très-grande partie l'avantage remporté au combat de la Route, le second secours donné à Casal, et la prise de Turin, dont il fut nommé gouverneur [1640]. La campagne de 1641 ne fut pas moins glorieuse pour lui.

En 1642, l'armée d'Italie avoit été mise sous les ordres du duc de Bouillon. Mais ce général s'étant trouvé fortement compromis dans la conspiration de Cinq-Mars, Du Plessis fut chargé de l'arrêter. « Il s'ac-
« quitta de cette commission difficile, disent les Mé-
« moires, avec une véritable douleur et beaucoup de
« civilité : le duc de Bouillon ne se plaignit pas de
« lui, et le cardinal Richelieu, assez délicat en de
« semblables choses, fut content de sa conduite. »
Le duc de Longueville, qui vint remplacer le duc de Bouillon, apporta à Du Plessis le brevet de lieutenant général. Il se montra digne de cette nouvelle faveur par les services qu'il rendit aux siéges de Nice-de-la-Paille et de Tortone.

A la fin de la campagne, qui se prolongea fort avant dans l'hiver, il fut rappelé à la cour. Richelieu n'étoit plus, et Mazarin commençoit à avoir une très-grande influence dans les affaires. Il avoit eu en Italie quelques liaisons avec Du Plessis ; il lui fit obtenir le gouvernement du comté de Toul, une abbaye pour un de ses fils, et lui donna à espérer de plus grands avantages dans la suite.

Du Plessis retourna en Italie, et y dirigea les opérations militaires, quoique le prince Thomas de Savoie eût le titre de général. On s'empara d'Ast, de Trino, de Ponte-Stura, de Santia ; et lorsque la campagne de 1644 fut terminée, on mit les troupes en quartier d'hiver. Le cardinal Mazarin ayant des intérêts particuliers à traiter avec le Pape, fit désigner Du Plessis pour l'ambassade de Rome; et afin de le décider à accepter, il lui dit qu'à son retour il seroit promu au grade de maréchal de France, qui lui étoit promis depuis deux ans. Du Plessis croyoit avoir mérité cette dignité par ses services militaires; il l'avoit vue accorder à plusieurs généraux moins anciens que lui, et qui n'avoient pas les mêmes titres à faire valoir, et il lui auroit paru humiliant de ne la devoir qu'à sa complaisance pour le ministre. Il refusa donc l'ambassade. Après des discussions assez vives, Mazarin changea d'avis, et exigea qu'il allât faire le siége de Roses.

Du Plessis connoissoit les difficultés de l'entreprise; il craignoit, s'il ne réussissoit pas, que sa promotion ne fût encore ajournée; il déclaroit ne pas vouloir reprendre de service tant qu'elle n'auroit pas eu lieu; il résista long-temps, et finit par céder. Non-seulement la place étoit forte et défendue par une bonne garnison, mais pendant le siége un orage effroyable, qui dura plusieurs jours, détruisit les travaux, inonda le camp, et obligea les soldats à aller chercher un asyle sur les montagnes voisines. Il fallut, non sans peine, réunir les soldats dispersés, relever leur courage, et recommencer tous les travaux. On les poussa avec une telle activité, que le gouverneur fut réduit à capituler au bout de trente-six jours.

On trouvera dans les Mémoires une relation détaillée et intéressante de ce siége, dont l'heureuse issue est attribuée exclusivement à Du Plessis. Le marquis de Chouppes, qui commandoit l'artillerie, et qui aussi a laissé des Mémoires, rapporte les faits d'une manière fort différente. Il prétend que lorsque le camp eut été submergé, et les troupes dispersées par l'orage, Du Plessis, entièrement découragé, assembla un conseil de guerre, et y fit décider la levée du siége; que lui, comme chef de l'artillerie, refusa d'exécuter l'ordre qu'il reçut de faire enterrer les canons et sauter les poudres; qu'il parvint à obtenir quelques jours de délais, dont il profita pour appeler au camp le comte d'Harcourt, vice-roi de la Catalogne, qui fit revenir sur la funeste résolution qu'on avoit prise. Il n'est fait aucune mention de ces divers incidens dans les Mémoires de Du Plessis : il paroît même peu probable que ce général, qui ne devoit avoir le bâton de maréchal qu'après la réduction de Roses, ait pu se déterminer à fournir lui-même un prétexte plausible à Mazarin pour différer sa promotion, en levant le siége malgré l'opposition formelle de plusieurs de ses principaux officiers. Quoi qu'il en soit, nous donnerons la relation du marquis de Chouppes à la suite des Mémoires de Du Plessis : le lecteur prononcera.

Lorsque la ville eut capitulé, Du Plessis la mit en état de défense, revint à Paris, reçut enfin le bâton de maréchal de France, obtint en outre d'autres faveurs de la cour, et fut renvoyé sur-le-champ en Italie pour terminer la campagne de 1645. En 1646, il fit la guerre pendant quelques mois dans le Piémont; puis il passa en Italie, où il partagea le commandement de l'armée avec le maréchal de La Meilleraye. Les deux généraux avoient un pouvoir à peu près égal; ils s'accordèrent parfaitement, et quoique la saison fût déjà avancée, ils assiégèrent et prirent les villes de Piombino et de Porto-Longone.

Mazarin avoit formé de nouveau le projet d'envoyer le maréchal à Rome aussitôt que cette dernière place seroit rendue : mais le Pape, intimidé par les succès de nos armées, se hâta de faire tout ce que désiroit le cardinal, et l'ambassade n'eut pas lieu. Le maréchal revenoit en France, après avoir terminé glorieusement la campagne : il trouva, en débarquant à Toulon, l'ordre de se rendre en Catalogne avec toutes les troupes que l'on ramenoit d'Italie; il devoit conduire des renforts au comte d'Harcourt, qui assiégoit Lérida. Il fit promptement équiper les vaisseaux nécessaires au transport, et ne perdit pas un instant pour s'embarquer; mais ayant été retenu par des vents contraires près du cap des Mèdes, il apprit que le siége étoit levé, et il rentra dans le port. Il espéroit pouvoir prendre quelque repos à Paris : des lettres du cardinal le chargèrent d'aller tenir les Etats de Languedoc, et de réprimer des mouvemens séditieux qui avoient éclaté à Montpellier [1647]. Ce fut cette ville même que le maréchal choisit pour la tenue des Etats. Il employa habilement la douceur et les menaces; il fit tout rentrer dans l'ordre, et amena les chefs des mécontens à offrir la somme que la cour demandoit.

Cette importante affaire étant terminée, le maréchal retourna faire la guerre en Italie. Il ne se passa rien de remarquable pendant le reste de l'année. En 1648, il se mit de bonne heure en campagne. Quoique malade, il ne cessa point de diriger les opérations militaires; il défit le marquis de Caracène à la bataille de Trancheron, où il perdit un de ses fils, et alla ensuite avec le duc de Modène mettre le siége devant Crémone. La disette se fit bientôt sentir au camp. Le pays n'offroit aucune ressource ; il falloit faire venir le blé de très-loin, et on n'avoit pas d'argent pour en acheter. Le maréchal, auquel Mazarin n'envoya pas les secours qu'il lui avoit promis, vendit sa vaisselle, emprunta de tous côtés en son propre nom, et avança ainsi plus de 450,000 livres, qui furent employées à faire subsister l'armée pendant quelque temps. Mais lorsque le maréchal eut épuisé son crédit, les troupes se trouvèrent livrées à toutes les horreurs de la famine, et aux maladies qui accompagnent toujours ce fléau. On fut obligé de lever le siége, et on s'estima heureux de pouvoir ramener les débris de l'armée dans le Piémont.

Le maréchal, après avoir dirigé cette retraite difficile, se mit en route pour Paris, où il arriva vers la fin de 1648. Les avances énormes qu'il avoit faites pendant cette dernière campagne avoient dérangé ses affaires : il comptoit que Mazarin le mettroit au moins à même de rembourser les sommes qu'il avoit empruntées pour la subsistance des troupes. A peine fut-il arrivé, que la guerre civile éclata : non-seulement il ne put rien obtenir du ministre, mais il se vit engagé dans de nouvelles dépenses.

La déclaration du 24 octobre 1648, arrachée à la foiblesse de la cour, n'avoit fait qu'accroître l'audace des mécontens. Les choses étoient arrivées au point que Mazarin, de concert avec les princes, ne crut pouvoir remédier au mal qu'en réduisant Paris par la force ou par la famine. Le Roi, la Reine mère, les princes, le cardinal, et tous les personnages importans qui s'étoient déclarés contre les factieux, partirent pour Saint-Germain dans la nuit du 6 au 7 janvier 1649. Le maréchal ne fut averti qu'au moment du départ : il ne put faire aucun préparatif; il se rendit à Saint-Germain en simple habit de ville, sans chevaux, sans équipage, sans argent, et partagea le commandement de l'armée royale avec le maréchal de Gramont. Il étoit chargé d'empêcher les vivres d'entrer à Paris depuis Saint-Cloud jusqu'à Charenton. Le maréchal de Gramont commandoit de l'autre côté de la rivière. Du Plessis eut à Charenton un engagement assez vif, où il défit les Parisiens; il s'empara ensuite de Brie-Comte-Robert, et fut envoyé pour arrêter les progrès de l'archiduc Léopold, qu'il repoussa jusqu'à la frontière. A la suite de cette expédition, il eut la charge de gouverneur du duc d'Anjou, frère de Louis XIV, qui étoit alors dans sa neuvième année, et alla en Guienne, où il signa malgré lui, par ordre de Mazarin, un traité peu avantageux avec les mécontens.

En 1650, il commanda l'armée qui devoit défendre la Picardie et la Champagne contre les Espagnols, auxquels Turenne s'étoit réuni. Non-seulement il n'éprouva aucun échec pendant la campagne, mais il eut la gloire de battre Turenne à Rethel [15 décembre]. Il perdit encore un de ses fils dans cette affaire.

On a vu plus haut que le marquis de Chouppes, dans ses Mémoires, s'attribuoit tout l'honneur de la prise de Roses. M. de Puységur, qui servoit sous les ordres du maréchal, a rédigé des Mémoires dans lesquels il se donne tout le mérite de la défaite de Turenne : à peine nomme-t-il le maréchal. Comme les

Mémoires de M. de Puységur ne font point partie de notre Collection, sa relation sera insérée à la suite des Mémoires de Du Plessis.

Après la bataille de Rethel, le maréchal proposa de marcher sur Paris avec son armée, et de profiter de la victoire qu'il venoit de remporter pour rétablir l'autorité du Roi dans la capitale. Sa proposition ne fut point adoptée : il vint seul à Paris, et vit nommer maréchaux de France les cinq lieutenans généraux qu'il avoit eus sous ses ordres pendant la campagne. La Reine mère et le cardinal dirent hautement, si on en croit les Mémoires, que les lieutenans généraux ayant obtenu de si grandes récompenses, le général en chef devoit en espérer une bien plus considérable. On lui promit en effet le gouvernement d'une province et le brevet de duc et pair; mais on s'en tint à des promesses.

On fait remarquer dans les Mémoires que Mazarin lui manquoit toujours de parole, parce qu'au lieu de se rendre redoutable, il ne montroit que du dévouement. A cette remarque nous ajouterons une observation de Gourville, qui avoit parfaitement connu le caractère et la position du cardinal. « Il « (Mazarin) savoit qu'on le blâmoit beaucoup de « promettre, et de ne rien tenir; mais il s'en excusoit « sur la nécessité de ménager tout le monde, à cause « de la facilité qu'on avoit en ce temps-là à se sépa-« rer des intérêts du Roi ; et il se pourroit faire que « s'il n'avoit promis qu'à ceux à qui il auroit cru pou-« voir tenir sa parole, cela eût peut-être causé un « plus grand bouleversement dans l'Etat. Ce n'est pas « pour cela que je veuille croire que ce soit la raison

« ni son habileté qui l'aient porté à cette conduite,
« plutôt que son penchant naturel. »

Mazarin n'ayant pu résister aux diverses factions qui s'étoient réunies contre lui, fut obligé de sortir de France. Quoique le maréchal crût avoir à se plaindre de lui, il lui resta fidèle, et fut un de ceux qui contribuèrent le plus à son retour. Il répétoit sans cesse à la Reine mère que tout étoit perdu si elle ne rappeloit pas le cardinal. A la vérité, en parlant et en agissant ainsi, il étoit certain de ne pas déplaire à cette princesse. Ce fut lui, suivant les Mémoires, qui fit signer *en cachette* au Roi les lettres de rappel; et on ajoute que Louis XIV, qui avoit alors quatorze ans, *fut ravi d'avoir à commencer de faire une action de maître par une chose de cette conséquence.*

A son retour, le cardinal témoigna la plus vive reconnoissance au maréchal Du Plessis; il lui fit de nouveau les promesses les plus magnifiques. « Mais,
« disent les Mémoires, par une politique qui dégoûta
« fort ses véritables amis, il éleva et fit du bien à tous
« ceux qui l'avoient desservi, laissant pour une autre
« fois la récompense que ceux qui l'avoient soutenu
« devoient espérer, au moins ceux de qui il étoit le
« le plus assuré, et qu'il pensoit si intéressés en sa
« perte, qu'eux-mêmes y perdroient autant que lui.
« Le maréchal Du Plessis fut le principal d'entre ces
« derniers, et qui en ressentit le plus fortement les
« effets. »

Le maréchal, comme gouverneur de Monsieur, suivit la cour, à laquelle il fut très-utile dans les circonstances difficiles où elle se trouvoit. Ces circonstances devinrent telles, que Mazarin fut obligé de s'éloigner une deuxième fois. Avant de partir, il fit encore au maréchal de grandes promesses, qu'il oublia à son retour; Du Plessis eut le chagrin de voir créer des ducs et pairs, et de n'être pas compris dans la promotion.

En 1653, le cardinal résolut de soumettre Sainte-Menehould. Ayant la prétention de diriger lui-même le siége, il ne voulut y employer aucun des maréchaux, et se rendit avec le Roi à Châlons. Mais les lieutenans généraux ne s'accordèrent pas entre eux; et le succès de l'entreprise se trouva tellement compromis, que Mazarin eut recours au maréchal Du Plessis, qui étoit considéré comme le général le plus habile que l'on eût alors pour la conduite d'un siége. Le maréchal accepta sans hésiter; la saison étoit déjà fort avancée, la place avoit de bonnes fortifications, et une garnison aguerrie; elle pouvoit être facilement secourue. Malgré les difficultés de tout genre qu'il avoit à surmonter, le maréchal poussa les attaques avec une telle activité, que l'ennemi offrit de capituler si on lui accordoit des conditions honorables. Le ministre fut consulté, et exigea que la garnison se rendît prisonnière. Du Plessis, qui avoit déjà reçu des otages, les renvoya, fit jouer les mines, donna l'assaut, se logea sur le bastion, et envoya avertir le Roi et le cardinal. Le lendemain, la capitulation fut signée. Mazarin alla dîner avec le Roi chez le maréchal, qui lui dit que *s'il avoit consenti à se charger de l'entreprise, ce n'avoit pas été sans bien juger quelle elle étoit, et de tout ce qui pouvoit l'en éloigner.* Le cardinal fut fort embarrassé pour répondre à ce discours, attendu que sa méthode étoit ordinairement de diminuer l'importance des services rendus, et qu'il avoit *peu d'inclination à les récompenser*. Le Roi augmenta encore l'embarras de Mazarin par la satisfaction qu'il montra de la prise de la ville, et en reconnoissant que tout autre que le maréchal n'en seroit pas venu à bout.

Le cardinal jugea sans doute que Du Plessis étoit suffisamment récompensé par les éloges que lui donnoit le jeune Roi. Non-seulement il ne lui fit accorder aucune des grâces qu'il lui avoit promises depuis long-temps, mais il vendit pour son propre compte une charge de la maison de Monsieur, dont le maréchal avoit le brevet.

La prise de Sainte-Menehould fut le dernier exploit du maréchal Du Plessis, qui termina ainsi sa carrière militaire à l'âge de cinquante-cinq ans. N'ayant plus de commandement, il donna tous ses soins à l'éducation de Monsieur. Le duc d'Orléans, frère de Louis XIII, avoit si souvent troublé le repos de l'Etat, il avoit causé de si grands embarras à Richelieu et à Mazarin lui-même, que ce dernier ne devoit rien négliger pour que le frère de Louis XIV fût élevé de manière à ne pas marcher sur les traces de son oncle. Presque tous les matins le maréchal lui rendoit compte de la conduite de son élève, et recevoit ses instructions. Du Plessis étoit d'ailleurs l'homme de France qui convenoit le mieux pour inspirer au jeune prince l'horreur des factions : il avoit toujours vécu éloigné de toute intrigue; fidèle à ses devoirs, il n'avoit jamais porté les armes que pour l'autorité légitime; et lors même qu'il s'étoit vu privé des récompenses dues à ses services, il n'avoit jamais cherché à profiter de ses avantages, ni de la position souvent critique du ministre, pour se faire accorder les grâces qu'on lui refusoit après les lui avoir promises de la manière la plus solennelle. Quoiqu'il remplît avec autant de zèle que de dévouement ses fonctions de gouverneur, et que Mazarin eût lieu d'être entièrement satisfait de lui, il n'obtint d'autre marque de faveur que d'être reçu familièrement chez le ministre à l'heure où il s'habilloit, et d'être admis dans des conseils où l'on ne traitoit jamais aucune affaire importante. Il sollicita en vain plusieurs fois la permission de conduire son élève aux armées, que le Roi commandoit en personne. Cependant en 1656 il se trouva au siége de Montmédy avec le jeune prince, qui y montra beaucoup d'intrépidité. Lors du siége de Dunkerque en 1658, le maréchal eut ordre de suivre le Roi, mais sans avoir aucun commandement, et seulement pour donner son avis sur les opérations militaires. En 1660 il fut chargé d'assiéger la ville d'Orange, qui se rendit presque à la première sommation. Depuis longtemps Mazarin avoit pris des engagemens avec le maréchal pour le gouvernement d'une province : celui de Champagne vint à vaquer; il fut donné au comte de Soissons, qui avoit épousé une nièce du ministre. Le maréchal se plaignit, mais on n'eut aucun égard à ses plaintes, et le cardinal mourut sans avoir rien fait pour lui.

Au commencement du mois d'avril 1661, Monsieur épousa la princesse Henriette, sœur du roi d'Angleterre. Le maréchal rendit compte au Roi de la manière dont il avoit agi jusqu'alors avec le prince [1],

---

[1] Lorsqu'il cessa ses fonctions de gouverneur, il fut nommé premier gentilhomme de la chambre de Monsieur.

et lui demanda ses ordres pour l'avenir. Louis XIV approuva sa conduite, et lui prescrivit de n'y rien changer. L'année suivante, le maréchal reçut l'ordre du Saint-Esprit. Il étoit peu habitué aux faveurs de la cour; et l'engouement presque puéril qu'il montra dans cette circonstance lui attira un mot fort piquant de Ninon. Il l'avoit connue dans sa jeunesse, étoit resté son ami, et alloit souvent chez elle; un jour elle le surprit deux ou trois fois de suite se regardant avec complaisance, paré de son cordon bleu. « M. le comte, « lui dit-elle devant toute la compagnie, si je vous y « prends encore je vous nommerai vos camarades. » En effet, la promotion avoit été très-nombreuse; et le duc de Saint-Simon, qui rapporte cette anecdote, remarque que parmi les nouveaux chevaliers il y en avoit plusieurs à faire pleurer.

En 1663, le maréchal fut désigné pour commander l'armée que l'on envoyoit en Italie contre le Pape, afin d'obtenir la réparation de l'insulte qui avoit été faite à Rome à l'ambassadeur de France. Pendant qu'on préparoit l'expédition, le Roi créa quatorze nouveaux ducs et pairs; et le maréchal, auquel cette dignité étoit promise depuis près de quinze ans, fut encore oublié. Malgré le chagrin que lui causa cet oubli, il se rendit au parlement le jour où le Roi fit enregistrer les lettres patentes, et y prit place après le dernier duc. Il se trouva que le jour choisi pour cet enregistrement étoit précisément l'anniversaire de la bataille de Rethel. Plusieurs personnes en firent la remarque, et le Roi chercha à consoler le maréchal par des paroles pleines de bienveillance.

Cependant les troupes se réunissoient en Italie, et

le maréchal partit pour ouvrir la campagne; il étoit déjà à quelques lieues au-delà de Lyon lorsqu'il reçut ordre de revenir, parce que le Pape avoit donné toutes les satisfactions qu'on exigeoit de lui. A son retour le Roi lui fit l'accueil le plus flatteur; il étoit consulté sur toutes les affaires importantes, mais on ne parloit pas de réparer l'injuste oubli dont il avoit eu à se plaindre l'année précédente. Il avoit perdu presque toute espérance, lorsqu'au mois de novembre 1665 Monsieur le fit appeler, lui annonça qu'il étoit enfin créé duc et pair, et le mena chez le Roi pour faire ses remercîmens (1). Lorsque Madame fit un voyage en Angleterre [1670], le maréchal fut chargé de l'accompagner; et l'année suivante, après la mort de cette princesse, Monsieur le choisit pour aller recevoir sur la frontière et épouser en son nom la fille de l'électeur palatin.

Depuis cette dernière mission il ne fut plus employé : il étoit estimé, respecté à la cour; mais, malgré son grand âge, il ne se voyoit pas sans regret condamné à l'inaction pendant que le Roi faisoit les campagnes les plus brillantes. Toujours soumis aux volontés de son souverain, il ne se permettoit aucun murmure, et applaudissoit aux succès de nos armes (2). Il mourut le 23 décembre 1675, à l'âge de

(1) Le duché-pairie de Choiseul s'éteignit en 1705, et fut recréé en 1758 en faveur du comte de Stainville, premier ministre de Louis XV. — (2) Madame de Sévigné écrivoit, le 8 avril 1672 : « Le maréchal Du « Plessis ne quittera point Paris; il est bourgeois et chanoine; il met à « couvert ses lauriers, et jugera des coups. Il dit au Roi qu'il porte envie « à ses enfans, qui avoient l'honneur de le servir; que pour lui il sou- « haitoit la mort, puisqu'il n'étoit plus bon à rien. Le Roi l'embrassa « tendrement, et lui dit : *M. le maréchal, on ne travaille que pour*

soixante-dix-sept ans, laissant une réputation sans tache, tandis que presque tous les hommes marquans de cette époque, qui avoient vécu comme lui au milieu des troubles civils, avoient des torts plus ou moins graves à faire oublier.

Le maréchal Du Plessis a, dit-on, composé ses Mémoires à la sollicitation de Segrais, qui les mettoit au net. Ils ont été revus par son frère l'évêque de Comminges (1); et comme il n'en existe aucun manuscrit, on ignore jusqu'à quel point le texte original a pu être changé. Ces Mémoires, tels que nous les avons, sont écrits naturellement ; mais le style en est d'une monotonie fatigante, les événements sont présentés sans aucun art, et toujours d'une manière uniforme ; on ne cherche ni à intéresser le lecteur, ni à piquer sa curiosité. Ces défauts donneroient un caractère de vérité aux Mémoires, si on avoit la certitude qu'ils ont été imprimés tels que le maréchal les a composés. Ils ont été publiés en 1676, moins d'un an après sa mort. Dans la préface, on s'efforce de prouver qu'ils sont du maréchal ; et on ajoute que, par respect pour ce grand homme, *on a cru ne devoir rien altérer à son style libre et naturel, qui sied bien à un cavalier.* Si on n'a rien altéré à son style, les éditeurs se seroient donc bornés à supprimer des morceaux inutiles et des digressions.

Un autre passage de la préface mérite d'être remarqué : « Personne, disent les éditeurs, n'a jamais eu
« approcher de la réputation que vous avez acquise. *Il est agréable de*
« *se reposer après tant de lauriers.* »

(1) Gilbert de Choiseul, frère puîné du maréchal Du Plessis. Il passa du siége de Comminges à celui de Tournay ; il cultiva les lettres, se fit aimer et respecter dans les deux diocèses, et mourut en 1689.

« plus de modestie et moins d'ostentation ; et si la
« force de la vérité a arraché par hasard à sa plume
« en certains endroits, quoique très-rarement, des
« expressions qui semblent donner quelque louange
« à sa valeur, ou à quelqu'une de ses autres vertus
« militaires, *il l'a fait naturellement, et sans y
« penser;* ou s'il y a fait quelque réflexion, ce n'a été
« sûrement que pour dépayser les lecteurs, pour se
« déguiser, et pour mieux cacher qu'il fût l'auteur
« de ces Mémoires, car cela n'étoit nullement de son
« génie. »

On ne voit pas quel intérêt le maréchal Du Plessis pouvoit avoir à cacher qu'il fût l'auteur des Mémoires : en écrivant franchement l'histoire de sa vie, il auroit suivi l'exemple donné à diverses époques par plusieurs grands capitaines. S'il avoit à repousser ou à combattre des préventions mal fondées, s'il jugeoit utile à sa réputation de présenter sous leur véritable point de vue quelques unes de ses actions militaires dont l'honneur lui étoit injustement contesté, il pouvoit le faire sans chercher à dépayser le lecteur. D'après la loyauté bien connue de son caractère, tout ce qu'il auroit dit à cet égard auroit eu un très-grand poids dans un ouvrage avoué par lui. Il est difficile de croire qu'il ait volontairement provoqué les traits malins auxquels s'expose tout homme qui fait lui-même son éloge ; et il avoit trop d'expérience du monde pour pouvoir espérer, ainsi que le supposent les éditeurs, que l'on considéreroit les louanges qu'il se donne comme lui ayant été arrachées par la force de la vérité. Pendant sa longue carrière, il s'étoit d'ailleurs, comme on le fait remarquer dans la préface, toujours distingué par sa grande modestie. Le Tellier disoit de lui qu'il n'avoit guère connu en France d'homme qui eût fait plus de choses dignes de louanges, et qui se souciât moins d'être loué.

Il paroît donc probable que le maréchal Du Plessis n'a pas rédigé lui-même ses Mémoires, et qu'il a seulement laissé les matériaux qui ont servi à leur rédaction. Telle est l'opinion de l'abbé Le Gendre, qui y voit moins une histoire qu'une apologie. En effet, l'auteur, quel qu'il soit, attribue au maréchal seul l'honneur de toutes les affaires auxquelles il a pris part. Lorsque Du Plessis n'est que colonel ou maréchal de camp, c'est à ses conseils, à la justesse de son coup d'œil, à la précision et à la rapidité de ses mouvemens, que les généraux sous lesquels il sert doivent leurs succès ; lorsqu'il commande les armées, c'est lui seul qui combine tous les plans, seul il assure leur exécution, et ses officiers généraux n'ont d'autre mérite que d'avoir suivi ponctuellement ses ordres. Jamais on ne reconnoît qu'il ait fait aucune faute, commis aucune erreur; partout enfin on le représente comme le premier capitaine du siècle.

Le maréchal Du Plessis étoit sans contredit un général distingué; il possédoit tout ce que l'on peut acquérir par le travail et par la persévérance ; il avoit plus de bon sens que d'esprit, plus d'expérience que de talent; il étoit moins capable de former un vaste plan que de le bien exécuter; il n'avoit pas reçu de la nature ce génie particulier qui caractérise les grands capitaines : mais sa loyauté, son dévouement, son inviolable fidélité, les services importans qu'il a rendus, lui assurent une place honorable dans l'histoire.

Toutes les personnes avec lesquelles il se trouvoit en relation rendoient justice à ses excellentes qualités; on estimoit ses vertus, mais on redoutoit sa conversation, qui étoit, à ce qu'il paroît, mortellement ennuyeuse. Ninon, malgré sa vieille amitié pour lui, avoit peine à la supporter. Un jour que le maréchal lui faisoit une visite un peu longue, elle bâille, le regarde, et s'écrie :

O ciel! que de vertus vous me faites haïr! (1)

Cette saillie courut le monde; elle fit rire aux dépens du maréchal, qui eut le bon esprit de ne pas s'en fâcher.

Que le maréchal Du Plessis soit ou non l'auteur des Mémoires publiés sous son nom, sa position y est bien peinte, et les choses y sont constamment envisagées sous le point de vue où il étoit placé. Toujours fidèle à l'autorité légitime, souvent mécontent du ministère, les injustices qu'il éprouve l'affligent et le blessent; il s'en plaint amèrement, mais, tout mécontent qu'il est, il n'en fait pas moins son devoir, et sert le ministre sans l'aimer : on voit qu'il prend plaisir à relever ses fautes, et à montrer les fâcheux résultats de sa fausse politique. Ses Mémoires sont bons à consulter sur les guerres d'Italie, sur celles de la Fronde, et sur la plupart des événemens qui se rattachent à la régence d'Anne d'Autriche.

Sa vie a été écrite par Turpin, qui a continué les *Vies des Hommes illustres de France,* commencées par d'Auvigny et par l'abbé Perrau. L'ouvrage étant dédié au duc de Praslin, alors ministre de la marine,

(1) Corneille, tragédie de la *Mort de Pompée*, acte 3, scène 4.

il n'est pas étonnant que l'auteur ait encore renchéri sur les éloges que l'on donne au maréchal dans ses Mémoires, et qu'il l'ait comparé à tous les héros de l'antiquité. Son travail n'est guère qu'une longue paraphrase de ces Mémoires; cependant on y trouve sur la jeunesse du maréchal quelques détails peu connus, dont nous nous sommes servis pour cette Notice.

Les Mémoires du maréchal Du Plessis n'ont pas été réimprimés depuis la première édition, qui a paru en 1676 (1).

(1) Paris, 1 vol. in-4°.

AU LECTEUR.

Vous serez sans doute assez attiré, mon cher lecteur, à voir ces Mémoires par le seul nom du maréchal Du Plessis, qui a été un des plus illustres hommes de ce siècle; et quoiqu'il n'ait pas voulu découvrir qui étoit l'auteur de cet ouvrage, l'on ne doute pas que ce ne soit lui-même. Ainsi ceux qui ont pris soin de le revoir ont cru qu'ils devoient ce respect à la mémoire de ce grand homme, de ne rien altérer à son style libre et naturel, qui sied si bien à un cavalier. Recevez donc le présent que je vous fais dans toute sa pureté.

Il a écrit de l'air des commentaires des plus grands capitaines et des historiens les plus dégagés; c'est pourquoi il n'a appelé *monsieur* aucun de ceux dont il a parlé, si ce n'est Monsieur, frère unique du Roi, à qui ce nom est naturel, feu Monsieur, duc d'Orléans, et M. le prince : encore ne l'a-t-il fait qu'en quelques endroits, et par cette habitude de respect qu'on a pour des noms si augustes. Pour le reste, il a cru qu'il devoit prendre la liberté que l'histoire donne de nommer chacun seulement par son propre nom; mais comme il a toujours été très-civil, je suis persuadé que ceux dont il a parlé ne croiront pas qu'il ait manqué de considération pour eux.

Ceux qui ont connu le maréchal Du Plessis rendent de lui ce témoignage, qu'il y a peu de généraux d'armées qui aient fait de plus grandes choses, et qu'il n'y en a aucun qui ait pris moins de soin de s'en parer et de les publier. Personne n'a jamais eu plus de modestie et moins d'ostentation; et si la force de la vérité a arraché par hasard à sa plume, en certains endroits, quoique très-rarement, des expressions qui semblent donner quelque louange à sa valeur, ou à quelqu'une de ses autres vertus militaires, il l'a fait naturellement, et sans y penser; ou s'il y a fait quelque réflexion, ce n'a été assurément que pour dépayser ses lecteurs, pour se déguiser, et pour mieux cacher qu'il fût l'auteur de ces Mémoires; car cela n'étoit nullement de son génie.

Au reste, mon cher lecteur, vous verrez, dans le simple récit de ce qu'a fait le maréchal Du Plessis, le portrait naturel et sans affectation d'un gentilhomme brave et plein d'honneur, d'un sage politique, d'un vaillant et habile maréchal de France, d'un excellent et expérimenté général d'armée, d'un digne gouverneur d'un fils de France; et en toutes ces conditions, d'un très-fidèle serviteur du Roi.

MÉMOIRES

DU

MARÉCHAL DU PLESSIS.

Le maréchal Du Plessis-Praslin est sorti de la maison de Choiseul, qui est une des plus illustres de France (1), et il n'y en a aucune dans le royaume dont la noblesse soit plus ancienne et plus pure : elle est entrée dans de très-grandes alliances, et elle a même été honorée de celle de la très-auguste maison de France (2).

Ferry de Choiseul, comte du Plessis-Praslin (3), fut père du maréchal Du Plessis ; et quoiqu'il ait été aimé et estimé des rois qu'il a toujours très-fidèlement servis, aussi bien que le maréchal de Praslin son frère aîné (4), l'un des plus grands capitaines de son siècle, il est vrai néanmoins qu'il a eu plus de vertu et de gloire que de fortune. Il donna son fils au roi Louis XIII, étant encore dauphin ; et Henri-le-Grand

---

(1) *Des plus illustres de France :* Suivant Le Laboureur, elle descend des anciens comtes de Flandre ; elle étoit déjà illustre et puissante dès le dixième siècle. — (2) *Maison de France :* Raynard de Choiseul avoit épousé Alix de Dreux, arrière-petite-fille de Louis-le-Gros. Philibert de Choiseul avoit eu pour femme une nièce d'Anne de Beaujeu. — (3) *Du Plessis-Praslin :* Ferry de Choiseul, deuxième du nom. — (4) *Son frère aîné :* Charles de Choiseul, marquis de Praslin, né en 1559. Il commença à porter les armes en 1580, se trouva à cinquante-trois siéges et à quarante-sept combats ou batailles, reçut vingt-deux blessures, fut fait maréchal de France en 1619, et mourut en 1626.

lui fit la grâce de le recevoir pour être élevé auprès de ce prince en qualité d'enfant d'honneur.

Il fut fort assidu, même dans ce commencement, auprès du Dauphin, qui l'honora de sa bienveillance ; et quand il eut quatorze ans, on lui donna un régiment d'infanterie qu'il s'attacha aussitôt à commander, afin de s'en rendre promptement capable.

Jamais ce corps n'a fait de marche dedans ni dehors le royaume que le mestre de camp n'ait été à la tête, s'il n'a été employé ailleurs pour le service du Roi. Il commença à servir le Roi dans ses armées dans le temps des mouvemens qu'on appelle *la guerre des princes* (1) ; il continua dans toutes les guerres contre les huguenots (2) ; et quand son régiment n'étoit pas où l'on agissoit, il y alloit volontaire : comme il fit aux siéges de Saint-Jean-d'Angely, de Clerac, de Montauban et de Monheur.

[1622] Il fut, sous le comte de Soissons (3), au premier siége de La Rochelle ; quelques années après on l'envoya dans l'île d'Oleron, pour s'opposer à la descente des Anglais. Il y demeura près d'un an avant qu'ils s'attachassent à l'île de Ré [1627] ; et quand on résolut d'y jeter des troupes pour former un corps suffisant à secourir le fort de Saint-Martin, l'on choisit le comte Du Plessis avec son régiment pour y en-

(1) *La guerre des princes* : La première guerre des princes commença en 1614. — (2) *Contre les huguenots* : La guerre contre les protestans commença en 1621 ; elle fut deux fois suspendue par des traités, et ne finit qu'après la prise de La Rochelle. — (3) *Le comte de Soissons* : Louis de Bourbon, comte de Soissons. Ayant eu plus tard à se plaindre du cardinal de Richelieu, et n'ayant pu s'en défaire, il se retira à Sedan, traita avec la maison d'Autriche, gagna la bataille de Marfée contre le maréchal de Châtillon en 1641, et fut tué d'un coup de pistolet en poursuivant les fuyards.

trer le premier. Il exécuta cet ordre avec autant de hardiesse que de bonne fortune. Il partit d'Oleron avec la marée; mais le vent étant contraire, et n'ayant pu aller plus avant cette soirée qu'à l'île d'Est, il fut contraint, avec les vingt-quatre barques qui transportoient les troupes, de relâcher dans l'embouchure de la Charente : il y demeura vingt-quatre heures. Pendant ce temps, le cardinal de Richelieu, venant d'auprès du Roi qu'il avoit laissé devant La Rochelle, pour s'en aller à Brouage dont il étoit gouverneur, vit les barques du comte Du Plessis avec grand déplaisir de ce qu'il n'étoit point en l'île de Ré. Il envoya un gentilhomme de sa part savoir de ses nouvelles, et le convier, puisqu'il étoit malade depuis assez longtemps, de mettre pied à terre pour se reposer. Le comte Du Plessis remercia le cardinal; et deux heures après le vent étant changé, et s'étant fait sud-est, le porta dans une nuit, à la faveur de la lune, au milieu de l'armée navale des Anglais, qui s'opposoit en cet endroit au secours de l'île.

Le comte Du Plessis jugeant que l'ordre qu'il devoit tenir pour la conduite de ses barques étoit d'en mettre douze devant lui, et de servir de guide à l'autre moitié, les premières trouvèrent d'abord peu d'opposition ; aussi le comte Du Plessis n'avoit pris son poste dans le milieu que dans la pensée que les premières passeroient sans être vues. Le péril commença d'être grand, lorsque les douze dernières furent engagées entre ces grands et formidables vaisseaux que les Anglais appellent *ramberges*, et qui en ce temps-là étoient un peu plus considérables pour leur grandeur qu'à cette heure, que les nôtres les surpassent en tout. Leur hauteur étoit très-grande en comparaison des petites barques qui portoient ce régiment, et elle ôtoit le vent à ces petits bâtimens. La barque du comte Du Plessis, se trouvant entre deux de ces ramberges, fut long-temps sans pouvoir avancer faute de vent, et eût été accablée de coups de canon et de mousquetades qui venoient de ces grands vaisseaux, si la fortune ne lui eût été bien favorable. Tout le mal tomba sur les voiles de sa barque, qui furent percées en mille endroits, sans que personne y fût blessé, ni même en toutes les autres, et sans que les ennemis, avec leurs barques armées qu'ils détachoient pour combattre celles du comte Du Plessis, en osassent jamais attaquer aucune. La fermeté de ceux qui les montoient parut assez aux ennemis, n'ayant pas été tiré un seul coup de nos barques; ce qui fit voir aux Anglais une très-grande résolution dans les nôtres. Le comte Du Plessis passa donc heureusement au milieu de cette puissante armée; et à l'instant qu'il eut fait débarquer son régiment, il pensa au moyen d'en informer le Roi et le cardinal de Richelieu, sachant l'inquiétude où étoit Sa Majesté et ce premier ministre, qui pouvoient douter avec raison que cette action pût réussir.

Dieu aida encore en cela le comte Du Plessis, et faisant au même moment changer le vent, lui donna lieu de faire repasser une barque sur laquelle il mit un gentilhomme qui étoit à lui, nommé Morand, qu'il chargea de lettres pour le Roi et pour le cardinal de Richelieu. Dans la première, il rendoit simplement compte à Sa Majesté de son heureux passage; et dans l'autre, il disoit au cardinal qu'il avoit ponctuellement obéi à ses ordres, et que lui ayant commandé en passant la Charente de mettre pied à terre pour se reposer, il avoit cru ne le pouvoir mieux faire qu'au fort de La Prée, où il attendoit les commandemens du Roi et les siens.

Lorsque Morand se présenta devant Sa Majesté au village de Laleu, le Roi lui dit avec déplaisir : « Hé « bien, Morand, le comte Du Plessis n'a pu passer en « Ré ? » Morand, sans répondre autre chose, lui dit : « Sire, voilà une de ses lettres qui instruira Votre « Majesté de l'état des affaires. » Elle fut ouverte avec grande inquiétude, et lue avec une extrême joie, qui parut à l'instant par l'empressement qu'eut le Roi de se jeter aux pieds d'un crucifix qu'il avoit toujours à la ruelle de son lit ; et après avoir rendu grâces à Dieu de cet heureux événement, Sa Majesté chargea Morand d'une lettre très-obligeante pour le comte Du Plessis. Ce gentilhomme alla trouver le cardinal à Brouage, qui ne témoigna pas moins de satisfaction qu'en avoit témoigné le Roi ; il lui en fit des complimens très-obligeans par la réponse à sa lettre, lui disant qu'il avoit rendu un service plus considérable qu'il ne pouvoit penser ; et qu'ayant été choisi pour faire une chose qui paroissoit assez difficile, ce lui étoit un grand avantage, vu l'état présent où étoient les affaires du Roi, qu'il eût donné l'exemple au reste des troupes de Sa Majesté, étant très-nécessaire de secourir l'île de Ré, où les places étoient si pressées, et de si grande considération pour le bien de l'Etat.

Après que le comte Du Plessis fut au fort de La Prée, d'où il favorisa la descente des autres troupes, suivant le projet qu'en avoit fait le Roi, Canaple, qui commandoit les gardes, et Beaumont son régiment, étant ensuite passés, et descendus près du fort de La Prée, ne voulurent pas que le comte Du Plessis mît le sien devant eux quand ils furent à terre. Il est vrai qu'ils étoient ses anciens ; mais comme le comte Du Plessis les avoit couverts pendant qu'ils sortoient des vaisseaux, il croyoit que son régiment, accoutumé et affermi depuis huit jours contre les alarmes que les Anglais lui avoient données durant tout ce temps-là, pouvoit avec raison, et pour le bien du service, se poster en cette manière, encore qu'il fût le dernier des trois, croyant qu'il valoit mieux que les Anglais, qui étoient proche du fort de La Prée, à un village nommé Sainte-Marie, tombassent sur lui d'abord ; parce que ce régiment s'attendoit d'être attaqué, et les autres non, bien qu'ils fussent en bataille. Le comte Du Plessis leur ayant fait entendre sa pensée, et les mestres de camp n'y ayant pas voulu consentir, il se mit à la tête de son corps ; ils lui demandèrent seulement un capitaine nommé Cornas, avec cinquante hommes, pour mettre en un certain endroit par où ils pensoient que dussent venir les ennemis. Après que Canaple et Beaumont eurent mis leurs gens en état de soutenir les Anglais, le comte Du Plessis, qui avoit la fièvre depuis trois mois, demeura à la tête de son régiment.

Les ennemis furent plus d'une heure devant que d'attaquer, mais enfin ils tombèrent sur les deux bataillons des gardes, et sur celui de Beaumont, qui furent poussés jusques à ceux du Plessis ; lesquels avec beaucoup de fermeté, voyant les autres fuir, allèrent aux Anglais, et furent assez heureux pour les repousser, et sauver les gardes et Beaumont. Cela fit assez connoître aux deux commandans de ces corps qu'ils avoient trop facilement cru que leurs soldats seconderoient leur valeur; et ils virent bien, quoique trop tard, que si le régiment du Plessis eût été devant les leurs, ce mal ne seroit pas arrivé. Cornas ne fut point attaqué où Canaple l'avoit mis; tellement que cette action fut tout heureuse pour le comte Du Plessis, qui, tout malade qu'il étoit, fut toujours à la tête de ses bataillons. Il avoit le corps et les jambes enflés comme un hydropique; la grande agitation qu'il eut lui en fit crever une, et cela servit à sa guérison, aussi bien que la grande envie qu'il avoit de faire son devoir.

Après ce combat, ces troupes nouvellement entrées eurent occasion de faire quelque chose de beau et d'utile; car les Anglais, jugeant que l'on vouloit former un corps d'armée dans l'île, pensèrent qu'il falloit faire quelque effort considérable contre les assiégés, et le soir qu'ils eurent ce dessein, ils envoyèrent au fort de La Prée le dire à ceux qui y commandoient; et comme on crut qu'ils pourroient faire ce dont ils s'étoient vantés, on donna les ordres qu'à la pointe du jour on se mît en bataille. Cela fut exécuté; l'on marcha droit à Saint-Martin sans attendre aucun autre avis. Cette action sauva la place assiégée; car les ennemis, qui venoient d'être repoussés du premier assaut, n'osèrent en donner un second, qui apparemment eût été plus heureux que l'autre; tellement que, voyant ces trois mestres de camp à la tête de leurs corps, et environ cent gendarmes et chevau-légers du Roi marcher à eux, ils cessèrent leurs attaques: après quoi l'on revint au fort de La Prée, où le comte Du Plessis demeura jusqu'à l'arrivée du maréchal de Schomberg (1). Il se trouva depuis à la défaite des Anglais, qui levèrent le siége; et, malgré la fièvre qu'il avoit, il fit son devoir en cette action avec son régiment. Il continua au siége de La Rochelle, et commanda toujours au fort de Sainte-Marie, qu'il avoit fait construire.

[1628] Après la prise de cette fameuse place (2), on y mit son régiment en garnison; et depuis, quittant le siége de Privas, où il se trouvoit auprès du Roi par ordre de Sa Majesté, il vint faire partir six compagnies des gardes qui étoient en l'île de Ré, et son régiment de La Rochelle, pour aller ensemble au dégât de Montauban sous le prince de Condé [1629]. Il se trouva à la tête de son régiment en deux ou trois escarmouches bien rudes pendant cette expédition, qui fut suivie de la paix avec les huguenots, et qui donna lieu de faire passer une armée en Italie.

[1630] Le cardinal de Richelieu y fut en personne; le comte Du Plessis l'y suivit avec son régiment; l'on y attaqua Pignerol : il eut pendant le siége le soin de faire un fort sur le mont de Sainte-Brigide, près de la place, et contre le secours; il l'acheva au temps nécessaire. Le cardinal étant satisfait de lui, et disant qu'il estimoit sa valeur, sa conduite et son activité, le faisoit entrer aux conseils, bien qu'il ne fût que mestre de camp; et retournant en Savoie trouver le Roi, il le fit demeurer avec son régiment en Pié-

---

(1) *De Schomberg* : Henri de Schomberg, maréchal de France en 1625, mort en 1632. — (2) Le 28 octobre 1628.

mont, où passèrent depuis le duc de Montmorency (1) et le marquis d'Effiat (2) avec une autre armée, qui, se voulant joindre à celle qui y étoit déjà, y trouva de l'opposition à Veillane, où se fit ce fameux combat avec tant d'éclat, bien qu'avec peu d'opiniâtreté (3). Le comte Du Plessis partit de Javenne, quartier de l'autre armée, avec quelques officiers de son régiment, pour visiter ce duc nouvellement venu ; et comme le chemin qu'il tint pour faire sa visite étoit celui que devoit suivre cette nouvelle armée pour joindre l'autre, il remarqua du haut de la montagne, comme il s'approchoit de Veillane, que les ennemis envoyoient reconnoître s'ils pourroient passer dans la prairie pour couper notre armée, et la prendre en flanc et en queue lorsqu'elle défileroit devant eux pour monter la côte, qui étoit accessible par ceux qui les voudroient attaquer par le flanc ; et que rien ne les en pouvoit empêcher, si la prairie qui est au bas, et qui séparoit la montagne du lieu où étoit l'armée ennemie, n'étoit point inondée, comme souvent on la trouvoit à sec. Ce que le comte Du Plessis vit faire aux ennemis lui donna sujet d'avertir le duc de Montmorency et le marquis d'Effiat qu'ils seroient bientôt attaqués dans leurs marches.

Il est vrai que le duc de Montmorency, qui ne vouloit pas que le marquis d'Effiat, pour qui il avoit beaucoup de jalousie, pût croire qu'il eût la moindre considération pour les ennemis, par une présomp-

---

(1) *De Montmorency* : Henri II, duc de Montmorency, décapité à Toulouse en 1632. — (2) *Le marquis d'Effiat* : Antoine Coeffier d'Effiat, maréchal de France en 1631, mort en 1632. — (3) Ce combat fut livré le 10 juillet.

tion extraordinaire qui lui étoit naturelle, ne fit que rire de ce que lui dit le comte Du Plessis. Mais il faillit bien de s'en repentir; car les ennemis, qui l'attaquèrent par l'endroit qu'avoit dit le comte Du Plessis, et qu'ils trouvèrent foible, avoient déjà assez pressé le régiment de Picardie; et peut-être auroit-il pu balancer, sans la vigueur extraordinaire de Charost qui en étoit mestre de camp, et celle de la cavalerie qui étoit à l'arrière-garde, et qui poussa bravement celle qui l'attaquoit, ayant le duc de Montmorency à sa tête, et le marquis d'Effiat à celle de la compagnie des gendarmes de feu Monsieur, commandés par le marquis de La Ferté-Imbault(1), qui depuis a été maréchal de France. Cette fermeté étonna tellement les ennemis, qu'ils se renversèrent sur eux-mêmes, le chemin étant étroit; l'infanterie, qui attaquoit notre marche par le flanc dans la côte, se retira bien vite, et notre cavalerie poussa celle des ennemis si hardiment, qu'après l'avoir mise tout-à-fait en désordre, elle défit deux bataillons qui s'étoient avancés dans cette prairie, où l'on ne croyoit pas pouvoir aller, et tuèrent presque tout. Il est vrai que le troisième bataillon qui avoit attaqué le régiment de Picardie, soutenu des deux autres que je viens de dire, se retira sans mal, parce qu'il fut toujours appuyé par un gros escadron, qui lui donna lieu de se retirer avant que les nôtres eussent pu le combattre, en étant plus éloignés que des deux autres.

Le comte Du Plessis fit dans ce combat ce qu'ont accoutumé de faire ceux qui n'ont point d'attache-

(1) *La Ferté-Imbault :* Henri de Senneterre de La Ferté, maréchal de France en 1651, mort en 1681, à l'âge de quatre-vingt-deux ans.

ment (1) particulier; c'est-à-dire qu'il fut partout, et s'attacha aux choses qui pouvoient lui donner des instructions dans le métier de la guerre, qu'il a toujours fort curieusement désiré d'apprendre.

Le duc de Montmorency et le marquis d'Effiat, qui avoient tous deux fait ce que de simples capitaines de cavalerie fort braves pouvoient faire, le régalèrent à l'envi l'un de l'autre, avouant qu'il les avoit bien informés avant le combat, et bien suivis quand il avoit dû le faire.

Ensuite de cette action, l'armée des ennemis, qui étoit logée en des retranchemens faits sur de petites hauteurs autour du château de Veillane, laissa marcher celle dont elle avoit si vainement voulu empêcher le dessein. Celle-ci prit à droite, par la colline, pour venir à Javenne, et trouva mille mousquetaires dans sa marche que le maréchal de La Force (2) envoyoit pour la couvrir. Ainsi les deux armées étant jointes à Javenne après ce combat, les généraux avisèrent aux moyens d'achever la campagne avec avantage. Ils auroient bien voulu prendre quelque place considérable, mais ils ne jugèrent pas le pouvoir: l'armée des ennemis étoit assez puissante pour en accroître les difficultés déjà prévues. Ils se contentèrent de la prise de Saluces, qui ne fit pas de résistance, et de l'action de Carignan dont je vais parler, où ils témoignèrent bien plus de vigueur que de conduite.

Les ennemis, qui vouloient se prévaloir du pont qui est sur le Pô en cet endroit, étant campés de

---

(1) *D'attachement*: C'est-à-dire d'emploi. — (2) *De La Force*: Jacques Nompar de Caumont, duc de La Force, maréchal de France en 1622, mort en 1652.

l'autre part, mirent des gens dans le bourg pour se rendre maîtres des deux côtés de la rivière : ils en accommodèrent assez bien les entrées pour nous en rendre l'accès difficile avec le corps de troupes qu'ils y avoient. Cela n'empêchoit pas que nous ne tinssions le château ; mais comme il étoit situé de l'autre côté du bourg, dont il falloit que nous fussions les maîtres avant que nous en pussions approcher, il nous étoit inutile pour l'effort que nous voulions faire, et ne nous favorisoit en rien.

Le comte Du Plessis fut commandé pour s'aller loger dans Carignan avec son régiment, la moitié de celui d'Effiat, et quelque cavalerie. Le marquis de La Force, maréchal de camp, commandoit ce corps, et l'on envoya les maréchaux des logis pour y faire le logement. On ne savoit point, quand ce peu de troupes partit de Pancalieri, où toute notre armée étoit campée, que les ennemis eussent des gens dans Carignan ; mais en approchant du lieu on en fut certain par leur rencontre.

Ils étoient venus à un mille du bourg au devant de nous, avec deux fois autant de gens que nous en avions, outre ce qu'ils y avoient laissé. Il se fit donc en cet endroit une fort grande escarmouche ; elle dura long-temps ; et comme l'infanterie espagnole excelle sur toutes les nations, selon l'opinion commune, il y eut lieu d'estimer ce que fit le régiment du Plessis, qui certainement fut attaqué par les ennemis avec toutes sortes d'avantages, tant parce qu'ils étoient en plus grand nombre, et puissamment soutenus de toute leur avant-garde qui étoit dans le bourg, que parce que le lieu du combat étoit comme ils le pouvoient désirer. La fin nous en fut très-heureuse; le comte Du Plessis pressa tellement les ennemis qu'il les obligea de rentrer dans Carignan, où ils ne séjournèrent guère; et bien que nous n'eussions pas assez de gens pour espérer de les en pouvoir chasser, ils s'en allèrent avec assez de hâte, soit que l'action vigoureuse que nous venions de faire les eût étourdis, ou qu'ils appréhendassent que toute notre armée ne vînt à eux, et ne les pressât avant qu'ils eussent repassé le Pô pour se joindre à la leur; ce qu'ils firent à l'instant, n'y ayant pas plus de cinq cents pas du bourg au pont, qu'ils gardèrent toujours : et bien que notre armée fût dès le soir même à Carignan, ils ne laissèrent pas de faire une demi-lune à la pointe du pont de notre côté, qu'ils eurent achevée en trois jours.

Nous attendîmes qu'elle fût en défense pour l'attaquer; et quoique cela fût inutile, puisque nous n'avions pas dessein de passer l'eau, on fit cette action à la française, qui nous fut heureuse; car l'on défit tout ce qui se trouva en-deçà de la rivière. L'on prit don Martin d'Arragon : et si les gens qui défendirent cette demi-lune firent très-bien, on peut dire que l'armée qu'ils avoient de l'autre côté du Pô fit très-mal; car la frayeur y fut si grande, que, sans penser à soutenir que foiblement ceux qui étoient exposés à nos coups deçà l'eau, cette armée fit charger son bagage avec une telle précipitation, que si après avoir pris ce poste on eût suivi le peu d'ennemis qui se retiroit par le pont, toute l'armée espagnole eût été mise en désordre. Mais si nos généraux manquèrent en laissant achever cette demi-lune, puisqu'ils la vouloient attaquer, ils furent fort habiles en ne faisant pas ce que toute l'armée ennemie craignoit sans sujet; car il n'étoit pas à propos, après avoir défait ce qu'il y avoit de leurs troupes de notre côté, d'aller par dessus un pont attaquer une armée campée sur l'autre bord, qui apparemment devoit être en bataille et sans effroi, en état de nous battre indubitablement, puisqu'il falloit aller à elle par un défilé.

Après cela nous nous retirâmes, et l'on ne fit rien de considérable jusqu'à l'automne, que le maréchal de Schomberg passa en Piémont avec de nouvelles troupes. Il assiégea Veillane avec ce qu'il avoit amené. La vieille armée, qui étoit cruellement empestée, n'agissoit plus; et le duc de Montmorency s'en alla, aussi bien que le marquis d'Effiat, qui étoit malade.

Cependant Casal étoit pressé; et le marquis de Brezé, après plusieurs voyages qu'il y fit, conclut une trève qui nous donna le temps de le secourir.

Le Roi étoit à l'extrémité; et comme le comte Du Plessis avoit été nourri auprès de lui, et que Sa Majesté lui témoignoit de la bonne volonté, les généraux lui donnèrent permission d'aller jusques à Lyon, où il trouva le Roi qui ne faisoit que sortir des bras de la mort. Il ne laissa pas de le voir, et il lui témoigna être bien aise de son voyage; mais qu'il falloit repartir promptement, pour être à l'armée avant la fin de la trève; ce qu'il fit exactement.

Il traversa donc les Alpes avec diligence, essuyant tout le péril qu'on peut s'imaginer de la peste par la rencontre des bagages de l'armée qu'on renvoyoit en France, infectés de cette maladie, et dans des chemins si étroits, qu'à tout moment il lui falloit disputer le passage à ces pestiférés, et les toucher sans cesse dans ces lieux serrés. Il rencontra le marquis de La Meilleraye (1), depuis maréchal de France, à Grenoble : il étoit fort son ami, et mestre de camp comme lui. Il quitta le maréchal d'Effiat son beau-père, qui y avoit été malade, et qui n'étoit pas encore entièrement guéri, et fit le chemin de l'armée avec le comte Du Plessis.

Ils arrivèrent au rendez-vous le soir, dont on avoit fait la revue le même jour. Ils trouvèrent leurs généraux sortant du conseil, qui les reçurent agréablement; et comme le maréchal de Schomberg s'étoit fié à la parole que le comte Du Plessis lui avoit donnée d'être de retour pour le secours de Casal, il s'étoit de même souvenu de lui destiner le commandement d'un des bataillons qu'on avoit formés. Il y en avoit dix-huit, composés chacun de douze cents ou de mille hommes au moins. On joignit donc au régiment du comte Du Plessis deux autres corps, qui tous deux ensemble ne faisoient pas le tiers du sien. Son bataillon étoit de plus de douze cents hommes. Les régimens avoient fort diminué par la peste, qui ayant duré toute la campagne, les avoit presque détruits : mais il est constant que, malgré ce ravage, celui du comte Du Plessis avoit encore plus de huit cents hommes en douze compagnies; et qu'il n'étoit pas ruiné à la fin de la campagne à beaucoup près comme les derniers venus, par le soin extraordinaire qu'en prenoit le mestre de camp, qui s'attachoit avec beaucoup d'application à le conserver et à le bien disci-

---

(1) *De La Meilleraye* : Charles de La Porte, duc de La Meilleraye, maréchal de France en 1639, mort en 1664, à l'âge de soixante-deux ans.

pliner ; et il faisoit dès ce temps-là consister son plus grand plaisir à bien faire son devoir, comme cela s'est toujours remarqué depuis en lui par ceux qui l'ont vu servir.

L'armée continua sa marche pour le secours de Casal. On parut de bonne heure devant la circonvallation des Espagnols, et l'on se mit en devoir de les attaquer ; mais le signor Julio Mazarini (1) s'entremit si heureusement pour empêcher le combat, que les Français, étant prêts de se jeter dans les fossés des lignes, furent arrêtés par l'ordre de leurs généraux, y ayant eu déjà plusieurs coups de canon tirés ; et qu'il obligea les Espagnols à la levée du siége de cette place, si considérable aux deux couronnes, et les Français à se retirer ce même soir à Fressinet du Pô.

Il est vrai qu'on n'a rien vu de si extraordinaire : deux armées n'ont jamais été si prêtes à se mêler, et c'est une espèce de miracle que l'entremise d'un seul homme les ait arrêtées tout court. Il faut avoir vu la chose pour la croire ; elle ne fut pas honorable aux Espagnols. Leurs généraux sortirent de leur circonvallation, et vinrent près de la tête de notre armée parler à ceux qui la commandoient, et promettre qu'ils leveroient le siége le lendemain, à condition que les Français ne laisseroient point de garnison de leur nation dans la place.

Le comte Du Plessis fut assez bien traité du maréchal de Schomberg en cette rencontre, car il le mena avec lui à cette conférence, d'où fort peu de per-

(1) *Mazarini* : Jules Mazarin, qui fut depuis cardinal et premier ministre sous la régence d'Anne d'Autriche.

sonnes approchèrent. Notre armée, comme il avoit été résolu, se retira sur l'heure à Fressinet du Pô. Il étoit presque nuit quand cet accommodement s'acheva; il n'eut pour sûreté que la parole des généraux. Tout le jour d'après se passa avec bien de l'inquiétude pour le maréchal de Schomberg, parce que la chose ne s'exécuta pas comme elle avoit été résolue: il en parla au comte Du Plessis; car, bien qu'il fût assez jeune, il s'étoit acquis l'amitié de ce général, qui eut ensuite une entière confiance en lui.

Il y avoit trois maréchaux de France qui commandoient l'armée : le maréchal de La Force étoit le premier, le maréchal de Schomberg avoit le secret des affaires, et le maréchal de Marillac (1), qui étoit le dernier, commençoit d'être brouillé avec le cardinal de Richelieu. A la fin de cette journée, le signor Julio Mazarini arriva de Trino, où il étoit allé voir le comte de Collalto, duquel il apporta le consentement pour l'exécution du traité. En attendant qu'il fût arrivé, la journée fut employée à la visite de l'armée espagnole; et le lendemain elle s'en alla comme il avoit été résolu. Les généraux françois pourvurent à la sûreté de Casal, non pas suivant la promesse qu'ils avoient faite; car ils mirent trois cents Français dans la citadelle, commandés par Lanson, capitaine dans le régiment du Plessis, homme de bonne maison, et qui s'étoit acquis beaucoup de réputation dans le service; et la moitié des gens qu'on laissa dans cette place étoit du même régiment.

Nos généraux, ayant manqué de parole, devoient

(1) *De Marillac*: Louis de Marillac, maréchal de France en 1629, décapité en 1632.

avoir un peu plus de précaution pour la sûreté de notre armée, et ne la pas séparer pour sa retraite, comme ils firent en faisant passer une partie de l'autre côté du Pô. Cette faute les mit en état de se perdre; et si le signor Julio Mazarini ne fût venu les avertir, la partie de l'armée qui étoit du côté de Trino eût sans doute été défaite, puisque les Espagnols étoient déjà en marche pour surprendre nos généraux, qui étoient dans leurs quartiers fort tranquilles, et ne songeant à rien moins qu'à ce qui étoit sur le point de leur arriver : mais ils profitèrent de l'avis du signor Julio Mazarini, et se retirèrent fort à propos.

L'hiver s'approchant, on songea à mettre nos troupes en quartier; et comme le comte Du Plessis étoit toujours auprès du Roi quand on ne faisoit point la guerre, il eut congé d'aller à la cour, où étant arrivé, il y suivit sa vie ordinaire.

[1631] Le désordre de la Reine mère arriva bientôt après ; et lorsqu'elle demeura à Compiègne, le comte Du Plessis fut choisi par le Roi, qui s'étoit arrêté à Verberie pour dîner, et dépêché par le cardinal de Richelieu, pour aller à Paris faire entendre au premier président et aux plus considérables du parlement quel avoit été le motif de Sa Majesté en laissant la Reine sa mère à Compiègne, avec partie des gardes du corps, pour répondre de sa personne.

Le cardinal de Richelieu, sachant que le Roi l'avoit nommé pour cet emploi, le mena dîner avec lui, afin de l'instruire de ce qu'il avoit à faire dans ce voyage, étant même dans la crainte que ce comte ne réussît pas dans une affaire aussi délicate que celle-là. Mais quand après le dîner il présenta au cardinal un mémoire qu'il avoit dressé avant que de se mettre à table, qui contenoit en abrégé toutes les choses que ce ministre lui avoit dites sur ce sujet, il prit aussitôt une grande confiance en lui, et le fit partir à l'instant.

D'abord qu'il fut à Paris, il visita le premier président, qui le contraignit de voir Molé, procureur général, bien que le cardinal le lui eût défendu, parce qu'il n'étoit pas de ses amis. Le comte Du Plessis hasarda un peu en contrevenant à cet ordre ; mais le premier président, qui étoit créature du cardinal, prit ce manquement sur lui, et pressa tellement le comte Du Plessis de le croire, qu'il n'osa y contredire.

Il eut ordre aussi d'informer ceux de la maison de Lorraine, qui étoient à Paris, du sujet qui avoit obligé le Roi de faire arrêter la princesse de Conti, qui étoit de la même maison.

Le maréchal de Bassompierre (1), que le comte Du Plessis trouva avec le duc de Chevreuse, le pressa de lui donner conseil s'il iroit le jour d'après à Senlis, où étoit le Roi. Le comte lui répondit qu'il falloit qu'il examinât lui-même si les habitudes qu'il avoit avec tous ceux qu'on croyoit criminels ne le feroient point arrêter. Le lendemain, le comte Du Plessis le trouva entretenant le Roi ; et à la pointe du jour suivant on le mena à la Bastille. Le Roi parut fort content de la conduite du comte Du Plessis ; le cardinal en parla bien avantageusement, et lui sut bon gré de ce qu'il avoit suivi l'avis du premier président sur la visite du procureur général.

La cour revint à Paris ; et quelque temps après la

---

(1) *Bassompierre* : Ses Mémoires font partie de cette série, t. 19 et 20.

Reine mère s'étant retirée, le Roi retourna à Compiègne, où l'on sut que le prince Thomas de Savoie (1) venoit en France. Le comte Du Plessis fut envoyé à Briare pour le recevoir ; et cette nouvelle commission fit juger que l'on étoit content de la précédente. En un autre temps, cet emploi n'eût pas été d'une bien grande considération ; mais en celui-là il étoit important.

Le traité de Cherasco venoit d'être achevé (2), et le prince Thomas arrivoit en France pour y servir d'un second otage. Le comte Du Plessis avoit à se ménager avec adresse en cette occasion : le cardinal de Savoie (3) étoit déjà avec le Roi ; et comme il s'agissoit d'un grand secret, pour ce qu'il nous avoit amené ses deux frères, le choix que l'on fit du comte Du Plessis fut obligeant.

Il revint trouver le Roi à Nogent-sur-Seine, qui continua son chemin en Champagne, et jusques à Vandœuvres, où la nouvelle étant venue que le traité de Cherasco étoit exécuté touchant Pignerol, on tint conseil, où le cardinal de Richelieu proposa le comte Du Plessis pour aller vers le duc de Savoie (4) lui témoigner la satisfaction que Sa Majesté avoit de sa conduite, et de ce qu'il avoit religieusement gardé sa parole en conservant Pignerol pour le Roi. La chose étoit encore fort cachée ; et l'on peut dire que le comte Du Plessis reçut en cette occasion une mar-

(1) *Thomas de Savoie* : Il étoit fils de Charles-Emmanuel-le-Grand, duc de Savoie. Il mourut en 1656. — (2) *D'être achevé* : Il y eut trois traités signés à Cherasco : le premier le 31 mars, le second le 6 avril, le troisième le 30 mai. — (3) *De Savoie* : Maurice, cardinal de Savoie; il étoit, ainsi que le prince Thomas, fils de Charles-Emmanuel. — (4) *Duc de Savoie* : Victor-Amédée 1, mort en 1637.

que bien grande et bien particulière de l'estime et de la confiance du cardinal.

Il passa donc à Turin; et de là il fut ambassadeur vers tous les princes d'Italie, et remercia le duc de Parme, de la part du Roi, de l'assistance qu'il avoit donnée au duc de Mantoue lorsque ce dernier étoit rentré dans ses Etats. Il fit le même compliment au duc de Modène, bien qu'il n'eût rien fait pour l'autre. Il vit le même duc de Mantoue, et l'assura de la protection de Sa Majesté, s'informa de ses besoins, pour presser la république de Venise d'y pourvoir.

Le comte Du Plessis avoit ordre aussi de savoir quels sentimens tous ces princes auroient sur le fait de Pignerol. Le Roi souhaitoit que les princes d'Italie lui conseillassent d'acheter cette importante place; ce que le comte Du Plessis fit adroitement, et en apporta la supplication au Roi de leur part : mais il leur devoit cacher la manière du traité, et leur dire seulement que s'ils jugeoient qu'il leur fût avantageux que le Roi l'achetât, il le feroit volontiers.

Les ordres de Sa Majesté obligeoient encore le comte Du Plessis, en passant à Mantoue, de faire par ses soins et par son adresse que le duc n'entrât point en neutralité avec les Espagnols : il y réussit aussi heureusement qu'aux autres affaires dont il étoit chargé, et ôta tout-à-fait de la pensée de ce prince l'envie qu'il avoit de mettre des troupes vénitiennes en garnison dans la citadelle de Mantoue. Le désir d'épargner la dépense de cette garnison l'avoit aveuglé de sorte, qu'il chargea le comte Du Plessis, comme il s'en alloit à Venise, d'y presser fortement le sénat de lui augmenter le nombre des troupes qu'il avoit dans

Mantoue, sans lui déclarer autrement son intention.

Le comte Du Plessis passant à Vérone, où étoit le général de la République, il le pria instamment d'écrire à ses maîtres sur ce que M. de Mantoue désiroit. Le comte Du Plessis l'obtint; mais comme il repassa où étoit ce général vénitien, il fit des reproches au comte de ce qu'il lui avoit demandé de l'augmentation pour la garnison de Mantoue, et que le duc de Mantoue s'en vouloit servir pour mettre dans la citadelle, dont les Vénitiens n'étoient point chargés.

Cette ingénuité, peu ordinaire aux Italiens, qui ne perdent pas l'occasion de s'accroître par la faute des moins habiles qu'eux, servit au comte Du Plessis pour sauver la souveraineté de M. de Mantoue, qui eût été perdue si les Vénitiens eussent été maîtres de la citadelle de sa capitale, qui étoit le seul endroit où il avoit un reste de pouvoir et d'autorité. Aussi le comte Du Plessis, à l'instant qu'il fut informé de la dangereuse intention de ce prince, lui dépêcha un courrier, qu'il suivit de près, afin de lui ôter cette pensée; et quand il fut arrivé à Mantoue, il lui parla si fortement, qu'il lui fit honte de s'être laissé aller jusque là, et lui offrit de l'argent de son chef; ajoutant qu'il étoit bien certain que Sa Majesté lui en feroit donner pour aider au paiement de sa garnison.

Aussitôt que le comte Du Plessis fut arrivé à Turin pour retourner en France, il reçut ordre d'aller à Florence faire compliment au grand duc sur la mort de sa mère, et lui faire les mêmes propositions qu'aux autres princes d'Italie touchant Pignerol. Cela fait, il repassa les monts, et trouva la cour qui s'en alloit à Calais pour en ôter le gouvernement à Valencey. Le cardinal de Richelieu lui fit faire la relation de son voyage à Réaumont, dont il fut très-satisfait, et même il en parla fort avantageusement au maréchal de Schomberg.

Ce premier ministre dit au comte Du Plessis qu'il vouloit qu'il retournât à Turin, pour y demeurer quelque temps ambassadeur. Il acheva le petit voyage de Calais dans le carrosse du cardinal, qui le traita avec beaucoup d'honnêteté. Le comte Du Plessis, à qui la commission d'ambassadeur ne plaisoit point, fit tout ce qu'il put pour la refuser; et quoique par ce refus il hasardât tout l'espoir de sa fortune, il aima mieux en courir long-temps le risque que de l'accepter quand elle lui fut présentée; et même il en fut brouillé avec le cardinal, qu'il avoit supplié de joindre à cette ambassade le commandement de Pignerol, d'où le marquis de Villeroy lui avoit dit qu'il devoit sortir.

Un des motifs du comte pour refuser cette ambassade fut que, dans le récit qu'il fit au cardinal de son voyage, il lui avoit dit qu'il étoit un peu brouillé avec le maréchal de Toiras; et cette raison obligea le cardinal à vouloir opiniâtrément que le comte acceptât cet emploi, parce qu'il haïssoit cruellement ce maréchal. Le comte Du Plessis, qui connut la pensée du cardinal, s'y accommoda à la fin; et comme il s'étoit brouillé avec lui en le contredisant, il se raccommoda par sa complaisance. Il ne falloit pas résister aux volontés de ce ministre, si l'on ne vouloit en même temps renoncer à la fortune, à la cour, et à toutes sortes d'emplois.

Le comte Du Plessis retourna donc en Piémont,

où Dieu lui fit la grâce de le faire réussir dans tout ce qu'il eut à traiter pendant son ambassade, et l'y attacha depuis dans la guerre et dans le commandement des armées, tellement que cette complaisance qu'il eut pour le cardinal fut la première cause de l'honneur qu'il s'est acquis depuis en Italie; outre que le cardinal, qui savoit faire un juste discernement de ce à quoi les gens étoient propres, jugea fort bien ce qu'il falloit au comte Du Plessis : de sorte qu'il le pressa de partir, et ne lui donna que huit jours pour s'y préparer.

[1632] Le comte Du Plessis se mit en chemin, et trouva le Roi à Valence, quelques jours après la prise du duc de Montmorency. Il suivit la cour jusqu'à Béziers, d'où il retourna pour se rendre en diligence à Turin. Il y demeura trois ans ambassadeur, avec la confiance du cardinal. La seconde année, on lui ordonna d'essayer de faire déclarer le duc de Savoie contre les Espagnols. C'étoit une affaire assez délicate à traiter, et sans apparence qu'elle pût réussir; elle étoit pourtant en bons termes lorsqu'il eut commandement, en l'année 1635, de proposer au duc une ligue offensive et défensive avec la France contre l'Espagne : et quand Bellièvre, qui fut envoyé extraordinaire vers tous les princes d'Italie sur ce même sujet, arriva à Turin, il y trouva la chose résolue par les soins du comte Du Plessis, qui, ayant plus d'inclination pour la guerre que pour suivre les affaires, souhaita de servir delà les Alpes.

Il y fut un des trois maréchaux de camp sous le maréchal de Créqui, qui l'attacha auprès de lui par beaucoup de confiance et d'amitié. Cela commença au siége de Valence, où ce général lui donna le commandement de l'attaque en son quartier, et n'eut pas lieu de s'en repentir par l'estime que le comte Du Plessis s'y acquit, soit en l'ordre qu'il donna pour la conduite des travaux, soit aux sorties et aux autres actions de vigueur. Les assiégés en firent une très-grande après un logement que l'on vouloit faire sur la contre-escarpe, où la présence du comte Du Plessis fût d'une utilité considérable. Ils avoient poussé nos gens fort loin du poste qu'ils vouloient occuper, mais il les repoussa avec beaucoup de résolution; et si depuis, quand l'armée espagnole vint pour secourir Valence, on eût suivi le sentiment du comte Du Plessis, qui étoit que le duc de Savoie allât au devant pour la combattre, il l'auroit infailliblement battue, et ensuite auroit pris la place.

[1636] L'année suivante 1636, M. de Savoie et le maréchal de Créqui (1), commandant l'armée du Roi, entrèrent dans le Milanais; et comme ils s'avancèrent proche du Tésin avec intention de passer cette rivière, le comte Du Plessis en trouva heureusement le moyen. Il avoit été détaché avec un petit corps de cavalerie, avec lequel étant avancé sur le bord du Tésin, il y vit quelques bateaux, et fit croire à ceux qui les conduisoient qu'il étoit de l'armée d'Espagne, quoiqu'elle fût à quatre ou cinq lieues de l'autre côté de la rivière, et dont nous attendions l'opposition pour le passage; mais le comte Du Plessis eut assez de bonne fortune pour profiter de ces bateaux, dont s'é-

---

(1) *De Créqui :* Charles de Créqui, prince de Foix, duc de Lesdiguières, maréchal de France en 1622, tué d'un coup de canon au siége de Brême en 1638.

tant saisi, il fit promptement passer de l'infanterie qu'il avoit envoyé demander au maréchal de Créqui ; et à l'instant qu'elle fut passée, il fit travailler avec diligence à ce qu'il crut être nécessaire pour couvrir le pont qu'il fit faire avec les bateaux qu'il avoit fait venir de l'armée, sans perdre un seul moment de temps : tellement que celle des ennemis, qui se devoit opposer à notre passage, fut bien surprise quand elle sut que la nôtre étoit si proche d'eux. Le duc de Savoie, qui n'avoit pas envie que nous entrassions plus avant dans le Milanais, témoigna au maréchal de Créqui qu'il désiroit que nous remontassions le Tésin pour aller attaquer une petite place qui en étoit fort proche, mais à seize ou dix-huit milles du lieu où nous étions.

Nous marchâmes de cette manière pour lui obéir ; le duc avec la plus grande partie de l'armée n'ayant point passé la rivière, mais seulement le maréchal de Créqui et le comte Du Plessis avec le reste. Il est vrai qu'en arrivant à mi-chemin où l'armée devoit camper, le maréchal de Créqui eut avis que les ennemis marchoient à nous ; dont le duc de Savoie ayant été informé à l'instant, n'y ayant que la rivière entre lui et nous, il consentit à retourner d'où nous venions pour y faire le pont.

Cette marche se fit à l'heure même ; et comme nous fûmes à l'endroit où l'on avoit résolu de passer la rivière pour nous joindre, le duc de Savoie passa lui seul où étoit le maréchal de Créqui et le comte Du Plessis, qu'il trouva à la tête d'un corps de cavalerie, attendant les ennemis qui venoient à lui. Cela obligea ce prince à repasser le Tésin et à faire travailler avec diligence à la construction du pont, par le moyen duquel ce qu'il commandoit vint joindre le maréchal de Créqui et le comte Du Plessis, qui étoient aux mains avec les ennemis. Le comte agit beaucoup dans cette grande journée; et le maréchal de Créqui, qui l'avoit chargé de ce qui se fit de principal dans le combat, lui en donna aussi le principal mérite par tout ce qu'il en dit au public, et par les relations qu'il en envoya à la cour. Cette action dura dix-huit heures sans aucune interruption, et le comte Du Plessis mena jusqu'à trois fois chaque troupe où elles devoient charger les ennemis : le succès en fut toujours fort heureux. Le Roi ayant été informé de cette journée, lui témoigna la satisfaction qu'il en avoit par des lettres fort obligeantes qu'il lui fit l'honneur de lui écrire. Le cardinal de Richelieu lui écrivit aussi, et lui fit entendre qu'il devoit attendre de cette bataille des suites fort avantageuses pour sa fortune. La joie qu'eut le comte Du Plessis d'avoir fait quelque chose d'agréable au Roi, à qui il souhaitoit passionnément de plaire, fut bien plus grande que celle que lui pouvoit donner l'espérance de son élévation.

Ce combat paroissant fini vers le milieu de la nuit, le duc de Savoie et le maréchal de Créqui envoyèrent dire au comte Du Plessis de venir au conseil qu'ils tenoient, pour résoudre ce qu'on devoit faire pour profiter de cette grande journée. Il s'y rendit, et trouva le duc de Savoie qui proposoit de se retirer et de repasser le Tésin sur le pont, ou d'attaquer de nouveau les ennemis. Le comte Du Plessis dit qu'il ne pouvoit être de l'un ni de l'autre de ces deux sentimens ; que ce seroit une étrange résolution, en se retirant devant les ennemis, de s'exposer à la perte de l'armée en passant à leur vue sur un pont; et que les attaquer de nouveau sans savoir l'état où étoit notre armée, ce seroit encore faire une chose mal à propos; que même si nous repassions le Tésin, ne sachant pas encore au vrai si les ennemis avoient été battus, on ne jugeroit pas que nous eussions eu un avantage considérable; et que les attaquant sans savoir si nous étions en état de le pouvoir, nous pourrions y mal réussir. Son opinion fut donc de se retrancher, parce qu'en se rendant maître par là de cette petite hauteur où l'on avoit tant combattu, il y auroit lieu d'espérer que bientôt après on sauroit l'état des ennemis, et que l'on pourroit les bien soutenir s'ils venoient à nous, ou tomber nouvellement sur eux si nos forces étoient telles qu'on jugeât le devoir faire. On suivit le conseil du comte Du Plessis, qui à l'instant s'en retourna à la tête des troupes pour les faire travailler; et comme il visitoit les postes où il les avoit placées, on lui vint dire que les ennemis s'en alloient en grand désordre. Il est vrai qu'ils avoient caché le mauvais état où ils étoient par le semblant d'une nouvelle attaque, et par une grande salve: outre que, pensant avoir trouvé le moyen de nous abuser, ils avoient planté quantité de piques dans le poste où ils s'étoient retirés après le dernier combat, et y avoient attaché des mèches allumées pour nous faire croire qu'ils y étoient toujours en bataille : après quoi ils cessèrent de tirer.

Quand le comte Du Plessis fut informé de la fuite des ennemis, il envoya demander au duc de Savoie mille chevaux pour les suivre, qui les lui refusa; ce que chacun trouva fort étrange, puisqu'il n'y avoit point à douter que les ennemis n'eussent été entièrement défaits s'ils eussent été suivis, quand même c'eût été avec peu de force d'abord, notre armée ayant dû marcher pour tout achever.

Les Espagnols furent séparés plus de quatre jours; et cela étoit assez vérifié par nos gens, qui, allant après eux sans ordre, ramenèrent plus de deux mille prisonniers. Ils avoient abandonné leur artillerie; mais nos gens, qui couroient sans ordre, comme je viens de dire, ne purent pas s'en prévaloir, n'ayant pas de quoi l'emmener.

Le duc de Savoie n'oublia pas l'article du traité qu'il avoit fait l'année précédente, par où il s'obligeoit de recevoir du Roi les terres qu'il pourroit conquérir dans le Milanais, et d'en rendre à Sa Majesté à proportion auprès de Pignerol. Le comte Du Plessis, qui avoit fait ce traité et cet article par ordre du cardinal, avoit écrit à ce ministre que cela empêcheroit le duc de Savoie de consentir que nous fissions aucune conquête. Cela parut trop visible dans le commencement de la guerre, ainsi qu'en toute la suite; car ce duc ne vouloit point que nous eussions d'étendue autour de Pignerol.

Il faut que je revienne au combat du Tésin, et que je dise que le comte Du Plessis y fut très-heureux; car il mena tout au moins trois fois combattre chaque troupe de cavalerie et d'infanterie sans avoir été blessé; et ce fut chose extraordinaire que les ennemis étant beaucoup plus forts que nous, et ayant souvent battu de nos escadrons et de nos bataillons, ne purent néanmoins se prévaloir de ces désordres, parce que la conduite du comte Du Plessis fut telle, qu'elle empêcha que, dans ces temps de malheur pour nous, les Espagnols ne purent pousser assez vigoureusement nos troupes rompues pour effrayer entièrement notre armée. La vigueur et l'application continuelle du comte Du Plessis causèrent cette bonne fortune et la victoire de cette extraordinaire journée, qui fut sans autre fruit que celui que s'y acquirent les armes du Roi.

Le jour d'après, le maréchal de Créqui voulut que le comte Du Plessis fît les dépêches pour informer Sa Majesté des belles actions de ses troupes, qui n'avoient agi que sous ses ordres. Il obéit à ce maréchal, qui le traitoit comme son enfant : aussi le comte n'oublia pas à parler du maréchal comme il devoit, et selon que le vouloit le glorieux mérite de l'un et la sincère reconnoissance de l'autre. Ce fut Palluau, capitaine de cavalerie, et qu'on a vu depuis le maréchal de Clérembault (1), qui fut chargé de cette dépêche.

Le second jour d'après la bataille, le comte Du Plessis, faisant le tour du camp, rencontra deux capucins qu'on avoit arrêtés à la garde, qui lui dirent qu'ils venoient supplier le duc de Savoie de ne point venir avec l'armée à Milan, et que, pour racheter le pillage de cette grande ville, on lui donneroit cinq cent mille écus. On mena ces deux capucins au duc, sans que le comte Du Plessis ait su depuis la réponse qu'ils en eurent ; mais pour la suite chacun la vit : car peu de jours après l'armée marcha, et le duc fit croire qu'il vouloit attaquer une petite place proche du lieu où l'on avoit donné la bataille, et qui n'étoit d'aucune

---

(1) *De Clérembault :* Philippe de Clérembault, comte de Palluau, maréchal de France en 1653, mort en 1665.

conséquence. L'on se retira, et les troupes furent mises en quartier d'hiver en Piémont et ailleurs, au quinzième d'août ; ce qui fut bien une marque infaillible que le duc ne vouloit point de conquête pour les armes du Roi : non pas que l'on crût qu'il eût pris les cinq cent mille écus, mais parce qu'il ne pouvoit se résoudre à donner au Roi des terres près de Pignerol, tant pour n'avoir pas un si puissant voisin bien établi, que parce qu'il ne croyoit pas pouvoir conserver celles qu'on lui donneroit dans le Milanais en échange, qui, par une paix, seroient infailliblement restituées ; et que nous garderions celles que nous aurions eues de lui par quelque traité forcé, auquel il ne pourroit pas contredire avec facilité.

[1637] L'année d'après on fut pour secourir La Roque-d'Arasse, où le combat fut grand ; le comte Du Plessis y eut un cheval tué sous lui en faisant son devoir. Cette même campagne, la bataille de Monbaldon se donna : elle fut peu sanglante, et fort mal soutenue des ennemis ; et le comte Du Plessis y agit comme il avoit fait dans toutes les autres occasions, faisant toujours sa charge de maréchal de camp.

[1638] En l'année 1638 il y eut peu de chose mémorable : Brême se perdit l'hiver, pendant que le comte Du Plessis étoit à la cour ; et le maréchal de Créqui fut tué en reconnoissant les endroits pour secourir la place.

Néanmoins, si le Roi n'eut pas de bonheur en la guerre qui se faisoit en Italie, il eut celui de voir naître cet auguste Dauphin (1) qui fut le comble de sa

(1) *Cet auguste Dauphin :* Louis XIV, né à Saint-Germain-en-Laye le 5 septembre 1638.

joie, et celui de notre espérance: toutes ses actions la remplissent journellement; et s'il nous a fait voir des merveilles pendant qu'il a bien voulu qu'un premier ministre ait dispensé ses lois, il n'a fait que des miracles depuis que, prenant les rênes de l'Etat, il l'a conduit à un tel point de gloire, qu'il est l'envie aussi bien que l'admiration de toutes les nations.

Le cardinal de La Valette fut envoyé en Italie pour commander; et d'Hémery, qui pour lors y étoit ambassadeur, et qui n'aimoit pas le comte Du Plessis, manda au cardinal de Richelieu que la duchesse de Savoie (1) ne désiroit pas que le comte retournât servir en Piémont. Le cardinal de Richelieu chargea le cardinal de La Valette de l'informer de la vérité sur ce sujet, qu'il trouva n'être pas conforme à ce que l'ambassadeur lui avoit mandé: et cependant, comme la réponse tardoit à venir, le cardinal de Richelieu ordonna au comte Du Plessis de servir avec le maréchal de La Force pour le siége de Saint-Omer; mais la nouvelle étant venue de Piémont touchant son agrément par la duchesse, et même avec éloge, il prit un chemin contraire à celui du nord, et six jours après il fut à Turin. On l'y reçut avec autant d'honneur que de joie. Il se rendit à l'armée sur la fin du siége de Verceil, et il eut le déplaisir de voir rendre la place sans avoir part néanmoins à la mauvaise conduite qui en causa la perte, parce que n'étant pas dans la confidence du cardinal de La Valette, il ne savoit les résolutions qu'au moment qu'on les exécutoit.

---

(1) *La duchesse de Savoie*: Christine de France, fille de Henri IV. Elle étoit veuve de Victor-Amédée 1, et gouvernoit comme régente pendant la minorité de son fils.

[1639] Cette campagne s'étant achevée sans rien de mémorable, le comte Du Plessis demeura l'hiver en Piémont; et ce fut au commencement de l'année 1639 que la révolte y commença. Le prince Thomas ayant quitté la Flandre, vint à Milan : les Espagnols, pour lui donner moyen d'agir avec ses créatures, assiégeoient le Chinche, que nous avions pris sur eux. Cette petite place, assez bonne, et fort éloignée de Turin, nous attira pour la secourir. L'on s'y appliqua en y arrivant. Le cardinal de La Valette donna l'ordre de l'attaque au comte Du Plessis, qui sans perdre temps emporte les premiers retranchemens, s'attache aux autres, dont il se rend maître d'abord. Le combat y fut six heures durant le plus rude peut-être qu'on ait jamais vu; et le cardinal de La Valette fut contraint, ensuite de cette action, d'accorder son amitié au comte Du Plessis, qui jusque là n'avoit pas été bien avec lui. Les louanges de ceux qui ne nous aiment pas ne doivent point être suspectes; et celles que le cardinal de La Valette donna pour cette journée au comte Du Plessis furent sans flatterie, bien qu'il en parlât et qu'il en écrivît à la cour au-delà de ce que le comte en devoit espérer.

Ensuite l'on fut contraint de retourner à Turin, où la perte de Chivas nous fit revenir. On l'assiégea quelque temps après; la place fut prise par l'attaque du comte Du Plessis, en présence de l'armée ennemie, et il y servit vigoureusement et fort bien. En reconnoissant la place, il fut blessé sans l'être; c'est-à-dire qu'une balle de mousquet, en lui effleurant le tetin gauche, ne lui fit qu'une contusion.

Le reste de la campagne se passa assez malheureusement. La révolte de Piémont fut très-dommageable à toutes nos affaires. Le prince Thomas et mesdames ses sœurs, depuis la mort du duc de Savoie, s'étoient acquis un entier pouvoir sur tous ceux qui en avoient dans la ville de Turin, d'où notre armée étoit éloignée pour quelque entreprise que nous voulions exécuter : ce prince et mesdames ses sœurs se prévalurent de cette occasion, et se rendirent maîtres de Turin, à l'exception de la citadelle, qui demeura au jeune duc de Savoie par la fidélité du gouverneur.

Cette conjoncture obligea les Espagnols, que les Piémontais avoient attirés dans leur pays jusqu'auprès de Turin, et nous en même temps, de faire une trêve. Nos ennemis croyoient qu'elle leur donneroit lieu de se bien établir dans Turin ; et nous, que nous aurions plus de facilité, en la faisant, de mieux pourvoir à la sûreté de la citadelle qui nous étoit demeurée. Aussi nous appliquâmes-nous à tout ce qu'il fut possible de faire sur ce sujet ; et le comte Du Plessis eut ordre de s'attacher à tous ces petits soins, et même de régler avec les Espagnols jusques où devoit aller l'esplanade de la citadelle du côté de la ville : ce qui ne se fit pas sans une dispute très-vigoureuse qu'eut le comte Du Plessis avec celui que les Espagnols avoient commis pour cette affaire, qui fut suivie de l'éloignement des armées.

Le cardinal de La Valette peu de jours après tomba malade, et mourut à Rivoli (1); et le comte Du Plessis eut commandement de se rendre à Grenoble, où madame de Savoie, qui s'étoit retirée à Chambéry de-

---

(1) *A Rivoli :* Louis de Nogaret, cardinal de La Valette, fils du duc d'Epernon, mourut le 28 septembre 1639.

puis la perte de Turin, étoit allée trouver Sa Majesté, qui vouloit faire un traité avec elle, par lequel elle remît toute la Savoie entre nos mains pour la lui conserver jusqu'à ce qu'elle fût en état de le faire elle-même; et comme le comte Du Plessis avoit de grands accès auprès de cette princesse, ayant été ambassadeur en Piémont, le cardinal de Richelieu l'employa souvent pour faire réussir ce traité, qui fut conclu, mais non pas tout-à-fait comme on le souhaitoit, madame de Savoie n'ayant pas voulu comprendre Montméliant avec ce qu'elle mit entre les mains du Roi.

Dans ce même temps le comte d'Harcourt (1) fut choisi pour commander l'armée d'Italie; et comme il passa à Grenoble pour y aller, le cardinal de Richelieu lui dit que l'intention de Sa Majesté étoit qu'il ne fît rien qui fût tant soit peu considérable sans le conseil du comte Du Plessis, à qui cet honneur donna beaucoup d'inquiétude : aussi le témoigna-t-il au cardinal de Richelieu, lui disant que cette grâce lui attireroit fortement la jalousie des autres maréchaux de camp de l'armée; savoir, M. de Turenne et M. de La Mothe-Houdancourt, qui, ayant beaucoup de mérite, ne pourroient pas souffrir que le comte Du Plessis parût avoir plus de crédit qu'eux dans l'armée. A quoi le cardinal de Richelieu répondit qu'ils étoient trop honnêtes gens pour avoir de la jalousie, et que cela ne lui devoit pas causer de peine. Ce ministre écrivit encore la même chose au comte d'Harcourt, malgré la supplication que lui faisoit le comte Du Plessis du contraire, disant que cela n'étoit pas nécessaire,

(1) *D'Harcourt :* Henri de Lorraine, comte d'Harcourt, fils de Charles de Lorraine, duc d'Elbœuf, mort en 1666.

puisque ce prince étoit particulièrement de ses amis; et quand il prit congé du Roi pour retourner à l'armée, le cardinal de Richelieu lui ordonna de l'informer de ce qu'il jugeoit qu'on dût faire après la fin de la trève : mais la réponse du comte Du Plessis surprit tellement le cardinal de Richelieu, qu'il l'embrassa de joie quand il l'entendit parler du siége de Turin pour le commencement de la campagne au printemps prochain, parce qu'il ne se pouvoit faire à la fin de celle-ci, qui étoit trop près de l'hiver.

Le comte Du Plessis étant repassé en Piémont auprès du comte d'Harcourt, et la trève étant finie, on s'engagea à Quiers, où l'on consuma tous les vivres pendant le séjour qu'on y fit. Les ennemis voulurent surprendre Carmagnole, et l'auroient fait si le comte Du Plessis, tirant un corps de troupes de Quiers, ne s'y fût jeté, malgré les soins qu'ils prirent de l'en empêcher; mais, par la pratique qu'il avoit du pays, il traversa la nuit tous leurs quartiers, et se rendit à Carmagnole quelques heures avant que les ennemis y pussent être.

Peu de jours après il repassa par le même chemin, seulement avec la cavalerie, mais chaque cavalier chargé d'un sac de farine, qui donna lieu de séjourner deux fois vingt-quatre heures à Quiers, qu'on eût bien voulu garder pendant l'hiver; mais les ennemis, opiniâtrés à nous en faire sortir, nous y réduisirent par la faim. Pour nous retirer en lieu sûr, il fallut venir à ce beau et grand combat général de la Route, où le comte Du Plessis eut sa part avec beaucoup d'avantage, de bonheur et de distinction, par le grand mouvement qu'il se donna en cette occasion.

Ses avis ne contribuèrent pas peu encore au gain de cette bataille; car ce fut lui qui conseilla au comte d'Harcourt de faire repasser le ruisseau de la Route à l'artillerie, qui étoit déjà au-delà, lors même que le comte d'Harcourt vouloit que toute l'armée suivît le canon; ce qui en auroit été la ruine entière, puisque les ennemis l'auroient chargée à demi passée.

Pendant le reste de l'année 1639, l'on travailla à raccommoder les troupes; mais les ennemis ne donnèrent pas le temps aux recrues de passer; car avant qu'elles fussent arrivées de France, ils assiégèrent Casal. Nous marchâmes diligemment pour le secourir [1640]. L'on parut devant leurs circonvallations avec sept mille hommes de pied et près de trois mille chevaux, en se résolvant de les attaquer, bien qu'ils eussent pour le moins deux fois autant de troupes que nous; on ne chercha point d'autre précaution que la vigueur. Sur le haut du jour on se jette dans leurs retranchemens : le comte Du Plessis y mène trois fois l'infanterie; et toutes les trois fois étant repoussée, il est obligé de la remettre en bataille à cinquante pas de la circonvallation, où le nombre des coups de canon et des mousquetades diminuant fort ce petit corps, donnoit bien lieu à ceux qui restoient de montrer leur résolution. Le comte Du Plessis les reconduisit à une quatrième attaque, qui, plus heureuse que les trois autres, fit bientôt passage au reste de notre armée, laquelle en peu de temps acheva de battre celle des ennemis; de sorte que le comte Du Plessis eut grande part à tout ce qui se fit en cette journée, qui passe pour une des plus périlleuses et des plus vigoureuses de notre temps.

En marchant pour cette expédition, le comte Du Plessis proposa au comte d'Harcourt le siége de Turin, si Casal étoit secouru; et la chose ayant réussi, il l'en fit souvenir. L'on délibéra sur cette proposition; et cet avis fut suivi, après avoir été fort contesté, comme le seul à prendre pour le salut de l'Italie. On marche sans perdre de temps droit à Turin, qui ne pouvoit s'attaquer que dans un désordre aussi grand que celui où se trouvoient les ennemis, ni le Roi soutenir la réputation de ses armes au-delà des Alpes, et maintenir la citadelle de Turin, qu'en reprenant la ville. La dépêche fut faite en ce sens au cardinal de Richelieu, qui, louant l'action de Casal, remercia le comte Du Plessis de la manière généreuse dont il avoit servi, et de la proposition du siége de Turin, pour s'acquitter de la promesse qu'il lui en avoit faite à Grenoble.

On commence le siége. Le comte Du Plessis ayant la connoissance du pays plus que les autres, est chargé d'investir la place, et d'attaquer le faubourg du Pô. Il le fait heureusement, se loge et se retranche dans une partie de ce faubourg; et séparant par ce moyen le fort des Capucins de la ville, sans qu'il en puisse être secouru, donne lieu au vicomte de Turenne de s'en rendre maître : après quoi la garde de ce même fort fut donnée au comte Du Plessis, qui avec un autre qu'il fit construire au-dessus, et le faubourg, composoient son quartier, qui s'étendoit depuis la Doria jusqu'au Valentin. Le siége dura quatre mois et demi, pendant lesquels il se fit quantité de combats, et se tint plusieurs conseils pour des choses très-importantes. Ainsi le comte Du Plessis eut besoin d'agir pendant tout ce siége, non-seulement avec beaucoup de valeur, mais encore avec beaucoup d'application d'esprit.

L'armée des ennemis battue à Casal s'étant raccommodée, parut incontinent aux collines, attaquant le nouveau fort fait sur les Capucins : ils en furent vigoureusement repoussés ; et après s'être logés sur les hauteurs voisines de ce fort, ils donnèrent de continuelles jalousies de cette part au comte Du Plessis, qui outre cela avoit souvent à soutenir en même temps les sorties de cinq ou six mille hommes sur le faubourg, lequel n'étant pas encore bien retranché, lui donna d'étranges inquiétudes durant trois semaines. Il pouvoit avoir deux mille hommes de pied pour garder le faubourg, les redoutes au bout du pont, les forts des collines, et la circonvallation depuis la Doria jusqu'au Valentin : aussi ni lui ni ses troupes n'eurent pas un moment de repos pendant ces trois semaines ; et il n'est pas croyable que ce peu de gens ait pu résister en même temps à ce qu'il y avoit dans la ville, et à l'armée ennemie qu'il avoit sur les épaules delà le Pô. Enfin elle passa ce fleuve, et le comte Du Plessis quitta le faubourg, et vint avec partie de ses troupes au quartier du vicomte de Turenne, qui, étant blessé, s'étoit retiré à Pignerol ; tellement qu'il eut encore cette surcharge, ayant soin de tout ce qu'il y avoit depuis la Doria jusqu'au quartier du comte d'Harcourt.

Aussitôt qu'il eut pris ce logement, il fit tout de nouveau travailler à la circonvallation de ce quartier ; et les ennemis, peu de jours après avoir passé le Pô, pensèrent à nous ôter les vivres ; et séparant leur armée en deux, en logèrent une partie à Moncalieri, et l'autre à Colleigne. Pendant qu'ils prenoient ce dernier logement, ceux de la ville firent une grande sortie vers le faubourg du Pô, où le comte Du Plessis se trouva, et ceux de Moncalieri vinrent avec un grand corps de cavalerie pousser rudement celle qu'il tenoit en garde hors de la circonvallation de ce côté-là, où de bonne fortune il se trouva encore. Après quoi allant chercher le comte d'Harcourt, il le rencontra, qui déjà avoit résolu d'envoyer La Mothe-Houdancourt, avec un corps de troupes, attaquer le quartier de Colleigne; mais parce qu'il falloit prendre de l'infanterie de celui du comte Du Plessis, il y eut contestation entre eux, parce que La Mothe y vouloit aller seul. Le comte d'Harcourt jugea enfin qu'ils iroient ensemble; que le comte Du Plessis meneroit l'infanterie, et l'autre la cavalerie : mais le comte d'Harcourt ayant changé de pensée, et prié le comte Du Plessis de n'y aller pas, La Mothe y fut seul, et revint sans avoir attaqué les ennemis.

Deux ou trois jours après on tint conseil, où le comte Du Plessis n'étant arrivé que sur la fin, trouva la résolution prise d'aller une autre fois pour forcer cette moitié d'armée à Colleigne. Il demanda à La Mothe, qui en faisoit la proposition, comment il pensoit que cela se dût exécuter. Et comme ce devoit être avec presque toute l'armée, et une grande partie de l'artillerie placée en divers endroits; qu'il falloit deux jours, outre les deux déjà passés, pour tirer les canons hors de leurs places, les bagages des quartiers où l'on étoit, les troupes pour cette action, et mettre en état le reste des choses nécessaires pour cette attaque, le comte Du Plessis demanda encore à La Mothe s'il croyoit qu'il y eût grande différence de ce qu'il proposoit à la levée du siége. Il lui avoua que non; mais il dit qu'il valoit mieux la faire en cette manière que d'y être forcé par le manque de vivres. Le comte Du Plessis demanda une autre fois à La Mothe s'il ne croyoit pas qu'après ces deux jours qu'il falloit à se préparer, le quartier de Colleigne, qui de soi étoit à demi retranché, ne le seroit pas autant qu'il le faudroit pour soutenir un grand effort. Ce que lui ayant accordé, le comte Du Plessis fit aisément suivre son avis, qui fut d'envoyer diligemment en France savoir si les six mille hommes de pied et les douze cents chevaux que le cardinal de Richelieu promettoit venoient effectivement ; ajoutant que ce seroit une étrange résolution de quitter ce siége sans être assuré que ces troupes dussent manquer, puisqu'on auroit toujours le prétexte d'attaquer Colleigne, qui ne seroit pas plus difficile à forcer dans huit jours, lorsque nous aurions réponse, qu'au temps proposé. Cette opinion fut suivie ; et le comte d'Harcourt, aussi bien que ceux qui assistoient dans ce conseil de la part du duc de Savoie, eurent une telle joie de ce changement de résolution, qu'ils en remercièrent solennellement le comte Du Plessis. On fit aussitôt passer Nestier à Pignerol, d'où il manda que ce grand renfort nous auroit joints beaucoup avant les huit jours.

On s'opiniâtra donc au siége de Turin, malgré les souffrances causées par le manque de vivres et la désertion de plusieurs soldats. Les ennemis, connoissant notre affoiblissement, se résolurent à nous attaquer avant que notre secours fût à nous. Ils firent une batterie de neuf pièces sur une colline delà le Pô, qui voyoit à travers toute la circonvallation que le comte Du Plessis avoit à défendre. Cette batterie fut faite en une nuit; à la pointe du jour elle commença à tirer, et le comte Du Plessis à faire des traverses pour empêcher, autant qu'il se pouvoit, le mal que lui faisoit cette batterie. En moins de trois heures il en eut une capable de couvrir sa cavalerie, mais non pas assez à l'épreuve pour la mettre en sûreté. Les ennemis tardent jusqu'à l'après-dînée à faire leur effort : le marquis de Léganès, avec ce qu'il avoit à Moncalieri, fait le sien contre le comte Du Plessis, qui eut son cheval tué dès la première attaque, en faisant combattre l'infanterie sur le bord du retranchement; celle des ennemis ayant monté sur le haut du parapet en fut bravement repoussée, et suivie par les nôtres, qui se jetèrent hors du retranchement, et allèrent jusqu'à la tête du corps des ennemis, d'où ils ramenèrent les bœufs et les mulets qui avoient apporté les échelles et les pontons pour passer notre circonvallation.

Cette première attaque fut assez vigoureuse et difficile à soutenir, les ennemis ayant tout le côté de delà le Pô plein de mousquetaires qui nous voyoient en flanc, et ces neuf pièces d'artillerie qui nous mettoient en tel état qu'on ne pouvoit tenir de corps en bataille derrière ces lignes qui ne fût accablé de coups de canon et de mousquet; tellement que le comte Du Plessis n'avoit jamais plus de vingt maîtres ensemble, qu'il faisoit passer continuellement derrière les soldats qui défendoient la ligne, et qui leur donnoient assez de cœur, voyant toujours un petit corps de cavalerie près d'eux en état de battre les premiers des ennemis qui seroient passés.

En ce temps on vint dire au comte Du Plessis que La Mothe avoit été forcé en son quartier par les troupes de celui de Colleigne. Tous les soldats apprennent cette nouvelle, et au lieu d'en être étonnés ils redoublent leur courage; et, animés de nouveau par le comte Du Plessis, se préparent à recevoir une seconde attaque. Elle fut moins vigoureuse que la première, et par conséquent plus facilement soutenue, bien que les ennemis fussent plus de quatre contre un, qu'ils eussent tous les avantages que j'ai dits delà le Pô et sur la colline, et qu'ils fussent assurés que la ligne étoit forcée d'un autre côté. Mais si don Carlos de La Gatte, après avoir passé la circonvallation, l'eût suivie à droite au lieu d'entrer dans la ville, La Mothe n'eût pu se rallier, et le comte Du Plessis l'eût eu à sa droite, le marquis de Léganès en tête, les canons et les mousquetaires de la colline à sa gauche, et cinq ou six mille hommes sortis de la ville à ses épaules; ce qu'il lui eût été impossible de soutenir, et auroit enfin été accablé sous le nombre. Mais comme don Carlos de La Gatte ne vint pas à lui, il repoussa pour la troisième fois le marquis de Léganès, qui ne se résolut au dernier effort que par les cris de victoire de ceux de la colline, et par des gens qu'ils firent passer le Pô pour lui donner avis de ce qui se passoit dans la circonvallation.

Le prince Thomas, avec le nombre d'hommes que je viens de dire, sort de Turin, et vient jusques auprès du Valentin : le comte Du Plessis lui opposa quasi toute sa cavalerie, ne gardant que trois petits escadrons de vingt maîtres chacun, parce qu'on attaquoit pour la troisième fois la circonvallation; mais il fit seulement marcher cent mousquetaires des gardes, que le comte d'Harcourt lui envoya sous Boufalini, pour chasser ce qu'il y avoit dans le Valentin. Le combat de toutes parts dura jusqu'assez près de la nuit, que les ennemis se retirèrent à la ville et à Moncalieri, et nous dans nos quartiers.

Ce beau et grand siége continua, où le comte Du Plessis servit, ainsi qu'il avoit commencé, avec l'approbation de chacun, se trouvant souvent obligé de soutenir de grandes sorties que les ennemis faisoient de son côté. Quelque temps avant la reddition, il traitoit tous les jours avec ceux que le prince Thomas lui envoyoit à cet effet, c'est-à-dire pour la paix entre le duc de Savoie et les princes Maurice et Thomas ses oncles : mais enfin tous les traités se terminèrent par celui de la ville, dont il fut aussi l'entremetteur [1]; après quoi on lui donna le commandement de la place avec quatre mille hommes de pied; et ce fut par où se termina en Italie l'année 1640. La duchesse de Savoie revint à Turin en même temps où le comte d'Harcourt eut ordre de faire arrêter le comte Philippe d'Aglié, principal ministre de cette princesse, et de communiquer la chose au comte Du Plessis.

[1641] L'année 1641 commença par le siége d'Yvrée. Le comte Du Plessis étant demeuré à Turin pour la sûreté de cette place, et commandant en toutes les autres de Piémont, ayant eu nouvelles du siége de Fossan, et en même temps pensé à le secourir, tire des troupes de Turin, de Carmagnole et de Savigliano; et, bien que

(1). La ville de Turin se rendit le 24 septembre.

de beaucoup inférieur à ceux qui faisoient le siége, marche diligemment à eux, les surprend, les attaque, et les bat dans le moment qu'ils ne doutoient plus d'emporter la ville, importante par sa situation, et parce que c'est un des principaux greniers du Piémont, et où nous avions quantité de blés pour la campagne suivante.

Elle commença par le siége de Coni, où le comte Du Plessis, ayant la principale attaque, se trouva en état de faire plusieurs choses considérables; et cette campagne s'étant achevée par quelque autre petit siége, où il servit comme au précédent, l'on se retira à Turin, où il demeura en l'absence du comte d'Harcourt, et pour le commandement de l'armée pendant l'hiver.

[1642] L'année d'après, qui fut 1642, le duc de Bouillon (1) passa en Italie pour y servir de général. On se prépare à la campagne, on assemble les troupes, on tient plusieurs conseils, où, comme l'on peut juger, le comte Du Plessis devoit avoir grande part aux résolutions qu'il falloit prendre, puisqu'il avoit seul le secret des affaires, et savoit mieux que tout autre la manière de faire la guerre en Italie : aussi le duc de Bouillon défera-t-il presque tout à ses avis.

L'armée s'assemble vers Albe; elle passe de là dans le voisinage d'Alexandrie, où le comte Du Plessis reçut ordre d'arrêter le duc de Bouillon (2). C'étoit une action assez difficile, et fort épineuse. Elle ne se put effectuer le jour même, comme il le désiroit;

---

(1) *De Bouillon :* Frédéric-Maurice de La Tour, duc de Bouillon, frère aîné de Turenne. — (2) *Arrêter le duc de Bouillon :* Il se trouvoit compromis dans la conspiration de Cinq-Mars.

et, par une bonne fortune extraordinaire, le secret se garda quatre jours avant l'exécution, qui s'acheva heureusement, avec une véritable douleur et beaucoup de civilité de la part du comte Du Plessis. Le duc de Bouillon ne s'en plaignit pas; et le cardinal de Richelieu, assez délicat en de semblables choses, fut content de la conduite du comte Du Plessis.

Il en eut assez, dans cette occurrence, pour réprimer une espèce de soulèvement dans l'armée, qui, devenue insolente depuis la prison du duc de Bouillon, croyoit que tout lui étoit permis, parce qu'en trois ou quatre marches ce duc l'avoit voulu réduire, par une extraordinaire sévérité, à l'ordre tant désirable parmi les gens de guerre; à quoi n'étant pas accoutumée, il étoit difficile de l'y mettre qu'avec un peu de temps. Le comte Du Plessis se voyant dans cette extrémité, qu'il jugea fort dangereuse, principalement dans le pays ennemi, se résolut à la fermeté; il s'y confirma, sans s'ébranler par quantité d'insolences qu'il fit rigoureusement châtier, s'autorisant en cette armée, où il n'étoit que maréchal de camp, avec plusieurs camarades, comme s'il en eût été général en chef.

En ce temps le traité du prince Thomas se fait, il entre dans le service du Roi; et sans attendre qu'il eût de commission pour commander l'armée, afin de le faire déclarer, le comte Du Plessis, avec les autres maréchaux de camp, le reconnoissent. On lui donne un corps de troupes; et pendant que l'armée le couvroit, il fait le siége de Crescentino en attendant le duc de Longueville, qui arrive aussitôt après la prise, apportant au comte Du Plessis la commission de lieutenant général sous lui. On délibère pour la suite de la campagne : le siége de Nice-de-la-Paille fut résolu, où le comte Du Plessis commença la fonction de cette charge; et comme il avoit grande connoissance des siéges, il contribua fort à diligenter celui-là, dont la fin fut suivie d'une entreprise par le prince Thomas sur Novarre.

Toute l'armée s'y porta, sans autre fruit que celui d'être éloignée de Tortone, qu'on résolut en ce même temps d'attaquer; et l'on crut que la grande distance d'où l'on partoit pour cela donneroit lieu d'investir facilement cette place avant qu'elle pût être munie des choses nécessaires pour sa défense. Le comte Du Plessis eut assez de part à cette résolution, comme à tout le reste du siége.

On sait quelles furent les difficultés pour y donner une heureuse fin, et les fatigues extraordinaires qu'eut le comte Du Plessis pendant le cours de cette rude entreprise. Il prenoit soin de toutes les attaques, et n'épargnoit ni sa vie ni sa peine afin que la mauvaise saison n'empêchât point la réduction de cette importante place, que l'armée ennemie voulut secourir à force ouverte. Une hauteur, que l'on n'avoit pu mettre dans la circonvallation, eût été de grande utilité aux Espagnols s'ils s'en fussent saisis. Le comte Du Plessis fut d'avis qu'on l'occupât. Une partie de l'armée y fut mise en bataille, et si avantageusement, qu'ils n'osèrent nous attaquer; et s'étant retirés la nuit, ils prirent un autre poste pour en tenter une seconde fois le secours : mais à leur vue, et par la vigilance du comte Du Plessis, à qui les généraux laissoient le principal soin de cette affaire, le gouverneur capitula ; et l'on peut dire qu'avant que d'entrer en possession de cette citadelle, on se vit souvent en état de n'y rien espérer. Elle étoit si avancée dans le pays ennemi, qu'on n'y faisoit passer les convois pour les choses nécessaires qu'avec beaucoup de peines ; et sans les blés qui se trouvèrent dans la ville, il eût été impossible d'y faire subsister l'armée : aussi le comte Du Plessis n'avoit-il fondé son avis que sur ce qu'il étoit assuré de prendre la ville en deux jours, et de la trouver abondante en toutes sortes de vivres ; mais comme les armées éloignées du Roi n'ont pas ordinairement des équipages d'artillerie fort considérables, et qu'il n'y en a jamais qui le soient assez pour conduire dès la première voiture toutes les choses nécessaires à un siége, les manquemens des munitions de guerre, d'outils et de canons furent grands en celui-ci ; et si l'on eût voulu avoir tout ce dont on avoit besoin devant soi, l'on n'eût jamais résolu ce dessein ni beaucoup d'autres, vu la nécessité qui a toujours accompagné cette armée d'Italie. Mais le comte Du Plessis et les braves troupes qui la composoient, accoutumés à n'avoir jamais tous ces besoins pour agir, ne s'étonnèrent point de ces difficultés ; ce qui donna lieu au duc de Longueville, qui de lui-même étoit assez porté aux résolutions vigoureuses, et au prince Thomas, qui lui étoit adjoint, à ne se pas relâcher : tellement qu'après plusieurs convois faits depuis les frontières du Montferrat, où l'on alloit prendre ce qui nous étoit nécessaire, on vint à bout de cette entreprise, le comte Du Plessis ayant conduit ce siége, et ayant eu la gloire de soumettre à l'obéissance du Roi une place que le nombre des assiégés, leur valeur, les fortifications, les nécessités extrêmes de toutes sortes de munitions de guerre dans notre camp, et sur le tout une saison si rigoureuse comme elle est à la fin de novembre, sembloient mettre dans une entière sûreté. Sa Majesté lui en sut bon gré; et il se fût vu récompenser de ses glorieuses peines à l'issue de ce siége par le bâton de maréchal de France, si le cardinal de Richelieu, avant sa mort, eût été informé de cette conquête, après laquelle l'armée se retira en Piémont et le comte Du Plessis en France, où le Roi, qui l'honoroit de sa bienveillance, le fit venir pour lui rendre compte des affaires d'Italie.

[1643] Sa Majesté le reçut avec toutes les marques d'amitié qu'un grand roi peut donner à l'un de ses sujets. Ce prince le croyoit fort attaché à son service particulier, l'ayant nourri auprès de lui dès sa tendre jeunesse. Le cardinal Mazarini, qui se trouva aussitôt dans la dignité de premier ministre, fomenta les bonnes intentions du Roi pour le comte Du Plessis; et comme ce prince avoit besoin d'être aidé pour l'exécution de ses bonnes volontés, le cardinal le fit souvenir de celle qu'il avoit pour le comte Du Plessis. Sa Majesté lui témoigna qu'il lui avoit fait plaisir; et le cardinal prenant cette occasion, lui fit donner en un même jour, pour l'un de ses enfans, l'abbaye de Redon, et pour lui le gouvernement de la province, comté et évêché de Toul, en attendant qu'on l'honorât de quelque chose plus considérable.

Pendant le peu de séjour qu'il fit à la cour, il essaya avec opiniâtreté de faire que le Roi soutînt la conquête de Tortone, et s'offrit d'être tout le reste de l'hiver en campagne dans l'Etat de Milan, pourvu qu'on lui donnât quatre mille hommes de pied et trois mille chevaux; et assura qu'avec ce corps il tiendroit l'armée espagnole de ce pays-là tellement en échec, qu'il lui ôteroit les moyens de bloquer Tortone.

Cette proposition parut assez plausible, et le Roi en jugea l'effet avantageux; mais parce qu'il falloit faire passer de France en Italie partie de ses troupes, celles qui venoient de faire le siége de Tortone n'étant pas en état, Sa Majesté, qui pensoit plus à faire la paix qu'à des conquêtes, et qui ne vouloit point se dessaisir des troupes qu'elle avoit en France, sans considérer que la conservation de Tortone seroit de plus grande utilité pour la paix que tout ce qu'on pouvoit faire aux Pays-Bas, Sa Majesté, dis-je, renvoya le comte Du Plessis sans autre assistance que celle que sa personne y pouvoit apporter; aussi fit-il sa protestation avant que de partir, afin que la perte de cette place ne lui fût point imputée. Il sut, en passant à Lyon, que le siége en étoit commencé. Il trouve en arrivant à Turin le prince Thomas, incertain avec grande raison de ce qu'il devoit faire. Il le dispose au secours de la place, on assemble les troupes, mais on est trop foible pour une telle action. On eût bien voulu faire quelque chose qui eût pu détourner les ennemis de leur entreprise. On marche dans le Milanais, le long du Pô, assez avant pour leur donner jalousie; mais les Espagnols, sachant nos forces, l'état de notre artillerie, et considérant qu'on n'étoit encore que dans la fin de l'hiver, s'opiniâtrèrent devant Tortone.

On repasse le Pô; et en chemin faisant, en attendant

nos recrues, nous prîmes la ville et la citadelle d'Ast par des siéges réguliers, où le comte Du Plessis agit avec la vigueur et la diligence qui étoient nécessaires pour abréger le temps qui pressoit, parce que les vivres se consumoient dans Tortone, quoiqu'il eût été à désirer qu'on eût pu retarder de s'en approcher, parce que les troupes arrivoient tous les jours. Mais le comte Du Plessis voyant qu'en temporisant davantage il n'y auroit plus d'espérance pour le secours de la place, presse le prince Thomas d'y marcher; ce que l'on fait sans plus de retardement. On se présente devant la circonvallation, le comte Du Plessis en fait le tour, et la reconnoît; il en fait rapport au prince Thomas, et donne son avis; et bien qu'il n'y eût aucune apparence de forcer des lignes où se trouvoit tout ce que l'art et la puissance d'un grand roi avoient pu joindre ensemble pour les rendre bonnes, on ne laissa pas néanmoins d'en résoudre l'attaque, contre l'opinion de tous ceux qui pouvoient donner leur avis dans le conseil. Le comte Du Plessis crut qu'il falloit tenter quelque chose, bien que ce fût avec très-peu d'espérance d'un succès favorable, vu l'inégalité des forces, et que l'on ne pouvoit séparer ce que nous en avions pour faire une fausse attaque et une bonne tout à la fois. On ne laissa pas de marcher toute la nuit pour arriver au lieu qu'on avoit reconnu le plus foible; mais le jour nous ayant surpris, il se fallut contenter de voir les lignes des ennemis, et de la bonne volonté qu'on avoit de les forcer, n'ayant pas jugé que trois mille hommes de pied en plein jour y pussent réussir contre neuf ou dix mille puissamment retranchés.

La place capitule, on reçoit la garnison; et quand toutes nos troupes furent jointes, on s'attache au siége de Trino. Le vicomte de Turenne y vint avec un corps séparé, mais qui ne pouvoit servir qu'à une demi attaque; tellement que le comte, avec les vieilles troupes d'Italie, avoit la plupart de cette entreprise à sa direction. Il alloit à toutes les deux attaques, parce que les troupes qui étoient sous son commandement particulier y entroient en garde.

Les tranchées furent conduites avec toute la diligence possible, et que permettoit la force de la garnison et sa vigoureuse résistance. Le comte Du Plessis essaya de surmonter les difficultés qu'on lui opposoit par la vigilance et l'activité. Son expérience particulière pour les siéges lui fut utile et avantageuse en celui-ci. L'ancienne fortification de cette place n'étoit quasi que des tours avec un assez bon rempart, et le fossé d'une largeur et profondeur ordinaire. Par dessus cette vieille enceinte on y en avoit fait une autre de bastions, qui, bien que non revêtus, étoient pourtant bien fraisés et palissadés, et assez élevés pour ne pas craindre une insulte. Il y avoit de plus un fossé sec de bonne largeur, et profond à proportion, palissadé dans le milieu; un chemin couvert sur la contre-escarpe aussi palissadé, des demi-lunes partout où il y en avoit besoin, achevées en perfection; et au-delà de tout ceci un grand ouvrage à cornes, qu'on fut obligé d'attaquer par delà toutes les contre-escarpes. Il y avoit encore certains petits ouvrages couverts, que les ennemis nommoient *caponnières*, soixante pas plus avancés que le glacis, capables de tenir chacun vingt mousquetaires qui venoient à ces postes par une tranchée aussi couverte de bois et de terre sortant du glacis. L'on peut juger qu'une forte garnison pouvant tenir tous les dehors devoit fort alonger un siége; et comme les ennemis avoient plusieurs retraites l'une sur l'autre, ils ne perdoient le terrain que pied à pied, se retranchant partout, et forçant les assiégeans à ne rien gagner que par les fourneaux ou par la sape, depuis qu'ils furent attachés aux dehors.

Ainsi le comte Du Plessis eut lieu de faire valoir ce qu'il savoit en cette manière de faire la guerre; et qui voudroit écrire par le menu toutes les chicanes de ce siége, on en pourroit remplir un volume. On y fit quelques sorties assez considérables dans le commencement, et assez de petites dans la suite, qui incommodèrent et détournèrent beaucoup les travaux. Enfin l'on gagna la corne, où il fallut prendre de beaux et grands retranchemens. L'on s'attache à la contre-escarpe du corps de la place; on se rend maître du chemin couvert, où les ennemis avoient plusieurs traverses. Il fallut, outre cela, prendre deux demi-lunes à la gauche de cette attaque. On passe le fossé de la nouvelle enceinte avec peine, parce qu'il étoit sec. On fait une mine dans le bastion, qui par une grande brèche donne lieu de s'y loger au pied seulement. Peu à peu on s'établit sur le haut; et comme on s'y croyoit en sûreté, les assiégés ayant logé des pièces dans la gorge d'une troisième demi-lune qui voyoit dans cette brèche, obligèrent le comte Du Plessis à faire une traverse à l'épreuve du canon depuis le pied du bastion jusques au haut de cette brèche; ce qui fit bien voir quel désavantage on a d'attaquer une place par une ligne droite. Ce travail fut grand, comme on le peut imaginer. On l'acheva pourtant, et on fit une grande brèche en l'autre attaque : elle fut bien défendue, mais enfin on s'établit sur le haut; après quoi il fallut loger des pièces sur le bastion, s'approcher par tranchées d'un grand retranchement que les ennemis avoient fait à la gorge; et ce fut la première fois, par cette occasion, que l'on coula dans l'épaisseur du parapet du bastion pour gagner ce retranchement des deux côtés par derrière. Cette manière de tranchée réussit au comte Du Plessis, et depuis elle a été approuvée et suivie.

Le retranchement gagné, on fut obligé de passer le vieux fossé de la ville, et d'attacher un mineur à la muraille, derrière laquelle il y avoit un retranchement où pourtant les ennemis ne se réduisirent pas, mais traitèrent avec le comte Du Plessis, qui se trouvoit seul à cette heure-là, par la maladie du vicomte de Turenne, qui lui étoit survenue peu après le commencement du siége, et par celle du prince Thomas, qui se fit emporter du camp quelques jours avant la reddition de la place. Ce siége dura cinquante-six jours.

Le comte Du Plessis n'en demeura pas là; et quoique la saison fût déjà avancée, aussitôt qu'il eut muni Trino, qu'il eut fait travailler à la réparation des brèches et à raser la circonvallation, il attaqua Ponte-Stura, petite place sur le Pô assez bien fortifiée, et gardée par une forte garnison. Il fait ouvrir la tranchée par deux attaques, il les pousse sans circonvallation, vient en peu de jours au fossé qu'il basse brusquement, s'attache aux bastions, qui, n'étant que de terre, lui donnent lieu de continuer sa tranchée, en biaisant jusqu'à la fraise. Là il fait faire un fourneau, où les ennemis mirent le feu par les feux d'artifice qu'ils jetoient pour brûler nos logemens. Cela fit la brèche sur laquelle on se logea; la place se rendit sans avoir pu être secourue, non plus que celle de Trino, bien que les ennemis eussent assez fait mine de le vouloir essayer, surtout pour la première.

Ponte-Stura finit la campagne à la Toussaint de l'année 1643 (1) : on mit l'armée en garnison dans le Piémont. Le comte Du Plessis repassa en France, et fit travailler cet hiver [1644] autant qu'il put, afin de rendre les troupes bonnes, et à faire passer les recrues. Au printemps l'on se met en campagne, et il se fit plusieurs projets pour la rendre avantageuse.

Le comte Du Plessis, revenu de la cour, s'attache à ce qu'il juge de meilleur pour le service du Roi. La prise d'Arone étoit une conquête extraordinairement utile : cette place ouvre l'entrée du Milanais, et confine quasi avec le Piémont; au moins est-il vrai qu'il n'y a point de place qui l'en sépare, ni de rivière que la Sesia, qui se passe à gué partout. Il y avoit long-temps que le comte Du Plessis demandoit une occasion de l'attaquer : le prince Thomas, qui en connoissoit l'importance, s'attacha fort à ce dessein. Il fallut pour cela examiner les moyens de le faire réussir : la situation d'Arone le rendoit difficile, plutôt que ses fortifications.

La ville est sur le bord du lac Major; le château attaché à la ville est sur une hauteur assez élevée, tellement que la ville se trouvoit facile à secourir par

(1) La place se rendit le 28 octobre.

le lac, n'étant pas aisé de se rendre maître du bord qui lui étoit opposé : de sorte que pour attaquer le château, et trouver le moyen d'empêcher qu'il ne fût secouru par des barques sur le lac, il étoit absolument nécessaire de prendre la ville, et pour cet effet y arriver pendant que les ennemis en étoient éloignés, et l'emporter d'emblée, n'étant fortifiée que de murailles, avec un peu de terre derrière les tours dont elles étoient flanquées.

L'on crut donc qu'il falloit faire semblant d'attaquer une autre place pour y attirer toutes les forces espagnoles, pendant qu'avec un corps détaché on se porteroit jour et nuit à Arone, essayant de surprendre les portes de la ville, qui n'étoient gardées que par les habitans du lieu; ou, si l'on ne le pouvoit, au moins se rendre maître de toutes les barques du lac en les tirant de notre côté, afin que les ennemis en arrivant à l'autre n'en trouvassent plus pour jeter des gens de guerre dans la place.

Don Maurice de Savoie fut choisi par le prince Thomas pour cette expédition, avec un corps de cavalerie et d'infanterie des meilleures troupes de l'armée. On le fit partir d'auprès de Brême, avec ordre de marcher jour et nuit, pendant que le prince Thomas et le comte Du Plessis étoient demeurés avec l'armée, faisant semblant d'attaquer une autre place, où même l'on commença et avança fort la circonvallation ; mais comme c'étoit sans dessein d'en former le siége, on partit des quartiers qu'on avoit pris pour cette feinte quand on jugea qu'il le falloit, pour arriver à Arone le lendemain que don Maurice y seroit. On marche en diligence ; on joint don Maurice, que l'on trouve, sans avoir surpris les portes de la ville ni aucunes barques.

Le prince Thomas voyant son entreprise apparemment sans espérance, pense à une autre. Le comte Du Plessis néanmoins tente celle de la ville, et l'avoit si fort avancée qu'il y avoit sujet d'en bien espérer. Il se loge d'abord si près de la porte, que le lendemain il attacha son mineur à une tour qui la flanquoit; mais l'armée ennemie, qui étoit arrivée de l'autre côté du lac, et qui jetoit continuellement des gens dans la ville avec des barques, lui fit croire que le lendemain elle seroit toute dedans la place : et pour ne perdre pas le temps de la campagne en peu d'effets et en des pensées inutiles, il proposa au prince Thomas de faire un siége dans les formes. Celui de Santia fut résolu : on l'envoie investir par Choiseul, frère du comte Du Plessis, qui fut ordonné pour cela avec un corps de cavalerie composé du régiment colonel qu'il commandoit, et de quelques autres.

Il arrive devant cette place en même temps qu'un régiment de dragons des ennemis qui s'y vouloit jeter; il est défait par Choiseul, qui prend ensuite les postes qu'il juge les plus convenables pour empêcher le secours, en attendant l'armée. Elle vient en diligence, prend ses quartiers, et travaille incessamment à la circonvallation. Le prince Thomas ayant laissé au comte Du Plessis tout le détail de cette entreprise, il s'y emploie avec son ardeur accoutumée; il fait ouvrir la tranchée, mais de fort loin, les environs de cette place étant si découverts qu'on n'en pouvoit commencer les approches de près sans grande perte.

Il y avoit dedans une fort bonne garnison qui se

défendoit par de puissantes sorties, et donnoit assez d'inquiétudes au comte Du Plessis. Elles furent augmentées par la surprise de la citadelle d'Ast; et pour en sauver la ville, le prince Thomas fut obligé de s'y transporter en diligence, prenant même une partie de ce qui faisoit le siége de Santia pour jeter dans cette grande place, qu'on ne pouvoit soutenir autrement. Ce fut donc au comte Du Plessis à prendre garde à ses affaires, y ayant grande apparence que les ennemis, sachant qu'il étoit demeuré, lui tomberoient sur les bras avec toutes leurs forces qui n'avoient point été employées à la surprise de la citadelle d'Ast, qui s'étoit faite par quelques petits corps détachés, et tirés en partie des garnisons de Valence et d'Alexandrie. Ce fut donc à lui à fortifier tout de nouveau la circonvallation, et d'être sans cesse à cheval, et toutes les nuits sous les armes, pour éviter ce qui arrive pour trop épargner les troupes en semblables occasions, où l'on ne doit non plus craindre la fatigue, qu'il faut essayer de la leur sauver en d'autres.

Cependant le siége s'avançoit. Le comte d'Hostel, fils du comte Du Plessis, jeune mestre de camp d'infanterie, âgé de seize ans, fit le logement de la contre-escarpe; et le père l'allant voir, y perdit Choiseul son frère, qui étant dans la tranchée, fut blessé à la tête d'un coup de pierre dont les assiégés jetoient une grêle continuelle de dessus leurs murailles; il mourut presque aussitôt qu'il fut retourné au quartier. Le comte Du Plessis supporta ce malheur avec fermeté, quoiqu'il en fût sensiblement affligé. Toute l'armée en témoigna d'extrêmes regrets, et en vérité il le méritoit. C'étoit un des plus honnêtes hommes du monde, bien fait de sa personne, spirituel, agréable, poli dans sa conversation et dans ses mœurs, fidèle dans l'amitié, civil, obligeant, et cherchant à faire plaisir à tout le monde ; il avoit toute la valeur qu'on peut désirer en un homme du métier de la guerre, qu'il faisoit presque dès son enfance ; ce qui lui avoit acquis une si grande capacité, qu'on peut dire qu'encore qu'il fût fort jeune, il étoit consommé dans les commandemens de l'infanterie et de la cavalerie, ayant servi dans l'une et dans l'autre avec assiduité, et y ayant fait beaucoup de belles et de grandes actions.

Les assiégés continuèrent à se bien défendre, soit par des sorties, soit en disputant bien le terrain. Le comte Du Plessis, de son côté, travaille à le gagner, sans épargner ni sa vie ni ses soins. Il passe le fossé sec par une tranchée couverte de pièces de bois et de terre ; il la continue jusqu'au pied des bastions attaqués, et, comme à Ponte-Stura, travaille dans les mêmes bastions ainsi qu'on auroit fait en plein champ ; et d'autant qu'ils n'étoient point revêtus, il eut plus de facilité à mener cette tranchée jusqu'à la fraise qu'il coupe, et par de petits fourneaux s'ouvre le moyen de se loger sur le haut du bastion.

La place se rendit ; et le prince Thomas, revenu d'Ast, y mène l'armée pour prendre la citadelle. Le comte Du Plessis s'y applique ; et faisant l'ingénieur en tous ces siéges aussi bien que la fonction de lieutenant général, se porte aux endroits où l'on ne va point sans un extraordinaire péril, afin d'instruire chacun de ce qu'il doit faire, d'ordonner des travaux de chaque nuit, les faire commencer, et les visiter en quelque état qu'ils fussent : ce qu'on lui a toujours vu pratiquer en tous les siéges où il s'est trouvé, sans que pour cela on l'ait vu manquer aux applications plus générales, comme ce qui se fait contre les secours; d'ordonner le détail des gardes de cavalerie et d'infanterie, et tout ce que doit enfin un homme qui commande une armée, bien qu'il ne fût pas général en chef : mais il y étoit particulièrement obligé parce qu'il ordonnoit des finances.

Cette citadelle fut donc réduite; et comme la saison n'étoit pas assez avancée pour finir la campagne, le prince Thomas pensa à l'entreprise de Final. L'armée s'y porte avec diligence par des chemins très-fâcheux; l'on investit les forts qui commandoient à la ville et à la plage : mais ce ne put être si bien, que par la mer les ennemis n'y jetassent trop de gens pour nous permettre d'en former le siége. On se résolut donc à ne le point entreprendre, d'autant plus que notre armée navale avoit manqué de s'y rendre au temps prescrit. On quitte les postes qu'on avoit occupés, et l'on se retire par le chemin qu'on étoit venu; mais ce ne fut pas sans être suivi de toutes les garnisons des places ennemies, qui, jointes à grand nombre de paysans des environs accoutumés au maniement des armes, et redoutables dans leurs montagnes, nous tourmentèrent beaucoup en notre retraite. On repasse dans les vallées de Bormida, où l'on se rafraîchit quelque temps ; après quoi l'on mit, à l'ordinaire, les troupes en quartier d'hiver dans le Piémont.

Ce fut dans ce même temps que le comte Du Plessis fut choisi par le cardinal Mazarini pour l'envoyer ambassadeur extraordinaire à Rome. On lui en apporte les ordres; mais avec permission néanmoins d'aller à la cour, laissant son train en Piémont déjà tout porté.

L'emploi que le comte Du Plessis avoit eu assez long-temps dans les affaires d'Italie, et la liaison qu'il avoit avec le cardinal Mazarini, donnèrent lieu à la pensée qu'on eut de cette ambassade pour lui ; outre que le cardinal avoit besoin à Rome d'une personne qui fût dans ses intérêts, à qui il pût avec confiance faire savoir les choses qui le regardoient, le Pape ne lui étant pas trop favorable. Aussi étoit-ce bien ce qui empêchoit le comte Du Plessis de se résoudre à ce voyage, qui paroissoit si contraire à l'accomplissement des paroles qu'on lui avoit données, ne pouvant croire que, si tant de services qu'il avoit rendus dans la guerre et dans les négociations ne lui avoient pas produit ce qu'il souhaitoit, une ambassade le pût élever à la dignité de maréchal de France qu'on lui promettoit depuis deux ans, et qu'il prétendoit seulement comme un témoignage de la gloire qu'il croyoit que méritoient ses services.

Bien que ce fût un assez grand sujet de chagrin pour lui des maréchaux de camp ses cadets l'avoir devancé dans cette dignité, qui doit toucher plus que nulle autre le cœur d'un gentilhomme, il n'en avoit néanmoins nulle jalousie, étant indigne d'un honnête homme d'envier la fortune des autres.

Le cardinal Mazarini, après lui avoir promis de le faire maréchal de France, ne lui donnoit autre raison, en retardant sa promotion de trois mois en trois mois, que le dessein qu'il avoit de procurer cet avantage en même temps à Rantzaw ; mais qu'il falloit avoir patience jusqu'à ce que cet Allemand eût fait quelque action considérable qui pût l'élever à cette dignité, en réparant la faute qu'il venoit de faire d'avoir perdu l'armée qu'il commandoit (1).

Le comte Du Plessis part de Piémont l'esprit rempli de toutes ces pensées, étant néanmoins fort aise d'avoir eu permission d'aller à la cour, et croyant bien que le cardinal auroit peine à lui refuser l'effet de ses promesses, auxquelles il avoit ajouté l'assurance de le faire gouverneur du Roi. Il fait son voyage en poste, mais toujours avec crainte de rencontrer quelque courrier qui lui fît reprendre le chemin d'Italie.

Il arrive à Paris, où il est reçu de Leurs Majestés et du cardinal autant bien qu'il le pouvoit souhaiter. On lui parle d'abord de son ambassade, dont il reçoit la proposition avec beaucoup de déplaisir. Il représente au cardinal que ses longs et importans services l'avoient engagé à lui promettre qu'on le feroit maréchal de France; qu'il avoit déjà fait deux campagnes depuis qu'on l'avoit assuré qu'il auroit cette dignité; et que ne lui ayant pas tenu parole, il ne pouvoit croire qu'une ambassade lui produisît cet avantage, ni qu'on lui en envoyât le brevet dans trois mois à Rome, ainsi qu'on lui promettoit; qu'un mauvais succès des affaires qu'il auroit à traiter pourroit détruire en un moment tout ce qu'il avoit acquis depuis si long-temps, et avec tant de peines; qu'il n'avoit point de bien, ayant consumé tout le sien dans la guerre, où il avoit demeuré avec tant d'assiduité, sans aucune

(1) Josias, comte de Rantzaw, né dans le Holstein, servit d'abord dans les armées suédoises, puis se fixa en France. Il avoit été battu à Tudelingen, le 25 novembre 1643, par Mercy et Jean de Verth; et les débris de son armée avoient été obligés de venir se mettre à couvert en deçà du Rhin. Il fut fait maréchal de France en 1645, et mourut en 1650.

assistance, ni aucune récompense de la part du Roi ; que c'étoit le maltraiter que de lui proposer pour toute ressource un moyen assuré de le ruiner, sans espérance d'en tirer aucun fruit; mais néanmoins qu'étant entièrement résigné aux volontés de Leurs Majestés, et étant ami du cardinal, il partiroit pour cette ambassade quand on lui en donneroit les ordres.

Cette réponse, fort juste, et fort soumise aux volontés du Roi, eut plusieurs répliques, le cardinal s'efforçant de persuader le comte Du Plessis de sa bonne intention pour lui; qu'on lui donneroit moyen de soutenir sa dépense à Rome; que, trois mois après son départ, il seroit maréchal de France; et qu'après un an et demi de séjour en cet emploi, il le feroit gouverneur du Roi, qui n'en auroit point avant ce temps-là.

Le dessein du cardinal étoit apparemment de faire ce qu'il promettoit; mais le comte Du Plessis ayant été tant de fois remis, et souhaitant avec tant de passion d'être maréchal de France par les belles voies, sans que les affaires y eussent contribué, désiroit seulement que les grandes actions qu'il se flattoit d'avoir faites dans les armées lui donnassent cet honneur : ce qu'il faisoit toujours connoître au cardinal, ne pouvant prendre le change par aucune autre espérance.

Le comte Du Plessis ne se méfioit pas absolument que le cardinal lui voulût manquer de parole; mais il appréhendoit les accidens qui surviennent en temporisant, et que Rantzaw, qui le faisoit attendre, ne tombât en quelque nouveau désordre qui l'eût encore pu éloigner de sa prétention. Dans ces inquiétudes d'esprit, il demeura toutefois toujours soumis par ses discours aux volontés du Roi; et le cardinal, reconnoissant l'aversion qu'il avoit d'aller à Rome, demeura quelque temps sans lui rien dire sur ce sujet. Mais ce premier ministre ayant enfin changé de pensée, il envoya au comte Du Plessis Le Tellier, secrétaire d'Etat, qui d'abord entrant en discours sur son ambassade de Rome, lui dit qu'il n'en entendoit plus parler; que peut-être le cardinal avoit-il changé de dessein. Mais avant que la conversation finît il se déclara ouvertement, et demanda au comte Du Plessis s'il ne vouloit pas bien faire encore une action considérable avant qu'être maréchal de France. Il lui fut répondu nettement par le comte qu'il n'iroit jamais à la guerre qu'avec ce titre. Le Tellier lui donna deux jours pour se résoudre; l'autre lui dit encore une fois qu'il n'avoit point de résolution à prendre, et qu'il n'étoit pas en volonté de hasarder, par un mauvais succès, la perte du mérite que lui devoient avoir acquis ses services; qu'une place pouvoit être secourue, et qu'en manquant sa prise cette dignité lui manqueroit. Le Tellier l'assura que la place qu'on lui vouloit faire attaquer ne pouvant être secourue par sa faute, il ne devoit point appréhender ce qui en arriveroit; et parce que Le Tellier ne vouloit point déclarer quel siége on lui vouloit faire entreprendre, le comte Du Plessis lui dit que c'étoit Roses : et, sans autre éclaircissement plus précis, Le Tellier s'en alla; et revenant après les deux jours passés, pressa le comte Du Plessis de lui rendre une réponse positive. Elle fut une protestation absolue de ne point sortir de Paris qu'avec le bâton de maréchal de France, et quelque instance que lui fît Le Tellier, il n'en put tirer autre chose qu'en lui demandant s'il vouloit rompre avec le cardinal. Cette semonce assez pressante fit changer de langage au comte Du Plessis, qui, ne voulant pas qu'on lui pût reprocher d'avoir manqué de satisfaire une personne à qui il avoit promis amitié, ni refuser de faire une action périlleuse qui lui pouvoit encore donner de la gloire, il consentit à tout ce qu'on vouloit de lui.

[1645] Aussitôt il va chez le cardinal; il reçoit ses instructions pour le siége qu'il avoit deviné, part diligemment de Paris, s'achemine de même en Piémont pour en tirer une partie des troupes destinées à l'attaque de Roses, revient aussitôt en poste à Lyon, où il trouve les ordres pour les choses nécessaires à son siége; passe de là à Narbonne, où étoient le comte d'Harcourt et le maréchal de Schomberg: l'un qui alloit vice-roi en Catalogne, sous l'autorité duquel il devoit agir; l'autre, gouverneur du Languedoc, qui avoit quantité de choses à lui fournir pour le même siége. Il consulte avec tous les deux des moyens de faire réussir une si grande et si difficile entreprise; cela fait, le comte d'Harcourt s'en va à Barcelonne assembler son armée, pour, sans se mêler du siége, s'opposer, sur les frontières de l'Arragon, à celle que le roi d'Espagne pourroit envoyer de son côté pour le secours de Roses.

Le comte Du Plessis, après quelque séjour à Narbonne pour attendre nouvelles de ses troupes, passé à Perpignan; et comme il eût appris que les galères destinées pour s'opposer à celles des ennemis s'approchoient de Collioure, il y va pour y conférer avec ceux qui les commandoient; ce qu'ayant fait, il retourna à Perpignan, après avoir envoyé Fabert, maréchal de camp, à La Jonquière, premier village après le passage de la montagne du Pertuis, sur l'avis qu'il avoit eu que, outre les vivres et les munitions de guerre, on avoit apporté à Roses, sur dix-neuf vaisseaux, quatre mille hommes de pied et cinq cents chevaux, qui eussent fait, avec la garnison de la place, plus de sept mille hommes de pied et mille chevaux.

Cet avis embarrassa le comte Du Plessis, qui appréhenda que les troupes qui devoient passer la montagne, un corps après l'autre, ne fussent défaites en entrant dans la plaine pour aller au rendez-vous, où Chabot, maréchal de camp, les attendoit. Il envoya donc Fabert [1] à La Jonquière, pour les assembler et les mener en corps par la droite dans la colline, évitant les troupes de Roses, qui apparemment ne s'éloigneroient pas tant de leur place.

Mais comme il n'étoit pas vrai que les dix-neuf prétendus vaisseaux y eussent débarqué les quatre mille fantassins et les cinq cents chevaux, Fabert ne changea point le premier ordre. Toutes les troupes passèrent en sûreté; et lui, se voulant rendre à Figuières par le plus court chemin, seulement avec les chevau-légers de la Reine, il trouva un parti qui le mena prisonnier à Roses.

On l'avoit donné au comte Du Plessis pour servir de maréchal de camp sous lui, parce qu'il avoit quelque connoissance de la place; mais le Ciel, qui vou-

---

[1] *Fabert :* Abraham Fabert, maréchal de France en 1658, mort en 1662, à soixante-trois ans.

loit que notre comte eût toute la gloire de cette conquête, permit la prison de Fabert; dont le comte Du Plessis eut une extrême douleur, parce que, outre le besoin qu'il en pouvoit avoir, il étoit fort son ami.

Cet accident le pressa de se rendre à Figuières, et de là il fut à Castillon, où il attend quelques jours les troupes qui lui restoient à venir; après quoi il marche pour investir Roses. Il s'en approche, il reconnoît la place; mais le gouverneur, qui n'avoit pas dessein qu'il le fît aisément, sort au devant de lui avec cinq bataillons et six escadrons. Cette première journée se passe en escarmouches, et le lendemain à prendre les postes devant la place, c'est-à-dire depuis les collines et les rochers qui en sont proches jusques à la mer, se servant d'un petit vallon près la tour de la Garigue pour le campement des troupes, afin qu'elles fussent à couvert du canon.

Le comte Du Plessis fait élever un retranchement depuis ces mêmes collines jusques à la mer, entre la place et son camp, pour être en sûreté, et hors de l'inquiétude que cette puissante garnison lui pouvoit donner: et ce fut très à propos, parce que, avant cela, cinq cents chevaux qu'il y avoit dans Roses sortoient continuellement; et allant par le rivage de la mer, à la faveur d'un marais qui les couvroit, passoient jusques au derrière du camp, et l'obligeoient à être presque toujours sous les armes. Mais le comte Du Plessis, ne voulant point donner à cette cavalerie l'avantage qu'elle avoit eu sur toutes les troupes qui avoient hiverné à Castillon et en tout son voisinage, attendoit une occasion favorable pour la battre avec sûreté, afin que la première fois qu'il viendroit aux mains avec elle, il pût certainement mettre ses troupes en curée.

C'est aussi ce qui l'obligeoit d'attendre pour bien prendre son temps, et c'est ce qu'il fit heureusement; car les ennemis étant sortis avec cavalerie et infanterie la nuit, avant l'ouverture de la tranchée, il la fit charger si à propos qu'il en demeura beaucoup sur la place, sans perte d'aucun des siens; et bien que le mal ne fût pas grand du côté des ennemis, cela donna tant de cœur à ses gens, qui, sur la réputation de cette cavalerie espagnole, la croyoient invincible, qu'après on ne la craignit plus : mais comme cinq cents chevaux étoient un corps considérable dans une place, et surtout n'y en ayant que huit ou neuf cents dans l'armée qui l'attaquoit, il falloit être assez éveillé pour empêcher que la garde ordinaire ne fût battue. Aussi est-il vrai que le comte Du Plessis y pourvut si heureusement, qu'on repoussa tous les jours, et avec perte pour les ennemis, ce qui sortoit de la place jusque dans la contre-escarpe.

Ensuite de ce bon commencement, le comte Du Plessis fait ouvrir la tranchée le même jour que le comte d'Harcourt l'étoit venu voir de Barcelonne : ce prince ne coucha qu'une nuit au camp, et s'en retourna fort satisfait de ce qu'il avoit vu du siége de Roses. Le siége continua huit jours avec assez de succès; et l'on en pouvoit espérer une issue favorable, lorsqu'après avoir poussé le travail assez avant, et jusques à cinq redoutes achevées, aussi bien que les tranchées qui y conduisoient, un déluge inespéré détruisit tout ce qui avoit été fait, et fut suivi d'un si terrible désordre qu'on n'en pouvoit attendre que la levée du siége.

Le mal commença le jeudi saint, à dix heures du matin, par une pluie si prodigieuse qu'on n'en a guère vu de pareille. Elle fut précédée par une grande sortie, à laquelle le comte Du Plessis se porta comme il faisoit en toutes, et força les ennemis à se retirer. En les approchant, il reconnut un vallon d'où il jugea qu'on auroit pu commodément ouvrir la tranchée. La pluie continua après la sortie avec une telle impétuosité, qu'avant la nuit la plupart des huttes furent inondées et renversées par les vents, et par les torrens qui se formoient de la chute des montagnes en vingt endroits dans le camp, et surtout dans le vallon de la tour de la Garigue, où l'artillerie et la cavalerie étoient campées à couvert du canon de la place ; et c'étoit avec si grande abondance, que les huttes de la cavalerie, celles de l'artillerie, et quasi tout ce qu'il y avoit de poudre et d'autres munitions de guerre dans le parc, furent gâtées, et se trouvèrent pleines de limon que les eaux y avoient traîné.

Ce ne fut pas le seul dommage que fit la pluie ; comme cette journée avoit été rude, le vendredi ne le fut pas moins : l'inondation continua avec tant de furie, qu'elle chassa toute l'armée du camp. La cavalerie prit le prétexte de sauver ses chevaux, et l'infanterie sa vie.

L'on a toujours cru que les troupes se mettent ensemble avec bien de la peine et de la dépense, mais qu'elles se perdent avec facilité : cela ne s'est jamais si bien vérifié qu'en cette occasion, puisque, avant qu'il fût midi, le comte Du Plessis se vit réduit à son train, et à n'avoir de gens de guerre que deux cent quarante Suisses, et peut-être quarante maîtres, quelques officiers de cavalerie et d'infanterie, et les maréchaux de camp, qui s'opiniâtrèrent à demeurer avec lui.

Certes il ne faut point trop blâmer ces gens qui cherchoient à sauver leur vie, dont ils appréhendoient la perte avec tant de raison, qu'on ne devoit point se promettre de simples soldats la constance nécessaire pour demeurer dans le camp. Le corps de garde qui étoit devant sa hutte quitta sans qu'il s'y opposât, non plus qu'à la retraite des autres. Il considéroit le torrent de cette fuite comme ceux qu'il voyoit de la pluie, auxquels il ne pouvoit remédier, espérant toujours que sa résolution lui produiroit quelque chose de bon.

Les ennemis pendant ce temps firent une sortie, sans que la pluie les retînt; et comme les eaux avoient traversé en divers endroits la distance depuis le camp jusqu'à la place, elles avoient séparé de l'armée les redoutes dont nous avons parlé, en telle manière qu'on ne les pouvoit secourir. Les assiégés s'en saisirent, les rasèrent, et firent prisonniers tous les soldats qui étoient dedans.

Le comte Du Plessis, dans cette disgrâce, ne demeuroit pas sans rien faire; et bien qu'il parût que ce qu'il faisoit fût inutile, on n'en jugeoit pas sainement. Toute son appréhension étoit que les ennemis ne connussent le désordre de l'armée, et ne s'en prévalussent pour venir en son camp en passant les torrens dans le voisinage des montagnes; ce qu'ils auroient fait aisément, s'ils eussent su, comme il étoit bien certain, qu'ils auroient pillé tous les bagages, pris tout ce qu'il y avoit d'officiers, et fait lever le siège, avec la ruine entière de ce qui le devoit faire; et ce fut pour empêcher cela que ce que fit le comte Du Plessis fut utile, et que toutes les fois que les ennemis sortoient il faisoit semblant d'aller à eux avec ses quarante maîtres, et faisoit battre tout ce qui restoit de tambours dans le camp, pour laisser croire que toute l'infanterie y étoit encore. Ce petit stratagême, sa résolution et sa bonne fortune, qui empêcha que les ennemis ne sussent l'état où il étoit, le sauvèrent.

Le samedi continua de même, et ce fut avec la perte de deux galères qui, s'étant trop approchées de terre avant l'orage, ne voulurent pas s'en éloigner quand il commença, et donnèrent à travers. La chiourme se noya quasi toute; et beaucoup de ceux qui s'échappèrent du naufrage, en gagnant leur liberté, se retirèrent du service. La famine étoit dans le camp; et ce qui y restoit de gens n'y vivoient que de ce qui s'y trouva, puisque pendant ces trois jours de pluie rien n'y fut apporté ; tellement que si elle eût continué davantage, il eût fallu mourir ou s'en aller. On n'y pouvoit tenir de feu allumé ; les meilleures huttes étoient comme les moins bonnes, et l'on ne trouvoit plus de chapeaux ni de manteaux à l'épreuve. Mais Dieu, qui voulut récompenser la constance du comte Du Plessis, le fit ressusciter le même jour de sa résurrection; et comme il avoit été enseveli dans les eaux le même jour que son Sauveur l'avoit été dans la terre, il lui donna le jour de Pâques, sur les dix heures du matin, par un beau soleil, l'espérance que son malheur alloit finir.

Il n'y eut pas un officier qui ne crût la levée du siége indubitable. Il y avoit si peu d'apparence de le continuer, qu'en ouvrant cette opinion personne ne pouvoit l'appuyer; mais l'estime qu'ils faisoient de sa conduite les empêchoit aussi de la condamner: et comme il ne vouloit rien faire qui lui pût attirer ce déplaisir du côté de ses amis, il ne leur demandoit pas leur sentiment sur son aventure; mais continuant la même fermeté pour la suite du siége qu'il avoit témoignée pendant la pluie, il proposa d'abord ce qu'il y avoit à faire pour le recommencer. Il ne fut pas long-temps sans avoir occasion de s'affermir dans ce dessein, car il vit revenir ces pauvres soldats d'infanterie et de cavalerie, honteux de leur désertion forcée; et comme s'ils eussent été attachés d'une chaîne invisible, ils retournoient avec autant d'envie de bien faire qu'ils en avoient témoigné pour sauver leur vie.

Il s'est vu de pareils désordres. L'armée qui devoit secourir Salses quelques années auparavant s'étoit perdue, non par une pluie de trois jours, mais seulement d'une nuit, qui la dissipa sans ressource: mais la nôtre, qui avoit pareille liberté de retourner en France, et qui avoit été trois jours séparée de ses officiers, revint à la file les trouver; et, par l'affection que ces pauvres soldats avoient pour leur général, ils amendèrent si bien leur faute (si la crainte d'une mort comme certaine se peut ainsi nommer) qu'en peu de jours les choses furent en état de recommencer le siége.

Ce fut donc le 19 d'avril que les tranchées furent ouvertes pour la seconde fois, au lieu que nous avons dit avoir été reconnu par le comte Du Plessis quand il repoussa la sortie du jeudi. L'on commença par deux redoutes de front, à cent pas l'une de l'autre, jointes par une tranchée parallèle à la place, du milieu de laquelle on fit partir celle qui devoit servir d'approche. Ces deux redoutes furent faites pour soutenir le commencement de l'attaque, et jointes du côté gauche au camp par une ligne qui couvroit le derrière de la tranchée, pour empêcher que les assiégés ne la prissent par la tête et par la queue.

Les grandes sorties qu'ils avoient faites obligèrent le comte Du Plessis d'en user ainsi. Peut-être que l'on trouvera étrange cette quantité de redoutes qu'il faisoit de cent pas en cent pas, cela contrariant fort à la diligence nécessaire aux siéges; mais il éprouva toutefois qu'elles étoient fort utiles contre une puissante garnison, qui souvent chassoit ce qu'il y avoit dans les places d'armes; et ne pouvant faire de même des redoutes, elles lui donnoient temps de les secourir.

Il est certain que ces redoutes alongent fort un siége, et que, pouvant attaquer une place avec des forces proportionnées à ce qui la soutient, on pourroit se dispenser d'en faire : mais comme le comte Du Plessis étoit foible, il chercha toutes les précautions pour n'être pas battu, surtout ayant affaire à une nombreuse garnison, accoutumée aux grands avantages sur toutes les troupes qui l'avoient approchée.

Il continua le siége sur la hauteur d'un rideau, ayant son penchant à la droite qui l'assuroit assez de ce côté-là, et à la gauche une petite plaine qui alloit jusqu'aux montagnes et aux rochers, et donnoit moyen à notre cavalerie d'aider beaucoup à repousser les sorties. La tranchée fut menée jusque fort proche d'un autre rideau parallèle de la place, qui servoit de parapet à de l'infanterie que le gouverneur de Roses tenoit jour et nuit dehors. Ce rideau couvroit un petit vallon capable pourtant de cacher un grand corps de cavalerie et d'infanterie; c'étoit comme un second fossé, parce que dans ce vallon il y avoit un petit ruisseau qui baignoit le pied du glacis de la contre-escarpe, et qui assuroit fort ceux qui se tenoient comme campés dans ce dehors naturel.

Le comte Du Plessis eut quelque inquiétude de voir ces gens-là si long-temps dehors, et ne se put empêcher de les faire attaquer, espérant que le faisant brusquement, ils n'y reviendroient pas, si on les en chassoit avec perte pour eux. Pour cet effet, il voulut que la cavalerie les prît en flanc par la gauche, pendant que l'infanterie feroit la même chose par le front. L'infanterie fit ce qu'elle devoit, mais la cavalerie n'entra pas où il lui avoit été ordonné; tellement que les ennemis ayant été seulement poussés sans dommage, revinrent au même lieu sans rien craindre; et comme ils étoient soutenus du feu des demi-lunes et des bastions, et que nous n'avions pas de logement qui fît front à celui que nous voulions faire sur le rideau d'où nous avions ôté les ennemis, nous ne pûmes jamais y faire de parapet pour nous mettre à couvert. Ainsi les gens qui étoient partis de ce rideau si exposé, si proche de la ville, et qui ne donnoit du couvert qu'aux ennemis, et point du tout à nous, retournèrent à leur poste avec beaucoup de facilité, et avec grande perte de notre côté, parce que nos gens étoient exposés à une grêle de mousquetades, et que nous n'avions pas de logement qui pût incommoder ceux de la ville qui revenoient en cet endroit-là; de sorte qu'il fallut revenir dans nos redoutes et dans nos tranchées. Mais d'autant qu'il falloit chasser ces gens-là si l'on vouloit prendre la place, le comte Du Plessis s'y appliqua avec soin; et voyant que son impatience lui avoit coûté des hommes, empêché son logement, et peut-être donné cœur aux ennemis, il ne voulut pas le tenter une autre fois qu'avec apparence quasi certaine d'y réussir : il voulut attendre qu'il fût plus près, et qu'il eût fait une ligne à mettre des mousquetaires parallèle et proche de ce rideau. Cela fut deux gardes après celle dont nous venons de parler; tellement qu'avec ces précautions l'attaque réussit. Les ennemis furent poussés d'abord; et comme l'on étoit soutenu de près, et qu'il y avoit un grand logement d'où l'on faisoit beaucoup de feu, quand les ennemis voulurent revenir, ils trouvèrent ceux qui faisoient le logement sur leur rideau si bien appuyés qu'ils ne les en purent chasser; et l'on s'y affermit de telle sorte, qu'on en attendit avec certitude la prise de la place.

Ces deux actions si différentes firent voir combien il est dangereux de partir de loin pour faire un logement, et qu'il faut indispensablement avoir, proche du lieu où l'on veut agir, de quoi faire feu pour soutenir l'entreprise, étant comme impossible de sortir d'un boyau pour attaquer un grand front sans en avoir un pareil, ou tout au moins qui en approche, qu'on ne coure fortune de faire grande perte sans aucun succès. Il faut donc s'arrêter à l'ancienne maxime qui est confirmée par tant d'expériences, qu'il est impossible de la quitter qu'avec dommage. Les ennemis s'opposèrent, autant qu'on se le peut imaginer, à ce qu'entreprenoit le comte Du Plessis; mais sa présence, et la valeur des Suisses qui faisoient l'attaque, surmontèrent tous les obstacles.

Le gouverneur assiégé avoit tiré une tranchée depuis le lieu où le rideau manquoit jusqu'à la mer, avec quelques redents où il tenoit toujours beaucoup d'hommes; mais aussitôt que nous fûmes maîtres de ce rideau, nous vîmes à revers ce travail, qui nous servit de couvert pour aller du côté de la mer, et pour nous approcher du bastion qui y aboutit. Il est vrai que l'étonnement fut si grand parmi les assiégés quand ils nous virent maîtres de ce dehors, que de ce jour ils se crurent perdus, et dépêchèrent à leur armée navale pour la presser de venir à leur secours; et le comte Du Plessis de sa part se mit à presser aussi tout ce qui étoit nécessaire pour s'attacher à la contre-escarpe; ce qu'il fit en peu de jours.

Le petit ruisseau qui étoit au pied du rideau étant gagné, et ayant fait tous les apprêts pour gagner la contre-escarpe, aussi bien que tous les logemens dont on avoit besoin pour soutenir avec la mousqueterie celui qu'on y vouloit faire, l'on entreprit ce logement. L'on y réussit avec médiocre perte. Le chemin couvert n'étoit pas tel qu'il convenoit, ni proportionné à la bonté ni à la conséquence de la place : il étoit seulement fait comme un échafaudage dont les maçons s'aident à faire les murailles, c'est-à-dire qu'ils avoient percé celle de la contre-escarpe à la hauteur du parapet, et passé des pièces de bois dedans; sur quoi ayant mis des planches, les soldats s'y tenoient pour tirer : de sorte qu'à l'abord de nos gens, ayant si peu d'espace, ils tombèrent tous dans le fossé; et ce logement resta seulement défendu par le feu des bastions et des demi-lunes, outre une très-grande quantité de grenades qui, nonobstant la largeur du fossé, tomboient parmi nous, et nous causèrent grand dommage.

Cette action heureusement terminée, le comte Du Plessis fit avec diligence couler sur la contre-escarpe à droite, et embrasser à gauche l'angle du fossé, afin de pouvoir y loger des pièces, et battre le flanc qui s'opposoit à son passage. Cela s'exécuta promptement; on fit une redoute, à la gauche du lieu où l'on vouloit loger le canon, qui coûta bien cher. Le côté opposé à la demi-lune se trouva tout couvert des corps des travailleurs du régiment de Vaubecourt; et le gouverneur avoua que cette nuit-là il s'étoit lassé de faire tuer des hommes, et qu'il n'avoit jamais vu pareille fermeté à celle de ceux qui agissoient en ce poste, parlant aussi bien des simples soldats que des officiers.

Cette redoute faite, on logea le canon sur la contre-escarpe; on battit le flanc, qu'on avoit déjà commencé d'entamer par une batterie plus éloignée qui le voyoit. Le lendemain, les ennemis firent, à leur ordinaire, une sortie, mais bien plus grande que les autres jours, ou, pour mieux dire, avec plus de succès : c'étoit de si près, qu'ils ne craignirent point la cavalerie; aussi enlevèrent-ils la tête de la tranchée, et en furent quelques momens les maîtres. Vaubecourt, qui y commandoit comme maréchal de camp, y fut blessé; Calvières, mestre de camp, tué par malheur de notre canon; et nous y perdîmes encore beaucoup d'officiers et de soldats. Mais enfin on les rechassa, la tranchée et les logemens furent regagnés, et ce qui en avoit été gâté fut réparé en très-peu de temps; ensuite l'on travailla incessamment à percer le fossé. La muraille de la contre-escarpe s'y trouva bâtie d'un tel mastic, que toute l'assiduité du comte Du Plessis pour la faire rompre n'en put venir à bout qu'en sept jours, qui produisirent une ouverture à passer un petit bateau large d'un pied et demi, qu'on jeta dans le fossé à l'instant que le trou fut assez grand pour cela; et comme le canon avoit rompu beaucoup de la muraille du parapet du bastion attaqué, il se trouvoit assez de ruine pour appuyer les madriers, et y loger le mineur sans que l'eau l'incommodât. Cela fut exécuté en un moment; et avant que le jour fût venu on avoit déjà commencé d'entamer la muraille, quoique avec peu de succès, par son extrême dureté.

L'étonnement qu'eut le gouverneur, lorsqu'il vit le matin ce que l'on avoit fait, fut si grand, qu'il en tomba évanoui; et comme il étoit fort violent, il ordonna au capitaine de garde qui ne l'avoit pas averti, et qui avoit souffert ce logement sans opposition, de se faire tuer sur la brèche, puisqu'il ne le faisoit pas mourir d'une autre manière; ce qu'il fit quelques jours après, encore qu'il n'eût point failli. Il étoit impossible aux ennemis d'empêcher qu'on n'attachât le mineur; et pour n'avoir pas averti le gouverneur, il est constant que les sentinelles n'avoient pu rien voir de tout ce que nous avions fait. Ainsi ce fut injustement que ce brave capitaine reçut le cruel arrêt de sa mort, et qu'un noble désespoir le lui fit exécuter.

Le comte Du Plessis s'étoit prévalu de la nuit et du temps, qu'un vent impétueux poussoit la poudre dans les yeux de ceux qui gardoient le bastion d'une telle manière, qu'il leur fut impossible de rien voir; et si le gouverneur n'eût point fait mettre l'eau dans le fossé, croyant le rendre moins accessible, nous n'eussions pu faire cette diligence, et les gens qu'il auroit tenus dans un fossé sec eussent empêché bien plus long-temps le mineur de s'attacher. Ce gouverneur s'étoit si bien mis dans la tête que cette eau lui donneroit de l'avantage, qu'il s'en vanta à Fabert son prisonnier, lui disant qu'il avoit bien attrapé le comte Du Plessis, et que son fossé étoit plein d'eau. L'autre, pour le maintenir dans cette opinion, feignant d'entrer dans cette pensée, lui dit qu'il en étoit fâché; mais que le comte Du Plessis, qui entendoit parfaitement bien les siéges, travailleroit avec grand soin à rompre les batardeaux qui retenoient cette eau; tellement qu'il imputoit à ce dessein tous les travaux qu'il voyoit faire en ce lieu-là.

Le comte Du Plessis, pendant qu'on perçoit le fossé, avoit fait emporter par son fils la petite demi-lune d'entre le bastion attaqué et celui de la mer, où il se vouloit aussi attacher; et de là, suivant la contre-escarpe, l'on arrivoit à l'angle du fossé de ce bastion. Là étoit le batardeau de pierre qui, touchant d'une part à ce bastion, et à la muraille de la contre-escarpe de l'autre, fermoit le fossé à vingt pas de la mer: c'est tout l'espace qui la sépare de la place, et qui soutenoit l'eau quand la bonde étoit fermée.

Le comte Du Plessis, qui prétendoit passer le fossé

assez près de l'angle flanqué, y faisoit travailler comme il avoit fait à l'autre; mais n'y ayant point de terrain qui formât un fossé, ni une contre-escarpe du côté de la mer, il ne trouvoit point de moyen pour faire une batterie que derrière ce batardeau. Le gouverneur, qui, voyant qu'on s'y attachoit, croyoit que c'étoit pour le rompre, faisoit des efforts extraordinaires de ce côté-là, soit par sorties ou autrement, pour s'y opposer. Mais le comte Du Plessis l'ôta bientôt de cette inquiétude; car, voyant qu'il ne pouvoit loger de pièces derrière ce batardeau, faute de terrain et à cause du voisinage de la mer, il s'avisa de faire sa batterie pour voir le flanc sur le haut du glacis de la contre-escarpe parallèle au bastion; et bien qu'elle ne pût être qu'en biaisant, quoique contre la coutume, il s'opiniâtra à l'y mettre, malgré l'avis de tous les officiers de l'artillerie, qui voulurent l'en dissuader, et qui pourtant la trouvèrent bien après qu'elle eût été faite, avec beaucoup de peine toutefois, à cause de cette même muraille de la contre-escarpe, que, pour abréger, il fallut rompre à coups de canon; et sa dureté étoit telle, que les boulets de quatre pas retournoient en arrière sans effet.

Pendant ce travail de l'attaque de main droite, où l'on faisoit le pont de fascines, celui de main gauche se trouvoit fait. Le gouverneur de Roses s'y opposa autant qu'il put, aussi bien qu'à la perfection de la mine; et comme il s'étoit attendu à la défense d'un fossé plein d'eau, il avoit fait accommoder des bateaux pour venir à notre pont et à notre mineur. Le second jour d'après que le mineur fut attaché, il fit conduire deux brûlots assez proche du commencement du pont, à dessein de le consumer; mais ce fut sans fruit, car le comte Du Plessis, qui avoit fort bien prévu cela, avoit fait faire une estacade au travers du fossé avec des tonneaux et des pièces de bois attachés à une grosse chaîne de fer; et cela empêcha l'effet de ces brûlots, qui, ayant été plus d'une fois inutiles, apprirent à ce gouverneur ce que valoient des fossés avec de l'eau.

Il renvoya depuis d'autres bateaux, avec des gens pour tuer le mineur; mais comme il en avoit toujours un pour se retirer, ils ne le purent jamais attraper : outre qu'il y avoit de notre côté du pont un si beau logement de mousquetaires, et petites pièces de vaisseau, qu'il étoit impossible qu'on pût faire mal au mineur, et que ceux qui venoient pour cela s'en pussent retourner. Le pont ayant été achevé bien long-temps avant la mine, la sûreté pour y aller étoit si grande que quantité de dames catalanes y venoient de toutes parts, et s'en retournoient sans croire avoir été à un siége : leur curiosité les portoit néanmoins à voir le mineur dans son travail, d'où elles apportoient des pierres qu'elles montroient au comte Du Plessis comme des reliques, en lui disant : « Voilà des pierres « de Roses! » tant cette place étoit généralement considérée dans le pays, où elle avoit été jusque là tenue pour imprenable.

Quelques jours avant la mine faite, deux felouques vinrent pour entrer à Roses, dont l'une fut prise par notre armée navale, et l'autre y entra, et porta de nouvelles assurances au gouverneur, de la part du roi d'Espagne, d'un prompt secours par mer. Il est vrai qu'un de ses amis lui mandoit qu'il n'étoit pas si prêt, et qu'avant dix ou douze jours il ne seroit pas en état de se mettre à la voile.

Le comte Du Plessis voyant ces felouques arrivées, jugea que l'armée navale espagnole n'étoit pas si proche qu'on lui disoit, puisqu'elles avoient apporté des médicamens pour les blessés ; mais il voulut essayer d'en apprendre plus de certitude, sous le prétexte d'envoyer demander des nouvelles de Fabert. Il lui écrivit un compliment, suivi d'un autre pour le gouverneur : il le prioit de dire à ce brave Espagnol que les gens de cette felouque prise l'avoient assuré qu'il ne pouvoit être secouru, et qu'il avoit voulu, par l'estime qu'il avoit pour sa personne plutôt que par aucune opinion qu'il eût de le persuader par les menaces, lui faire savoir les ordres rigoureux qu'il avoit du Roi, qui lui enjoignoit, sur peine d'encourir son indignation, de ne faire aucun autre traité avec la garnison de Roses, qu'en prenant tout prisonnier de guerre, si le gouverneur attendoit à l'extrémité ; qu'il ne pouvoit contrevenir à cet ordre ; et qu'avant que la chose fût arrivée à ce point, il l'en avertissoit. Qu'il étoit bien vrai que l'intérêt des gens qu'il commandoit avoit grande part à cet avis, puisqu'après la vigoureuse défense qu'on avoit faite à Roses il devoit appréhender que sur la fin d'un siége, où se font les grands efforts, il ne perdît de bons hommes que l'on pouvoit sauver par un traité ; et qu'il le convioit à ne faire pas perdre une si belle garnison au roi d'Espagne, qui le serviroit bien ailleurs, et pour laquelle il n'auroit pas tant de charité, s'il ne craignoit point de faire assommer beaucoup de ses amis qui sans doute périroient dans les dernières attaques.

Le gouverneur voyant la lettre de Fabert, répondit qu'il étoit fort obligé aux bons avis que lui donnoit le comte Du Plessis, qu'il les recevoit avec toute la civilité possible ; mais que la felouque qui lui étoit venue lui apportoit assurance d'un prompt secours ; qu'il n'étoit pas encore trop pressé ; et que lorsqu'un de ses bastions seroit ouvert, ou tous les deux, il ne refuseroit pas de traiter.

Voilà ce que Fabert manda de la part du gouverneur ; sur quoi l'on peut juger si le comte Du Plessis pressa le mineur, qui, après avoir travaillé neuf jours comme dans une muraille de diamant, il en réussit un petit fourneau grand comme un chapeau qui fit pourtant une grande ouverture, sans aller jusqu'au parapet : néanmoins elle se trouva si enfoncée dans le bastion, qu'en vingt-quatre heures trois grands fourneaux furent en état de jouer, qui emportèrent quasi toute la face attaquée, et donna lieu, avant qu'il y eût brèche à l'autre bastion, de faire la capitulation. Le gouverneur la fut proposer à Fabert la nuit même après l'effet de la mine, qui joua une heure avant le coucher du soleil.

Ainsi finit ce fameux siége, le 26 mai. L'on y perdit de la part des assiégeans trois mille hommes tués, sans les blessés ; du côté des assiégés huit cents d'infanterie, et trois cents chevaux. Il sortit de la place dix-huit cents hommes, dont il y en avoit plus de quatorze cents en bonne santé.

Je ne sais par où commencer les louanges de ceux qui servirent le Roi en cette occasion. Les officiers généraux en doivent attendre beaucoup de leur valeur ; mais leur conduite et la déférence qu'ils eurent les uns pour les autres fut extraordinaire : je crois qu'elle venoit de celle qu'ils avoient pour leur général, car il est certain qu'elle y contribua beaucoup. Il n'y eut jamais d'émulation entre eux que celle qu'ont tous les honnêtes gens. Ils s'aidoient les uns les autres pour acquérir de la gloire; et quand l'un sortoit de jour, il laissoit à celui qui y devoit entrer tous les préparatifs pour les travaux de la nuit, comme si c'eût été son affaire. Les soldats travailloient à la tranchée avec la même ardeur que si c'eût été à leurs vignes; et cela se peut croire sans peine, après ce qu'ils avoient fait ensuite de ce déluge qui interrompit le cours du siége.

Le comte Du Plessis travailla extraordinairement en ce siége; il soutint toutes les sorties, qui se faisoient souvent deux ou trois fois par jour; il étoit partout, et sa vigilance fut sans égale. L'inondation qui ruina ses travaux, et qui dissipa toute l'armée, fut un événement singulier, que je ne crois pas qu'il y en ait jamais eu un pareil. Mais ce qui ne doit pas encore être oublié est la résolution que le comte Du Plessis avoit prise, si le secours eût forcé notre armée navale de se jeter en ce petit espace qui est entre la place et la mer, pour combattre ce qui seroit descendu; dont on ne peut douter, puisque tous les ordres étoient donnés pour cela, et les postes occupés tous les soirs pour les exécuter (1).

Ce siége dura trente-six jours, depuis qu'il fut recommencé. On faisoit en même temps celui du petit

(1) On trouvera à la suite des Mémoires du maréchal Du Plessis une autre relation du siége de Roses par le marquis de Chouppes, qui commandoit l'artillerie.

château de la Trinité, un peu plus éloigné de Roses que de la portée du canon. Cette petite place découvroit de fort loin sur la mer ; et bien qu'il n'y eût point de port, il y a quantité de cales où des chaloupes peuvent aborder, qui, venant en grand nombre, pouvoient mettre à terre beaucoup de gens, qui auroient entré facilement dans Roses. C'étoit la raison qui portoit le comte Du Plessis à faire cette attaque, qui lui ôtoit un corps considérable d'infanterie, et Aluimar, sergent de bataille, qui le commandoit.

Cette diversion lui étoit bien fâcheuse, puisque pendant plus de vingt-cinq jours du siége il n'entroit, aux trois gardes qui se relevoient à la tranchée, que mille hommes à la première, onze cents à la seconde, et douze cents à la troisième, en quoi consistoit tout ce qu'il avoit de troupes, qui n'étoient pas proportionnées à la garnison qu'il avoit en tête : tellement qu'outre la raison que je viens de dire pour le siége de la Trinité, la prière que lui en avoient faite les capitaines des galères et des vaisseaux l'y fit résoudre.

Il les vouloit contenter, croyant qu'il lui étoit plus utile de les satisfaire que ce nombre d'hommes qu'il occupoit pour cela ne le pourroit être au siége de Roses; aussi n'y fit-il aucune résistance. Le canon de ce château incommodoit leurs vaisseaux et leurs galères, quand ils s'approchoient de la place de ce côté-là ; et quand il n'y eût point eu de raison, il les eût encore contentés sur ce sujet et en toute autre chose, pourvu qu'ils n'eussent rien demandé de préjudiciable. Il avoit si bien connu combien il avoit été nuisible à tous ceux qui commandoient les armées avant lui, et même au service du Roi, d'être mal avec les officiers des armées de mer, qu'il se résolut de s'accommoder en toutes manières avec ceux qui servoient à ce siége; et bien qu'il crût comme une chose très-certaine qu'il n'avoit rien à craindre que le secours par mer, et qu'avec tous les soins imaginables on auroit bien de la peine à l'empêcher, il jugea qu'il y falloit travailler par toutes sortes de moyens, et que le meilleur étoit d'obliger tous les capitaines des vaisseaux et des galères à faire par amitié et de bonne grâce ce qu'ils n'auroient fait que pour satisfaire à leur devoir; et qu'aux choses de cette nature il est avantageux de joindre l'un et l'autre ensemble, et cela fait toujours le succès des affaires quand elles sont faisables. Pour cet effet il tint avec eux plusieurs conseils de guerre; et le commandeur de Goutte, qui commandoit la flotte, et qui avoit ordre de faire tout ce que le comte Du Plessis lui diroit, connut bien par la franchise de son procédé qu'il n'avoit pas envie de se décharger sur eux des mauvais événemens du siége. Il leur déclara en plein conseil que si l'armée navale des ennemis forçoit celle du Roi, il en imputeroit tout le mal à sa mauvaise fortune, s'engageant d'honneur à l'écrire ainsi; et leur dit qu'il étoit si fort persuadé de leur conduite et de leur valeur, qu'il ne croyoit pas qu'on pût rien ajouter à l'un ni à l'autre. Il essaya d'insinuer la même chose aux particuliers les plus considérables; et leur montrant souvent ce qu'il en écrivoit au cardinal Mazarini, il les gagna tellement, qu'assurés de la sincérité de ses paroles, ils agirent avec la même affection que les troupes de terre; et par ce moyen il parvint à la fin heureuse d'une si difficile entreprise.

Pendant ce siége il essaya de ne point donner au cardinal aucun sujet d'appréhender les mauvais succès, n'ayant jamais voulu suivre en ses emplois la maxime de les rendre considérables par là. Il a toujours été ennemi de la vanité : il n'écrivit donc tous les désordres qui lui arrivèrent qu'après les avoir réparés.

Le cardinal, de sa part, n'oublioit rien par ses lettres pour lui donner tout sujet de satisfaction; mais comme celle qu'il pouvoit prétendre lui avoit été promise tant de fois sans l'avoir eue, il en avoit perdu le goût, et témoignoit en toutes ses réponses qu'après avoir pris Roses il se tenoit assez récompensé; qu'ayant toute sa vie travaillé pour acquérir de l'honneur, il pensoit que la fin de ce siége lui en donneroit suffisamment pour n'avoir pas besoin de charges qui le distinguassent des autres hommes. Cette petite fierté étoit pourtant écrite de telle manière qu'elle obligeoit plus le cardinal que toute autre chose qu'il eût pu lui dire sur ce sujet, puisqu'il paroissoit lui être plus redevable des moyens qu'il lui avoit donnés d'augmenter sa réputation, que de toutes les grâces qu'il pouvoit recevoir d'ailleurs; et bien qu'il se plaignît en quelque façon de lui avoir fait trop attendre le bâton de maréchal de France, il témoignoit en même temps que ce retardement ne lui pouvoit déplaire.

Aussitôt que la place fut entre les mains du Roi, et que le comte Du Plessis eut pourvu à la conduite de la garnison ennemie par mer, il voulut visiter cette conquête, afin d'en pouvoir bien rendre compte à Leurs Majestés, et de ce qui s'y pouvoit faire.

On peut louer les Espagnols, sans flatterie, des soins qu'ils ont de bien munir leurs places. Il se trouva dans celle-ci quatre-vingt-dix milliers de poudre, balles et mèches à proportion, après avoir soutenu un siége de plus de cinquante jours avec trois mille cinq cents hommes de pied et cinq cents chevaux de garnison, qui faisoient feu jour et nuit; tiré seize mille coups de canon; et le principal magasin de leurs poudres brûlé, qui étoit si grand qu'ayant enlevé une fort grosse tour dans la gorge d'un bastion où elle étoit enfermée, elle emporta quasi toute la terre, et ne laissa que six maisons entières dans la ville. Il s'y trouva la plus belle et la plus nombreuse artillerie qu'on ait vue en aucun autre lieu de sa grandeur, des vivres pour deux ans à quatre mille hommes de pied, et de l'avoine pour le même temps à cinq cents chevaux; un très-beau magasin d'armes pour les uns et les autres, des souliers, des habits, et autres choses nécessaires pour les gens de guerre, et généralement une abondance de tout ce qu'on peut souhaiter pour soutenir un grand siége.

Le comte Du Plessis, après avoir fait ce qui dépendoit de lui pour la sûreté de Roses, et pour les troupes qui devoient repasser en France, alla rendre grâces à Dieu de ce bon succès à Notre-Dame de Montferrat. Il reçut par toutes les villes de son passage tous les honneurs qu'il pouvoit souhaiter, tant par les ordres du comte d'Harcourt que par la bonne volonté des peuples, qui d'ordinaire s'attachent fort à ceux qui ont eu de bons succès : et certainement la prise de Roses étoit un bien assez solide, les Catalans l'estimant à l'égal de ce que nous estimions autrefois La

Rochelle. Aussi croyoient-ils qu'à moins d'une espèce de miracle on ne pouvoit prendre cette place; en sorte qu'à Barcelone on suivoit partout le comte Du Plessis avec des acclamations extraordinaires.

A son retour de Montferrat il passa en France, et reçut ordre d'aller à Paris. Il en fit le voyage sans grand empressement, et fut reçu de Leurs Majestés et du cardinal de la manière la plus satisfaisante du monde. Huit jours après, au commencement de juillet, il prêta le serment de maréchal de France devant le Roi, qui lui en donna le bâton. La Reine, avec tous les éloges qu'un honnête homme peut désirer, lui témoigna que s'il recevoit cet honneur après l'avoir si long-temps mérité, Sa Majesté le lui accordoit avec bien de la joie.

Le séjour qu'il fit à Paris ne fut employé qu'à recevoir les visites et les complimens de toute la cour; chacun lui témoignant qu'il avoit de la joie de ce que Leurs Majestés avoient fait pour lui, et qu'il avoit reçu cette illustre dignité par les belles voies, sans en rien devoir à la faveur. Le cardinal le traita fort bien, lui fit donner un ameublement comme on fait aux ambassadeurs, et le renvoya en Italie à son emploi ordinaire, pour achever la campagne de 1645. Mais comme il sembloit qu'il y eût quelque chose à dire, étant maréchal de France, de reconnoître le prince Thomas, il fut bien aise de faire savoir qu'il ne le faisoit qu'en conséquence de ce qu'il étoit cousin germain de la Reine, traité en France comme prince du sang, ayant cet honneur en Espagne, et étant capable d'hériter de cette couronne-là.

Ce fut ce qui le réduisit à la déférence pour ce

prince, vu que les maréchaux de France n'obéissent qu'à ceux qui peuvent être leurs maîtres; et qu'étant nés généraux d'armées, ils précèdent tous les commissionnaires et tous les autres généraux des troupes du Roi, et n'ont besoin pour commander que d'une simple lettre de cachet.

Il passa donc en Italie avec toute la diligence possible. En s'approchant de Turin, il en donna avis au prince Thomas, qui lui envoya un de ses gentilshommes à Veillane, pour l'informer du dessein qu'il avoit de prendre Vigevano, et le convier d'être de la partie. Le maréchal Du Plessis désapprouva cette pensée, le manda au prince Thomas, et le pria d'attendre qu'il en pût conférer avec lui : la bonne fortune du maréchal fit que ce prince partit avant qu'il le pût joindre. Après avoir été reçu par le duc de Savoie comme ses prédécesseurs avoient accoutumé de recevoir les maréchaux de France qui commandent les armes du Roi, le duc vint au devant de lui à un mille, en une maison où le maréchal descendit pour l'y voir. Ce prince le mena après dans son carrosse avec ses gardes au palais, faisant tirer le canon à son entrée dans la ville.

Les jours de cérémonie étant passés, le maréchal Du Plessis pensa à se mettre en état d'achever la campagne; ensuite de quoi, ayant ramassé quelques troupes qui venoient de France, il s'avança avec un petit corps qu'il en forma jusques à Trino, ne pouvant joindre le prince Thomas, qui, ayant assiégé Vigevano, château de plaisance des ducs de Milan, mais assez bon, écrivoit tous les jours au maréchal Du Plessis ce qu'il désiroit de lui : sur quoi ayant toujours satisfait, et Vigevano étant pris, le prince Thomas résolut sa retraite aux frontières du Piémont et du Milanais, et pour cet effet manda au maréchal de s'avancer avec ses troupes au devant de lui; ce qu'il fit ponctuellement au jour et au lieu marqué par ses dépêches.

Le prince fut suivi par les ennemis, qui, s'étant opposés à sa retraite au passage de la Mora, à un village nommé Pro, ne laissa pas de la faire bravement; et bien que ce fût avec perte, il s'en tira néanmoins avec honneur. Deux jours après le maréchal Du Plessis le joignit, et marchèrent ensemble à Romagnan, bourg du Milanais sur la Sesia. Ce fut avec le dessein de faire hiverner l'armée, ou du moins une partie, dans l'Etat de Milan, en se saisissant du bourg de Sesia et des vallées voisines; mais après y avoir demeuré autant qu'il falloit pour consumer tous les vivres et les fourrages qui s'y trouvèrent, et jugé l'impossibilité de fixer le quartier d'hiver dans le Milanais sans le paiement de l'armée, il fut résolu de les faire à l'ordinaire dans le Piémont. On y travailla; et chacun s'étant retiré, le maréchal Du Plessis, après avoir donné tous les ordres à l'armée, s'en alla lui-même à Turin attendre ceux du Roi pour ce qu'il auroit à faire. On lui manda de mettre les troupes dans le Piémont; ce qui étant fait par avance, il y passa le reste de l'hiver, pendant que l'on s'y prépara pour la campagne de 1646.

[1646] Les commencemens n'en furent pas trop avantageux; et le prince Thomas ayant eu ordre d'attaquer Orbitello, on augmenta pour cet effet le nombre des troupes ordinaires destinées pour l'Italie; et prenant une partie de celles qui avoient hiverné en Piémont, avec cette augmentation s'embarqua à Oneille, sur les vaisseaux et les galères du Roi qui l'y furent trouver.

Le maréchal Du Plessis, qui étoit resté pour commander l'armée demeurée en Piémont, s'avança, pour faire diversion, à Fontenay, sur les frontières du Montferrat et du Piémont, où, après avoir séjourné quelque temps, il reçut ordre de Sa Majesté, au mois de juillet ou d'août, de quitter le Piémont et le Milanais, de laisser les troupes aux officiers qui les commandoient sous lui, et de se porter incessamment par mer au siége d'Orbitello ; le Roi espérant que par sa conduite, et la connoissance particulière qu'il avoit des siéges, il rétabliroit celui d'Orbitello.

Il part aussitôt cet ordre reçu, traverse, avec sa compagnie des gardes et son train seulement, les montagnes du Montferrat et celles des Génois, arrive à Sestri-di-Ponente, où Jeannetin Justiniani, qui faisoit les affaires du Roi à Gênes, le vint trouver, avec lequel il conféra des moyens pour joindre le prince Thomas. Le maréchal suivit son conseil; et s'étant mis sur une felouque qu'il lui donna, et deux autres pour ses gens, prit la route d'Orbitello, sans autre précaution pour la sûreté de son passage que celle de la diligence.

Elle lui fut nécessaire, parce que les ministres d'Espagne résidant à Gênes, et leurs adhérens, ayant eu avis du voyage de ce maréchal, firent leurs efforts pour tâcher de le prendre : il rencontra même une galère dans le golfe de la Spesia qui portoit l'ambassadeur d'Espagne qui revenoit de Rome, et qui l'ayant vu passer le suivit fort long-temps, et même les Espagnols joignirent une des felouques où étoient les gens du maréchal ; mais l'ambassadeur, voyant qu'il avoit manqué son coup, leur permit fort civilement de rejoindre leur maître.

Le maréchal Du Plessis jugeant qu'un fort long trait par mer ne lui seroit pas favorable, les Espagnols ayant quantité de petits bâtimens armés le long de la côte, aborda à Via-Reggio, dépendance de la république de Lucques. Il eut quelques avis en ce lieu-là que le siége d'Orbitello étoit levé. Il passe diligemment jusqu'à Pise, où cette nouvelle lui fut confirmée ; et pour en être plus certain, sous le prétexte de faire son compliment au grand duc, il envoya Aluimar, sergent de bataille, à Florence, où il fut pleinement informé de ce mauvais succès. Cet envoyé passe plus outre vers le prince Thomas, qu'il trouva à la mer, et qui manda au maréchal qu'il venoit avec les galères du Roi à Livourne pour le prendre. Le maréchal s'y étant rendu, monta sur la galère commandée par Vins ; et après s'être abouché avec le prince Thomas pour résoudre ce qu'ils avoient à faire, ils conclurent le retour des troupes. Pour cet effet ce prince descendit à Oneille, parce qu'il y trouva des chevaux pour le porter à Turin ; mais comme ceux du maréchal revenoient par terre avec ses gardes, il continua son chemin par eau jusqu'à Nice-de-Provence, où il mit pied à terre ; ayant fini son petit voyage de mer plus heureusement qu'il ne devoit l'espérer, puisque, sans avoir considéré le péril où il s'exposoit, il s'attacha seulement à se rendre au lieu qui lui étoit ordonné, et où il croyoit servir utilement. Ce ne fut pas une petite marque de son bonheur d'avoir trouvé le siége levé, parce qu'ayant été fort mal conduit, il eût eu la douleur de ne le pouvoir rétablir. Une santé moins vigoureuse que celle du maréchal Du Plessis eût eu sujet d'appréhender d'être fort ébranlée d'avoir quitté, dans les grandes ardeurs de l'été, l'air frais et sain du Milanais et du Piémont pour aller agir dans celui des Maremmes de Sienne; mais comme il a été accompagné d'une assez bonne fortune dans tout le cours de sa vie, il n'a jamais eu de maladie qui lui ait ôté le moyen de servir.

Il fut peu de temps à Turin sans avoir ordre de ce qu'il auroit à faire; et comme jusques à ce temps-là la conduite du cardinal avoit été secondée de beaucoup de bonheur, le mauvais succès d'Orbitello, ni le désordre où se trouva l'armée navale par la mort du duc de Brezé (1), ne changèrent point les desseins qu'avoit ce ministre d'entreprendre sur les places espagnoles aux côtes d'Italie. Il fit choix pour cet effet des maréchaux de La Meilleraye et Du Plessis. Il fait partir diligemment le premier pour Toulon, où l'armée navale étoit revenue; et, par une diligence et une conduite extraordinaire, il fit si promptement un armement nouveau, qu'il fut prêt à la mer avant que la mauvaise saison pût empêcher la navigation des galères. On donna au maréchal de La Meilleraye trois ou quatre mille fantassins de troupes nouvelles, qui s'embarquèrent à regret; et le maréchal Du Plessis eut ordre de prendre trois mille hommes des troupes du

---

(1) *De Brezé*: Armand de Maillé de Brezé, duc de Fronsac, surintendant général de la navigation; il commandoit la flotte française devant Orbitello, et fut tué d'un coup de canon le 14 juin 1646, à l'âge de vingt-sept ans.

Piémont, excluant néanmoins de son choix celles qui avoient été au siége d'Orbitello, que l'on croyoit rebutées.

Aussitôt ce commandement reçu, il ne pensa plus qu'à l'exécuter; et suivant ce qu'il concerta avec le maréchal de La Meilleraye, il partit le 8 septembre d'auprès de Cherasco, où il avoit fait son rendez-vous. Il ne prétendoit avoir que trois mille hommes de pied et deux cents chevaux, et il y trouva quatre mille cinq cents hommes, avec des plaintes fort obligeantes de tous les corps qu'il laissoit en Piémont, de ce qu'il les avoit oubliés dans son choix. Il fut effectivement si pressé par l'amitié que les officiers de cette armée avoient pour lui, que, sans un ordre exprès, il n'eût pas eu la force de résister aux instances qu'ils lui faisoient de les mener avec lui. Le prince Thomas demeura chez lui pour rétablir sa santé; et le maréchal Du Plessis marche à Oneille avec ce petit corps si bien intentionné, et dont il ne put jamais retirer deux cents hommes pour renvoyer en Piémont à l'escorte des bagages, tant ils étoient affectionnés à le suivre. Il attendit quelques jours à Oneille, où l'armée navale le devoit prendre. Il la vit enfin paroître avec toute la joie possible. On lui avoit donné le commandement particulier de l'armée navale, et ordre, en cas qu'on entreprît quelque siége, de s'y trouver, et d'y commander conjointement avec le maréchal de La Meilleraye. Plus de deux cents voiles parurent à la vue d'Oneille, tant en vaisseaux de guerre que galères, et autres bâtimens destinés pour le transport des vivres et de la cavalerie.

Le maréchal ne tarda point à presser l'embarquement de ses troupes ; mais il n'eut pas grand'peine à les y disposer : et le maréchal de La Meilleraye, qui avoit vu forcer les siennes à coups de bâton pour se mettre à la mer, fut si surpris voyant celles-ci se jeter à la nage pour entrer dans les chaloupes, qu'il en conçut l'espérance d'un très-heureux succès. Le maréchal Du Plessis, ayant achevé son embarquement, monta sur l'amiral, d'où il fut salué par toute l'armée navale, selon la coutume de la mer. Il s'appliqua autant qu'il put à bien vivre avec le maréchal de La Meilleraye. Ils avoient été de tout temps fort bons amis, mais ils étoient résolus tous deux d'être d'intelligence pendant cette petite campagne : ils y réussirent si bien que chacun s'en étonna, comme d'une chose quasi impossible entre deux personnes de pareil commandement.

Le maréchal de La Meilleraye s'étoit plaint à la cour de ce qu'il n'avoit pas une pareille autorité sur l'armée navale que le maréchal Du Plessis ; et celui-ci, de ce que le corps des troupes qu'il commandoit n'étoit pas si considérable que celui de l'autre. On les trouva si faciles à contenter, parce qu'ils s'accordoient d'eux-mêmes, qu'on leur envoya leurs pouvoirs sur mer et sur terre ; et la dépêche en arriva comme ils alloient descendre à Piombino. La résolution de ces deux chefs étant donc de vivre en intelligence, ils ne pensèrent plus qu'à la rendre utile en entreprenant quelque chose d'important ; et bien que, par les ordres qu'ils avoient en commun, il paroissoit que les intentions du cardinal Mazarini étoient qu'on attaquât Orbitello préférablement à toute autre place, on leur laissoit néanmoins tellement la liberté de leurs entreprises, que, voyant beaucoup d'inconvénient et peu d'utilité à celle d'Orbitello, ils la rejetèrent. On y auroit rencontré beaucoup de difficultés : le séjour que les troupes avoient fait aux environs pendant le siége, qui ôtoit tout moyen de subsister, étoit une des principales, mais qu'on eût essayé de surmonter si la conquête en eût été avantageuse, et qu'il y eût eu un port à cette place, qui, étant prise, obligeoit ensuite à l'attaque de Porto-Ercole; ce que difficilement la saison déjà fort avancée eût permis.

Ces deux généraux ne voulant donc perdre de temps, crurent ne pouvoir mieux faire que d'assiéger Porto-Longone. Cette place est située dans l'île d'Elbe, très-bien fortifiée dans un golfe qui lui sert de port, où toute une armée navale peut être fort à couvert : les galères mêmes y sont en fort grande sûreté; et l'on ne pouvoit, ce semble, considérer aucune place tenue par les Espagnols dans cette côte dont la conquête leur fût plus nuisible, par les moyens qu'elle nous donnoit de porter nos armes dans le royaume de Naples, et par ceux qu'on pouvoit avoir de se faire considérer par tous les princes d'Italie qui en sont voisins.

On ne sauroit croire les fruits que la France en eût tirés pour l'abaissement de la monarchie espagnole, si nos désordres ne lui eussent point arraché cette conquête. La résolution étant prise pour ce siége, les armées en prirent la route. On vint mouiller à l'île de la Planouze, fort proche de celle d'Elbe, tant pour faire eau que pour donner temps aux galères que conduisoit le commandeur de Souvré d'arriver, de concert avec les vaisseaux, où l'on vouloit agir. Les deux maréchaux crurent qu'en les attendant ils pouvoient mettre pied à terre dans l'île d'Elbe pour reconnoître la place. Ils y descendirent ensemble, et virent tout ce qui pouvoit les instruire, par un long chemin assez fâcheux qu'ils firent à pied dans les bois, et sur les rochers qui lui sont voisins.

Après qu'ils eurent reconnu ces lieux, ils remontèrent sur leurs vaisseaux, où ayant attendu assez long-temps, et avec beaucoup d'impatience, les galères et les barques qui portoient les vivres, et voyant que les unes ni les autres ne venoient point, non plus que ceux qu'ils avoient envoyés au devant pour leur en rapporter des nouvelles, ils furent sur le point de se mettre à la voile pour aller au devant de ce qui leur étoit si absolument nécessaire. Au moment qu'ils eurent pris cette résolution, ils virent paroître à une des pointes de l'île, du côté de Piombino, la dernière felouque qu'ils avoient envoyée aux nouvelles, qui, par le signal concerté, leur apprit l'approche des galères. Cela confirma donc le premier dessein qu'ils avoient fait du siége de Porto-Longone; et parce que, pour bien soutenir ce qui étoit projeté, il falloit ôter la facilité du secours qu'on y pouvoit donner par la grande terre, il étoit nécessaire de prendre Piombino, qui, par beaucoup de raisons, nous étoit d'une grande utilité.

On délibéra de commencer par la prise de cette place, assez mal fortifiée pour en espérer un prompt et favorable succès : mais parce que les ennemis avoient fait venir de l'Etat de Milan un corps de leur meilleure cavalerie, il falloit s'attendre qu'étant postée près de Piombino elle s'opposeroit à notre descente;

ce qu'elle pouvoit faire avec autant d'avantage que de facilité, à cause qu'au lieu où notre infanterie devoit mettre pied à terre il y avoit des dunes fort proches qui pouvoient servir à cacher cette cavalerie, et la mettre à couvert du canon de nos galères.

Cela étant ainsi reconnu, les deux maréchaux prirent leurs précautions pour ne pas recevoir un affront dans ce commencement, et disposèrent les choses en manière que les galères pussent favoriser notre descente avec le canon de Coursie. Cela fit mettre la proue autant proche de terre qu'il se put; et les chaloupes chargées de notre infanterie, partant tout d'un temps de dessous nos galères, déchargèrent les hommes si à propos, et la cavalerie des ennemis fit si mal et avec si peu de vigueur, qu'épouvantée du bruit de nos canons, et de la perte de trois ou quatre des leurs, elle n'osa jamais se mêler avec notre infanterie, ni la charger à sa descente; bien qu'elle l'eût pu faire sans péril, puisqu'étant jointe avec nos gens notre artillerie n'eût pu lui faire de mal sans nous en faire en même temps. Ainsi cette action que l'on croyoit si difficile se fit sans perdre un seul homme, et les deux maréchaux, dans une même chaloupe, descendirent à la tête de l'infanterie, qu'ils postèrent à l'instant sur une petite hauteur; après quoi la cavalerie espagnole n'osa plus rien entreprendre, et se retira en fuyant, comme si elle avoit été en grand danger.

Le débarquement achevé, les deux généraux s'approchèrent de la place, la reconnurent, et la nuit même firent prendre les postes pour en former le siége, qui ne dura que trois jours. Celui de devant la reddition de la place, le maréchal Du Plessis avec toute l'armée navale, et l'infanterie qui ne servoit point au siége de Piombino, s'en alla mouiller devant Porto-Longone, tant afin d'empêcher qu'on n'y jetât du secours des autres places du pays, que pour travailler aux préparatifs des choses nécessaires pour un grand siége. Le voisinage de ces deux villes fit que le trajet de l'une à l'autre ne dura pas trois heures. Le maréchal Du Plessis, sans perdre un moment, mit tous les ouvriers en besogne pour faire les fascines, gabions, pieux, et autres choses qui précèdent les attaques.

Aussitôt que Piombino fut rendu (1), et que le maréchal de La Meilleraye eut pourvu à sa garnison, il revint joindre le maréchal Du Plessis; et tous deux s'étant approchés de la place, et ayant campé les troupes aux lieux pour faire les attaques, les firent commencer sans perdre temps. On résolut deux approches qui se communiquoient. Un vallon nous donna la facilité d'ouvrir la tranchée d'assez près pour être maîtres de la contre-escarpe à la troisième garde. Les ennemis firent quelques sorties, mais assez foiblement pour ne nous pas incommoder. A la quatrième garde, on travailla à se bien établir sur le haut du chemin couvert, à y loger des pièces pour voir dans le fossé, et à y faire la descente.

Les généraux ne sortoient point de la tranchée de tout le jour; mais la nuit, chacun à son tour, ils la passoient tantôt sur la mer, pour s'opposer à l'armée navale des ennemis qu'on disoit s'approcher, et tantôt sur la terre à presser le travail. Il échut en la journée du maréchal Du Plessis de commencer le passage

(1) *Fut rendu* : Cette ville se rendit le 8 octobre 1646.

du fossé. Le maréchal de La Meilleraye et lui consultèrent ensemble, et ils y trouvèrent l'un et l'autre assez de difficultés, parce que la demi-lune qui étoit entre les deux bastions attaqués n'étoit pas en notre pouvoir, quoiqu'elle fût abandonnée des ennemis, qui, nonobstant cet abandon, pouvoient sans peine, par dedans le fossé qui étoit sec, venir à ceux que nous y ferions entrer pour y faire le logement du mineur, et avoient le chemin sûr pour soutenir leurs gens au travers du fossé. Le maréchal de La Meilleraye particulièrement crut la chose extraordinairement malaisée, et qu'on n'en surmonteroit pas les obstacles qu'avec beaucoup de temps. Ils étoient jugés grands aussi par le maréchal Du Plessis, mais non pas insurmontables. Il étoit accoutumé au passage des fossés secs; et sa plus grande peine pour celui-ci venoit du défaut de terre, parce qu'il étoit taillé dans le roc, et qu'il falloit en apporter de loin pour emplir les barriques dont on faisoit la traverse qui conduisoit au lieu où le mineur devoit être attaché. Pour travailler à cet ouvrage avec plus de sûreté, il fit quantité de logemens dans le chemin couvert de la contre-escarpe, afin d'être plus maître du fossé, et dominer avec des pierres ou des feux d'artifice sur l'ouverture faite pour y entrer. Après quoi il fit un autre petit logement à l'entrée du fossé capable de tenir trente hommes, qu'il ferma comme une redoute; et de là continua sa traverse jusqu'au bastion, qui, étant flanqué de cette petite redoute, donnoit assez de jalousie aux ennemis, aussi bien que tous les autres logemens, pour n'oser entreprendre d'empêcher ce travail. Ils vinrent une fois seulement par derrière la demi-lune, avec apparence de vouloir faire effort pour ruiner ce que nous faisions; mais comme on alla à eux par dedans le fossé, on les chassa, et ils ne voulurent point venir aux mains avec les nôtres.

Le maréchal de La Meilleraye venant de la mer pour relever le maréchal Du Plessis à terre, trouva l'ouvrage beaucoup plus avancé qu'il n'espéroit, et avoua qu'il ne s'attendoit pas à cette diligence. A peu de jours de là, le mineur mit les fourneaux en état de faire sauter le bastion, bien qu'il fût quasi tout de roche. L'ordre fut donné aussitôt, pendant le jour du maréchal de La Meilleraye, pour faire sauter la mine; et comme on avoit eu nouvelles que les ennemis avoient désarmé à la mer, et n'y ayant plus raison de craindre de secours considérables, les deux maréchaux s'appliquèrent à l'attaque de la place; tellement que le maréchal Du Plessis s'y trouvant quand la mine joua, résolut avec le maréchal de La Meilleraye de ne point faire donner d'assaut, et de se loger sur la brèche pied à pied : mais ceux qui étoient dans la tranchée n'observèrent pas l'ordre arrêté par les deux maréchaux, et qu'avoit donné le maréchal de La Meilleraye, qui devoit faire ce jour-là le détail de tout ; aussi la chose ne réussit-elle pas : et ceux qui montèrent sur la brèche ayant été repoussés, il fallut revenir à la méthode qu'on s'étoit proposée. Cependant les ennemis ayant pris cœur en repoussant les nôtres, ce logement se rendit bien plus difficile.

On le faisoit à droite et à gauche sur la brèche; mais comme nous arrivions en haut, c'étoit la grande difficulté. On employa vainement deux jours pour la surmonter; et les généraux voyant qu'il falloit faire quelque effort pour abréger l'affaire, s'y résolurent; et au jour que le maréchal Du Plessis commandoit, le comte son fils étant de garde à la tranchée, on sauta sur le bastion à l'entrée de la nuit; et ce mestre de camp, à la tête des gens commandés, chassa les ennemis du logement qu'ils avoient fait au bord de notre brèche, et les poussa jusque dans le fossé du retranchement fait à la gorge du bastion, où ils avoient logé des pièces. Ils ne rentrèrent pas tous dans leur place; les moins diligens demeurèrent dans l'espace du bastion qui n'étoit occupé de personne de notre part.

Bausme de Pille, capitaine de galère, qui voulut se trouver à cette attaque, y fut tué sur le haut du bastion, aussi bien que le capitaine du régiment du Plessis, qui commandoit les gens détachés, et quelques-uns encore du même corps, comme d'autres de la même garde; le maréchal de La Meilleraye étoit aussi dans la tranchée pendant cette action. Mais ce n'étoit point assez d'avoir sauté sur le bastion et de s'y être logé, il falloit s'y conserver : la chose n'étoit pas sans difficulté, et ne se pouvoit surmonter que par beaucoup de vigueur de notre part. Ce fut aussi par un feu continuel de mousquetades et de grenades, avec quelques piquiers bien résolus, que l'on soutint l'effort de ceux qui venoient du derrière du retranchement, par un petit chemin couvert, faire des tentatives pour chasser nos gens. Les gardes de l'amiral furent choisis pour tirer sans cesse à la tête de ce poste; ceux des deux maréchaux y jetèrent aussi quantité de grenades; enfin l'on s'appliqua avec tant de soin et de cœur à la conservation de ce logement, qu'après deux heures d'effort que les ennemis firent pour nous en chasser, voyant que c'étoit inutilement, environ à minuit ils firent la chamade pour traiter.

Le maréchal Du Plessis, qui étoit demeuré seul à la tranchée, les écouta ; il reçut les otages pour la capitulation, et donna avis au maréchal de La Meilleraye de ce qui se passoit. Ils conclurent ensemble ce qu'ils vouloient accorder aux assiégés, qui, après s'être défendus dix-neuf jours, remirent la place aux armes du Roi (1).

Ces deux maréchaux ayant ainsi conduit heureusement leur entreprise, et s'étant acquis chacun de leur côté beaucoup de gloire par une conquête si importante, après avoir pourvu à sa conservation, pensèrent à leur retour en France.

Le cardinal Mazarini ayant jugé qu'après la prise de Porto-Longone la conjoncture seroit favorable pour envoyer quelqu'un à Rome y faire valoir les affaires du Roi, le maréchal Du Plessis fut choisi pour cet effet ; et comme il étoit particulièrement attaché aux intérêts du cardinal, il avoit bien de la joie d'avoir cette occasion de pouvoir servir Sa Majesté vigoureusement, pendant le ministère de ce cardinal, dans un lieu si considérable, et d'où il étoit sorti ; car outre que tout ce qui se feroit à l'avantage de la France retourneroit à son honneur, ce ministre y avoit en son particulier des affaires importantes que le Roi étoit obligé de soutenir, et principalement la promotion de son frère au cardinalat. Mais comme avant la fin du siége de Porto-Longone tout fut ajusté à Rome, par la crainte qu'eut le Pape de cette ambassade, le maré-

(1) La reddition de Porto-Longone eut lieu le 29 octobre.

chal Du Plessis eut ordre de n'y pas aller. Le Saint-Père en usa sagement, parce qu'on pouvoit aisément aller à Rome en si grande compagnie, que Sa Sainteté n'eût pu s'empêcher de faire ce qu'on désiroit; et c'eût été d'une manière fâcheuse pour elle.

Les deux maréchaux s'en retournèrent donc en France sur des vaisseaux différens; le maréchal Du Plessis sur l'amiral, et l'autre sur la Lune. En approchant d'Antibes ils eurent le vent si contraire, qu'ils furent forcés d'y mouiller; ensuite ils allèrent par terre à Toulon, où le maréchal Du Plessis reçut ordre d'aller en Catalogne, et y mener par mer tout ce qu'il pourroit des troupes qui revenoient d'Italie, qu'on y joindroit à d'autres qu'on y faisoit passer par terre, dont il feroit une armée assez considérable pour empêcher que les ennemis ne fissent lever le siége de Lerida.

Il usa donc de toute la diligence possible pour mettre ce qu'il lui falloit de vaisseaux en état de faire voile; et cette diligence étoit nécessaire, parce que les Espagnols agissoient puissamment pour le secours de la place : tellement qu'après avoir fait équiper de nouveau ses vaisseaux, il mit toute son infanterie sur ceux qu'il avoit destinés pour ce voyage, et dans le mois de décembre il traversa le golfe de Léon; et bien que ce fût avec un très-grand vent, et tout-à-fait contraire, il arriva au cap des Mèdes en trois jours; mais le gros temps continuant, il fut contraint de s'y arrêter. Il y mit pied à terre avec ce qu'il avoit de principaux officiers. Il apprit à Terouaille-de-Mongri, petite ville proche le cap des Mèdes, que le marquis de Léganès avoit fait lever le siége de Lerida au comte d'Harcourt (1), avec qui le maréchal avoit ordre de commander les armées conjointement ou séparément, ou de lui envoyer les troupes qu'il conduiroit, en cas que le siége fût levé. Il exécuta le dernier, et les remit pour cet effet entre les mains de Manicamp, lieutenant général, et de Montpezat, maréchal de camp, et partit à l'instant pour retourner en France.

[1647] En son chemin il reçut ordre d'aller tenir les Etats de Languedoc. Cela l'arrêta quelques jours à Montpellier, d'où, ayant envoyé demander permission d'aller à la cour pour quelque peu de temps, il y reçut son congé, et partit aussitôt. A son arrivée il reçut de Leurs Majestés les marques de satisfaction qu'il pouvoit désirer, dans le petit séjour qu'il fit auprès d'elles.

Le cardinal Mazarini reconnoissant la faute qu'il avoit faite de laisser le Languedoc sans y avoir une personne pour y commander qui dépendît directement du Roi, parce que cette province étoit entièrement entre les mains du duc d'Orléans depuis qu'il avoit désiré qu'on en ôtât le maréchal de Schomberg, qui en étoit lieutenant général sous lui; le cardinal, dis-je, se repentant de cette faute, et la voulant réparer en mettant le maréchal Du Plessis à la place qu'avoit occupée le maréchal de Schomberg, fit offrir cent mille écus à l'abbé de La Rivière pour l'obliger d'y faire consentir Monsieur, duc d'Orléans, dont il étoit favori.

Le cardinal vouloit encore que le maréchal Du Plessis allât vice-roi en Catalogne, où il le croyoit

(1) Le 21 novembre 1646.

utile pour faire la guerre; et pensoit que ce seroit un grand avantage si celui qui commanderoit en Catalogne avoit l'autorité de tenir tous les ans les Etats de Languedoc, d'où il auroit plus de soin de faire venir les choses nécessaires pour la guerre de Catalogne, et plus de moyen de tirer de cette province la quantité d'hommes qu'elle peut fournir pour cette guerre : mais l'abbé de La Rivière, ayant tout-à-fait rejeté cette proposition, desservit considérablement le Roi, et fit perdre au maréchal Du Plessis un des plus beaux emplois qu'un homme de sa qualité peut avoir.

Le temps étant arrivé qu'on ne pouvoit plus différer la tenue des Etats de Languedoc, on fit partir le maréchal. Pour cet effet, il se rendit le plus vite qu'il put à Montpellier, ayant choisi cette ville, bien que criminelle, pour cette célèbre assemblée. Les années précédentes, la province avoit refusé opiniâtrément le don gratuit; la ville de Montpellier, outre cela, s'étoit rendue criminelle par le meurtre de quelques uns de ceux qui levoient les droits du Roi, et par le pillage d'une de leurs maisons : les mutins voulurent même passer plus avant, et cette émotion fut apaisée avec beaucoup de peine, mais elle étoit demeurée impunie : tellement que le maréchal Du Plessis ayant eu ordre pour la tenue des Etats, l'eut aussi pour le châtiment des mutins.

Plusieurs des principaux de la cour des aides étoient accusés de n'avoir pas agi avec toute l'affection qu'ils devoient : pour la punir, et la ville aussi en même temps, l'on crut qu'il falloit séparer cette cour souveraine de la chambre des comptes, avec qui elle étoit unie ; et même l'envoyer hors de Montpellier tenir sa séance et faire ses fonctions. Le maréchal Du Plessis eut ordre du Roi de faire l'un et l'autre ; et il envoya ces officiers, après leur séparation, à Carcassonne : après quoi, et devant que de faire l'ouverture des Etats, il s'appliqua avec Argenson et Breteuil, tous deux conseillers d'Etat, à faire faire le procès aux criminels ; et la chose se passa si heureusement, que le sort tomba sur deux misérables femmes coupables de quantité d'autres crimes, aussi bien que de celui-ci. Ensuite de quoi le maréchal Du Plessis fit venir chez lui les magistrats de la ville, et leur donna l'abolition de Sa Majesté pour tous les crimes dont la ville étoit chargée.

Cette action fut suivie d'une extraordinaire alégresse ; et à la consternation où la juste colère du Roi avoit réduit ce peuple succéda un tel sentiment de reconnoissance pour le maréchal Du Plessis, qu'il jugea bien ne s'être pas trompé dans l'espérance qu'il avoit eue qu'en traitant Montpellier de cette manière, les principaux, aussi bien que les autres, solliciteroient ceux des Etats, s'il les tenoit en ce lieu, pour faire heureusement réussir les affaires qu'il avoit à traiter pour le Roi avec les députés de la province, qui la plupart avoient grand attachement avec ceux de Montpellier. Ce furent aussi les raisons dont il se servit auprès du cardinal pour le faire consentir qu'après le châtiment fait à cette ville, on lui permît de la favoriser ; parce qu'outre la reconnoissance qu'ils auroient du bienfait qu'ils viendroient de recevoir de lui par l'abolition, qui les porteroit sans doute à bien solliciter les affaires du Roi, ils y seroient encore conviés par le désir de ravoir chez eux la cour des aides, composée des principales familles de Montpellier; à quoi ils croiroient avoir obligé Sa Majesté, si elle pouvoit une fois être informée qu'ils eussent bien fait leur devoir en cette occasion.

Ces raisons ayant été trouvées bonnes, on laissa au maréchal Du Plessis le choix de tel lieu qu'il voudroit pour la tenue des Etats; mais on lui ordonnoit de faire entrer dans le Languedoc un assez grand corps de troupes qui étoit dans les provinces voisines, afin qu'en commençant les Etats tous les députés pussent croire qu'on les réduiroit à la raison par force, si d'eux-mêmes ils ne s'y mettoient. Mais le maréchal Du Plessis jugeant cette conduite toute contraire à celle qu'il devoit tenir, et qu'en mettant des troupes dans le Languedoc c'étoit ôter le moyen aux peuples de fournir les grandes sommes qu'on leur demandoit, et leur donner un prétexte de les refuser, il supplia Sa Majesté de laisser à son choix ce qu'il jugeroit de mieux pour cela; et l'ayant obtenu, il le fit valoir encore à ceux avec qui il avoit à traiter : tellement qu'après avoir fait sa harangue à l'ouverture des Etats, et représenté ce dont il étoit chargé pour le service du Roi et le repos de la province, il pressa les députés de penser sérieusement à satisfaire Sa Majesté avant que de s'attacher à aucune autre affaire. Le maréchal soutint cette conduite avec fermeté, et fit connoître à tous ces députés en particulier ce qu'il avoit fait pour la province; et qu'ayant eu l'ordre d'y faire entrer une armée pour la réduire à ce que vouloit Sa Majesté avec justice, il avoit mieux aimé les y porter par la douceur. Il leur faisoit voir en même temps que si cette douceur étoit inutile, il pourroit facilement avoir recours à la force, qui seroit infailliblement à l'avantage du Roi; parce que les trois millions que l'on demandoit ne se devant exiger, selon l'ordre de Sa Majesté, que par termes assez éloignés, si la province ne se réduisoit par douceur à son devoir, elle y seroit contrainte par les gens de guerre, qui feroient bien donner de l'argent comptant sans attendre ces termes; et que, par les désordres qu'ordinairement les troupes commettent, le pays se trouveroit châtié de sa désobéissance passée, et donneroit exemple à tout le reste du royaume dans un temps où cela étoit assez nécessaire.

Le maréchal Du Plessis crut encore que, pour rendre ses raisons meilleures, il falloit traiter plus hautement avec les députés, et leur faire voir assez d'indifférence qu'ils accordassent le don gratuit par ses prières, puisqu'il les y pouvoit contraindre. Ainsi, au lieu d'aller solliciter dans leurs logis les députés du tiers-état, comme tous ceux qui avoient tenu les Etats avoient fait avant lui, il leur parloit d'une manière qui leur faisoit paroître que son dessein n'étoit que de leur donner avis de ne se pas laisser violenter à ce qu'ils devoient faire; et par cette manière d'agir il les persuada si bien de ce qui leur étoit le plus avantageux, qu'ils s'y résolurent entièrement.

Peu après ils lui envoyèrent par l'évêque de Montpellier un présent de trois millions de livres pour Sa Majesté; et depuis qu'on eut terminé les affaires particulières de la province, ils lui donnèrent encore pour lui quarante mille francs, malgré les sollicitations ouvertes que firent pour l'empêcher les comtes de Bioule et d'Aubijoux, lieutenans de roi en Languedoc, qui se déclarèrent contre lui sans raison; mais par cette seule vue que, souffrant qu'il se fît un présent si considérable au maréchal Du Plessis, cela donneroit envie à d'autres d'avoir la commission de tenir les Etats de la province, et leur ôteroit les avantages qu'ils espéroient en y présidant seuls chacun à son tour.

Cette affaire fut ainsi heureusement terminée par la bonne conduite du maréchal Du Plessis. Personne n'avoit été tant aimé dans la province que le duc de Montmorency : il n'avoit néanmoins jamais pu faire consentir les peuples à un si grand effort.

Les Etats étant finis, le maréchal Du Plessis eut ordre de repasser en Italie pour y faire la guerre. Son exacte obéissance pour les ordres du Roi l'obligea à se rendre promptement à Turin. Il y pressa la sortie des troupes pour la campagne ; et comme le duc de Mantoue traitoit pour entrer dans le service de Sa Majesté, il falloit concerter avec les entremetteurs de ce traité ce qu'on pouvoit faire du côté du Piémont, afin que ce duc eût moyen d'agir avantageusement de sa part.

Le cardinal Grimaldi s'avança pour cet effet sur les frontières du Montferrat et du Milanais, venant d'auprès de ce duc, où le prince Thomas et le maréchal Du Plessis le virent. Ils résolurent avec lui de s'avancer avec l'armée du côté de Tortone, pendant que le duc de Modène entreroit dans le Crémonais delà le Pô. Tout fut exécuté de part et d'autre suivant la résolution prise.

L'avantage fut petit; le prince Thomas et le maréchal s'avancèrent à Castelnau d'Escrivia, où ils séjournèrent tant qu'ils eurent de quoi y subsister. De là ils passèrent à Vauguières, où ils consumèrent tous les vivres ; ils furent même quelque temps à Castel-Saint-Jean, frontière du Plaisantin, faisant souvent mine de vouloir passer le Pô, et d'autres fois de se vouloir joindre au duc de Modène par le chemin du Parmesan : mais voyant enfin la saison si avancée qu'ils ne pouvoient faire croire aux ennemis qu'ils pussent entreprendre de siége, et qu'ils n'avoient plus de vivres pour demeurer plus long-temps dans le Milanais, ils conclurent de retourner en Piémont, et d'y mettre les troupes en quartier d'hiver, avec la pensée de donner pourtant jalousie de ce côté-là aux ennemis, afin que le duc de Modène pût mieux s'établir pour hiverner dans le Crémonais, comme il fit à Casal-Major, et autres lieux voisins.

Après le combat de Bozolo, où il étoit en personne, ayant sous lui Navailles et d'Estrades pour maréchaux de camp (le prince Thomas et le maréchal Du Plessis s'étant retirés en Piémont à la fin de l'année 1647, où ils passèrent l'hiver avec les troupes à l'ordinaire), le prince Thomas, qui avoit une entreprise sur Alexandrie, voulut essayer de la faire réussir ; et comme en ce même temps le maréchal Du Plessis eut ordre d'aller commander l'armée qui étoit dans le Milanais du côté de Crémone [1648], il prit le temps de partir de Turin avec le prince Thomas, qui s'acheminoit à son entreprise, et se posta avec lui entre Ast et Alexandrie, où ayant eu nouvelles que l'intelligence avoit manqué, le maréchal Du Plessis ne pensa plus qu'à faire son chemin. La fièvre qui le prit le soir même, dont il vouloit partir le lendemain, l'empêcha de passer Ast, où il demeura quelques jours, dans l'espérance de s'en délivrer; mais voyant qu'il n'en pouvoit attendre qu'une très-longue maladie, il se fit porter à Turin.

Il fut dangereusement malade de temps en temps : cela ne l'empêcha pas de rendre compte au cardinal de ce dont il étoit chargé. Ce premier ministre voulant absolument qu'il servît du côté de Modène, lui envoya les ordres du Roi avant même qu'il fût en état de les exécuter, et le pressa de telle sorte, qu'il l'obligea de partir avant qu'il pût aller autrement qu'en chaise. L'envie de satisfaire à ce qu'on désiroit de lui, et de ne perdre pas l'occasion de faire quelque chose de considérable, lui fit abandonner le soin de sa santé. Il se mit donc en bateau sur le Pô, et passa à Casal, bien que ce ne fût pas son droit chemin pour Gênes, mais parce qu'il vouloit voir le cardinal Antoine. De là il reprit la chaise, et avec ses gardes et son train fut à Gênes, où étant arrivé incognito, le marquis Jeannetin Justiniani le reçut en sa maison, et lui conseilla de ne pas refuser les honneurs que lui voudroit faire la République : mais il fut bien aise de s'excuser sur sa maladie de ce qu'il n'alloit point faire ses complimens au sénat. Il continue son voyage en chaise, passe à Parme, où le duc le reçut avec tout l'honneur dû à une personne de sa qualité et de son emploi. Mais comme, avant que d'arriver à Parme, il avoit eu avis que le marquis de Caracène avoit attaqué Casal-Major, où Navailles s'étoit retranché, et y avoit demeuré une partie de l'hiver, avec tout ce qu'il y avoit de troupes qui devoient composer l'armée, hors d'une bonne partie de celles de Modène, il pressa sa marche, afin de voir de quelle manière il pourroit agir pour ne pas laisser perdre Navailles et les gens qu'il commandoit.

Cet avis lui ayant redonné ses forces, et s'étant rendu à Reggio, le duc de Modène s'y trouva en même temps. Il n'y en avoit point à perdre pour le secours de Navailles, qui manquoit de vivres, comme nous de moyens pour lui en faire passer. On peut juger quelle douleur ce fut au maréchal Du Plessis d'arriver où il falloit agir dans une si fâcheuse conjoncture, et d'avoir à délivrer d'un siége des troupes qui devoient conquérir le Milanais.

Il fut tenu plusieurs conseils avec le duc de Modène pour aviser comme on pourroit secourir Casal-Major. En partant de Reggio, on crut devoir se poster sur le Pô à Bercel. Il se fit plusieurs propositions; mais toutes parurent si difficiles, pour ne pas dire impossibles, que l'on jugeoit quasi la perte de nos troupes infaillible.

Le Pô en cet endroit a plus de demi-lieue de large. Vis-à-vis de Casal-Major il y avoit une île assez grande dont les ennemis d'abord s'étoient saisis, étant descendus depuis Pavie dans des barques sur la rivière; et ayant fortifié cette île avec de bons forts en tous les endroits où l'on y pouvoit aborder, ils y avoient logé de l'infanterie. Ils passèrent après toutes leurs troupes au-dessus de Casal-Major, sur le bord du Pô, où étant demeurés quelque temps, et voyant que cela n'empêchoit pas qu'on n'y jetât des vivres depuis Bercel par Viadana, terre du Mantouan qui est vis-à-vis de Bercel, ils se résolurent à changer de poste, et, faisant le tour de Casal-Major, vinrent se loger au-dessous. Ils s'y retranchèrent sur le bord du Pô, nous ôtèrent la communication des Etats de Modène par Viadana, et réduisirent de cette sorte ce petit corps à cinq ou six jours de vivres.

C'est l'état où étoient les affaires quand le maréchal Du Plessis vint à Bercel. Personne ne peut ignorer qu'il n'eût été fort nécessaire, pour secourir les assiégés, d'avoir une bonne armée, quantité de barques pour la passer delà le Pô, et un abord assuré de l'autre part, pour de là marcher aux ennemis; et même quand on n'eût eu qu'une partie de ces choses, il eût semblé qu'on n'eût pas dû tout-à-fait désespérer de réussir à ce qu'on vouloit entreprendre. Mais comme l'on n'avoit que fort peu de troupes, fort peu de barques, et nul endroit assuré où l'on pût descendre, les ennemis étant maîtres de tout l'autre bord du Pô, on se voyoit quasi hors d'espérance; et la perte de l'armée dans Casal-Major paroissoit indubitable.

Le duc de Modène avoit fait venir à Bercel toutes les recrues des corps d'infanterie qu'il avoit dans Casal-Major : il y en avoit aussi quelques-unes des nôtres; le tout pouvoit faire douze cents hommes de pied. Outre cela, il y pouvoit avoir sept ou huit cents chevaux de carabins, ou autre cavalerie du même duc, et douze barques sur quoi il falloit charger tous ces gens-là. Les uns disoient qu'il se falloit laisser couler sur la rivière assez loin pour débarquer en sûreté, puis marcher en un lieu où l'on donneroit rendez-vous à Navailles, qui, sortant avec ses troupes, s'y viendroit joindre à nous; et qu'après nous marcherions tous ensemble contre les ennemis, que nous attaquerions, encore que leur camp fût retranché autant qu'il le pouvoit être.

Il ne se faut pas étonner si en de semblables extrémités on fait des propositions de cette nature, n'y ayant point d'autres remèdes que les extrêmes ; mais celui-là fut rejeté comme impossible, quoiqu'il n'y en eût point de plausible : car de penser qu'on eût pu débarquer avec ce peu de troupes vis-à-vis de Bercel, où les ennemis tenoient une garde de cavalerie, et qui en étoient campés si proche, cela paroissoit ridicule.

L'autre proposition que l'on fit ne l'étoit pas moins. L'on vouloit, avec nos douze barques chargées de nos troupes, remonter le Pô en suivant le côté du Parmesan, malgré le duc de Parme ; et quand nous serions montés plus haut que Casal-Major, un peu au-dessus de l'île fortifiée, et gardée par les ennemis, traverser la rivière, et venir aborder à Casal-Major, nonobstant l'opposition que nous pourroient faire vingt-quatre barques armées de mousquetaires, et de petites pièces qui faisoient garde sans cesse de ce côté-là.

Avec toutes les difficultés de cette proposition, il s'y en rencontra une autre encore plus impossible à vaincre ; c'étoit le défaut d'eau le long de cette rive parmesane. Mais le maréchal Du Plessis ne voyant point d'autre parti à prendre, après avoir fait embarquer toutes les troupes, songeoit continuellement aux moyens de sortir de cet embarras. Il s'aperçut que l'eau du Pô se trouboit ; et parce qu'il connoissoit cette rivière, cela lui fit juger qu'il avoit plu du côté d'en haut, et qu'infailliblement elle grossiroit.

Comme il ne falloit point perdre cette faveur du ciel, il envoya Chouppes, qui commandoit l'artillerie, dans un petit bateau de pêcheur, et quelques matelots experts, le long du bord du fleuve, dont il avoit besoin pour le sonder. Ils remontèrent jusque vis-à-vis de l'île que tenoient les ennemis et qui couvroit Casal-Major, et trouvèrent que depuis qu'on avoit vu l'eau se troubler, elle étoit assez crue pour fournir ce qu'il falloit à remonter les barques.

Cette difficulté, que tous les mariniers avoient désespéré de pouvoir surmonter, ayant été vaincue par la faveur du ciel, on crut qu'il nous favoriseroit au reste de l'entreprise. Cependant l'opposition que nous faisoit le duc de Parme étoit la première à laquelle il falloit trouver un remède. Le maréchal Du Plessis fut d'avis qu'en même temps qu'on partiroit pour remonter les barques on envoyât lui demander passage, en lui disant qu'on s'acheminoit pour le prendre, afin qu'il pût avoir cette excuse envers les Espagnols, à qui il diroit qu'il ne nous l'avoit accordé que parce qu'il n'avoit pu nous l'empêcher, et qu'ainsi cela le fît résoudre à ne nous le pas refuser, étant bien certain qu'il le falloit prendre ; mais qu'il nous importoit extrêmement de ne pas rompre avec lui.

La chose s'exécute ainsi qu'on l'avoit résolue : on remonte les barques jusques aux confins du Parmesan. La rivière de Lens, qui entre dans le Pô, fait la séparation de cette province d'avec le Modénois. Les barques s'arrêtent en cet endroit, parce que n'ayant pu contenir la cavalerie, et cette rivière ne se guéant point en entrant dans le Pô, il fallut attendre quelque temps pour avoir la réponse du duc de Parme. Il est vrai que si l'on n'eût point rencontré cette dernière difficulté, on n'auroit pas eu cette circonspection; mais comme on ne pouvoit prendre le passage sans faire quelque violence sur un corps-de-garde de cavalerie parmesane qui étoit de l'autre côté, et qu'on la vouloit éviter, pour ne point perdre temps on fit une chose qu'on n'avoit point prévue. Un peu au-dessus de l'embouchure de la Lens dans le Pô, il se forme des îles peu distantes de la rive du Parmesan, et qui vont presque vis-à-vis de celle que les Espagnols tenoient devant Casal-Major. On crut qu'il seroit à propos de décharger toute l'infanterie dans la première, et qu'après, de celle-là, on iroit dans les autres peu à peu; qu'on se serviroit ensuite des barques qui seroient vides de cette infanterie pour passer la cavalerie dans le Parmesan, afin qu'étant sur la rive du Pô au-delà de la Lens, elle pût marcher le long de la rivière à mesure que l'infanterie remonteroit dans les îles, d'où avec les barques remontant plus haut que Casal-Major, on essaieroit d'y entrer, malgré toutes les difficultés que l'on avoit prévues. Cependant celui qu'on avoit envoyé à Parme passa tout le jour en sa négociation, et n'apporta le consentement qu'on demandoit qu'à soleil couché. Mais le marquis de Caracène, avec l'armée espagnole, crut que le meilleur pour lui étoit de n'attendre pas cette poignée de gens. Il délogea à l'instant qu'il vit entrer ce peu de notre infanterie dans les îles dont nous venons de parler; et l'on peut dire avec vérité que jamais armée ne fut moins en péril que la sienne en cette occasion.

Le duc de Modène et le maréchal Du Plessis ayant été avertis de ce délogement, qu'on pouvoit appeler une honnête fuite, passèrent incontinent à Casal-Major, où étant arrivés avec bien de la joie pour Navailles, et pour toutes les troupes enfermées avec lui, le maréchal Du Plessis proposa de suivre les ennemis avec tout ce qui se trouva là, jugeant fort bien que la terreur qui les avoit obligés à se retirer si vite lui donneroit lieu de faire quelque chose de considérable; mais l'on trouva si peu de ce qui étoit nécessaire pour la marche, qu'il fallut se contenter de l'avantage que leur résolution avoit produit aux armes du Roi.

Le marquis de Caracène passa deux rivières sans s'arrêter; et les troupes qu'il avoit tant appréhendées furent trois jours à passer sans avoir trouvé d'obstacles. De là on peut juger, si elles en eussent rencontré le moindre, comment elles auroient fait ce trajet. La bonne fortune et l'intrépidité du maréchal sauvèrent Navailles et les troupes; et si le maréchal eût trouvé à son arrivée les choses disposées à pouvoir conduire avec lui de l'artillerie et des vivres, il eût pu aller à Crémone par le droit chemin, où il seroit arrivé long-temps avant Caracène, et par ce moyen il auroit trouvé la place sans un seul homme de guerre. Cette action se fit entre le dernier de mai et le premier de juin.

On trouvera peut-être étrange que le cardinal Mazarini eût assuré le maréchal Du Plessis que toutes les choses étoient prêtes à Casal-Major pour se mettre en campagne, et qu'il y eût trouvé si peu de disposition : mais ce n'est pas une merveille que les armées éloignées soient sujettes à ces retardemens; et que ceux qui sont chargés de l'exécution manquent des moyens d'y satisfaire.

La marche des ennemis ayant été si précipitée sans raison, fit croire au maréchal Du Plessis qu'on pouvoit, avec moins de précaution qu'à l'ordinaire, entreprendre sur eux; mais on ne pouvoit se passer pour un siége de certaines choses qui sont absolument nécessaires. Les bœufs pour charrier les vivres avoient été pris dans l'île proche de Casal-Major quand les nôtres s'y postèrent; ce qu'il en falloit encore pour le même attirail n'étoit point acheté; toutes les poudres, boulets, plomb, mèches, et autres munitions, n'étoient non plus à Casal-Major : il fallut donc y séjourner, afin de pourvoir à tous ces besoins. Ceux qui étoient chargés d'en faire les achats furent dépêchés avec diligence pour cet effet; mais le mois de juin se passa presque tout en cette attente : ce séjour fut employé à l'ajustement des troupes, à les voir, et à exercer les nouvelles levées.

Notre séjour à Casal-Major produisit un obstacle nouveau, et si considérable pour ce qu'on pouvoit faire cette campagne, qu'on ne crut pas être en état de le surmonter. Le marquis de Caracène se voyant donc à couvert près de Crémone, et qu'on ne marchoit point à lui, s'imagina que les Français seroient bien empêchés de s'avancer pour faire des progrès dans le Milanais, si, depuis le Pô à l'endroit de Crémone, il faisoit un retranchement jusqu'à la rivière de l'Oglio. Cet espace est environ de neuf petits milles de ce pays-là, qui à peine peuvent faire trois lieues de France. Ce marquis s'appliqua donc à cette œuvre avec grande activité; et comme le Milanais est fort peuplé, et qu'il y alloit du salut de la province, il eut tant d'hommes pour travailler à ce retranchement, qu'en moins de temps qu'il n'en fallut au duc de Modène et au maréchal Du Plessis pour être en état de marcher, ce grand travail fut achevé; mais de telle manière qu'on ne pouvoit croire qu'on osât entreprendre de forcer une armée derrière ce formidable rempart.

Il falloit passer trois fossés : le premier étoit celui d'un grand chemin assez profond, comme le sont tous ceux de ce pays-là, après lequel on trouvoit un de ces grands canaux qui arrosent en beaucoup d'endroits la Lombardie, fort large et profond, plein d'eau, que les écluses haussoient tellement qu'elle regorgeoit par toute la campagne voisine. Au-delà de ce canal se trouvoit le fossé du grand retranchement, des plus larges qui se fassent, creux à proportion, et assez pour avoir fourni la terre qu'il falloit pour élever un parapet; si bien que pour tirer par dessus on fut obligé de faire trois banquettes derrière. De cent pas en cent pas cette ligne étoit flanquée de bons redents; on y avoit logé et retranché les troupes qui devoient la défendre.

Le duc de Modène et le maréchal Du Plessis étoient bien informés de ce grand ouvrage, de la force de l'armée ennemie, et des postes qu'occupoient chacun de leurs corps. Tous les jours un homme du pays visitoit l'armée et le travail des Espagnols, et rendoit compte au maréchal Du Plessis, ou par ses gens, ou par lui-même, de tout ce qui s'y passoit.

Les choses étant en cet état, il fallut résoudre ce qu'on feroit pendant la campagne. La place ennemie la plus voisine de Casal-Major étoit Sabionetta; mais comme elle étoit fort reculée, et qu'elle touchoit au

Mantouan, la conquête ne nous en étoit d'aucune utilité, et ne répondoit pas à ce qu'on attendoit des Français cette année; il falloit donc passer cet horrible retranchement pour faire quelque chose considérable, et après cela battre l'armée qui étoit derrière. Le maréchal Du Plessis proposa cette action au duc de Modène, qui jugea comme lui qu'elle étoit nécessaire, quoique très-difficile.

On se prépare à l'exécution de ce dessein, qui demandoit et de la conduite et de la valeur. Le duc de Modène approuva le projet qu'en fit le maréchal Du Plessis. On ne devoit rien espérer de toute la campagne, que cette entreprise n'eût eu une heureuse fin; et pour ne la pas manquer, il ne falloit rien omettre pour ôter la connoissance aux ennemis de l'endroit où l'on devoit les attaquer. Cela fit croire au maréchal Du Plessis qu'il devoit se poster avec l'armée devant le milieu du retranchement, mais non pas si près que si l'on vouloit dérober une marche, on ne le pût faire avec facilité : il se rencontra heureusement pour cet effet un village situé de cette manière, et qui n'étoit qu'à deux petits milles du milieu de ce retranchement.

L'on résolut donc en partant de Casal-Major d'y aller camper l'armée. On en partit sur la fin du mois de juin; et les troupes commencèrent d'arriver à quatre heures du soir au village dont nous venons de parler, après une fort prompte marche. C'étoit avec dessein qu'ayant pris un peu de rafraîchissement, on marcheroit toute la nuit pour se trouver à la pointe du jour à l'endroit où l'on vouloit faire l'attaque; mais comme il s'étoit rencontré force défilés dans cette dernière marche, l'arrière-garde n'arriva que vers la nuit : cela fit changer la pensée qu'on avoit eue pour ce jour-là, et remettre tout au jour suivant. Cependant l'on fit quelques fascines, plutôt pour la forme qu'avec espérance qu'elles pussent être utiles, parce qu'ordinairement en telles occasions les soldats qui en sont chargés ne les portent pas jusques aux fossés que l'on veut passer.

Le maréchal Du Plessis, qui jusque là n'avoit parlé de son projet qu'au duc de Modène afin de le tenir secret, crut à propos d'assembler les principaux officiers de l'armée, pour apprendre leurs sentimens sur une affaire si délicate, et de telle conséquence. Le duc de Modène fut de son opinion. Le conseil s'assemble : le projet fut proposé, et généralement approuvé de tous les officiers, hors d'un seul, qui fut d'avis qu'avant que de résoudre la manière de l'attaque, on devoit reconnoître le retranchement, et qu'avec toute l'armée on s'allât mettre en bataille à la vue des ennemis, pour prendre ensuite le parti qui seroit le meilleur; parce qu'il sembloit n'être pas tout-à-fait raisonnable de se confier entièrement à celui qui avertissoit le maréchal Du Plessis, et qu'en une chose de cette importance on ne pouvoit avoir trop de précaution.

Cet avis, à le considérer en gros, paroissoit fort bon; on en a quasi toujours usé de même en toutes les attaques des armées retranchées, et surtout quand on n'a pas eu dessein de faire de fausses attaques pour dérober aux ennemis la connoissance de la véritable : mais comme il falloit en cette occasion que la conduite égalât la vigueur, et qu'on essayât d'attaquer les plus foibles troupes plutôt que les autres, nous ne devions rien faire qui les pût obliger au changement de poste, parce que le maréchal étant averti de celui de chacun de leurs corps, s'il y eût eu quelque mouvement parmi eux, ce n'eût plus été la même chose ; outre que la proposition de se mettre en bataille à la vue des lignes ennemies étoit impossible, pour la grande quantité d'arbres et de vignes hautes, élevées à la mode du pays, qui s'y opposoient.

On continua donc la première résolution. Le maréchal Du Plessis fit écrire l'ordre de la marche ; et comme l'on vouloit faire trois attaques en un même endroit, on les donna à commander à Boissac et à Navailles, maréchaux de camp de l'armée du Roi, et à Laleu, de celle du duc de Modène. L'ordre de la marche fut donné pour ce même jour deux heures avant le coucher du soleil ; chacun eut le sien par écrit, et le tout approuvé par le duc de Modène. Le maréchal Du Plessis voulut se charger du soin entier de la marche ; elle fut conduite assez heureusement, pour n'avoir pas manqué d'un moment à tout ce qui avoit été projeté. La quantité des haltes qui se faisoient après les défilés fit que toutes les troupes ne se trouvèrent jamais séparées.

Je remarque particulièrement l'ordre de cette marche, comme je ferois en une autre action la vigueur d'une attaque, parce qu'il est certain qu'on ne pouvoit réussir en celle-ci sans une circonspection extraordinaire, pour ne manquer en rien de ce qui avoit été ordonné ; et si les troupes n'eussent pas été bien ensemble, le moindre soldat écarté eût donné connoissance aux ennemis de ce qu'on vouloit faire, et cela eût ruiné l'entreprise.

Le maréchal Du Plessis, comme nous l'avons dit, étoit parfaitement informé de quelle manière les ennemis étoient postés dans leurs retranchemens, et comme ces retranchemens étoient faits ; que le régiment d'infanterie de Signargue, et celui de Stons de cavalerie allemande, étoient postés à l'endroit qui se joignoit à la rivière de l'Oglio. Le régiment de Signargue étoit assez fort; mais comme il n'avoit que trois ans d'ancienneté, et que les plus proches troupes qu'il avoit près de lui n'étoient que des milices, le maréchal Du Plessis crut que l'attaque de ce côté-là seroit la meilleure, sans considérer la peine que lui pourroit donner ce régiment de six cents chevaux allemands, puisqu'en pareille occasion l'infanterie agit beaucoup plus que la cavalerie.

Il passa par dessus la considération qu'en une autre rencontre il auroit eue pour les gens de Stons; et pour empêcher que les meilleures troupes, et même toute l'armée ennemie, ne se portât en cet endroit, il fit semblant de faire deux autres attaques, l'une à l'opposite du village d'où il délogeoit, et l'autre un peu plus à main droite, en s'approchant de celle qu'il alloit faire avec toute l'armée. Il ordonna à ceux qui commandoient ces fausses attaques qu'en s'approchant du retranchement des ennemis ils fissent bien semblant de ne vouloir pas être entendus, commandant à chacun de ne point faire de bruit; car cela donne bien plus de soupçon que lorsqu'on fait le contraire, ainsi que tout le monde fait en pareilles occasions, le grand bruit faisant voir que ce n'est pas tout de bon. Le peu de cavalerie et d'infanterie qu'il avoit destiné pour cet effet aida bien à faire observer le silence; les ennemis, demeurant incertains du lieu où se feroit le véritable effort, y contribuèrent de leur côté.

Le maréchal arriva heureusement à la pointe du jour au lieu projeté; et après avoir placé ses troupes dans une petite plaine qu'il trouva comme on lui avoit dit, il y fit halte, puis lui-même alla seul reconnoître le retranchement sans que les ennemis eussent d'alarmes. Il s'en approcha, et parla à la sentinelle, comme s'il eût été de même parti; et ayant trouvé les choses juste comme on les lui avoit rapportées, il retourna diligemment prendre les troupes où elles faisoient halte; et après avoir fait savoir au duc de Modène ce qu'il avoit vu, il fit commencer les attaques.

Les trois maréchaux de camp se postèrent avec leurs gens sur le bord du premier fossé, qui fut assez facile à passer en cet endroit; mais le second n'étoit pas de même. Nous l'avons décrit fort large et fort profond : il se trouva en cet endroit plus large et plus creux qu'ailleurs; mais l'eau n'y étoit pas si haute, et le fossé de part et d'autre étant fait en talus, donnoit lieu d'y descendre jusques à l'eau assez aisément: avec tout cela, il falloit le passer, et dans le fond il y avoit de l'eau pour y nager en plusieurs endroits. Il étoit assez large pour y avoir besoin d'un grand nombre de fascines à le combler; aussi celles qu'on y avoit portées ne furent pas de grande utilité.

La bonne fortune du maréchal aida plus dans cette rencontre que la précaution des fascines. Sa bonne fortune, dis-je, fit rompre une retenue d'eau qu'on avoit appuyée contre les piliers d'un pont de bois qui se trouva à notre main droite; ce qui nous fut un grand avantage, parce que l'eau s'étant écoulée, quelques soldats des plus hardis passèrent en certains endroits avec grande peine, car elle étoit encore bien haute; et quelques autres sur de grands arbres qui traversoient le fond du fossé, qui étoit plus étroit que le haut. Ces peupliers fort gros et fort longs se trouvèrent heureusement en cet endroit, où les ennemis les avoient abattus pour en prendre les branches dont ils avoient fait des fascines, et cela facilita extrêmement le passage du second fossé : de là on vint au troisième, qui étoit assez grand, mais bien plus facile; c'étoit celui du retranchement sur lequel étoit le parapet dont nous avons parlé, que défendoient les ennemis.

Les trois maréchaux de camp, après avoir fait passer leurs gens comme nous venons de dire, les attaquèrent aussi vigoureusement qu'il se peut. Ils furent reçus de même; mais ce ne fut pas long-temps, et la résistance ne dura tout au plus qu'une demi-heure. La conduite du maréchal Du Plessis abrégea beaucoup cette affaire, parce que voyant des troupes ennemies à main gauche de celles qu'on attaquoit qui quittoient leurs postes pour secourir ceux des leurs qui étoient pressés, il crut qu'il les en falloit empêcher par une quatrième attaque, qu'il leur fit faire par le corps de réserve qu'il avoit gardé exprès, en sorte qu'ils furent contraints d'abandonner le poste; et les autres, se voyant hors d'espoir d'être secourus, quittèrent la ligne, que les nôtres passèrent à l'instant.

Le régiment de Stons, qui soutenoit l'infanterie, voyant la nôtre se jeter par dessus le retranchement, la fit bientôt retourner de notre côté ; mais s'étant arrêté sur la berme par ordre qu'en donnèrent les maréchaux de camp, les mousquetaires tinrent cette cavalerie allemande assez éloignée du retranchement pour donner lieu à la nôtre de passer. Elle eût été pourtant bien empêchée de former des escadrons delà la ligne avec l'aide de ses mousquetaires, parce qu'elle passoit à la file, et avec tant de peine, que les cavaliers menant leurs chevaux par la bride sans être dessus, en avoient beaucoup à les faire descendre dans le fossé, leur faire passer l'eau et la boue qui étoit au fond, et puis remonter jusques au haut du fossé : après quoi ce n'étoit pas fait, car il falloit trouver une entrée dans le retranchement, n'y en ayant point qui ne fût bouchée.

Le pont dont nous avons parlé étoit tout rompu, aux traverses près ; et comme il indiquoit une porte, un cavalier ayant trouvé des planches en mit bout à bout sur ces traverses, et fit un chemin pour passer un homme de pied. Le cavalier inventeur de ce pont y fit passer son cheval, et donna l'exemple à beaucoup d'autres, qui le suivirent. On rompit la porte qui se trouvoit en cet endroit : cela donna moyen de former un escadron, et de faire entrer la cavalerie et l'infanterie avec plus de facilité. Aussitôt le chevalier de Baradas avec un escadron, et Bezemeaux avec un autre composé d'une des compagnies du cardinal Mazarini, dont il étoit officier, chargèrent, sans attendre plus de forces, ce qu'ils virent de cavalerie et d'infanterie.

Le maréchal Du Plessis pendant ce temps-là passoit à main gauche de cette porte par une autre ouverture qui se trouva, et le duc de Modène ensuite. Le maréchal Du Plessis ne pensa plus qu'à prendre du terrain pour former les escadrons et les bataillons, et les mettre en ordre de bataille; et pour le faire plus sûrement, il poussa devant lui ceux qui avoient déjà chargé, tant pour donner sujet aux ennemis de continuer dans leurs désordres, que pour éviter lui-même de s'y trouver tandis qu'il se mettoit en état de combattre. Ce qu'ayant fait voir au duc de Modène, il se mit à la tête des troupes; et comme celles des Espagnols se trouvèrent déjà fort ébranlées, bien qu'elles fussent en bataille et en bon ordre, la frayeur que leur avoient donnée les fuyards leur ôta une grande partie de leur résolution, si bien qu'ils ne purent soutenir la vigoureuse charge de nos gens. Le marquis de Caracène y fit ce qu'il put; mais l'effort des nôtres fut tel, qu'il abandonna le combat et se jeta dans Crémone. Le voisinage de cette place lui sauva la moitié de son armée; le reste se trouva prisonnier, tué, ou dissipé par la fuite dans les Etats voisins du Milanais.

Cette bataille ne dura pas long-temps, et coûta peu de sang aux Français, qui étoient inférieurs en nombre aux ennemis. Le maréchal Du Plessis y perdit son second fils, qui fut tué à l'attaque du retranchement, et dont on lui apprit la mort dans le temps que les ennemis étoient encore en présence. Ce fut une assez rude épreuve à sa constance; mais Dieu lui fit la grâce de la lui conserver, sans autre émotion que celle de souhaiter le repos de son ame, et il continua toujours à donner les ordres nécessaires pour achever cette action.

Tout le bagage des ennemis fut pris, avec environ deux mille prisonniers; et il y demeura mille morts sur la place. Quand on commença la marche pour venir avec l'armée au lieu qui fut attaqué, l'on fit marcher le bagage, le pain de munition et le canon, séparés de l'armée d'une distance assez grande : tellement qu'avec le chemin que l'on fit après les ennemis, on se trouva si éloigné de ces trois choses qui nous étoient absolument nécessaires, que pour ne les hasarder pas il fallut s'arrêter où le combat cessa; outre que nous étions chargés de prisonniers au milieu d'un pays ennemi, sans nulle retraite plus proche que Bercel. Cela nous fit perdre le temps, qu'on eût employé avantageusement si l'on eût marché à l'instant pour gagner le passage de la rivière d'Adda, devant que ce qui se retira à Crémone eût pu se poster au-delà de ce fleuve, qui s'embouche fort près de cette place dans le Pô : tellement qu'on fut obligé d'attendre tout le lendemain, tant pour avoir l'artillerie, le bagage et le pain, qu'à se défaire des prisonniers, qu'on envoya sous bonne escorte dans les Etats de Modène.

Pendant ce séjour, le duc de Modène et le maréchal Du Plessis dépêchèrent en France pour informer Leurs Majestés de cet heureux succès. Le comte Du Plessis, fils aîné du maréchal, fut chargé de cette dépêche, qu'on reçut fort agréablement. Le Roi et la Reine en témoignèrent par leurs lettres une grande satisfaction au duc de Modène et au maréchal Du Plessis; et le cardinal en écrivit à l'un et à l'autre, comme espérant qu'une action si extraordinaire produiroit de grands effets pendant le reste de la campagne.

Cette bataille se donna entre le dernier de juin et le premier de juillet, un mois après le secours de Casal-Major. On pouvoit s'attendre avec raison à une fort heureuse campagne, après un si beau commencement. Il avoit été nécessaire de se faire un passage au-delà de ce Trancheron, pour s'ouvrir le chemin aux conquêtes : et comme l'entreprise avoit réussi avec tant de bonheur, l'armée qui défendoit le Milanais ayant été battue, il sembloit qu'on ne pouvoit manquer de conquérir une bonne partie de ce pays cette même année.

Pour commencer, le maréchal Du Plessis avoit deux pensées : l'une d'assiéger Crémone, et l'autre Pizzighitone. Ce qui s'étoit sauvé de l'armée ennemie dans Crémone lui ôta le dessein d'entreprendre sur cette place; de sorte que tout se réduisoit à Pizzighitone. Ce dessein étoit bien plus raisonnable que l'autre, parce qu'il étoit plus proportionné à nos forces. Il en fit les propositions au duc de Modène, qui en demeura d'accord.

Pizzighitone est situé sur la rivière d'Adda, qu'il falloit passer pour en faire le siége. On se poste pour cet effet sur le bord de ce fleuve, croyant que les ennemis n'y seroient point encore retranchés de l'autre part, ou que l'étant, ce ne seroit peut-être pas en tant d'endroits qu'on n'en pût trouver quelqu'un pour y faire le passage sans une trop vigoureuse opposition. Les choses ne se rencontrèrent pas néanmoins de cette manière. Les ennemis avoient laissé dans Crémone, avec la milice du pays et les habitans armés, un assez bon corps de cavalerie et d'infanterie pour n'y pas appréhender une insulte; et le surplus de toutes leurs troupes se trouva au-delà de l'Adda, toutes à couvert, soit par leur travail, ou par les avantages du lieu : tellement que le maréchal Du Plessis en ayant reconnu tous les bords, et trouvant le passage tout autrement qu'on ne lui avoit figuré, jugea qu'il y auroit de grands obstacles, et qu'on ne pourroit passer qu'en chassant les ennemis qui s'y opposoient, ou en dérobant le passage en quelque endroit où ils ne fussent pas logés. L'un et l'autre étoit malaisé; l'on ne savoit où l'on pourroit dérober ce passage, et il paroissoit impossible de forcer les ennemis en traversant en leur présence une grande rivière, de l'autre côté de laquelle ils étoient retranchés. On voulut néanmoins le tenter à la faveur du canon; mais nous avions si peu de bateaux, qu'il n'y eut pas lieu de croire qu'on y réussît.

On avoit fait entendre au cardinal Mazarini que tout ce qu'il falloit pour faire les ponts sur les grandes rivières étoit prêt à marcher. Il l'écrivit au maréchal Du Plessis avant qu'il partît de Piémont, sachant bien qu'on ne peut rien faire dans le Milanais sans cela; et le maréchal Du Plessis croyant la chose certaine, n'en fit point d'autre instance : mais en arrivant à Casal-Major il n'y trouva que douze bateaux à mettre sur des chariots, et il en falloit au moins trente-cinq pour faire un pont sur l'Adda; tellement que si les ennemis nous eussent laissé ce passage libre, il ne nous eût été d'aucun avantage, puisque nous n'avions pas moyen de nous en prévaloir par un pont.

On fut plusieurs jours sur le bord de cette rivière, cherchant quelque conjoncture favorable pour ce passage, avec le dessein que, si nous n'avions point de quoi faire un pont pour le siége de Pizzighitone, nous pourrions passer l'armée dans nos douze petits bateaux, et nous rendre sur le bord du Tésin, du côté de Milan; que de là nous ferions venir le corps d'armée qui étoit demeuré en Piémont sous le marquis Ville, qui, amenant avec lui tout ce qu'il y avoit de bateaux propres à faire un pont, nous donneroit moyen d'attaquer Pizzighitone, ou telle autre place que nous voudrions choisir, et que probablement nous ne pourrions manquer avec ces deux corps ensemble.

Le duc de Modène crut avoir trouvé le moyen de faire ce passage entre Lodi et Pizzighitone, par quelque intelligence de gens qui demeuroient dans un village situé où je viens de dire, qui lui promettoient des bateaux; si bien qu'en se portant diligemment à l'endroit qu'on les promettoit, et avant que les ennemis pussent être informés de notre marche, on seroit de l'autre côté, et retranchés : outre qu'il y avoit une île où, étant postés, on auroit passé la plus grande partie de la rivière; et l'autre, qui étoit guéable même par les gens de pied, ne se pouvoit empêcher.

Le maréchal Du Plessis voulut aller avec le corps destiné pour recevoir les bateaux; et comme la marche étoit longue, il partit la nuit, et l'armée le suivit aussi vite qu'elle put. Il arrive au lieu marqué pour y trouver les bateaux, et à l'heure donnée; mais cela ne produisit autre chose que le regret d'avoir été trompé. Il ne parut aucuns bateaux; et après avoir été quatre heures maîtres du passage, il fallut se retirer, avec le déplaisir d'avoir laissé échapper une si belle occasion, et que le peu de prévoyance de ceux qui étoient chargés des apprêts militaires, avant que le maréchal eût joint l'armée, eût fait perdre les avantages que devoit produire une victoire si considérable gagnée au commencement de cette campagne; parce qu'étant réduits entre le Pô, l'Adda et l'Oglio, nous étions forcés nécessairement d'entreprendre sur Crémone ou sur Sabionetta.

J'ai déjà dit que cette dernière place n'étoit de nulle conséquence : il falloit donc s'attacher à l'autre, ou demeurer tout l'été sans rien faire. D'ailleurs il y avoit plusieurs raisons contraires à cette entreprise : la grandeur de la place, et la foiblesse de l'armée qui la devoit attaquer; le Pô extrêmement large où cette ville est assise, sans moyen d'y faire de pont; et de l'autre côté un pays dont nous ne pouvions disposer. Toutes ces difficultés eussent sans doute rebuté des gens moins passionnés de faire quelque chose : mais le duc de Modène ayant, avec raison, grande envie de la conquête de cette place, parce qu'elle étoit voisine de ses États, et qu'elle pouvoit contenir tout ce que nous avions de troupes tout l'hiver, qui eussent été nourries des villages du Crémonais, invitoit le maréchal Du Plessis de consentir à cette entreprise. Ce maréchal, qui d'ailleurs n'en voyoit point d'autre à faire, qui jugeoit bien la conséquence de celle-là, et qui ne se pouvoit contenter de passer l'été à marcher d'un village à un autre, résolut avec le duc de Modène d'investir cette grande ville, et en même temps d'envoyer en Piémont pour en faire partir diligemment le marquis Ville, afin de le venir joindre.

Il y avoit encore une chose plus pressante. Le duc de Parme jusque là n'avoit rien promis de positif à notre avantage. Il est vrai que depuis la bataille du Trancheron il avoit témoigné que si l'on prenoit une place dans le Milanais, il se déclareroit Français; et comme on ne pouvoit prendre Crémone sans au moins être certain qu'il ne favoriseroit pas les Espagnols, on le fit presser de la part du Roi de faire cette promesse : à quoi s'étant accordé, il assura de ne donner passage en aucune manière aux troupes d'Espagne pour entrer dans Crémone, aussitôt que la place seroit attaquée par les ordres du Roi.

La place fut donc investie au même temps de ce traité, qui n'eut lieu, du côté du duc de Parme, qu'autant que les Espagnols ne demandèrent point à jeter des gens dans la place; ce qu'ils firent dès qu'ils en virent le siége formé. Le duc de Modène et le maréchal Du Plessis l'ayant ainsi résolu, partirent de leurs quartiers assez proche de l'Adda; et comme il ne falloit qu'une marche pour investir la place, ils arrivèrent d'assez bonne heure aux lieux où ils devoient faire les quartiers pour le siége.

Le maréchal Du Plessis les alla reconnoître; et les ayant distribués, chacun travailla à son logement depuis le bord du Pô en regardant la place, jusques où les troupes que nous avions pourroient l'environner, parce que nous n'en avions pas assez pour faire la circonvallation entière : mais comme il falloit que les ennemis passassent la rivière d'Adda, sur laquelle ils étoient postés, pour secourir la place, ou qu'ils entrassent par delà le Pô par les Etats du duc de Parme, qui avoit promis de ne le pas souffrir, le maréchal Du

Plessis crut qu'aussitôt que les troupes de Piémont seroient venues, celles qui assiégeoient la place seroient délivrées par celles-là d'une grande fatigue à quoi elles étoient obligées toutes les nuits, pour soutenir une circonvallation beaucoup plus grande qu'il ne convenoit à nos forces; mais le duc de Parme ayant commencé à permettre le contraire de son engagement, l'espérance d'avoir une bonne issue du siége diminua fort.

Le marquis Ville, avec les troupes de Piémont, nous joignit bientôt après. On en prit quelques-unes d'infanterie, dont on se servit pour le siége; et le reste demeura avec la cavalerie assez proche de la rivière d'Adda, pour observer ce qu'il y avoit d'ennemis de l'autre côté, et leur en empêcher le passage, afin que s'il prenoit envie au duc de Parme de garder sa parole, on pût croire qu'il n'entreroit plus rien dans Crémone; mais il n'en fut pas plus esclave à la fin du siége qu'au commencement. Goffredi son secrétaire, gagné par l'argent des Espagnols, le porta continuellement à manquer à sa promesse; et comme il étoit tout puissant sur l'esprit de son maître, en même temps que ce prince assuroit le duc de Modène et le maréchal Du Plessis qu'il observeroit religieusement sa parole, il donnoit les ordres tout contraires sur ses confins; et l'on étoit certain d'en voir l'effet bientôt après, par l'entrée de ce qui étoit nécessaire dans la place, ou par la sortie de ce qui y nuisoit.

Cela n'empêchoit point entièrement l'avancement du siége, mais ce n'étoit pas avec la diligence qui pouvoit faire espérer un heureux succès. On pressa les assiégés jusqu'auprès de la contre-escarpe; il se fit des sorties considérables, qui furent repoussées avec autant de vigueur que de bonne fortune : mais la nécessité du pain s'étant mise dans l'armée, et les soldats étant obligés d'aller chercher leur vie dans le pays ennemi, les gardes de la tranchée diminuèrent de sorte qu'on ne pouvoit faire les efforts nécessaires pour se loger promptement sur la contre-escarpe. Cela donna moyen, comme il arrive toujours en choses semblables, de connoître l'endroit où l'on se vouloit loger sur le chemin couvert, et de nous en rendre la possession très-difficile : ils firent plusieurs fourneaux sous le glacis, dont ils tirèrent bien de l'avantage.

Plus nous trouvions de difficultés dans notre siége, plus le maréchal Du Plessis faisoit d'efforts pour tâcher de les surmonter. Son assiduité à la tranchée, et les fréquentes visites qu'y faisoit le duc de Modène, étoient de puissans aiguillons aux officiers et aux soldats pour les encourager à bien faire, et pour parvenir à leurs fins. On fit une attaque pour se rendre maître du chemin couvert du château lorsqu'on en fut assez proche; elle réussit heureusement : mais comme il falloit s'étendre à droite et à gauche afin d'embrasser le terrain dont on avoit besoin pour se rendre maître du fossé, on y trouva bien de la résistance; la puissante garnison de la ville et la foiblesse de l'armée qui l'attaquoit y donnoient lieu.

Nous avons déjà marqué qu'on avoit été peu diligent à venir sur la contre-escarpe. Les fourneaux que les ennemis y avoient faits ruinoient de temps en temps les logemens que nous y avions, et cela retardoit extrêmement la prise de la place. Deux ou trois fois le jour le maréchal Du Plessis visitoit la tranchée, venoit ordonner et faire exécuter ce qu'il y avoit à faire; et pour le moins dix jours durant ceux de la place ne manquèrent point de faire jouer des fourneaux quand il venoit à la tête du travail, d'y jeter des bombes en quantité, et certains boulets de pierre plus gros que les plus grosses bombes, qui étoient poussés en l'air de la même manière par des mortiers, dont il courut fortune d'être écrasé, un soldat l'ayant été auprès de lui.

Toutes ces oppositions rendoient le siége difficile; cela n'empêcha pas que l'on ne fît la descente dans le fossé. Mais quand on voulut faire le pont, ce fut la grande difficulté, parce que n'ayant pu gagner assez de la contre-escarpe, l'on n'avoit pu aussi ruiner avec notre canon toutes les défenses des ennemis, où ils logeoient le leur pour nous empêcher ce passage. Cet obstacle nous coûta quantité d'hommes tués en faisant ce pont. Mais parce que les ennemis faisoient travailler sur la brèche que nous avions faite à leur château quelques prisonniers des nôtres, nous envoyâmes prendre quantité de paysans dans le Milanais, que l'on mit sur ce pont si périlleux, d'où il n'en échappa quasi pas un.

Il fut enfin achevé avec beaucoup de peine et de sang. Les ennemis le rompirent deux ou trois fois de leur côté, soit en le brûlant avec des feux d'artifice, soit en arrachant les fascines avec des crocs, ou par une crue d'eau qu'ils faisoient de temps en temps, et qui nous forçoit à le rehausser à force de fascines. La brèche au bout de ce pont, faite à coups de canon au ravelin attaqué, étoit assez grande pour s'y loger, si nous eussions eu des hommes pour y faire quelque effort, ou, pour mieux dire, si nous eussions eu de quoi nourrir notre infanterie.

Il y avoit plus de trois semaines que l'on manquoit de pain dans l'armée, et le peu qu'on pouvoit avoir de blé ne s'achétoit qu'avec des frais et des peines incroyables. Nous étions dans le pays ennemi, d'où l'on n'en pouvoit tirer. La disette étoit si grande dans celui du duc de Modène, que les peuples n'y vivoient que de ce qui leur venoit de bien loin; tellement qu'intéressé comme il étoit au maintien de l'armée, il n'y pouvoit contribuer par l'assistance de ses Etats. Ceux du duc de Parme n'étoient pas sans doute si mal fournis; mais bien qu'ils le fussent assez, il avoit pour nous toute la mauvaise volonté possible. Les Etats des Vénitiens, à ce qu'ils nous faisoient croire, n'étoient pas mieux garnis que les autres : il est certain pourtant que ces derniers avoient assez de vivres pour nous en fournir s'ils eussent voulu. Le duc de Mantoue disoit aussi n'avoir pas moyen de nous aider; mais il osoit moins nous refuser que les autres, et nous tirions des assistances de lui avec beaucoup d'argent; mais cela venoit de loin et en petite quantité, et nous étions sans cesse réduits à rien, cherchant aux confins de tous les Etats ceux qui nous vouloient vendre du grain, contre l'ordre et les défenses expresses qu'on avoit de nous en accommoder.

Il est aisé de juger avec quelle peine nos généraux soutenoient l'armée, et quelle dépense il falloit faire pour acheter le blé en la manière qu'on vient de dire. Le maréchal Du Plessis avoit par avance écrit depuis long-temps au cardinal Mazarini l'état où il se trouvoit, sans blé, sans munitions de guerre, sans argent pour en acheter, et sans savoir d'où il en pourroit tirer. Mais les affaires du Roi en ce temps-là étoient dans un désordre si grand, et si contraire à ce que pouvoit désirer le maréchal, que le cardinal fut obligé plusieurs fois de se contenter de le plaindre dans ses dépêches, et même de lui déclarer l'impossibilité où il étoit de le secourir.

Chacun sait que presque tout l'argent de la France aboutit à Paris, que le Roi n'en manque jamais quand cette ville est à sa dévotion, et dans l'obéissance qu'elle doit : mais au temps dont nous parlons, la confusion y étoit si grande, que pendant les barricades, dont il est tant parlé, il n'étoit pas au pouvoir du Roi d'avoir les moindres sommes pour ses armées éloignées.

Le maréchal Du Plessis, qui toute sa vie a méprisé le bien, et ne s'est attaché qu'à ce qui peut donner de l'honneur, et au service de son maître, ne songea plus qu'à s'engager de toutes parts pour acheter des farines et des munitions de guerre. Tout ce qu'il avoit d'argent y fut employé, tout celui de ses amis de l'armée y fut consumé de même ; et enfin, n'ayant plus d'autre ressource, il vendit sa vaisselle d'argent : tellement qu'il employa du sien en cette campagne environ quatre cent cinquante mille livres pour la nourriture de l'armée. Le duc de Modène fit aussi de son côté tous ses efforts : mais les travaux du siége étoient extrêmes ; et, quelque assistance qu'on donnât aux troupes, le pain et la poudre ayant vidé les bourses, et le crédit de l'intendant étant fini, il fallut diminuer les rations du pain, et l'on vint à n'en donner plus qu'une fois la semaine : la plupart des soldats étoient forcés d'aller chercher leur vie dans le pays ennemi, où souvent ils rencontroient la mort chez les paysans; les autres, plus assidus, exténués par la faim, périssoient; et dans la fin du siége on en voyoit mourir cinquante et soixante par jour.

Cette misère insupportable n'abattoit point le cœur ni au duc de Modène ni au maréchal Du Plessis : le bon état du siége leur faisoit supporter ces extrémités avec plus de constance; outre que le maréchal croyoit bien que si le cardinal avoit tant soit peu de moyen de l'assister, il n'y manqueroit pas. Il savoit de plus que le prince Thomas, ayant manqué l'entreprise de Naples, avoit ordre de faire débarquer toute son infanterie pour venir au siége de Crémone; que cela étant, elle conduiroit des vivres dans le camp; qu'on n'en pouvoit avoir ni les tirer de si loin sans ce moyen extraordinaire; et qu'avec cette augmentation de troupes il pouvoit justement espérer de se rendre maître du château, ayant de quoi faire un effort par la brèche.

Le maréchal Du Plessis ne manqua pas aussi de presser le prince Thomas de lui envoyer ce corps : ce prince ne le voulut pas faire sans que le maréchal en pénétrât la raison; mais il commença de faire un mauvais jugement du siége. Cela ne l'empêcha pourtant pas de le presser avec toute la chaleur possible; et comme il étoit nécessaire, pour être entièrement maîtres du passage du pont, de découvrir avec du canon tous les endroits où les ennemis en pouvoient mettre qui voyoient dans le fossé, on cherchoit d'en loger sur la contre-escarpe de cette place irrégulière, et plus fâcheuse beaucoup en son attaque qu'on ne se le peut imaginer. Il falloit à notre main droite déloger les ennemis d'une traverse qu'ils tenoient encore dans le chemin couvert. Pour cet effet, un fourneau la devoit faire sauter. Le maréchal l'ordonna; et comme il fut prêt à jouer, le duc de Modène et lui, pour en pouvoir mieux juger, se mirent hors la tranchée sur le bord du Pô, croyant qu'étant seuls ils y pourroient demeurer sans péril. Le marquis Ville vint de son quartier pour les visiter, s'approcha d'eux pour avoir la part de ce divertissement; mais comme les généraux d'armée ont souvent des ordres à donner en de pareilles occasions, tous ceux qui en devoient recevoir alloient et venoient sans cesse vers eux, et firent enfin connoître ce qu'ils étoient. Ils séjournèrent si long-temps en cet endroit, que les ennemis eurent le loisir de changer une petite pièce de lieu, qu'ils pointèrent à ces trois personnes, assez importantes pour être bien payés de leurs peines s'ils en touchoient quelqu'une. Le sort tomba sur le marquis Ville, qui, parlant au maréchal Du Plessis de fort près, eut une cuisse emportée, dont il mourut au bout de deux heures.

Cet accident fut considérable, tant pour la perte d'un homme de son poids, que parce qu'il étoit nécessaire à la tête des troupes du duc de Savoie, qui ne prenoient pas plaisir à pâtir. Cela obligea le maréchal Du Plessis de s'en aller le jour suivant à leur quartier, tant pour les consoler, que pour leur faire entendre qu'on auroit le même soin d'eux qu'avant ce malheur; qu'ils auroient la moindre part aux fatigues, et la plus grande à ce qui les pouvoit adoucir. Le maréchal avoit si long-temps servi avec eux, et s'y étoit acquis tant de crédit, qu'il les persuada facilement; et les ayant laissés dans les sentimens qu'il pouvoit souhaiter, revint à sa tâche ordinaire.

Le duc de Modène et lui ne pouvant se résoudre à prendre d'autre parti, continuoient opiniâtrément le siége, les difficultés néanmoins leur faisant bien connoître qu'ils n'y réussiroient qu'avec peine. Ils voyoient de grandes avances pour la prise de la place, et les ennemis fort affoiblis; ils espéroient toujours que le prince Thomas trouveroit quelque ordre à Toulon pour leur envoyer les troupes qu'il ramenoit de Naples. Mais comme le cardinal croyoit y avoir suffisamment pourvu dans les premières instructions qui avoient été données à ce prince, on ne pensa point à en envoyer d'autres sur ce fait particulier : tellement que le duc de Modène et le maréchal Du Plessis se voyant privés de toute assistance, que les hommes leur manquoient par la faim, qu'ils ne devoient point attendre de vivres, faute d'argent, pour soutenir ce qui leur restoit, ni de troupes pour remplacer celles qu'ils perdoient, ils se résolurent à lever le siége. Ils le firent sans être inquiétés par les ennemis, qui avoient usé dans Crémone la plupart de leurs troupes, lesquelles n'osèrent paroître quand notre armée quitta ses postes. Ce fut dans un temps où la saison étoit déjà avancée(1), et les troupes assez malmenées de part et d'autre pour ne penser plus qu'à leur donner du repos. L'on se retira donc avec l'armée vers Casal-Major, et l'on eut envie de garder quelques postes du même côté sur le Pô, qui pussent être soutenus de ce qui demeuroit de l'autre part dans le Modénois.

Le maréchal Du Plessis, qui eut ordre de se retirer

(1) Le siége fut levé le 6 octobre.

dans le Piémont avec l'armée qui en étoit venue, laissa au duc de Modène ce qu'il désira de cavalerie et d'infanterie. La difficulté étoit de repasser en Piémont. Le chemin le plus droit et le plus commode étoit celui du Milanais ; mais on ne le pouvoit prendre sans avoir du pain, et le maréchal n'avoit pas d'équipage de vivres assez grand pour en porter avec lui ce qu'il en avoit besoin. Il n'avoit point d'argent pour en acheter, ni de crédit dans cette province ennemie : il fallut donc penser à suivre une autre route. Il n'y avoit que celle des Génois dont il pût se prévaloir, bien que fort pénible ; mais il n'y avoit point de choix à faire. Il dépêcha diligemment à Gênes, afin que Jeannetin Justiniani pût ajuster sa marche avec cette république. Cependant il attendoit la réponse dans les Etats de Modène : il la reçut bientôt, mais ce ne fut qu'à condition de ne passer que mille ou douze cents hommes à la fois, en payant.

Ceux qui savent comme de telles choses se peuvent faire jugeront bien que celle-là n'étoit pas fort aisée ; et que passer treize ou quatorze jours de cette manière dans un pays où l'on paie bien plus chèrement, et même au double, qu'en aucun autre, il n'est pas facile d'y réussir sans désordre. Le munitionnaire Falcombel, affectionné au service du Roi, et fort attaché au maréchal Du Plessis, facilita extrêmement ce passage par le crédit qu'il eut à Gênes, où il trouva moyen d'avoir du pain pour toute cette marche ; par où l'on peut voir comme il est important qu'un général maintienne son crédit, et se fasse croire homme de foi et de probité. Il est certain que, sans la confiance que Falcombel eut au maréchal Du Plessis pour le faire rembourser de ses avances, l'armée n'auroit pu se sauver, n'y ayant point de remède contre la faim, ni de moyen de s'en garantir, en passant par petites troupes sur les terres de Gênes, que celui que nous venons de dire.

Outre le pain que l'on donna ponctuellement à chaque journée, le maréchal chercha encore tout ce qu'il put dans la bourse de ses amis, où ayant trouvé quelque argent, il le distribua aux troupes qu'il crut être les plus nécessiteuses, et surtout à la cavalerie. Cet ordre donné, non pas tel qu'il l'eût voulu, mais tel qu'il le put, fit réussir ce passage heureusement : l'envie que toute l'armée avoit de se voir en repos après tant de fatigues y aida fort ; les soldats les moins raisonnables s'accommodèrent aisément à la nécessité ; et dans toutes les journées que nous avons dites il n'y eut pas la moindre plainte.

Le maréchal Du Plessis s'arrêta avec l'armée aux confins des Etats du duc de Parme, pour faire commencer l'entrée des troupes dans leur route, en attendant que tout fût ajusté dans l'Etat de Gênes. Ce séjour nécessaire des troupes dans le Parmesan vengeoit le maréchal, sans qu'il l'eût recherché, de l'infidélité du duc de Parme envers le Roi, et en son endroit. Il fut bientôt après encore plus vengé de Goffredi, ministre de cette même infidélité ; car on le fit mourir pour avoir trompé son maître, ou pour ne s'être pas bien ménagé, et avoir abusé de sa faveur.

Le maréchal Du Plessis ayant vu entrer les premières troupes dans le Génois, commanda la marche des autres, où il avoit laissé des officiers généraux pour les conduire, et s'avança pour se mettre au milieu de cet Etat, soit pour répondre aux ministres que cette république avoit ordonnés pour ce passage, soit pour faire par sa présence que toutes demeurassent dans l'ordre. Quand il eut vu la moitié des troupes acheminées, il se mit à la tête, afin qu'en entrant dans une petite partie du Milanais, si les ennemis pensoient se prévaloir de ce que ces troupes étoient séparées les unes des autres et à la file, il pût par sa conduite empêcher qu'on ne leur fît d'insulte : mais il n'en fut point en peine, parce qu'il ne trouva aucune opposition, et ramena toutes les troupes dans le Montferrat et dans le Piémont. Après avoir séjourné huit ou dix jours à Turin, il en partit pour se rendre auprès du Roi, où il arriva sur la fin de l'année 1648.

Les premières barricades de Paris, qui avoient commencé le bouleversement de l'Etat et causé le malheur des armées éloignées, parce qu'elles ôtoient au Roi le pouvoir de les soutenir, avoient tellement gâté les esprits, et surtout à Paris, que Leurs Majestés ne crurent pas y être en sûreté. Cette raison en fit sortir la maison royale, et il fut ensuite résolu de réduire cette grande ville, avec des forces considérables, à reconnoître sa faute.

Le maréchal Du Plessis avoit consumé dans la guerre presque tout son bien : il espéroit à son retour que le Roi lui donneroit de quoi payer ce qu'il avoit emprunté pour les affaires de Sa Majesté, et qu'il pourroit encore avoir des établissemens pour sa famille proportionnés et à sa naissance, et à la dignité à laquelle ses services l'avoient porté. Mais la guerre civile qui arriva incontinent après son retour à la cour l'engagea à de nouvelles dépenses, et il ne pensa plus qu'à se mettre en état de bien servir Sa Majesté.

[1649] Quinze jours après qu'il fut à Paris, on le vint éveiller de la part du cardinal, qui lui mandoit la résolution que Leurs Majestés avoient prise de se retirer à Saint-Germain; qu'étant un de leurs plus fidèles serviteurs, ils lui donnoient ordre de les suivre, et le cardinal l'en prioit comme un de ses meilleurs amis; qu'il n'y avoit point de temps à perdre, s'il ne vouloit trouver de grands empêchemens à sa sortie; et qu'avant son départ il eût à mettre en sûreté ce qu'il avoit de plus précieux dans sa maison.

Le maréchal Du Plessis, qui a toujours eu moins d'égard pour le bien que pour son devoir, laissa tous ces soins à sa femme; et pour ne pas perdre l'occasion, il sortit de Paris dans un carrosse à deux chevaux, afin de n'être pas arrêté à la porte, où l'on refusa un moment après la sortie aux quatre autres; et, sans autre moyen pour faire une campagne dans une saison fort incommode, il se rend à Saint-Germain avec un simple habit de ville, sans chevaux, sans équipage, et sans argent. En cet état on l'envoya à Saint-Denis, pour y commander une des armées qui devoit agir contre Paris : il fallut être à la tête des troupes avant que son train fût revenu d'Italie, et qu'on lui eût donné moyen d'en faire un autre; ce qui ne lui donna pas de petites incommodités.

L'hiver étoit fort rude, et la guerre se faisoit avec beaucoup de peine dans la rigueur de cette saison : il falloit être continuellement à cheval, d'autant plus que le maréchal Du Plessis se trouva dans un poste fort voisin de Paris, tout ouvert, et sans troupes pour le soutenir; il passa dans ce misérable lieu bien de mauvaises heures avant que de s'être mis hors d'insulte. Enfin les hommes lui vinrent, et peu à peu on lui forma un corps d'armée.

Le soin lui fut donné pour empêcher les vivres à la moitié de Paris, c'est-à-dire depuis Saint-Cloud jusqu'à Charenton; et le maréchal de Gramont avoit l'autre moitié au-delà de la rivière. Il se fit peu d'actions vigoureuses pendant cette espèce de siége; mais le soin d'empêcher les vivres à cette grande ville n'étoit pas aisé. Elle avoit mis des forces très-considérables sur pied; tant de personnes considérables s'étoient jetées pour leurs propres intérêts dans le parti de ces peuples, que cela formoit une grande et dangereuse ligue, et rendoit l'exécution des volontés de Sa Majesté assez difficile. Le maréchal Du Plessis travailloit de son côté avec toute l'activité possible pour satisfaire à ce qui lui avoit été ordonné, mais souvent avec peu de fruit : il eût été bien malaisé de faire un travail assez grand pour enfermer Paris, et d'avoir des troupes suffisamment pour le garder.

Les peuples du voisinage, qui avoient accoutumé de porter leurs denrées dans cette ville, faisoient des choses extraordinaires pour n'interrompre pas ce commerce, qui leur donnoit moyen de tirer le double de ce qu'ils en tiroient auparavant. L'on faisoit piller les villages qui en étoient voisins; cela contenoit cette populace pour quelque temps, mais ils retournoient aussitôt à leur commerce.

Le maréchal Du Plessis se portoit lui-même aux endroits qu'il croyoit plus propres à de tels passages; et sans doute que son assiduité rendoit les avantages de Paris bien moindres. Mais il n'avoit pas assez de troupes pour faire des quartiers; ainsi il ne pouvoit quasi répondre que les vivres n'entrassent par un côté ou par l'autre. Il tenoit des hommes au bois de Vincennes, et souvent il y envoyoit de la cavalerie, outre celle qu'il avoit sans cesse entre ce poste et Saint-Denis, par tous les chemins que les paysans suivoient d'ordinaire pour entrer à Paris; mais il s'assujettit beaucoup plus à envoyer de la cavalerie au bois de Vincennes depuis que les Parisiens eurent fortifié Charenton, où ils logèrent un assez grand corps de troupes pour défendre ce poste, si elles eussent été composées de bons hommes.

Le maréchal Du Plessis eut ordre de les attaquer. Il y marcha la nuit; mais comme il n'y put arriver avant le grand jour, qu'il avoit trop peu de gens pour les emporter sans les surprendre, et qu'avec un petit corps il auroit pu en un moment se voir accablé, à sa retraite, de tout ce qu'il y avoit dans Paris, il ne suivit pas son entreprise : elle fut remise à quelques jours de là. Le duc d'Orléans et le prince de Condé voulurent eux-mêmes la voir exécuter. On tira des troupes de Saint-Cloud et d'autres quartiers, que l'on joignit avec celles de Saint-Denis, où les princes se rendirent au logis du maréchal Du Plessis. L'on partit la nuit avec ce peu de troupes ramassées, mais fort bonnes. On arrive à la pointe du jour au bois de Vincennes. Chacun jugeoit la nuit plus propre que le jour à cette entreprise; néanmoins Monsieur, duc d'Orléans, fut quelque temps incertain s'il la tenteroit, jugeant bien que tout Paris pourroit sortir sur lui pendant qu'il feroit faire l'attaque. Mais ayant enfin consulté avec M. le prince et le maréchal sur ce doute, il résolut de la faire.

Pendant l'incertitude que nous venons de dire, le maréchal Du Plessis mit les troupes en bataille, faisant front à toutes celles de Paris qui étoient sorties avec tout ce qu'il y avoit de bourgeois portant armes; et s'étant postés dedans et dehors Picpus, se servoient des maisons qu'ils avoient percées, où ils mirent des mousquetaires pour flanquer les bataillons qui se tenoient dehors en cas que nous allassions à eux, faisant pourtant mine quelquefois de venir à nous, comme ils le pouvoient avantageusement, puisqu'ils étoient plus de six contre un.

Pendant ce peu d'intervalle qu'on se préparoit pour forcer ceux de Charenton, il se fit quelques légères escarmouches avec ceux de Paris, que l'on finit bientôt pour s'appliquer à ce qui nous avoit menés là. Pour cet effet on tira une partie de l'infanterie qui faisoit front à Paris, laissant toute la cavalerie à cette même fin. M. le prince, qui vouloit qu'on ne perdît point de temps pour faire l'attaque, se mit lui-même à la tête des troupes destinées pour cela, et que le maréchal Du Plessis avoit mises en bataille; et ce grand prince, en commençant cette action, s'exposoit tellement au péril, que le maréchal Du Plessis, qui le suivoit, faisoit tous ses efforts pour l'en empêcher; ce qu'il ne put, car il voulut lui-même faire une attaque particulière, ordonnant à ce maréchal d'en faire une autre à sa main droite.

Elles furent très-heureuses, les ennemis ayant été bien valeureusement forcés en ces deux attaques, et poussés jusques à l'autre bord de la rivière, qu'ils passèrent en désordre sur le pont (1). On en tua quan-

(1) *Sur le pont :* Ce passage se fit le 8 février.

tité dans le combat, et l'on fit beaucoup de prisonniers ; et comme le maréchal Du Plessis jugea que ce grand corps sorti de Paris, bien plus puissant que le nôtre, pourroit avoir dessein de tomber sur nous en notre retraite, il laissa sauver adroitement de Charenton plusieurs soldats blessés, afin qu'allant vers les troupes parisiennes, ils leur donnassent de la terreur de les voir en cet état, et leur ôtassent l'envie de nous attaquer en nous retirant, ou de la crainte si nous les voulions combattre. Le maréchal Du Plessis dit à M. le prince quelle avoit été sa pensée, qu'il ne désapprouva pas, et ne fut, non plus que lui, d'opinion d'attaquer les Parisiens, quelque épouvante qu'ils pussent avoir de ce que nous venions de faire, puisqu'ils étoient six fois aussi forts que nous ; après quoi l'on se retira à Vincennes et à Nogent, le lendemain à Saint-Denis et à Saint-Germain, où le maréchal Du Plessis fut le jour d'après, pour deux heures seulement, rendre compte au Roi de ce qu'il avoit fait par ordre de M. le prince, sous l'obéissance duquel il avoit le commandement de l'armée de Saint-Denis.

Il se passa quelque temps sans rien faire que ce qu'on avoit accoutumé ; mais les ennemis s'étant emparés de Brie-Comte-Robert, ils accommodèrent le château, et y mirent une garnison suffisante pour s'en prévaloir pour les entrepôts de leurs convois. Le maréchal Du Plessis proposa d'attaquer ce château ; on le trouva à propos : il s'y porta avec tout ce qu'il avoit de troupes ; et ne laissant à Saint-Denis que ce qu'il jugea nécessaire pour le soutenir, avec un petit corps d'infanterie qu'avoit le comte de Grancey, il alla lui-même faire faire les approches de ce château, dont le siége ne fut pas long. Il souffrit pourtant quelques coups de canon. Le maréchal avoit lieu de croire que les Parisiens viendroient avec toutes leurs forces pour le combattre, et empêcher la prise de ce poste; ils ne l'essayèrent pas, et le laissèrent retourner fort tranquillement à Saint-Denis : mais pendant son absence ceux de Paris poussèrent jusques auprès de Gonesse, où ils envoyèrent, et par tous les villages circonvoisins, chercher du pain.

Cette petite expédition de Brie-Comte-Robert heureusement terminée, le maréchal Du Plessis s'en alla à Saint-Germain. Le cardinal Mazarini voyoit bien, sans que le maréchal Du Plessis l'en pressât, que de si longs et de si importans services méritoient quelque récompense considérable et quelque établissement solide; et il jugea qu'il ne lui en pouvoit procurer de plus grand que la charge de gouverneur de Monsieur, frère unique du Roi. Le cardinal en parla donc à la Reine mère, qui approuva cette proposition.

Le blocus de Paris continua jusqu'à la fin de l'hiver; alors on proposa quelque accommodement : il fut traité et conclu à Ruel. L'approche de l'archiduc Léopold avec l'armée de Flandre rendit cette conclusion assez inutile; on continua toutefois de traiter; mais, pour avoir bon succès, il falloit autre chose que des paroles. Le maréchal Du Plessis fut choisi pour les effets : on l'envoya avec un petit corps de troupes pour s'opposer à toute la puissance de l'archiduc. Il représenta le peu de moyens qu'il en auroit; que l'emploi qu'on lui donnoit n'étoit pas seulement proportionné à ce que devoit prétendre un maréchal de camp; que cette considération ne lui auroit pourtant pas fait refuser ce commandement, s'il avoit cru y servir utilement. Il disputa fortement dans le conseil ; et cela lui fit augmenter ce petit corps de quelques troupes, qui toutes ensemble étoient bien peu considérables, à l'égard de ce qu'il en avoit besoin pour une chose de si grande conséquence.

Il part à l'heure même ; et marchant jour et nuit, il arrive à Brenne, où il reçoit nouvelles qu'un grand parti de l'armée espagnole, composé de cavalerie et d'infanterie, s'étoit rendu maître du Pont-à-Verd, où s'étant retranchés ils y attendoient l'archiduc qui marchoit pour les joindre, et là passer la rivière d'Aisne, ayant déjà donné ordre qu'on fît du pain de munition à Fismes. Le maréchal Du Plessis eût bien voulu dès ce soir-là avoir son infanterie, qui étoit demi-journée derrière lui, pour attaquer ces gens fortifiés au pont, avant que leur armée fût à eux. Il s'avance avec ce qu'il avoit de cavalerie jusqu'à Longueval, où ayant demeuré quelques heures à repaître, il marche toute la nuit au Pont-à-Verd, pour reconnoître, autant qu'il le pouvoit, les ennemis, et voir si, en faisant mettre pied à terre à une partie de ses cavaliers, il ne pourroit point les surprendre et les chasser de ce poste ; mais ayant trouvé la chose impossible sans infanterie, et même bien difficile quand il auroit toute la sienne, il se résolut d'attendre au lendemain, qu'elle devoit arriver.

Il se porta donc, aussitôt qu'elle eût reposé quelques heures, sur le bord de la rivière, où ayant donné ses ordres, il commença l'attaque du pont. Il est vrai que les ennemis lui firent grâce : ils abandonnèrent les premières traverses de notre côté, ils se retirèrent de l'autre part ; et tirant les planches qu'ils avoient mises sur une grande arche, au lieu de la voûte qui étoit rompue, ils laissèrent cette séparation entre eux et nous, assez considérable pour nous empêcher de les suivre. Ce n'étoit pas la seule opposition qui s'y rencontroit; car le peu de forces qu'avoit le maréchal en étoit une bien grande.

Cette retraite des ennemis si inespérée ayant été écrite à Leurs Majestés, leur donna autant de satisfaction que de douleur à ceux de Paris. On sut bon gré au maréchal Du Plessis d'avoir témoigné assez de résolution pour étonner les Espagnols; et à dire le vrai, s'il n'en eût usé de cette manière, il auroit eu bientôt toute l'armée ennemie sur les bras, au lieu qu'il n'en avoit qu'une partie. L'archiduc auroit passé la rivière d'Aisne; et l'on peut juger combien ce passage auroit été désavantageux aux affaires du Roi, et combien ceux de Paris en auroient tiré de profit.

Les ennemis demeurèrent sur notre frontière encore quelques jours; mais voyant que les obstacles pour leur entrée en France augmentoient tous les jours, et que les troupes d'Allemagne avoient joint le maréchal Du Plessis, ils se retirèrent, pour se mettre en état de mieux agir la campagne suivante. Nous fîmes la même chose; et le maréchal eut permission de retourner à la cour, bien qu'il parût assez que le cardinal se faisoit violence en le tirant de la tête des armées, où il eût bien voulu le perpétuer, s'il eût eu moyen de lui donner quelque autre récompense solide que le gouvernement de Monsieur (1). En même temps qu'on lui donnoit permission de quitter l'armée, on lui envoyoit un courrier pour l'y faire demeurer; mais

---

(1) *De Monsieur :* Philippe, duc d'Orléans, frère unique de Louis XIV.

ne l'ayant pas rencontré, cette dépêche ne l'arrêta pas, et il vint à Saint-Germain, où on l'assura de nouveau qu'il seroit gouverneur de Monsieur; et il entra en exercice le 6 de mai, lorsque Leurs Majestés arrivèrent à Compiègne.

Ce fut un changement de vie assez notable pour lui; et bien qu'il eût été dès sa grande jeunesse nourri dans la cour, il en avoit été séparé si souvent, et par de si grands intervalles, que cela pouvoit bien lui avoir déconcerté la conduite nécessaire au métier qu'il alloit faire.

D'abord on considéra le maréchal Du Plessis comme particulier ami du cardinal : chacun chercha son amitié, hors ceux qui pensoient qu'il leur pouvoit servir d'obstacle auprès de ce ministre. Le cardinal voulut bien prendre lui-même le soin de former sa conduite, et de l'avertir de ceux dont il avoit à se garder, l'instruisant en même temps comme il devoit vivre avec eux. Il suivit ponctuellement ses avis, qu'il trouva tous très-raisonnables.

Il s'appliqua entièrement à bien élever le jeune prince qu'on lui avoit confié; et il jugea son éducation si importante, qu'il crut que son honneur et sa conscience l'obligeoient à ne rien négliger pour lui inspirer les sentimens qu'un prince de ce rang doit avoir : il le porta autant qu'il lui fut possible à la piété et à l'étude; il lui inspira les sentimens de respect et de tendresse qu'il devoit au Roi, et lui fit comprendre que sa véritable grandeur consistoit à être dans les bonnes grâces de Sa Majesté, et à ne jamais lui donner de soupçon de sa fidélité par une ambition mal réglée.

Les frères des rois ne sauroient avoir assez de grandeur d'ame, des sentimens trop nobles et des vues trop élevées ; mais tout cela doit être subordonné à ce qu'ils doivent à leurs souverains, car pour être leurs frères ils ne laissent pas d'être leurs sujets, quoique la nature oblige les rois à en faire une très-grande différence; et quand les uns et les autres sont dans ces sentimens réciproques, les rois ne voient jamais leur autorité blessée, et leurs frères sont toujours dans la grandeur et l'élévation qui est due à leur naissance.

Il n'est pas malaisé de faire voir à un grand prince quel il doit être, mais il n'est pas facile de le former sur l'idée qu'on en a ; et ceux qui sont dans cette haute élévation sont si dangereusement flattés, que c'est une merveille quand ils se peuvent faire honnêtes gens. Le maréchal Du Plessis, connoissant ces difficultés, auroit bien souhaité pouvoir tirer Monsieur hors de la cour; et, sans considérer qu'en s'en éloignant il s'éloignoit aussi de ce qui pouvoit avantager ses affaires, il auroit sacrifié de bon cœur tous ses intérêts à l'envie qu'il avoit de faire un très-honnête homme de ce prince.

Le maréchal Du Plessis savoit qu'autrefois on tenoit les Enfans de France en des lieux séparés du grand monde pour les faire profiter dans les lettres : il lui sembloit assez à propos qu'on eût fait la même chose pour Monsieur; et on l'auroit fait, si les désordres du royaume en eussent laissé le moyen. Mais comme ils partageoient les esprits des sujets, il ne falloit pas séparer ceux des maîtres: outre qu'après avoir vu Paris une fois dans la révolte, on ne doit point trop s'assurer qu'on ne l'y dût bientôt revoir; et par cette raison, le Roi en étant absent, on ne pouvoit avec bienséance y laisser Monsieur, son frère. Dieu, qui aime la France, n'a pas laissé de conduire heureusement la jeunesse de ce prince; et non-seulement toute la France, mais encore toutes les nations étrangères, admirent sa valeur et son mérite.

On commença la campagne. Monsieur suivit le Roi; l'on tenta le siége de Cambray, qui ne put réussir (1). Depuis le cardinal fut voir l'armée du Roi, et conférer avec le comte d'Harcourt à Cateau-Cambresis; et le maréchal Du Plessis l'y accompagna.

Chacun sait quel succès eut la campagne, et de quelle importance étoit le retour de Sa Majesté à Paris. On le résolut à Compiègne; mais le maréchal Du Plessis voyant qu'on destinoit le Palais-Royal pour le logement de Leurs Majestés, ne put s'empêcher de parler au cardinal pour l'en détourner. Il lui représenta que le Palais-Royal n'en avoit que le nom, et surtout au temps où l'on étoit; qu'après tous les sujets de méfiance qu'on avoit des Parisiens, il ne falloit pas se mettre entre leurs mains, et à leur entière disposition; que le logement du Louvre mettoit le Roi en sûreté, et en pouvoir de faire entrer par la porte de la Conférence tout autant de troupes qu'il voudroit dans Paris; qu'il avoit à choisir de ce logement, ou de celui de l'Arsenal, qui donnoit encore l'entrée par la porte Saint-Antoine. Le cardinal répondit que le Palais-Royal étoit proche la porte de Richelieu, par où l'on sortiroit aisément, si l'on en étoit pressé; et qu'ayant déclaré que le Roi prendroit ce logement, il sembleroit qu'on auroit de la méfiance de ceux de Paris. Il ne fut pas malaisé au maréchal Du Plessis

(1) *Ne put réussir* : On fut obligé de lever le siége le 3 juillet.

d'avoir des raisons contraires; aussi dit-il au cardinal qu'il ne falloit point avoir la pensée de sortir de Paris par la porte de Richelieu, mais d'en chasser ceux qui lui déplairoient; ce qui lui seroit facile en prenant le logement qu'il lui proposoit, et en faisant entrer les troupes dont on auroit besoin : que pour la méfiance de ceux de Paris, on ne pouvoit trouver étrange qu'on en eût, après ce qu'ils avoient fait depuis un an. Mais ces avis ne furent point suivis, bien que le cardinal les jugeât bons. Il s'en repentit, mais ce fut hors de saison, comme on a vu par la suite.

Le Roi s'en alla donc à Paris; tout s'y passa avec de belles apparences. M. le prince, qui étoit allé en Bourgogne, revint à la cour. Les Bordelais, en ce même temps, se portèrent dans une révolte considérable : le duc d'Epernon en étoit le sujet. Ils demandoient insolemment un autre gouverneur, comme s'il étoit permis aux peuples d'exclure ceux que le Roi donne, et d'en choisir à leur mode. Mais parce qu'ils étoient soutenus dans leurs entreprises, cette affaire prit un chemin très-fâcheux : cela fit juger qu'il falloit envoyer dans cette province un homme de poids et de capacité, et qui eût connoissance de toutes sortes d'affaires, pour essayer de pacifier la Guienne, qui étoit sur le point d'être toute bouleversée par les troubles de Bordeaux.

Le maréchal Du Plessis eut cette commission; mais avant que de partir il vit le premier accommodement du cardinal avec M. le prince : il se fit la veille de son départ. M. le duc d'Orléans interposa son autorité pour cet ajustement : il soupa chez M. le prince. Le cardinal fut de ce repas; quelques-uns de ses plus particuliers amis s'y trouvèrent, et le maréchal Du Plessis n'y manqua pas, ce souper étant une occasion qu'il croyoit considérable pour le cardinal. Il lui témoigna le soir même le déplaisir qu'il avoit de s'éloigner de lui dans un temps où vraisemblablement il avoit affaire de tous ses amis. Cette raison, et celle qu'il avoit de ne devoir pas quitter Monsieur sitôt après qu'on l'avoit mis auprès de lui, faisoient que ce voyage l'embarrassoit. Il partit toutefois le lendemain 26 septembre; et avec les carrosses de relais de la Reine, du cardinal, de ses amis, et l'aide que lui donna la rivière de Loire, il arriva en six jours à la vue de Bordeaux.

On l'avoit fait devancer par de Lisle, lieutenant des gardes du Roi, afin de préparer ceux de Bordeaux et le parlement à le recevoir. Le maréchal Du Plessis envoya Alnimar en même temps qu'il arriva pour traiter avec ces rebelles, et pour voir si leur révolte permettoit qu'il entrât dans la ville, et au parlement pour exposer sa commission. Ce qui restoit de bien intentionné parmi ces peuples et les magistrats, aussi bien que les plus opposés aux intérêts du Roi, lui firent savoir qu'il n'y avoit nulle sûreté pour lui chez eux; et les plus affectionnés au service de Sa Majesté lui mandèrent que si la considération de sauver sa vie n'étoit pas assez forte pour l'arrêter, il falloit au moins que la considération de l'autorité du Roi, qui se trouveroit fort mal traitée en sa personne, lui fît attendre hors de la ville les députés que le parlement et les autres corps lui enverroient.

Ceux qui formèrent ces députations ne démentirent point l'avis qu'on avoit donné au maréchal Du Plessis : les uns et les autres lui parlèrent avec un respect assez aigre ; et bien qu'ils cachassent autant qu'ils pouvoient leur mauvaise volonté en voulant persuader qu'ils n'en avoient que pour le duc d'Epernon, ils avoient une telle inclination à faire du mal, que toutes leurs circonspections ne purent jamais empêcher la connoissance de leurs emportemens.

Le maréchal Du Plessis vit d'abord qu'il n'y avoit rien à ménager avec ces esprits ; que leurs intentions n'avoient pour but que la révolte, d'où ils espéroient tirer de grands avantages, et la décharge de tous les subsides ; qu'ils s'étoient persuadés qu'en prenant le château Trompette et le rasant, ils seroient absolument libres ; que le temps étoit bon pour en venir là ; qu'ils seroient assistés par des personnes puissantes ; et que si les moyens de les soutenir leur manquoient en France, ils avoient un beau canal (ce sont les propres termes du procureur syndic) qui leur en pourroit fournir d'ailleurs.

Cette insolence n'effaroucha point le maréchal Du Plessis, ayant porté avec lui la résolution d'une modération extraordinaire, qu'il savoit être nécessaire pour traiter avec ces gens-là, pourvu qu'elle fût accompagnée d'une fermeté raisonnable qui ne leur pût servir d'excuse s'ils se portoient à quelques extrémités qui rompissent le traité. De cette manière il ne s'abaissa jamais dans sa négociation ; et se ménageant avec ces esprits capricieux, il soutint l'autorité royale, et se maintint toujours dans la liberté de leur parler comme à des sujets révoltés qui devoient attendre un rude châtiment de leur faute.

Le maréchal Du Plessis étoit logé dans une petite maison hors du bourg de Lormont, fort proche de

Bordeaux, et qui voyoit dans le port, où ces députés venoient souvent traiter avec lui. Sa douleur étoit de voir en sa présence prendre et raser le château Trompette : mais ce ne fut point sans prédire aux députés le malheur qui suivroit cette action; qu'on le rebâtiroit à leurs dépens, et meilleur qu'il n'étoit; que présentement c'étoit une fort mauvaise place; mais qu'à l'avenir on y en construiroit une si bonne, que ce canal, ni la facilité que les Espagnols avoient de les secourir par là, ne pourroient les garantir de ce malheur infaillible.

Le maréchal Du Plessis demeura long-temps dans cette maison proche d'eux. L'évêque de Comminges son frère (1) l'y vint voir. Le maréchal le pria d'aller à Bordeaux, où il pourroit négocier avec le parlement, et lui mander tous les jours ce qu'il avanceroit pour les intérêts du Roi. Ce prélat le fit. Sauvebœuf commandoit les armes des Bordelais; et comme il vit que l'évêque de Comminges négocioit utilement pour le service du Roi avec le président de La Tresne, il entra dans le parlement, dit que cet évêque étoit venu pour le corrompre; qu'il lui avoit offert de la part du cardinal le bâton de maréchal de France et le gouvernement du Limosin, s'il vouloit abandonner le parti de Bordeaux; mais qu'il périroit plutôt que d'écouter aucune proposition, quelque avantageuse qu'elle lui pût être, au préjudice du parti qu'il avoit embrassé. Ce discours, quoique plein de suppositions et de faussetés, ne laissa pas d'avoir son effet : on répandit

---

(1) *Son frère* : Gilbert de Choiseul Du Plessis-Praslin, docteur en Sorbonne, sacré évêque de Comminges en 1646, évêque de Tournay en 1671, mort en 1689.

parmi le peuple ce que Sauvebœuf avoit dit dans le palais ; on l'émut contre l'évêque de Comminges ; et comme il sortoit de la maison professe des jésuites, où il avoit dîné avec l'évêque de Bazas, il vit son carrosse environné de bouchers, qui avoient tous un grand couteau en la main ; et un homme assez bien fait et assez bien vêtu vint à lui, et lui dit qu'on avoit résolu le matin, parmi la bourgeoisie, de le tuer ; mais que lui qui parloit avoit obtenu tout le jour pour lui en donner avis ; qu'il lui conseilloit de sortir de la ville, parce que si on l'y trouvoit le lendemain il seroit assurément mis en pièces. L'évêque de Comminges remercia celui qui lui donnoit cet avis, et le pria de lui dire son nom, afin qu'il sût à qui il avoit obligation de la vie : cet homme lui répondit en riant qu'il lui étoit peu important de savoir de qui lui venoit cet avis, mais il lui importoit beaucoup d'en profiter. Tous les bouchers qui avoient le couteau à la main ajoutèrent : « Le plus tôt c'est le meilleur. » Cette insolence rompit une conférence où l'évêque de Comminges et le président de La Tresne espéroient que les Bordelais résoudroient de mettre les armes bas, et d'aller faire leur traité avec le maréchal Du Plessis. Ce prélat alla trouver le maréchal Du Plessis son frère à Lormont, où le parlement lui envoya le lendemain des députés pour le convier à retourner à Bordeaux, et d'y continuer la négociation. Le parlement donna un arrêt par lequel il ordonna qu'il seroit informé, à la diligence du procureur général, contre ceux qui étoient venus menacer l'évêque de Comminges ; mais le maréchal Du Plessis ne crut pas que cet arrêt pût garantir son frère de la fureur de ce peuple, et il ne voulut pas souffrir qu'il retournât à Bordeaux. Ce maréchal eut lui-même souvent avis qu'on avoit dessein de le venir assassiner à La Roque de Lormont, où il étoit logé ; mais cela ne lui fit point changer de langage ni de poste, bien qu'il n'eût personne pour le garantir d'une insulte. Il persista dans ces sentimens fermes et justes, voulant absolument que l'autorité royale fût rétablie dans cette ville révoltée, et qu'il ne se fît aucun traité avec ces rebelles.

Cette pensée s'accorda pour quelque temps avec les ordres qu'il avoit du Roi, par le moyen du cardinal Mazarini. Le duc d'Epernon s'approcha de Bordeaux avec des troupes, et le comte Du Dognon avec des vaisseaux de guerre. Cela obligea le maréchal Du Plessis de se retirer à Blaye, où il reçut de nouveaux ordres pour ne point rompre le traité. Nos vaisseaux poussèrent les leurs jusque dans leur port, et en prirent deux ou trois. Notre petite armée de terre les tenoit fort resserrés, ayant toujours quelque avantage sur eux ; tellement que le maréchal Du Plessis étant en peine comme il renoueroit le traité, ces petits succès avantageux lui en donnèrent le moyen.

Ceux de la ville ayant prié leur archevêque de l'aller voir à Blaye, son entremise servit à cet effet ; et comme le maréchal Du Plessis connut quelque frayeur parmi ces gens-là, il crut qu'il étoit expédient d'accroître sa fierté. Elle lui réussit, parce que l'archevêque étant retourné leur fit connoître que rien ne le feroit relâcher des conditions proposées. Cela fut suivi d'une autre députation en termes beaucoup plus soumis, bien que ce fût par des plus mutins du parlement. Blaru de Mauvesin, père de ce procureur syndic dont nous avons parlé, fut le principal de la bande. Leurs propositions s'approchoient assez de ce que le maréchal Du Plessis avoit pouvoir de leur accorder; mais comme il ne vouloit rien faire sans que le conseil l'eût approuvé, et cela ne se pouvant qu'avec quelque espace de temps, avant que ses courriers fussent de retour, ces rebelles changeoient de sentimens, soit qu'ils fussent rassurés de leur frayeur, soit que les correspondans qu'ils avoient à la cour leur donnassent des espérances d'être soutenus puissamment. Lorsque le maréchal Du Plessis se mettoit en termes de conclure avec eux, il les trouvoit changés : deux ou trois fois telles choses lui arrivèrent.

L'état où se trouvèrent les affaires du Roi près de sa personne, la protection qu'avoit Bordeaux fut si puissante, et tout se trouva tellement opposé auprès du Roi à ce que le maréchal Du Plessis avoit résolu sous son bon plaisir avec les Bordelais, que cela obligea le cardinal d'envoyer au maréchal un traité tout fait, qu'il avoit continuellement refusé depuis six semaines, et bien éloigné des avantages que le sien donnoit à Sa Majesté. L'on écrivit au maréchal Du Plessis de signer tous ces articles, et le cardinal lui déclara qu'il n'étoit plus temps de rien prétendre de mieux; qu'on avoit été forcé d'accorder des choses si désavantageuses en considération de l'état où étoit M. le prince avec le Roi; et qu'en un autre temps, où Sa Majesté seroit plus autorisée, on rétabliroit tout en son premier état.

Le parlement de Paris s'intéressa fortement pour celui de Bordeaux; et ces deux puissances, jointes ensemble en cette occasion, donnèrent bien à juger que la suite en seroit fort préjudiciable au bien de l'Etat : tellement que cette dernière conduite à l'avantage des Bordelais fit assez croire au maréchal Du Plessis qu'on verroit bientôt éclater quelque chose de fort considérable.

Ce traité fut donc signé, et le maréchal Du Plessis reçu dans Bordeaux avec beaucoup d'honneur. Il se rendit au parlement; et parce qu'on avoit jugé à propos, avant son départ de Paris, de lui donner des lettres de conseiller d'honneur dans le parlement de Bordeaux, il y fut reçu en cette qualité, ayant été dispensé de toutes les sollicitations, et autres formalités qui précèdent ordinairement de telles réceptions. Il proposa dans l'assemblée des chambres ce qu'il crut nécessaire en cette occurrence pour le service du Roi, et demeura dans la ville quelque temps pour l'exécution de ce qui étoit porté dans le traité, et pour le rétablissement de ceux qui levoient les droits de Sa Majesté.

Il se présenta une chose fort particulière pendant le séjour qu'il fit à Bordeaux. Le baron de Batteville s'y rencontra de la part du roi d'Espagne, pour y fomenter la rebellion, espérant, par les offres qu'il faisoit à ces rebelles de grands et de puissans secours, qu'il les empêcheroit d'entrer dans leur devoir, de quelque manière que ce fût. Le maréchal Du Plessis ne voyant pas que cet homme fût en sûreté par le traité, puisqu'il n'en étoit rien dit, crut qu'il rendroit un service agréable s'il le pouvoit faire arrêter. Cette entreprise dans la ville étoit hardie, et devoit paroître impossible, si l'on n'examinoit pas ce que le maréchal Du Plessis avoit préparé à cette fin.

Sauvebœuf et Saint-Angel, qui servoient les Bordelais, avoient chacun leur brigue dans la ville et parmi les gens de guerre, et étoient mal ensemble. Sauvebœuf étoit fort attaché d'intelligence avec Batteville; Saint-Angel étoit homme de qualité, fort estimé dans son parti, et qui désiroit de se rétablir dans les bonnes grâces de Sa Majesté par quelque action d'éclat qui réparât sa faute. Le maréchal Du Plessis s'appliqua autant qu'il put à le gagner : il y réussit heureusement, et fit tant, qu'il s'offrit à lui avec tous ses amis pour faire ce qu'il désireroit, et même en ce qui regardoit Batteville. Le maréchal Du Plessis dépêcha au cardinal, et l'informa du séjour de Batteville à Bordeaux, et combien il seroit utile au service du Roi qu'il ne s'en retournât pas impunément en Espagne, puisqu'il n'étoit point compris dans le traité; que si l'on ne trouvoit point à propos de le faire arrêter dans la ville, on le pouvoit facilement quand il en sortiroit pour aller s'embarquer, en faisant avancer pour cet effet quelques-unes des troupes qu'avoit le duc d'Epernon près de Bordeaux, avec qui le maréchal Du Plessis s'étoit entendu pour cela. Mais le cardinal avoit des pensées qui pouvoient avoir des suites embarrassantes, qui furent même exécutées avant que la dépêche du maréchal touchant Batteville fût arrivée à la cour; et peut-être fut-ce la cause qui fit qu'on envoya un passe-port au maréchal Du Plessis pour Batteville, presque en même temps que la nouvelle de la prison de M. le prince, du prince de Conti, et du duc de Longueville.

Aussitôt que Batteville eut son passe-port, et que le maréchal Du Plessis eut donné les ordres nécessaires pour l'exécution du traité, il partit pour retourner à la cour. Elle étoit encore en Normandie quand il arriva à Paris, où il trouva un ordre d'y attendre Leurs Majestés, qui revinrent peu après avec dessein de n'y pas faire grand séjour, et de se rendre en Bourgogne pour rétablir l'autorité du Roi dans cette province [1650], que les partisans de ceux qui soutenoient la ligue travailloient à détruire.

C'étoit dans les premiers mois de l'an 1650 que Leurs Majestés prirent le chemin de Dijon, et que le maréchal Du Plessis reprit aussi le soin du jeune prince dont on lui avoit confié la conduite. C'étoit avec toute l'application possible qu'il essayoit de ne rien oublier pour son éducation; et bien que les emplois honorables qu'on lui donnoit fussent une marque de l'estime qu'on avoit pour lui, il ne pouvoit néanmoins s'y plaire, puisqu'ils le détournoient de ce dont il faisoit sa principale affaire.

Aussitôt que Leurs Majestés furent à Dijon, elles pensèrent sérieusement à tout ce qu'il falloit pour le siége de Bellegarde. Le cardinal Mazarini, qui avoit fait donner le commandement de l'armée au duc de Vendôme comme gouverneur de la province, voulut voir le commencement de cette entreprise, et s'avança à Saint-Jean-de-Losne, où il fit venir le maréchal Du Plessis. Le lendemain on fut reconnoître la place; le cardinal s'en approcha plus qu'aucun autre; puis ayant pris avis du maréchal sur ce qu'il y avoit à faire, il s'en retourna à Dijon, d'où peu de jours après il repartit avec le Roi pour le même voyage, faisant commander encore au maréchal Du Plessis d'accompagner Sa Majesté, parce qu'on vouloit prendre ses conseils pour la continuation de cette attaque.

La place se rendit; le Roi retourna à Paris, mais ce fut avec intention de donner le commandement de la principale armée au maréchal Du Plessis, sans considérer l'attachement qu'il avoit auprès de Monsieur. On lui ordonna de s'y disposer: la chose pressoit; et comme il n'avoit pas le temps de faire l'équipage dont il avoit besoin pour cette grande campagne, il part de Paris sans aucune des choses qui lui étoient nécessaires. Il avoit perdu tous ses chevaux de service au retour d'Italie; c'est pourquoi le cardinal lui fit donner de l'argent pour commencer les grandes dépenses qu'il avoit à faire; il lui fit même prêter de la vaisselle d'argent, parce que la sienne étoit demeurée à Mantoue, où il l'avoit vendue pour la subsistance des troupes, et lui fit assurer dix mille francs par mois pour sa dépense.

Il se rendit à La Fère, afin d'y assembler l'armée. Le jour suivant il joignit quelques troupes à Crécy-sur-Serre, qu'il jeta sans peine dans Guise, sous le marquis d'Hocquincourt[1], lieutenant général, parce que les ennemis s'assembloient en lieu qui lui donnoit jalousie pour cette place, qui étoit fort mal pourvue; et puis il se retira à La Fère pour attendre le reste de l'armée.

Les ennemis, depuis la guerre commencée entre les deux couronnes, n'avoient jamais été si forts en campagne que cette année 1650[2]; et comme ils

[1] *D'Hocquincourt*: Charles de Mouchy d'Hocquincourt, maréchal de France en 1650, après la bataille de Rethel, tué devant Dunkerque en 1658. — [2] Turenne, qui avoit pris le titre de lieutenant général de l'armée du Roi pour la liberté des princes, s'étoit joint à l'archiduc.

voyoient les troupes du Roi encore toutes séparées, il leur sembloit qu'ils ne devoient pas donner temps à celui qui les commandoit de se reconnoître, et que, n'ayant jamais servi sur ces frontières, il devoit apparemment se trouver assez embarrassé d'avoir de si puissantes forces sur les bras, et de beaucoup moindres pour les soutenir.

Les généraux de l'armée d'Espagne eurent d'abord la pensée d'assiéger Guise. Ils s'en approchèrent ; mais ils reconnurent que le marquis d'Hocquincourt s'y étoit jeté avec un assez grand corps de cavalerie et d'infanterie, pour leur en empêcher l'entreprise ; et cela fit qu'ils se contentèrent de montrer leur puissante armée à la place : et après quelques légères escarmouches avec les troupes du marquis d'Hocquincourt, ils passèrent la rivière d'Oise à l'abbaye d'Origny. Le maréchal Du Plessis, qui voit jalousie pour toutes les grandes places, n'avoit pas oublié de munir d'hommes celle de Saint-Quentin : aussi les Espagnols ne s'y attachèrent point, mais au Catelet, qu'ils emportèrent en trois jours.

Le maréchal Du Plessis ne voulant pas tenir plus long-temps dans Guise le grand corps qu'il y avoit jeté, pour ne pas consumer en peu de jours les vivres d'une garnison capable de soutenir un siége, retira le marquis d'Hocquincourt, laissant au choix de Bridieu, gouverneur de la place, d'y tenir telles troupes, et en telle quantité qu'il croiroit lui être nécessaire pour une vigoureuse défense ; ce qu'ayant fait, il s'en trouva bientôt en besoin, parce que les ennemis l'assiégèrent aussitôt qu'ils eurent pris le

Catelet. Ce fut au maréchal Du Plessis de penser à ce qu'il avoit à faire pour le secours de ce poste si important, et de presser le cardinal Mazarini de faire promptement avancer les troupes dont on vouloit que l'armée fût composée, et qui n'avoient point encore été assemblées. On redoubla de nouveau tous les ordres pour cela.

Le cardinal, laissant le Roi à Compiègne, vint deux fois à La Fère conférer avec le maréchal Du Plessis. Tous ceux qui avoient connoissance des choses de la guerre étoient recherchés pour donner leur avis dans une occurrence si délicate ; et le cardinal étant dans la chambre du maréchal, qui avoit eu quelques accès de fièvre, lui voulut montrer par écrit les pensées du maréchal de Rantzaw pour le secours de Guise. Le commencement de ses avis contenoit les difficultés qui s'opposoient à ce dessein ; le milieu continuoit à faire voir les peines qu'on auroit à les surmonter ; et la fin remettoit le tout au jugement de ceux qui étoient sur les lieux, et qui devoient exécuter les choses. Le cardinal, qui pensoit produire au maréchal Du Plessis des conseils bien efficaces pour l'aider à ce grand secours, fut surpris de ne trouver dans cet écrit que les causes qui rendoient l'affaire difficile, et qui avoient été déjà prévues par tous ceux à qui l'on en avoit parlé ; tellement qu'après plusieurs conseils tenus, le cardinal laissa la conduite de cette action au maréchal Du Plessis.

Il ne fut pas long-temps à prendre sa résolution : elle fut de marcher avec toute l'armée, à l'instant qu'elle seroit assemblée, à la vue de celle qui faisoit le siége, afin d'y prendre le parti le plus convenable, et dont il feroit un meilleur jugement après avoir reconnu toutes choses.

L'armée du Roi, partant de Tramecy près La Fère, se trouva dans une marche à la vue des ennemis, près de Vadancourt. La diligence fut assez grande, ayant fait sept lieues, marchant toujours en bataille. Les ennemis, qui ne nous croyoient pas encore ensemble, furent surpris de nous voir si proches d'eux. Le dessein du maréchal Du Plessis, en partant de La Fère, avoit été de chercher les moyens d'ôter les vivres aux ennemis, afin que, s'il y pouvoit réussir, il ne hasardât point, par l'attaque des lignes, la perte des troupes du Roi, qui étoit fort à craindre, vu la grande différence de nos forces avec celles des ennemis.

Cette considération lui ayant fait consulter tous les pratiques du pays, il s'arrêta particulièrement à l'avis de l'abbé de Migneux, qui, plein de bonne volonté et de zèle au service du Roi, étoit venu à l'armée à dessein d'y servir en ce dont il seroit trouvé capable; et comme il avoit beaucoup d'habitude avec les peuples du pays, le maréchal le commit pour les commander. Il les plaça avec leurs armes sur les passages les plus étroits, et dans les bois, par où nécessairement les vivres des ennemis devoient passer, et leur ordonna de faire un grand abattis d'arbres, et des gardes bien exactes, que faisoient aussi des gens de guerre mêlés avec eux, et commandés par Bougi, maréchal de camp, et surtout d'être incessamment dans ces pas étroits, afin que, n'en bougeant point, les ennemis ne pussent prendre le temps de rien faire passer en leur absence. Mais le maréchal Du Plessis ne croyant point ces précautions suffisantes pour ce qu'il désiroit, pensa qu'il falloit envoyer un plus grand corps de troupes, et ne le pas confier entièrement à ces paysans et à ce peu de gens de guerre; et comme il avoit cinq lieutenans généraux sous lui, qui commandoient chacun un corps composé de cavalerie et d'infanterie, il crut qu'il étoit bon de les y envoyer l'un après l'autre. Il commença par Villequier, et continua selon l'ancienneté de chacun.

Cependant le cardinal Mazarini, qui étoit venu à Saint-Quentin, et le lendemain à l'armée, pressa le maréchal de lui déclarer dans quels sentimens il étoit pour le secours de Guise, parce que le Roi étant pressé de marcher en Guienne, il eût bien voulu, avant que de s'éloigner, voir ce qui réussiroit de ce siége, le salut ou la perte de cette place étant de si grande conséquence, qu'elle pouvoit donner, dans l'état présent des affaires, des mouvemens bien différens.

L'on tint plusieurs conseils; et dans le dernier tous ceux qui eurent ordre de parler n'osèrent, de peur de fâcher le cardinal, n'être pas de l'opinion d'attaquer les lignes. Le maréchal Du Plessis, après avoir entendu chacun, dit que lui-même étoit plus d'avis que personne de hasarder la perte de l'armée du Roi, plutôt que de laisser faire aux ennemis une conquête si avantageuse pour eux; mais qu'on pouvoit espérer un succès favorable de ces passages fermés; que l'on savoit déjà la disette fort grande dans le camp espagnol; que la place n'étoit point si pressée qu'on ne pût voir dans deux ou trois jours l'effet de ce que nous avions commencé; qu'il étoit fort à propos de ne rien précipiter, d'autant plus qu'on ne pouvoit entreprendre l'attaque des lignes qu'avec un très-grand péril, tant parce que l'armée des ennemis étoit le double de la nôtre, que parce qu'il falloit passer une rivière pour aller à eux, ou les attaquer par un endroit qu'ils soutiendroient facilement, n'y ayant que peu d'espace à garder ; que cependant l'on essaieroit d'empêcher le convoi qu'on savoit être en chemin pour les ennemis ; qu'on feroit reconnoître tous les endroits où l'on pourroit faire les attaques de la circonvallation ; et que, pour mieux pourvoir à poser les obstacles qu'on vouloit mettre à ce convoi, on enverroit encore un petit corps de cavalerie à La Capelle, afin que s'il prenoit le chemin pour passer devant cette place, il ne le fît pas impunément. Le cardinal Mazarini s'étant arrêté à ce dernier avis, il quitta l'armée pour retourner auprès du Roi, avec peu d'espérance (ce qu'il a depuis avoué) du salut de Guise.

Le jour suivant, le grand convoi de vivres et de munitions de guerre des ennemis passa à la vue de La Capelle, escorté de douze cents chevaux, et tous bien informés que nous n'y en avions pas deux cents, composés des compagnies des chevau-légers du cardinal, commandées par Gonterey qui en étoit cornette, de celle du maréchal Du Plessis, commandée par Parpinville qui en étoit lieutenant, de celle de Roquespine, gouverneur de La Capelle, et de quelques autres, qui ayant vu passer ce convoi, le chargèrent en queue si à propos et si vigoureusement, que ce petit nombre d'hommes battit et dissipa ce qui pouvoit donner de quoi vivre, et des munitions de guerre pour une partie de ce qui restoit à faire au siége.

Cela étonna tellement les ennemis, et les mit en si grande nécessité, qu'après avoir attendu quelques jours un autre convoi qui venoit par un chemin différent, et qui lui fut heureusement empêché par les précautions que nous avons dites, voyant que la mine qu'ils avoient fait jouer au château du côté de la ville n'avoit fait qu'escarper davantage la hauteur où il se falloit loger, ils se résolurent à lever le siége.

Le maréchal Du Plessis, voyant un convoi défait et un autre empêché, pouvoit avec raison prétendre que la place seroit délivrée par le défaut de vivres dans le camp ennemi. Toutefois, ne se voulant pas fier entièrement à cette ressource, il pensoit toujours à celle d'un effort, et pour cet effet envoyoit presque toutes les nuits reconnoître la circonvallation, et surtout proche le camp du maréchal de Turenne. Cet endroit se trouvoit seulement fermé par un bois, sans autre travail; en sorte que le maréchal Du Plessis se résolvoit de s'attacher à cette attaque, si l'autre moyen ne lui réussissoit. Il avoit même déjà fait écrire tous les ordres pour cela, lorsqu'à la pointe du jour un Français qui se vint rendre l'avertit de la retraite des ennemis[1]. A l'instant il fait mettre toutes les troupes en bataille; et lui-même, avec dix ou douze, va reconnoître la marche de cette armée, que la faim avoit fait décamper.

Il monte vers le village de L'Echelle, proche de la circonvallation, et d'égale hauteur à la plaine par où les Espagnols se retiroient. Il demeura quelque

---

[1] Les ennemis levèrent le siége de Guise le 1er juillet

temps à les considérer avec bien de la joie, voyant une grande armée, composée de plus de vingt-cinq mille hommes de pied et de plus de quatorze mille chevaux, être obligée par sa conduite de lever le siége d'une si importante place, devant une armée moins nombreuse de la moitié que celle des assiégeans. L'endroit où il étoit se rencontroit justement dans le flanc de la marche des ennemis, où ne pouvant demeurer plus long-temps, de crainte d'être aperçu, il fut, par le dedans de la circonvallation, prendre la queue de leur armée; et l'ayant trouvée dans un temps que les dernières troupes en sortoient, il y demeura sans inquiétude à les considérer, jusques à ce que Navailles, maréchal de camp, qui étoit avec lui, lui ayant fait prendre garde que la tête prenoit à gauche, comme pour tomber sur l'armée du Roi, il partit pour retourner au camp avec toute la diligence possible.

L'inégalité étoit si grande entre les deux armées, quand la nôtre auroit été toute ensemble, qu'y en ayant la moitié dehors pour empêcher les vivres aux ennemis, on devoit appréhender un combat général en campagne; car pour l'attaque d'une circonvallation, une moindre armée le peut contre une supérieure, parce que celle qui attaque n'a pas affaire à tout le corps ennemi, qui se trouve séparé dans tous les quartiers, et qu'on essaie d'en surprendre un en faisant plusieurs fausses attaques. La nuit, on ne s'attire pas un si grand corps sur les bras; et quand on entre dans les lignes, l'étonnement se met d'ordinaire parmi les assiégeans, que l'on prend en détail, après avoir forcé les retranchemens, et on les en chasse quasi toujours avec grande perte pour eux. Mais en cette occasion ce n'étoit pas de même ; le maréchal Du Plessis avoit raison d'appréhender que les ennemis ne tombassent sur lui. C'est pourquoi il fit promptement passer la rivière d'Oise à ce qu'il avoit de troupes sur un méchant pont dont il se servoit pour aller inquiéter les ennemis ; et les ayant fait entrer dans la circonvallation, et sous le canon de Guise, il se tira d'une grande peine.

Le général Rose avoit eu ordre du maréchal Du Plessis de le venir trouver dans le camp des Espagnols avec une partie de la cavalerie qu'il commandoit, afin de prendre leur queue, et, sans s'engager à rien, les suivre avec un petit corps. Mais au lieu d'exécuter son ordre, croyant faire quelque chose de bien plus beau, il monta par un défilé à ce village de L'Echelle, et se trouva d'abord dans la plaine, où toute l'armée ennemie étoit en marche, sans pouvoir plus se retirer que par ce même défilé qui l'avoit conduit au village ; tellement que si le maréchal de Turenne eût continué de le pousser comme il avoit commencé, s'étant rencontré par malheur près de lui, il l'auroit défait, et ensuite le reste de l'armée, à laquelle Rose auroit dû se rejoindre en fuyant ; mais heureusement on ne l'attaqua point.

Le maréchal Du Plessis s'étant retiré de cet embarras, demeura bien en peine le reste du jour pour l'autre partie de l'armée du Roi qui s'opposoit aux vivres des ennemis, de crainte qu'elle ne les rencontrât en leur chemin ; mais, par l'avis qu'il lui fit donner, elle se mit en lieu sûr, et la joie du siége de Guise levé fut complète.

Le maréchal Du Plessis en donna promptement part au cardinal Mazarini, qui en reçut la nouvelle avec le plaisir qu'on se peut imaginer. L'importance de la place, et la manière dont on la sauva, firent estimer la conduite du général de l'armée. Le cardinal lui en écrivit fort obligeamment, lui faisant espérer que cette action de capitaine lui produiroit, outre sa gloire, des avantages considérables pour l'établissement de sa maison.

Les ennemis se campèrent à trois petites lieues de Guise, en lieu de fourrage, et propre à tirer les vivres dont ils avoient grand besoin. Le maréchal cependant fit raser les tranchées et les lignes des Espagnols, et mit dans Guise des poudres et des farines autant qu'il put, dans la disette où il étoit de toutes choses. Il alla camper à Riblemont pour trouver du fourrage, attendant ce que les ennemis voudroient entreprendre. Il étoit obligé de se tenir toujours sur la défensive, parce qu'il s'en manquoit tout au moins la moitié qu'il ne fût aussi fort que l'archiduc, outre les ordres qu'il avoit de ne point hasarder de combat général, si ce n'étoit pour sauver quelqu'une des plus importantes places de la frontière, ou les grandes villes au dedans du royaume, comme Reims, Châlons et Soissons, dont la perte pouvoit entraîner celle de la France, en donnant lieu aux ennemis de s'y établir pendant l'éloignement du Roi, et de s'avancer jusques à Paris.

Toutes ces raisons, qui faisoient agir le maréchal Du Plessis avec beaucoup de retenue, faisoient aussi que partout où l'armée séjournoit il étoit obligé de se retrancher. Il détachoit souvent les lieutenans généraux qui servoient sous lui, avec les corps qu'ils commandoient, tantôt pour aller vers Arras, une autre fois vers la Meuse ou du côté de Reims, suivant les différens avis qui lui venoient de ce que les ennemis avoient dessein de faire. Ce qui lui sembloit dans cet instant de plus apparent regardoit le siége de La Capelle. La place est petite, et n'étoit pas du nombre de celles pour qui il avoit ordre de hasarder une bataille; néanmoins il eût bien voulu ôter la pensée aux ennemis d'en faire l'attaque. Pour cet effet, comme on lui avoit proposé depuis quelques jours d'entreprendre sur le fort de Lescarpe près de Douay, par le moyen d'une intelligence qu'avoit dans cette place le chevalier de Monteclair, gouverneur de Dourlens, il crut l'occasion favorable pour en tenter l'exécution, s'imaginant que cette entreprise, l'obligeant de s'avancer de ce côté-là, pourroit infailliblement rompre les mesures que les ennemis avoient prises pour le siége de La Capelle, et espérant de gagner toujours quelque temps, qui en semblables occasions peut donner de grands avantages.

Le maréchal Du Plessis avoit ordre de ne rien entreprendre de cette nature sans le communiquer au duc d'Orléans, et sans son approbation. Il écrivit au secrétaire d'Etat, qui étoit à Paris de la part du Roi auprès de ce prince; et lui rendant compte de son dessein, il lui fit voir que ce n'étoit que pour rompre celui que les ennemis pouvoient avoir pour le siége de La Capelle, ou de quelque autre place. Ce dessein des ennemis pouvoit être jugé infaillible, puisqu'ils n'auroient pu s'empêcher de suivre un corps de troupes qu'ils auroient vu marcher dans leur pays, ainsi que le projetoit le maréchal Du Plessis, qui, n'ayant pas envie d'y mener toute l'armée, vouloit seulement avec de la cavalerie, et quelque infanterie choisie, attirer les ennemis du côté de son entreprise, sans trop s'éloigner des places où il pouvoit trouver de la sûreté en cas qu'il fût suivi d'un corps plus considérable que le sien, et de s'aider des garnisons voisines pour la première action de l'entreprise. Il ne la considéroit pas tant pour le succès heureux qu'il en pouvoit avoir, que pour empêcher ou retarder la prise de quelque autre place.

Pour cet effet, il envoya le chevalier de Monteclair à Dourlens et à Arras, afin de préparer les choses de manière que si le duc d'Orléans eût approuvé la proposition, on tâchât promptement de l'effectuer; mais ayant eu réponse différente de ce qu'il prétendoit, et le duc d'Orléans craignant que le maréchal ne s'engageât avec péril dans le pays ennemi, il fallut abandonner cette pensée, qui bientôt après fut jugée bonne, parce qu'à six jours de là les Espagnols attaquèrent La Capelle; et sans doute ils ne l'auroient pas fait si le maréchal eût suivi son dessein.

Il eût bien eu celui de secourir la place de vive force, s'il eût eu liberté de le faire; il y eût même jeté des hommes pour rendre le siége plus difficile, si le gouverneur ne lui eût mandé qu'en augmentant sa garnison il hâtoit sa perte, parce qu'il manquoit de pain; et bien que le maréchal Du Plessis n'eût pas les moyens de la part du Roi d'avoir de la farine pour lui en envoyer, il en fit toutefois charger à Laon par son crédit : mais les ennemis étoient postés de manière, et même avant le siége, que des charrettes, ou bêtes de voitures, ne pouvoient entrer dans la place, et il ne fut pas possible d'y conduire des farines. La ville ne se perdit pourtant pas faute de vivres, ni faute d'hommes. Le maréchal Du Plessis s'étoit avancé à Marle, pour essayer par le voisinage de prendre quelque conjoncture avantageuse, ou pour le moins incommoder les ennemis; mais tout cela ne sauva point les assiégés, qui firent leur capitulation (1).

Le maréchal Du Plessis songea aussitôt à ce que les ennemis pouvoient faire ensuite, appréhendant surtout la perte de Reims. Il envoya La Ferté-Senneterre, avec le corps qu'il commandoit, derrière cette grande ville, et lui donna ordre de s'y jeter en cas qu'il vît les ennemis s'en approcher. Il mit des troupes dans Laon; il envoya Hocquincourt avec son corps à Saint-Quentin, avec ordre de pourvoir Guise en cas de besoin. Et parce que le cardinal, en le quittant, lui avoit recommandé que toutes les fois qu'il verroit l'armée des ennemis en liberté d'entreprendre, quand même il n'y auroit point d'apparence de craindre pour Arras, il y mît un corps de troupes, afin que cette place ne fût jamais en péril, il y fit marcher Villequier avec celui qu'il commandoit, et s'en vint à La Fère avec quelques gens, afin qu'étant au milieu de toutes les places de la frontière il pût se porter où le besoin l'appelleroit, en rassemblant toutes ses forces.

Il y fut peu de jours sans voir le dessein des ennemis. Ils tombèrent sur Château-Portien et sur Rethel, où l'on n'avoit mis personne, pour n'y vouloir pas perdre des gens de guerre. Aussitôt que le maréchal apprit cette nouvelle, il pensa qu'avant que ces postes

(1) La ville capitula le 3 août.

fussent, il falloit sauver Reims, et gagner le devant des ennemis. Il marche donc, prend les troupes qu'il avoit mises dans Laon, commandées par son lieutenant général, laissant au marquis de Cœuvres assez d'infanterie pour se défendre contre un siége ; et avec toute la diligence possible, allant jour et nuit sans s'arrêter, passe la rivière au Pont-d'Arsy à gué, et sur un fort méchant pont fait à la hâte avec des bacs, et arrive le lendemain de son départ de La Fère, 16 août, à Fismes, assez tard pour ne se pouvoir avancer davantage. Le lendemain il se porta à Reims, laissant ses troupes à Fismes. Il trouva La Ferté-Senneterre avec les siennes campé aux portes de la ville, et en assez mauvaise intelligence avec les habitans, parce qu'ils avoient déjà commencé d'écouter les propositions de neutralité que les ennemis leur avoient faites : tellement que le maréchal crut devoir s'appliquer lui-même, ayant quelque habitude dans la ville, aux moyens qui pourroient leur ôter ces pernicieuses pensées.

Les Espagnols pouvoient aussi avoir dessein, après s'être logés à Rethel, d'entreprendre sur Sainte-Menehould ou sur les autres places de la Meuse. C'est pourquoi il envoya La Ferté-Senneterre entre Verdun et la rivière d'Aisne, pour aller avec son corps de troupes où le besoin l'appelleroit. Cependant les nouvelles vinrent à Reims que Château-Portien et Rethel s'étoient rendus, et qu'apparemment les ennemis marcheroient vers Reims, où le maréchal fit approcher ce qu'il avoit laissé à Fismes, sans dessein pourtant de le faire entrer dans la ville, voulant prouver aux habitans que c'étoit avec grand tort qu'ils avoient écouté les ennemis, puisqu'il n'avoit d'envie que de les soutenir sans les opprimer.

Cette manière de traiter si douce les obligea de se repentir, au moins en apparence; et rejetant leur faute, qu'ils n'avouoient pourtant que tacitement, sur le mauvais traitement qu'ils disoient avoir reçu des troupes qui s'étoient approchées depuis peu de leur ville, ils protestèrent de leur obéissance et de leur fidélité au service du Roi, et de l'affection et créance qu'ils avoient pour le maréchal Du Plessis, à qui ils promirent de faire tout ce qu'il désireroit d'eux; et lui de sa part, de ne rien exiger de leur bonne volonté que ce qui seroit absolument nécessaire pour leur conservation, et de ne point faire entrer les troupes dans la ville qu'à l'extrémité, et quand eux-mêmes le jugeroient à propos.

Dans le temps que le maréchal Du Plessis partit de La Fère, il dépêcha au marquis d'Hocquincourt et à Villequier pour les faire revenir vers lui; ce que le premier fit promptement, parce qu'il n'étoit pas éloigné, et fut incontinent joint à ce qui étoit campé à une lieue de Reims. Aussitôt que les ennemis se virent en possession des passages sur l'Aisne, de Rethel et de Château-Portien, ils pensèrent à s'en prévaloir; et comme leur dessein étoit d'entrer en France le plus avant qu'ils pourroient, et de se rendre maîtres de quelques-unes de ses grandes villes, comme de celles de Reims, de Châlons ou de Soissons, ils se mirent en état d'y réussir autant qu'ils pourroient, se munissant des choses nécessaires pour en venir à bout.

Le maréchal Du Plessis, qui étoit posté auprès de Reims, avoit placé le marquis de La Ferté-Senneterre de telle sorte avec les troupes de son corps, qu'en regardant le côté de la Meuse, si les ennemis eussent marché à Châlons, il y eût toujours été plus tôt qu'eux; si bien que Reims et Châlons étant en sûreté, il n'y avoit plus à craindre que pour Soissons. Le maréchal ne voulant point laisser cette importante place en péril, manda à Villequier de marcher incessamment pour s'y jeter, et logea d'Hocquincourt à Fismes, sur la rivière de Vesle, pour faire connoître aux ennemis qu'il vouloit leur disputer tous les passages, et qu'il ne leur céderoit le terrain que lorsqu'il y seroit forcé. Son intention n'étoit pourtant pas qu'on attendît l'armée des ennemis dans un lieu qui ne se pouvoit soutenir, et d'y hasarder des troupes fixes, comme l'infanterie, qui ne se peut retirer sans beaucoup de temps, et sans une proche retraite. Aussi le maréchal fit revenir toute celle qu'avoit le marquis d'Hocquincourt, hors deux cents hommes qu'il demanda au maréchal, qui ne crut pas les lui devoir refuser pour ne le pas chagriner, quoiqu'il en prévît la perte s'il y étoit attaqué. Il avoit ordre de s'en aller à Soissons avec sa cavalerie, aussitôt que par ses partis il sauroit que les ennemis commenceroient à marcher de son côté; ce qu'il pouvoit attendre en sûreté, en rompant les ponts proche de Fismes, dont il étoit le maître, et où l'on ne pouvoit l'attaquer, puisqu'il avoit toujours le temps de se retirer : mais n'ayant pas pris toutes ces précautions, il se trouva réduit à l'extrémité, dans laquelle toutefois il fit une fort belle action.

Les ennemis l'attaquèrent inopinément; et lui prit si bien son parti, qu'encore que le succès n'en fût pas avantageux, il combattit avec tant de valeur et tant de conduite, que les ennemis le trouvoient par tous les endroits où ils attaquoient; et comme les ponts n'avoient point été rompus, et qu'on passoit la rivière, qui le couvroit de toutes parts, pour venir à lui, il soutint si vigoureusement ce que faisoient les ennemis, et les chargea si à propos, qu'en se faisant jour partout où il se présentoit, il gagna le temps qu'il lui falloit pour sa retraite, qui fut un peu plus précipitée qu'il n'eût été obligé de faire s'il avoit obéi à ce qui lui avoit été ordonné. Cette cavalerie se retira donc à Soissons, c'est-à-dire avec le débris de son corps, dont il laissa une bonne partie de prisonniers, avec les deux cents hommes de pied qu'il avoit voulu garder si opiniâtrément à Fismes.

Le marquis de Villequier arriva à Soissons le jour d'après, avec les troupes qu'il menoit pour s'approcher d'Arras; tellement que cette place étant hors d'insulte, le maréchal Du Plessis voyant toute l'armée des ennemis s'arrêter à Fismes, crut que les troupes qu'il avoit campées entre eux et Reims n'étoient pas en sûreté, ni cette grande ville, s'il n'y mettoit les mêmes troupes, qu'il n'avoit conduites où elles étoient que pour cet effet. Il n'avoit point à temporiser pour suivre cet avis, puisqu'en quatre heures les Espagnols pouvoient être à lui, ou, par l'autre côté de la rivière de Vesle, se jeter dans un des faubourgs de Reims avant qu'il y eût personne pour le défendre : aussi fit-il à l'instant marcher ce petit corps à la porte de la ville. Il s'étoit acquis beaucoup de créance avec les principaux qui la gouvernoient, qui virent si bien le besoin qu'il y avoit de les faire entrer, qu'à minuit elles y furent introduites, mises en bataille dans les places et dans les grandes rues, et l'ordre si bien observé qu'il n'entra pas un seul homme de guerre dans aucune maison, sous quelque prétexte que ce fût; le maréchal ne cessant point de se promener à leur tête, jusques à ce que le jour étant venu il pût résoudre si elles demeureroient dans la ville, ou s'il les feroit camper en quelque lieu proche où il les pût assurer. Il prit ce dernier parti; et les ayant fait sortir, les mit à main gauche du faubourg de Vesle, qui les couvroit en quelque façon.

Elles y furent peu de jours, parce qu'il considéra que par l'autre côté de la rivière les ennemis, par une marche de nuit, pouvoient se rendre maîtres de ce même faubourg, et s'attacher à la porte de Rethel, sans autre opposition que celle des habitans, qui ne sont guère propres à faire résistance contre des actions de vigueur. Cette considération, avec les avis qu'eut le maréchal Du Plessis que les ennemis se préparoient à marcher de l'autre côté de la rivière, comme pour exécuter le dessein dont je viens de parler, l'obligea à faire encore entrer les troupes la nuit dans la ville, avec le même ordre que la première fois; et le matin il en mit une partie dans ce faubourg qui lui donnoit tant d'appréhension, et l'autre dans celui de Vesle, faisant retrancher l'un et l'autre. Cela demeura quelques jours en cet état; mais le maréchal voyant que ce faubourg de Rethel ne pouvoit tenir avec sûreté ce qu'il y avoit de gens, se résolut de les retirer dans la ville, avec une ferme intention de ne les point loger dans les maisons, mais dans les places et dans les grandes rues, qu'il donna à l'infanterie; et mit la cavalerie allemande, commandée par

Fleckestein, dans le parc de Saint-Remy, sous de grands arbres; et celle de Rose, lieutenant général, dans le faubourg de Vesle, qui ayant un bras de la rivière devant lui, et de l'infanterie pour aider à sa garde, se trouvoit en sûreté.

Le maréchal Du Plessis ayant disposé les choses en cette manière, crut les trois grandes villes de Châlons, de Reims et de Soissons hors de péril, et ne s'appliqua plus qu'à tourmenter les ennemis pendant qu'ils séjournèrent à Fismes; ce qu'il fit si heureusement, que dans ce temps-là il leur prit plus de mille chevaux, et quantité de cavaliers et de fantassins lorsqu'ils alloient au fourrage et au moulin ; cette cavalerie allemande de Rose et de Fleckestein étant si propre à telle manière de faire la guerre, qu'aucun de leurs partis ne fut jamais en campagne sans en rapporter du butin, et quelque avantage considérable.

Avant que nos troupes fussent enfermées dans Reims, et celles des ennemis avancées jusques à Fismes, le maréchal Du Plessis eut avis qu'ils avoient dessein sur Mouzon. Cette place étoit mal garnie d'infanterie, et il eût bien voulu y en mettre; mais cela étoit bien difficile, parce que le trajet étant long, et les ennemis à Rethel pouvant aisément couper ce qu'on y enverroit, quelque chemin que l'on tînt, c'étoit visiblement perdre ce qu'on y voudroit faire passer. Le maréchal Du Plessis voyant que La Ferté-Senneterre n'y avoit point jeté d'infanterie, comme il s'en étoit chargé, se résolut de se servir de cavalerie, et de ce qu'il avoit de dragons, croyant que quatre ou cinq cents cavaliers dans une place, qui pouvoient prendre chacun un mousquet, ne seroit pas un méchant renfort.

Il donne ce commandement au vicomte de Lameth, mestre de camp de cavalerie, qui marche aussitôt pour l'exécuter. Ce ne fut pas fort heureusement, parce qu'ayant rencontré près de Busancy un plus grand corps de cavalerie que le sien, après un grand combat fort long et fort opiniâtré, il se retira à Mouzon, avec perte d'une bonne partie de ce qu'il avoit amené avec lui, qui resta prisonnière, y ayant pourtant eu plus des ennemis tués que des nôtres.

Le maréchal s'appliquant à ce qu'il pouvoit juger de plus nuisible aux ennemis, essayoit, pour y bien réussir, d'être informé de leurs desseins. Comme ils envoyoient souvent à Paris conférer avec ceux qui étoient de leur intelligence, et qu'ils faisoient encore la même chose de leur camp à Stenay, le maréchal avoit sans cesse des gens de guerre sur ces deux chemins; et ce n'étoit pas inutilement, parce qu'on lui rapportoit quantité de lettres chiffrées, ou autres, qui lui donnoient beaucoup de lumières, non-seulement de ceux qui les favorisoient, mais encore de leurs projets, dont il donnoit soudain avis au secrétaire d'Etat, qui étoit toujours à Paris auprès du duc d'Orléans; et cela passoit au cardinal Mazarini, qui étoit auprès du Roi devant Bordeaux.

Pendant le séjour que les ennemis firent à Fismes, qui fut de plus de six semaines, ceux qui les commandoient firent plusieurs desseins; mais un des plus considérables fut celui d'enlever le prince de Condé du bois de Vincennes. Avant que de penser à l'entreprendre, ils voulurent se rendre Paris favorable; et par le moyen de quelques princes mal contens, et autres personnes de qualité, qui s'intéressoient pour la liberté de ce grand prisonnier, ils prétendirent de ne pas manquer leur coup, ou de former quelque parti considérable.

Ils y envoyèrent un Espagnol sous le prétexte de vouloir traiter de la paix avec le duc d'Orléans, et proposer un abouchement de l'archiduc avec lui, en avançant l'un et l'autre pour se voir. Mais les Espagnols n'ayant pas une véritable intention pour cela, la chose manqua de leur côté; et les allées et venues n'ayant rien produit à leur gré d'assez considérable pour espérer que leurs partisans pussent tirer le prince de Condé du bois de Vincennes sans l'assistance de toute leur armée ou d'une partie, ils proposèrent au maréchal de Turenne, qui étoit un de leurs principaux chefs, de prendre un bon corps de cavalerie et ce qu'il faudroit d'infanterie pour s'approcher de Paris, comme il leur étoit facile, et tâcher, avec l'assistance de leurs adhérens, de forcer le château de Vincennes pour n tirer ce prince.

L'on peut dire que Dieu seul empêcha le maréchal de Turenne de consentir à cette proposition. Le bonheur du maréchal Du Plessis, que le Ciel a toujours visiblement favorisé en tout ce qui lui a été de plus difficile et de plus avantageux, le sauva de ce déplaisir, que rien ne lui pouvoit empêcher d'avoir si l'on eût tenté la chose. La disposition des affaires le fera bien juger ainsi; car si le maréchal de Turenne eût pris ce parti, qui s'y pouvoit opposer? Le dessein n'eût-il pas été exécuté avant que le maréchal Du Plessis eût pu être à moitié chemin pour y remédier? S'il eût voulu y aller avec ce qu'il avoit dans Reims, il couroit risque de se perdre, et Reims en même temps, qui, se trouvant dégarni, eût reçu volontairement les Espagnols, ou y eût été forcé par leur armée qui étoit à Fismes. Si les corps de La Ferté-Senneterre, de Villequier et d'Hocquincourt se fussent joints au sien, il leur eût fallu plus de temps pour marcher; ainsi on en laissoit assez au maréchal de Turenne pour son entreprise. Et quand même ces trois corps fussent arrivés avant la prise de Vincennes, l'armée qui étoit à Fismes eût suivi le maréchal Du Plessis, qui se seroit trouvé en fort mauvaise posture au milieu de toutes ces grandes forces, auxquelles ne pouvant résister il auroit perdu les troupes qu'il commandoit, et toutes ces grandes villes aussi; ensuite on auroit vu le prince de Condé en liberté, Paris fort malintentionné, qui l'auroit été bien davantage après ces succès; le Roi éloigné vers Bordeaux pour une autre guerre, et qui auroit trouvé avant son retour les ennemis saisis des meilleures villes de son État. Toutes ces considérations donnoient de grandes inquiétudes au maréchal Du Plessis, dont il fut bien soulagé quand, par les avis qu'il avoit du camp des ennemis, il sut que le maréchal de Turenne avoit rejeté cette proposition, et, à quelque temps de là, qu'on avoit transféré les princes à Marcoussis. Ce lieu étoit assez hors de la portée des ennemis; et bien que le duc de Nemours s'offrît d'être de l'autre côté de la rivière de Seine avec des troupes pour en faciliter le passage au maréchal de Turenne, ainsi que l'apprit le maréchal Du Plessis par des lettres interceptées, écrites de Paris avec empressement, il raisonna juste, et crut que le maréchal de Turenne n'ayant pas voulu marcher à Vincennes, ne le feroit pas à Marcoussis.

L'archiduc et les autres chefs de l'armée espagnole voyant que la saison s'avançoit, qu'ils perdoient force gens et beaucoup de chevaux sans espoir d'y rien profiter, à moins de hasarder quelque chose de plus dangereux, selon leur opinion, qu'il n'étoit en effet, et qu'ils ne pourroient effectuer ce qu'ils s'étoient figuré pouvoir faire, quittèrent Fismes et se retirèrent à Rethel.

Le maréchal Du Plessis, apprenant cette nouvelle, ne songea plus qu'à la sûreté des places de Laon, de La Fère, de Saint-Quentin et de Guise, et manda au marquis de Villequier de quitter Soissons avec ses troupes pour s'approcher de ces places, en sorte pourtant que les ennemis ne pussent entreprendre sur lui; et cependant, par de continuels partis, il observoit ce que deviendroit cette grande armée. Il fit donner avis à La Ferté-Senneterre de mettre de l'infanterie dans Mouzon et dans Sainte-Menehould, qui paroissoient plus exposés, et de plus facile attaque.

Les ennemis voyant pourtant Mouzon moins garni que l'autre, après avoir demeuré quelques jours à Rethel, détachèrent un corps de leur armée pour faire le siége de cette place; et demeurant au-delà de la rivière du côté de Vandy, donnoient la main à ce siége avec toutes leurs forces, et de temps en temps envoyoient par Stenay les choses nécessaires pour hâter la prise de la place.

Le maréchal Du Plessis voyant que La Ferté-Senneterre n'avoit pu rien mettre dans Mouzon, étoit continuellement en jalousie des troupes que Ligneville commandoit pour le duc de Lorraine, et qui s'approchoient de lui. Il jugea que ce n'étoit point trop de tout ce qu'il avoit de troupes pour soutenir cette province, et qu'il falloit essayer de mettre des hommes dans Mouzon par une autre voie; il donna ordre à Villequier de voir s'il ne le pourroit point par le côté de Sedan, sort de Reims avec les gens qu'il y avoit tenus jusques alors, mande à d'Hocquincourt de le venir joindre, et se poste sur la petite rivière de Suippe, entre Reims et les ennemis, pour observer ce qu'ils feroient, et par là déterminer ce qu'il auroit à faire.

Le marquis de Villequier, suivant ses ordres, prend la route de Sedan par le côté d'Aubanton, et dans sa marche trouve quatre ou cinq cents chevaux qu'il défait heureusement, arrive à Sedan, et consulte avec le marquis de Fabert, qui en étoit gouverneur, par quel moyen on pourroit jeter des hommes dans la ville assiégée. Ils résolurent ensemble d'en mettre sur des bateaux; et bien que pour aller à Mouzon il falloit remonter la rivière, on ne laissa pas de tenter l'entreprise : mais comme il faut pour l'exécution de telles choses beaucoup de conduite et de bonheur, le dernier manqua, et le jour surprit les bateaux fort proche de Mouzon, et bien près aussi d'une île où les ennemis tenoient des gens; et par malheur celui qui commandoit les hommes qu'on vouloit mettre dans la place ayant été tué, les bateaux s'en retournèrent, et Mouzon ne fut point secouru pour cette fois.

D'ailleurs La Ferté-Senneterre portant impatiemment que Ligneville, après certains progrès faits dans son gouvernement, et la prise de quelques petites places peu considérables, mangeât encore le pays, écrivit au maréchal Du Plessis que s'il vouloit lui envoyer la cavalerie allemande que commandoit Fleckestein, et quelque infanterie, il lui répondoit de battre Ligneville. Cette demande trouva le maréchal Du Plessis où nous avons dit, sur la petite rivière de Suippe, et si bien disposé pour donner lieu à ceux qui commandoient sous lui d'acquérir de l'honneur, qu'encore qu'il fût plus en peine de ce qui se passoit à Mouzon que des pilleries de Ligneville, il accorda facilement à La Ferté-Senneterre ce qu'il lui demandoit, d'autant plus qu'il avoit projeté, sans en rien communiquer à personne, de faire une marche secrète par Sainte-Menehould et Verdun avec un corps léger, auquel par un rendez-vous juste il pourroit joindre tout ce qu'avoit La Ferté-Senneterre et ce qu'il lui envoyoit, afin que tous ensemble ils pussent tomber sur les troupes qui faisoient le siége de Mouzon, sans que la grande armée qui étoit près de Vandy pût lui faire mal, s'il pouvoit passer la Meuse avant que ceux qui la commandoient l'eussent passée.

Outre toutes ces considérations, le maréchal Du Plessis avoit encore grand sujet de souhaiter qu'on défît Ligneville, parce qu'il sembloit qu'il alloit joindre ceux qui faisoient le siége de Mouzon; et quand même ce n'auroit pas été son dessein, le séjour qu'il faisoit en Lorraine étoit fort dommageable au bien des affaires du Roi, puisqu'il ruinoit le pays qui servoit aux quartiers d'hiver, et qu'il arrêtoit La Ferté-Senneterre avec les troupes qu'il commandoit, dont on avoit grand besoin ailleurs.

Fleckestein, et l'infanterie qu'on lui donna, fit une telle diligence, et arriva si à point nommé, que La

Ferté-Senneterre s'en prévalut avant que Ligneville en fût informé. Il marche à lui, et le prend dans le temps qu'il logeoit ses gens, donne dans un quartier brusquement, puis dans un autre, et défit ainsi ce corps lorrain, dont il donna aussitôt avis au maréchal Du Plessis, qui, voyant le temps d'exécuter ce qu'il avoit projeté, marche sans plus tarder vers Reims, disant qu'il vouloit chercher du fourrage pour ses troupes, repasse la rivière de Vesle, et sans différer, après avoir conféré avec Hocquincourt, lui donne les ordres qu'il avoit à suivre; et laissant ce peu d'armée, d'artillerie et de bagage entre Reims et Châlons pour vivre en sûreté, prend un petit corps léger de gens choisis, marche jour et nuit par la route que nous avons dite, laisse dans Sainte-Menehould ce qu'il avoit d'infanterie plus harassée, prend en échange celle qu'il y trouva, et continuant sa marche, sans intermission que pour faire repaître la cavalerie, se rend à Verdun à la pointe du jour, espérant y trouver La Ferté-Senneterre avec toutes les troupes de son corps, et celles qu'il lui avoit envoyées si heureusement, après l'ordre qu'il lui en avoit donné par deux ou trois personnes dépêchées pour cet effet en partant de Reims. Mais parce que ce marquis avoit été blessé en prenant le château de Ligny, et qu'ensuite il avoit employé toutes ses troupes en l'attaque d'un autre qui les occupoit encore, le maréchal Du Plessis se trouva frustré de son attente et de son dessein, qu'il avoit conduit jusque là avec tant de bonne fortune, que les ennemis ne s'en étoient point aperçus, et le vit échoué par une rencontre qu'il n'avoit pu prévoir.

Il ne voulut pourtant pas retourner d'où il venoit sans tâcher de profiter de sa marche secrète. Il envoie ordre à Villequier vers Sedan qu'il s'avançât jusqu'à Stenay pour attirer ceux qui faisoient le siége de son côté, faisant mine de les vouloir combattre, et pour pouvoir par ce moyen, le côté de Sedan étant libre, jeter des hommes dans Mouzon. La chose fut si bien concertée qu'elle réussit; et l'on peut conjecturer par là que si La Ferté-Senneterre eût envoyé ses troupes, bien que le maréchal avec elles eût été encore plus foible que les ennemis, il eût pu faire lever le siége, puisque les Espagnols à son approche en furent en balance, d'autant plus que la grande armée, n'ayant point su sa marche, n'avoit envoyé personne à leur secours qu'après qu'il se fût retiré à Consanvoy, près de Verdun. Ces gens ainsi mis dans Mouzon donnèrent moyen à Mazon, qui y commandoit, de reprendre tous les dehors perdus, et de grandes espérances au maréchal Du Plessis qu'à son retour de Sainte-Menehould il pourroit être à temps de former un autre dessein pour secourir la place.

Il va donc en diligence prendre son quartier à La Neuville-au-Pont, pour former de tout ensemble un corps, afin de battre, s'il se pouvoit, les assiégeans. Le colonel Rose le vint trouver avec des troupes, comme toutes les autres étoient en marche, et l'avertit de la mutinerie de la plupart des principaux officiers, dont il avoit déjà fait arrêter une partie; et lui proteste que s'il fait joindre son corps avec les autres Allemands de Fleckestein qui venoient d'avec La Ferté-Senneterre, il se pouvoit assurer qu'en s'approchant des ennemis ils se jetteroient dans leur armée.

Il n'est pas difficile de croire combien cette nouvelle surprit et toucha le maréchal. Ce désordre étoit fâcheux dans la conjoncture où l'on étoit ; il détruisoit absolument tous ses desseins et ses résolutions, et pouvoit avoir de très-mauvaises suites : mais afin que les ennemis ne pensassent point à fomenter cette révolte, ni à faire parler à ces Allemands pour les débaucher, il fallut la cacher avec grand soin.

Le maréchal Du Plessis crut bien après cela que ne continuant point sa marche, comme il ne l'osa faire après ce que Rose lui avoit dit, on jugeroit à son désavantage de ce changement ; il le fallut prétexter de quelque chose de considérable : tellement qu'au lieu de renvoyer les troupes dans leurs quartiers, il les fit marcher en rebroussant chemin du côté de Rethel ; et lui-même se mettant à leur tête fut reconnoître la place, bien qu'il n'eût pas envie en ce temps-là d'en faire le siége. Ce petit voyage ne fût pas inutile, puisqu'il servit à reconnoître la place, et qu'il en facilita le siége qui fut résolu peu de temps après, et la marche de l'armée lorsqu'il fut entrepris, et qu'on chercha les ennemis pour les combattre.

Le maréchal Du Plessis reprit son quartier de La Neuville-au-Pont, et s'appliqua soigneusement à la punition des officiers coupables qui lui avoient rompu son dessein. Il envoya savoir de Fleckestein s'il y avoit quelque chose à craindre pour les siens, lui ordonnant de se précautionner contre de si fâcheux accidens ; ordonna à Rose d'emprisonner tous ceux qu'il soupçonneroit, et qu'en les mettant à Reims on s'en assurât si bien, qu'il n'y eût plus sujet de les appréhender. Toutes ces choses faites, il marcha encore une fois à Varennes, afin d'y réunir toutes les troupes pour le nouveau secours qu'il vouloit donner à Mouzon, sur l'avis qu'il auroit de l'état du siége, et du logement qu'occuperoit la grande armée des ennemis. Aussitôt qu'il fut arrivé à Varennes, sachant que cette grande armée tenoit toujours des postes entre Aisne et Meuse qui lui fermoient le passage pour aller à Mouzon par deçà la rivière, et ses forces n'étant pas assez grandes pour combattre celles des Espagnols, il prit le parti de n'avoir affaire qu'à ce qui faisoit le siége de Mouzon, et que puisque la première fois qu'il avoit passé à Verdun, quand il partit d'auprès de Reims, il avoit pu cacher sa marche, il pouvoit, en partant de plus près, espérer avec plus d'apparence avoir cette même fortune.

Il part donc de Varennes avec cette pensée ; mais comme il fut près de Clermont, il eut avis que Mouzon étoit rendu. Cette nouvelle, qu'il devoit avoir bien plus tôt, lui fit changer de marche ; il reprit la route de Sainte-Menehould, et se remit à La Neuville-au-Pont pour y observer la contenance des ennemis. Ce fut où le cardinal lui donna les premiers avis du retour du Roi, et l'espérance qu'il seroit bientôt assez fort pour entreprendre quelque chose de glorieux.

Cependant les ennemis, fatigués d'une si longue campagne, pensèrent à mettre leurs vieilles troupes espagnoles en repos, et donnèrent au maréchal de Turenne toutes les autres, avec un nouveau corps qui venoit d'Allemagne, pour se mettre en état de tenir la campagne contre l'armée du Roi, et vivre une bonne partie de l'hiver aux dépens de la France, étant soutenu par Stenay, Mouzon et Rethel.

Le maréchal Du Plessis voyant l'armée espagnole séparée, et qu'elle prenoit le chemin de Flandre et autres provinces appartenantes au roi Catholique, jugea qu'il se devoit mettre en quelque meilleur poste où il pût faire vivre commodément ses troupes, et y attendre celles qui le devoient venir joindre. Il choisit pour cet effet le Pertois, où fort souvent il recevoit des nouvelles du cardinal, qui mandoit par toutes ses lettres qu'il auroit bientôt, non-seulement un renfort considérable, mais encore l'assistance de sa personne, pour lui faire donner toutes les choses nécessaires pour le siége de Rethel.

Pendant que les troupes venoient de Guienne, celles que devoit commander le maréchal de Turenne s'unissoient; et Tracy, qui le quitta pour se remettre en son devoir, vit le maréchal Du Plessis en passant, et l'assura qu'il auroit au moins huit mille chevaux, et plus de cinq mille hommes de pied. Les troupes de Guienne commençoient à venir, et vers la fin de novembre elles furent quasi toutes jointes aux autres; et l'on travailloit, par des officiers de l'artillerie nouvellement envoyés, à faire l'équipage pour le siége qu'on vouloit mettre devant Rethel.

Le maréchal voyant l'inconvénient qu'il y avoit de s'attendre aux canons de Sedan et de Mézières, parce qu'ils étoient fort éloignés, crut qu'ils ne le pourroient joindre que lorsque le siége seroit formé, et que les ennemis pouvant lui ôter la communication nécessaire pour les avoir, il seroit bon d'en avoir d'autres plus à sa disposition. Il envoya pour cet effet en demander au gouverneur de Saint-Dizier, qui en fit monter à ses dépens et fort diligemment deux grosses pièces, que l'on amena dans son quartier.

Le Roi étant revenu à Paris permit au cardinal Mazarini de venir à Reims. Au même temps qu'il arrive, le maréchal marche pour investir Rethel, et donne ordre à Villequier de commencer, parce qu'il étoit plus proche. Il s'y rend à même temps, prend ses quartiers deçà et delà la rivière d'Aisne; et parce que la saison ne permettoit pas de camper, et que les quartiers étoient assez éloignés de la place, on ne pensa point à faire de circonvallations. Le maréchal, qui avoit reconnu la place, comme j'ai dit ci-devant, s'appliqua à faire promptement ouvrir la tranchée vers les Capucins, de l'autre côté de la rivière, en coulant au-dessous du château, pour s'y attacher par cette attaque au même temps qu'à la ville.

Manicamp, lieutenant général, lui proposa d'en faire une autre par le faubourg des Minimes, gagnant le bout du pont, par le moyen duquel il prétendoit s'attacher à la porte, qui étoit assez mal flanquée. Cette attaque apparemment ne devoit pas réussir : on ne pouvoit croire avec raison qu'une si forte garnison se laissât approcher par un endroit si peu accessible, et qu'une rivière assez grosse ordinairement, et en ce temps-là fort rapide et fort enflée par les pluies, se pût traverser, pour s'attacher à une place, sans un grand temps et de grandes précautions. Ce raisonnement assez juste pouvoit bien rebuter le maréchal Du Plessis de faire cette attaque, s'il n'en eût commencé une autre que celle-ci ne pouvoit interrompre. Le cardinal Mazarini, arrivé dans le camp, fut de son opinion. On donne rendez-vous aux troupes qui devoient agir au château d'Assy, à la portée du canon de la place.

Le maréchal Du Plessis donne les ordres pour l'attaque du faubourg, et y fut lui-même. Les gens commandés se logent au monastère des Minimes assez facilement, bien qu'il fallût passer un grand bras de la rivière qui l'enfermoit; mais parce que c'étoit la nuit, et que les ennemis tenoient peu de gens dans le faubourg, on les en chassa plus aisément, on les poussa jusqu'à une demi-lune qui couvroit le pont; et ce fut pour cette nuit ce qui s'y put faire. Le matin, l'on continua de se bien établir dans les maisons du faubourg, et l'on prit une redoute de pierre qui se trouva coupée par nos logemens, parce qu'elle étoit faite entre la campagne et les premières maisons du faubourg, à la tête de la chaussée qui vient au pont, et que l'on avoit pris le couvent des Minimes par derrière et par la prairie. La nuit d'après, l'on attaqua la demi-lune qui couvroit le pont; et passant un autre bras de la rivière qui la séparoit d'avec nous par dedans la prairie, on y entra par la gorge, et sans perdre temps on se logea dans les moulins qui touchent au pont, où faisant amener les pièces de canon que le maréchal avoit tirées de Saint-Dizier, n'en ayant point eu d'autres comme il avoit bien prévu, une seule fit brèche au troisième jour dans les tours de la porte. On commande des gens pour s'y loger, comme si le chemin y eût été facile; et bien que le pont de dessus la rivière fût rompu, on s'en aida si avantageusement avec des planches qu'on y remit, que nos soldats y passèrent pour monter sur la brèche. Ils s'y logèrent nonobstant la résistance, et en furent chassés peu après sans grand effort.

Il est vrai que cela ne donna pas assez de cœur aux assiégés pour s'opiniâtrer davantage à se défendre. Ils demandèrent à parlementer. Le maréchal Du Plessis, qui n'espéroit prendre le château qu'après être maître de la ville, et par les formes, fut bien surpris quand les articles qu'on lui présenta parloient de rendre l'un et l'autre. On disputa pour le temps, car les assiégés avoient eu avis que le maréchal de Turenne marchoit pour les secourir; on ne leur donna que jusqu'au lendemain huit heures. Ils vouloient tarder beaucoup plus à sortir; sur quoi l'on fut prêt à rompre : mais enfin ils y consentirent (1); et devant qu'ils eussent remis la place, le maréchal Du Plessis envoya par tous les quartiers, ordonnant aux troupes de se rendre auprès du sien, parce qu'il avoit reçu un avis très-certain et très-pressant par Talon, intendant de l'armée, qu'il faisoit demeurer à Châlons pour les choses qui lui étoient nécessaires, que le maréchal de Turenne marchoit jour et nuit avec son armée pour le venir combattre et lui faire lever le siége. Ce qu'il envoya dire aussitôt au cardinal, qui se moqua de cette nouvelle; mais le maréchal Du Plessis en ayant encore eu d'autres sur le même sujet, et son armée étant si foible que le moindre nombre d'hommes y étoit de grande importance, il supplia le cardinal de lui vouloir envoyer les troupes qui le gardoient dans un petit château à deux lieues de son quartier. Ce que le cardinal ayant considéré comme une chose qu'il ne devoit pas refuser, il y satisfit; et au lieu de s'aller mettre dans

---

(1) Le 13 décembre.

quelque autre poste plus loin et plus sûr, sans qu'il eût besoin de troupes pour sa garde, il vint à l'armée avec les gens que le maréchal lui avoit demandés, où il le trouva qu'il la mettoit en bataille à mesure que les troupes venoient ; et bien que le cardinal eût la goutte, il se mit à la tête du régiment des Gardes. La jonction de nos troupes ne se fit pas sans peine, vu la grande distance des quartiers, et la difficulté qu'il y avoit à passer la rivière.

Avant que la nuit fût venue, l'armée du maréchal de Turenne parut, et s'approcha assez près de la nôtre. Le maréchal Du Plessis crut certainement qu'il en seroit attaqué, et surtout parce qu'il s'étoit mis en bataille en un endroit désavantageux. Il y avoit une hauteur à sa droite où, si le maréchal de Turenne se fût placé en y mettant de l'artillerie, il nous auroit fort incommodés ; mais le maréchal Du Plessis aima mieux s'exposer à ce qui lui en pouvoit arriver, que de se poster plus à la droite sur cette hauteur : ce qui lui auroit fait découvrir le pont sur la rivière d'Aisne, qui étoit à sa gauche, par lequel les ennemis auroient pu sans péril entrer dans la ville.

Le maréchal de Turenne (je ne sais par quelle raison) se retira sans rien faire de ce qui l'avoit obligé de venir ; et à l'instant le maréchal Du Plessis se résolut de le suivre pour le combattre, bien que son armée fût moins forte en cavalerie de la moitié que celle de Turenne ; ce qui étoit un très-grand avantage pour les ennemis, puisque le combat se devoit faire dans les plaines de Champagne. Après cette résolution prise, le maréchal la communiqua au cardinal, qui l'approuva fort.

Les principales raisons qui portèrent le maréchal Du Plessis à chercher la bataille furent que les ennemis étant venus pour la donner, et ne l'ayant pas fait, seroient bien étonnés de nous voir ainsi promptement sur eux. Il est vrai qu'en l'état où se trouvoient les affaires du Roi, c'étoit un peu hasarder; car, perdant la bataille, l'on pouvoit dire la France presque perdue. Il s'en falloit aussi bien peu qu'elle ne fût aussi mal si, faute de combattre, nous eussions laissé cette armée ennemie en pouvoir d'hiverner sur nos frontières, et de nous y tenir en corps, parce que le moindre mal qui nous en pouvoit arriver étoit la ruine de toutes nos troupes; et que les ennemis ne hasardoient que ce qui étoit alors sous le maréchal de Turenne, leur armée ordinaire de Flandre étant retirée dans ses quartiers.

Toutes ces réflexions mûrement faites obligèrent le maréchal à faire marcher les troupes, faisant prendre quelque avoine à chaque cavalier pour repaître à Geneville aux deux clochers, d'où il prétendoit, après deux heures de halte, reprendre sa marche vers les ennemis, selon ce qu'il apprendroit de leurs nouvelles; et bien que l'armée fût extraordinairement fatiguée pour avoir été toute la nuit en bataille par une cruelle gelée, et les jours précédens à cheval et sous les armes, par la pluie et dans la fange, elle marcha bien gaiement et avec grande diligence; tellement que les quatre lieues jusqu'à Geneville furent faites en peu de temps. Il ordonna de faire promptement repaître, ce qui se fit : aussi n'étoit-il pas difficile de le faire, car on avoit laissé tout le gros bagage avec ce peu de troupes que le cardinal avoit auprès de lui pour mettre dans Rethel quand ceux de la place ouvriroient les portes.

Pendant ce peu de séjour, un des partis que le maréchal avoit envoyé suivre les ennemis lui vint rapporter qu'ils s'en alloient avec tant de hâte, qu'il ne les pourroit joindre qu'en laissant la moitié de ses troupes par les chemins. Il fit aussitôt part de cette nouvelle au cardinal, qui lui répondit que son avis étoit de s'arrêter, et mettre l'armée dans de bons villages de la vallée de Bourg, et que le lendemain il allât dîner avec lui pour résoudre ce qu'il y auroit à faire : mais dans l'instant que Jouy, capitaine de ses gardes, lui faisoit cette réponse, un autre parti, dont le chef avoit été plus exact que l'autre, lui rapporta que les ennemis n'étoient qu'à trois lieues de lui en des quartiers séparés, et qui ne songeoient qu'à faire bonne chère.

Le maréchal, sans consulter davantage, ni rien mander au cardinal, part dans la résolution de ne point cesser de marcher qu'il ne les eût joints. Pour cet effet il se met à la tête de l'aile droite, et marchant ainsi par les flancs, il arrive sur les dix heures au quartier des Cravates, où ses coureurs avoient donné, et pris quelques officiers qui l'instruisirent de tous les logemens des ennemis; et c'est une chose peu commune qu'un quartier de Cravates fût prêt d'être enlevé par une armée en corps.

La fuite de ces gens-là donna l'alarme au quartier général, d'où à l'heure même on entendit tirer six coups de canon, et tôt après l'on vit marcher leurs troupes de toutes parts pour se rendre au champ de bataille. Le soleil ayant dissipé le brouillard, nous donna lieu d'en venir aux mains. Le maréchal Du Plessis se trouvant si près d'eux sans qu'ils fussent en bataille, espéra que son projet auroit un succès heureux, ayant affecté la diligence dont nous venons de parler afin de se pouvoir trouver au milieu de tous leurs quartiers, et les défaire les uns après les autres. Il voulut donc passer promptement un vallon qui le séparoit d'avec ceux qui arrivoient à la cime d'un coteau vis-à-vis de lui; et comme quelques jours auparavant il avoit reconnu un ruisseau au fond de cette vallée fort aisé à passer, il crut qu'il ne le seroit pas moins.

Cela se fût ainsi trouvé, et toutes nos troupes auroient fait ce chemin en bataille, si la gelée (1) n'eût point réduit toute cette ouverture à un petit sentier qu'il falloit suivre nécessairement, et n'aller qu'en défilant attaquer des troupes sur une colline, qui commençoient déjà d'être en nombre considérable. Cela fit changer de chemin au maréchal Du Plessis, qui soudain continua sa marche sur la droite, côtoyant la hauteur où étoient les ennemis, un vallon entre deux.

Dans ce temps, le colonel Rose, lieutenant général, qui commandoit toute notre cavalerie allemande, demanda au maréchal Du Plessis deux mille chevaux pour aller attaquer les ennemis, pendant qu'il se rendroit avec le reste de l'armée en bataille devant eux, et qu'il chercheroit de son côté un passage pour le rejoindre. Cette proposition fut trouvée si peu judicieuse par le maréchal, qu'il la rejeta absolument; et bien que la capacité et l'expérience de celui qui la faisoit pût donner quelque crédit à la chose, il y avoit

(1) *La gelée :* C'étoit le 15 décembre.

si peu d'apparence de séparer une petite armée, déjà moins forte de la moitié en cavalerie que celle des ennemis, et de mettre deux mille chevaux au hasard d'être battus sans ressource, dont la perte du reste se seroit ensuivie, que le maréchal Du Plessis dit fortement à Rose qu'il ne le feroit pas, et qu'il vouloit se perdre dans les formes, et ses forces unies.

S'étant donc résolu de ne point combattre en détail, il pensa au moyen de se prévaloir de l'avantage que sa diligence lui avoit donné sur l'armée d'Espagne, qui, n'étant point encore toute au champ de bataille, se fût trouvée d'abord en confusion s'il eût pu la joindre ou la prendre par le flanc dans le temps qu'elle s'assembloit, et qu'elle formoit son ordre. Pour cet effet il la côtoya avec toute la promptitude possible, suivant une colline parallèle à celle où elle étoit, et en cherchant un passage dans ce vallon qui étoit entre deux, pour monter sur celle qu'occupoient les ennemis. Mais eux, connoissant le dessein du maréchal, firent pareille diligence pour s'y opposer : tellement qu'après avoir marché deux heures à côté des ennemis, si proche d'eux que souvent il n'y avoit pas une portée de mousquet d'intervalle, il ne voulut plus chercher inutilement d'autre avantage que celui qu'il espéroit par la valeur de l'armée qu'il commandoit. Sur quoi ayant fait halte, et à gauche, à toute l'armée qui marchoit par l'aile droite, il fit bien observer les distances, et tenir les places ordonnées à chaque troupe ; et en même temps pour n'en pas perdre davantage, n'y ayant plus guère que trois heures de soleil, il alla reconnoître ce petit vallon qui séparoit les deux armées, et qu'il se résolvoit de passer, pour aller attaquer les ennemis, sans considérer la grande hauteur qu'il avoit à monter pour les joindre. Mais ils le délivrèrent de l'inquiétude que ce désavantage lui pouvoit donner, comme il reconnoissoit s'il n'y avoit rien dans ce vallon qui le pût empêcher d'y marcher en bataille; parce que, dans le temps qu'il étoit dans ce vallon avec douze ou quinze officiers qui l'avoient suivi, il vit descendre la première ligne des ennemis, quittant ce poste qui lui étoit si avantageux; et lui aussitôt retourna promptement à l'armée du Roi, pour la faire marcher contre celle qui la venoit attaquer.

D'abord personne ne put deviner ce qui avoit obligé le maréchal de Turenne d'en user ainsi, puisqu'il est vrai que, sans une considération fort importante, il faisoit une grande faute de quitter la hauteur où sa bonne fortune l'avoit placé, et où nous ne pouvions les aller attaquer ni monter qu'en diminuant beaucoup cette première vigueur si nécessaire pour le gain des combats, et sans troubler en quelque manière l'ordre établi pour la bataille : et bien que de tels momens d'ordinaire ne soient guère employés aux réflexions qui ne sont pas jugées utiles, ni propres à faire changer les desseins des ennemis, leur démarche parut aussi extraordinaire que peu attendue, d'autant plus que puisque c'étoit nous qui les cherchions, ils pouvoient bien croire qu'étant si proche d'eux, nous ne laisserions pas écouler la journée sans combattre ; et ils pouvoient nous attendre sur cette hauteur qui leur étoit si favorable, sans douter que nous ne les y allassions trouver, voyant même que nous marchions déjà pour cela : mais l'on a su depuis que cette grande hâte de venir à nous procéda d'une opinion qui les trompa. Le maréchal Du Plessis ayant moins de cavalerie de la moitié que le maréchal de Turenne, et voulant se prévaloir de son infanterie, quoiqu'elle ne fût qu'égale à celle des ennemis, avoit détaché des mousquetaires des manches de ses bataillons pour en mettre des pelotons proche de ses escadrons; et parce qu'il ne vouloit pas que les ennemis le pussent connoître dans sa marche, il avoit laissé les mousquetaires touchant aux bataillons, jusqu'à ce que l'on fût près de combattre; tellement que lorsqu'on les fit séparer pour les joindre aux escadrons où ils étoient ordonnés, il parut aux ennemis, par le mouvement de cette infanterie, que l'armée n'étoit point en bataille; et cette créance mal fondée fut un des premiers indices de la bonne fortune des armes du Roi en cette journée.

Le maréchal Du Plessis n'eut que le temps de se retirer aux escadrons de la première ligne pour donner les ordres du combat, et que celui de changer de cheval. Le maréchal de Turenne parut avoir le dessein, en étendant son aile gauche plus que notre droite, de prendre en flanc les escadrons qui la composoient; ce que le maréchal Du Plessis ayant jugé, il étendit aussi son aile droite pour éviter ce désavantage, et le fit même si bien en marchant aux ennemis, que leur dessein pour cette fois ne leur réussit pas par le remède qui y fut apporté.

Le maréchal de Turenne avoit principalement envie de faire un grand effort sur l'aile droite de notre cavalerie, croyant avec raison qu'ayant rompu ces principales troupes, le reste lui seroit facile à battre, et qu'entre celles de cette aile droite, s'il avoit défait la première ligne, la seconde ne lui résisteroit pas : aussi fit-il mettre les deux lignes de la cavalerie de son aile gauche en une; de sorte qu'il n'y eut quasi pas un escadron de la première ligne des nôtres qui ne fut attaqué au moins par deux des ennemis : cela nous donna bien de la peine dans le commencement. Le comte Du Plessis, maréchal de camp, avoit pris sa place à la tête du régiment du mestre de camp, qui, se trouvant avoir deux escadrons à soutenir avec le sien, le fit avec tant de bravoure, par sa propre valeur et par l'exemple de ce maréchal de camp, qu'encore que ceux de ce corps le vissent tomber mort de deux coups de pistolet, ils ne s'en ébranlèrent point; et leur résistance fut si vigoureuse et si ferme, qu'ils poussèrent aussitôt après les ennemis, qui furent renversés proche de leur gauche par d'autres escadrons.

Les ennemis, avant que d'arriver à nos premières troupes, furent maîtres de notre artillerie, qui étoit avancée plus de trois cents pas devant notre première ligne, parce que nous allions nous mettre en marche pour les combattre; mais ils n'en furent pas longtemps en possession. Ce fut en cet endroit où l'opiniâtreté du combat fut la plus grande : plusieurs fois les escadrons de l'un et de l'autre parti, après avoir été rompus, se rallièrent pour retourner à la charge; et il est incroyable avec quelle fermeté les troupes du Roi combattirent. Deux fois le maréchal Du Plessis se trouva sans cavalerie, non pas qu'elle eût fui, mais parce que les escadrons de sa première ligne, rompus et accablés par le grand nombre, se rallioient derrière l'infanterie que le maréchal menoit dans ce temps-là contre la cavalerie des ennemis. Elle venoit à la longueur de la pique de nos bataillons, sans oser jamais les attaquer, tant ils y connoissoient de valeur et de fermeté. Tout cela se fit sans tirer un coup de mousquet, par l'expresse défense qu'en avoit faite le maréchal Du Plessis.

Fleckestein, commandant la seconde ligne composée d'Allemands, s'avança en cet instant pour combattre; ce qu'il fit avec beaucoup de valeur, mais un peu trop lentement : de sorte que n'ayant pas défait les ennemis, ils eurent le temps de se remettre en ordre pour recommencer un nouveau combat, jusqu'à ce que le maréchal Du Plessis, ralliant les escadrons qui avoient déjà combattu tant de fois, assisté de Villequier, qui l'étoit venu joindre avec trente ou quarante chevaux, officiers et autres, et de Manicamp, quoiqu'il eût été blessé dans le commencement du combat, ne quitta jamais la tête des troupes. Il se fit une autre charge dont les ennemis furent assez ébranlés, mais non pas entièrement battus; et ce fut en cet endroit que l'infanterie ennemie, qui jusque là n'avoit rien fait, servit d'asyle à ce qui leur restoit de cavalerie.

Le maréchal Du Plessis voyant la décision de cette bataille entre les mains d'un petit nombre d'hommes de part et d'autre, le surplus étant usé par tant de combats, se résolut de faire un dernier effort, qui lui fit enfin espérer une bonne issue de cette journée. Il fit donc un autre ordre de bataille; et mettant ce qu'il avoit de cavalerie aux deux ailes de son infanterie, il marcha aux ennemis, qui n'étoient qu'à deux cents pas de lui. Ils le reçurent avec beaucoup de fermeté, mais ils furent contraints de céder à la vigueur des nôtres; et la fortune s'étant déclarée en faveur de la France; les armes du Roi achevèrent de vaincre. L'aile gauche de notre armée n'eut pas tant de choses à faire contre la droite des ennemis : d'abord l'une et l'autre fuirent; mais le maréchal Du Plessis, qui vit ce désordre dans le commencement du combat, envoya dire aux troupes de Rose que s'ils regardoient derrière eux, ils seroient bien honteux de leur désordre, puisque les ennemis fuyoient aussi de leur côté. Cet avis, qui tenoit un peu du reproche, les rétablit dans leur devoir, c'est-à-dire pour aller aux ennemis, mais non pour le faire avec ordre. Ils les suivirent, avec dessein de butiner et de faire des prisonniers. Ils réussirent en l'un et en l'autre avec abondance; car le bagage des ennemis s'étant rencontré de ce côté-là, leur donna lieu de se bien accommoder; et tout le temps que le combat dura à l'aile droite, qui fut au moins de deux heures, le marquis d'Hocquincourt, qui commandoit la gauche, ne put jamais avoir que deux escadrons ensemble, le reste s'étant débandé sans ordre pour le pillage, et à la suite des ennemis.

Quelqu'un vint dire au maréchal Du Plessis que le maréchal de Turenne étoit prisonnier : cela lui eût été fort glorieux; mais l'estime qu'il avoit pour le mérite de cet illustre ennemi lui donna de la douleur; il témoigna à tous ceux qui étoient présens qu'il seroit au désespoir qu'un aussi grand homme qu'étoit le maréchal de Turenne fût exposé au péril où cette prison le mettoit, et qu'il espéroit d'ailleurs que, les affaires changeant, le Roi acquerroit en sa personne un serviteur qui lui seroit fort utile.

Le maréchal Du Plessis ayant fini le combat (1), comme nous venons de le dire, crut qu'il falloit essayer d'en profiter en poursuivant les ennemis; mais qu'il falloit aussi que ce fût avec ordre, afin que s'il les trouvoit en état et d'humeur à se rallier, il fût de son côté prêt à les bien combattre. Il remit donc ses troupes ensemble, qui étoient un peu désordonnées par ce dernier effort, et marcha avec toute la diligence qu'il lui fut possible, sans rien précipiter, à dessein de profiter d'une heure de jour qui lui restoit; et détachant des corps de cavalerie à droite et à gauche, pour suivre les ennemis plus vite qu'il ne le pouvoit avec le reste de l'armée, il marcha au grand pas: mais le jour étant fini, et forcé par le grand travail passé de chercher quelque repos pour l'armée, qui avoit beaucoup fatigué, et qui depuis six jours n'avoit quasi pas eu le temps de repaître, il s'arrêta, laissant faire aux gens détachés ce qu'il leur avoit ordonné; et retournant sur ses pas, vint loger à Sompuis, proche du lieu où s'étoit donné le combat.

Tout le jour d'après servit au ralliement de l'armée: de toutes parts on amenoit des prisonniers et du butin. Cependant le maréchal Du Plessis ne voyant point revenir son fils, commença de le croire mort ou prisonnier. Il envoya des trompettes partout, mais l'on ne trouva point d'ennemis ensemble; lui-même monta à cheval pour aller sur le lieu du combat le chercher parmi les morts: il y trouva Aluimar, maréchal de camp, son ami particulier, et sous-gouverneur

---

(1) On trouvera à la suite de ces Mémoires une autre relation de la bataille de Rethel, par M. de Puységur, qui avoit un commandement dans l'armée royale.

de Monsieur. Cette rencontre lui fit croire la mort de son fils : aussi étoit-il vrai ; mais on l'avoit enlevé d'auprès de l'autre, où un moment plus tôt il l'auroit trouvé ; et après avoir considéré tous les endroits où tant de belles actions s'étoient faites, il retourna au quartier, toujours inquiet de ne rien savoir de son fils. Il n'y fut pas long-temps sans apprendre le malheur qu'il craignoit, sur ce qu'il déclara y être tout résolu : ce fut au logis du marquis de Villequier qu'il apprit cette triste nouvelle, où Dieu lui fit la grâce d'en soutenir la douleur avec fermeté. Ensuite de quelques momens qui furent employés en conversation sur ce sujet, il se retira chez lui, afin de pouvoir donner l'ordre nécessaire à la conservation des prisonniers, et pour le rafraîchissement de l'armée. Il s'en trouva plus de trois mille, et mille ou douze cents de tués ; mais de ceux-ci il est bien malaisé d'en savoir la vérité, parce que, depuis la place du combat jusqu'à la rivière d'Aisne, il y en eut beaucoup qui furent tués sur le bord même de la rivière en la voulant passer, outre que la saison étoit si rude qu'on se promena peu de ce côté-là.

Deux jours après le maréchal Du Plessis alla voir le cardinal à Rethel, qui, après lui avoir fait compliment sur la mort de son fils, lui témoigna sa joie de la nouvelle gloire qu'il s'étoit acquise. Les discours ordinaires en semblables occasions étant finis, on s'appliqua aux choses plus solides. L'attaque de Stenay fut proposée, et jugée en même temps impossible de réussir : la fin de décembre, après une campagne de huit mois, ne permettoit pas une entreprise aussi difficile que celle-là.

Les désordres de l'Etat vouloient qu'on essayât de se prévaloir de cette victoire, qui, ayant sauvé la France par la ruine d'une armée qui vouloit hiverner dans les provinces les plus voisines de Paris, obligeoit d'approcher la nôtre de cette capitale, non pas afin d'y vivre avec hostilité pour les serviteurs du Roi, mais à dessein d'y soutenir son autorité quasi toute détruite par l'industrie des partis que l'on pouvoit détruire, si l'on eût eu assez de bonne fortune et de vigueur pour se bien servir de cette grande victoire, et en tirer tous les avantages qu'elle pouvoit produire aussi bien à l'égard des intrigues de la cour qu'à la conservation des grandes villes, et des provinces qui se trouvoient exposées aux ennemis, dont l'armée étoit composée quasi toute de troupes qui n'avoient point servi pendant la campagne.

Il sembloit que la force de ces considérations devoit agir puissamment dans l'esprit du cardinal Mazarini, d'autant que par tous les avis qui venoient de Paris, et par les raisonnemens qu'il fit lui-même après ce coup heureux, il jugeoit que ses ennemis augmenteroient tous leurs artifices pour travailler à sa perte. Quelques-uns de ses véritables amis, mais qui ne jugeoient pas juste de l'état présent des affaires, lui conseilloient de ne pas retourner à la cour; d'autres, qui vouloient sa perte, lui mandoient les mêmes choses.

Il en parla au maréchal Du Plessis, qui fut d'avis de soutenir tout avec fermeté en se prévalant de l'armée. La Reine lui mandoit aussi de presser son retour: mais afin d'être mieux éclairci de ce qu'il avoit à faire, il désira que le maréchal Du Plessis s'en allât à Paris avant lui, pour voir avec Sa Majesté ce qui se devoit résoudre là-dessus. Il partit donc la veille de Noël, pendant que le cardinal pourvoyoit à la sûreté de la frontière, aux logemens de l'armée pour l'hiver, à disperser les prisonniers dans les villes, et à loger ce qu'il y en avoit de qualité aux lieux où ils pourroient être mieux traités. Don Estevan de Gamare, espagnol, qui commandoit sous le maréchal de Turenne, en étoit un; quelques autres officiers considérables de la même nation, et plusieurs autres de différens pays, qui possédoient les principales charges dans l'armée ennemie, lui faisoient compagnie, et quelques Français aussi, dont Boutteville étoit un des plus considérables.

[1651] Le maréchal Du Plessis, arrivant à Paris, fut reçu de Leurs Majestés ainsi que le dernier service qu'il venoit de leur rendre pouvoit lui faire espérer. Il exposa promptement le doute où le cardinal étoit pour son retour, dont la Reine fut tellement surprise qu'elle ne put s'empêcher de le témoigner au cardinal. Le maréchal, par l'ordre de la Reine, lui manda que l'intention du Roi étoit qu'il revînt; et s'il eût fait suivre l'armée pour affermir l'autorité royale et le séjour de Leurs Majestés à Paris, on auroit eu le fruit de cette victoire, aussi bien contre les ennemis du dedans qu'à la ruine de ceux du dehors : mais Dieu, qui ordonne des choses, ne le permit pas ainsi.

Quelques jours s'écoulèrent depuis le retour du cardinal assez doucement. L'on fit cinq maréchaux de France, dont quatre avoient servi de lieutenans généraux cette dernière campagne; à savoir, le maréchal d'Aumont (1), La Ferté-Senneterre, Grancey (2), Hocquincourt, et le maréchal d'Etampes (3), qui fut nommé après les quatre autres. Et comme le maréchal Du Plessis les mena aux pieds du Roi prêter leurs sermens, la Reine et le cardinal, pour faire voir à chacun la satisfaction qu'on avoit de lui, dirent que si la récompense des lieutenans généraux étoit si grande, le général en devoit espérer une bien plus considérable, et avec beaucoup de justice. Ce fut néanmoins tout l'avantage qu'il en tira; et la promesse qu'on lui fit en ce temps-là d'un gouvernement de province, accompagnée de celle d'un brevet de duc et pair, n'eurent aucun effet après tant de services.

Peut-être que la conduite du maréchal en fut cause, pour n'avoir pas voulu presser le cardinal dans un temps où il le pouvoit avec grande raison, et pour avoir eu la considération, étant de ses amis particuliers, de ne le faire pas lorsqu'il sembloit que ses ennemis exigeoient des grâces de lui avec hauteur, et les obtenoient avec facilité. Le maréchal crut qu'il étoit plus honnête d'en user ainsi, même dans une conjoncture si favorable; et voulant paroître plus attaché aux intérêts du cardinal qu'aux siens, il ne pensa plus qu'à ce qu'il avoit à faire pour les soutenir.

Le cardinal quitta la cour; et comme il partit inopinément, il chargea le maréchal en particulier de tout ce qui le regardoit, et le pria de lui être aussi

---

(1) *D'Aumont :* Antoine d'Aumont, petit-fils de Jean d'Aumont, maréchal de France. Il fut duc et pair en 1665, et mourut en 1669. — (2) *Grancey :* Jacques de Rouxel de Medavy, comte de Grancey, mort en 1680. — (3) *D'Etampes :* Jacques d'Etampes, plus connu sous le nom de maréchal de La Ferté-Imbault, mort en 1668.

fidèle ami qu'il le lui avoit promis : à quoi la suite des choses fera voir qu'il ne manqua pas.

Le cardinal fut tirer du Havre-de-Grâce les princes qui y étoient prisonniers, qui furent bientôt à Paris auprès de Leurs Majestés. Le maréchal Du Plessis, bien qu'il ne fût pas encore dans le conseil, eut pourtant lieu de faire paroître sa fidélité; la Reine eut beaucoup de confiance en lui, et il la servit avec tout l'attachement qu'elle pouvoit attendre d'un véritable serviteur. Il fut éprouvé plusieurs fois pendant tous les désordres; et s'il avoit témoigné de la vigueur dans les grandes actions où il en avoit eu besoin, les sentimens qui parurent en lui toutes les fois que l'autorité royale fut attaquée furent des effets du même zèle qu'il avoit pour le service de Leurs Majestés et l'avantage de l'Etat, bien que ce ne fût pas avec tant de bruit. Quand Leurs Majestés se trouvoient resserrées et comme en prison dans le Palais-Royal, le maréchal Du Plessis étoit principalement celui que l'on consultoit pour la sûreté de leurs personnes, et pour les partis qu'il y avoit à prendre dans ces fâcheux accidens qui arrivoient à toute heure. On n'a jamais vu rien de si rude que ce que Leurs Majestés avoient à souffrir; et cela fit croire à la Reine que si elle pouvoit quitter Paris avec le Roi et Monsieur, elle en tireroit beaucoup d'avantage. Rien n'est plus agréable en toutes sortes de conditions que de jouir de la liberté; mais quand on l'ôte à ceux qui en peuvent priver les autres, c'est un supplice sans pareil.

Que ne devoit donc point faire la Reine pour se délivrer de l'étrange état où elle se trouvoit ? Ceux qui tenoient Leurs Majestés si étroitement resserrées jugèrent bien qu'elles n'oublieroient rien pour sortir de cet état; et par la crainte qu'ils avoient que des prisonniers si considérables ne leur échappassent, prirent tout le soin possible pour se les conserver.

La Reine ayant communiqué au maréchal Du Plessis l'envie qu'elle avoit de quitter Paris, lui demanda conseil de ce qu'elle avoit à faire pour cela. Il est vrai qu'il étoit presque impossible de contrarier cette pensée; mais l'état de la santé de la Reine, qui sortoit de maladie, et le péril auquel il falloit exposer la maison royale, en rendoient l'exécution très-difficile.

Ces considérations ayant été faites par le maréchal Du Plessis, il fit connoître à la Reine les difficultés qui s'opposoient à ce qu'elle vouloit. Elle jugea qu'il falloit quitter ce dessein; mais le maréchal ne voulant pas être le seul qui décidât cette importante affaire, supplia la Reine d'en vouloir parler au maréchal d'Aumont, qui se trouvoit, quoiqu'avec le bâton de maréchal de France, portant celui de capitaine des gardes en quartier, qu'il avoit tiré des mains de son fils reçu en survivance, parce qu'il étoit trop jeune pour répondre de la personne du Roi dans un temps si fâcheux.

Il crut aussi que Le Tellier, secrétaire d'Etat, que le cardinal avoit laissé près de la Reine avec sa confiance, devoit avoir part à cette résolution. La Reine les consulta l'un et l'autre, et chacun en particulier en jugea comme le maréchal Du Plessis. On ne peut, sans manquer à ce qu'on doit à la charité de la Reine, s'empêcher de faire savoir à tout le monde que la considération de la personne du Roi, de la sienne, et de celle de Monsieur, qui sans doute eussent été en grand péril, ne fut pas la seule cause qui la détourna de cette entreprise; mais encore la crainte qu'eut Sa Majesté de ce qu'auroient souffert tous ses bons serviteurs après son évasion, et qui ne l'auroient pu suivre. Les sentimens d'une bonté si extraordinaire marquant la grandeur et la tendresse du cœur de la Reine, il seroit bien injuste de n'en pas donner la connoissance au public, afin de lui en attirer la bénédiction qu'elle en mérite légitimement, le maréchal Du Plessis l'ayant vue agir en cette occasion avec sincérité.

La Reine connut bien, par les difficultés que nous avons dites, qu'il n'y avoit pas d'apparence de quitter Paris; c'est pourquoi elle n'eut plus la pensée que d'y passer le temps qu'elle y devoit demeurer, avec une conduite si étudiée, que ceux qui paroissoient opposés à l'autorité du Roi et à la sienne n'eussent pas lieu de rendre moins criminels les manquemens dont ils étoient coupables. Ce n'est pas que sa patience n'eût de rudes épreuves: elle en faisoit confidence au maréchal Du Plessis; et comme cette grande princesse avoit beaucoup de fermeté, elle étoit bien aise d'en trouver dans l'esprit et dans les conseils de ce serviteur si fidèle, dont elle suivit presque toujours les avis, les trouvant utiles aux intérêts du Roi et au bien de l'Etat.

Le prince de Condé, qui étoit sorti de prison, et qui s'étoit raccommodé avec la Reine, mena le maréchal de Turenne pour faire la révérence à Sa Majesté. Elle commanda qu'on les fît entrer seuls, le maréchal Du Plessis étant avec Sa Majesté ; et dans cet instant on vit ensemble les deux principaux acteurs de la guerre présente, qui venoient de poser les armes dont ils s'étoient vigoureusement servis l'un contre l'autre. Ce fut dans cette occasion que la Reine eut besoin de toute l'adresse de son esprit pour ne faire paroître aucun ressentiment, et de sa fermeté pour ne point montrer de foiblesse.

Il est vrai que le maréchal Du Plessis avoit beaucoup de peine de ce qu'il connoissoit que la Reine souffroit en cette rencontre ; mais il avoit de la joie de voir que la bénédiction que Dieu avoit donnée aux armes du Roi avoit fait revenir à la cour un prince dont la réputation remplit toute la terre, et un général qu'on regardoit comme un des plus grands capitaines de son siècle.

La Reine témoigna bien que c'étoit sincèrement qu'elle s'étoit réconciliée avec le prince de Condé : car une personne de grande considération proposa au maréchal Du Plessis d'arrêter ce prince d'une manière qui lui parut même dangereuse pour sa vie ; et la vénération que le maréchal avoit pour ce grand prince, qui étoit alors dans le service du Roi, lui donna tant d'éloignement de cette proposition, qu'il finit sur l'heure la négociation. Il en parla à la Reine, et la trouva dans les mêmes sentimens, par l'estime qu'elle avoit, aussi bien que le maréchal, du mérite de ce prince. Cette intrigue fut recommencée par d'autres peu de temps après ; mais le maréchal Du Plessis persista dans sa pensée, aussi bien que la Reine ; et il eut bien de la joie de n'être plus commis pour entendre de pareilles propositions, que Sa Majesté ne put jamais souffrir, par quelque entremise que ce fût.

Tout le temps que l'on demeura à Paris fut assez fâcheux pour Leurs Majestés; et le maréchal Du Plessis, qui n'avoit point d'autres intérêts que celui de leur service, avoit bien à souffrir parmi tous ces désordres, qui détruisoient si cruellement l'autorité royale. Presque tous les jours quelqu'un venoit au Palais-Royal, de la part du duc d'Orléans, voir si le Roi étoit dans son lit, pensant que la Reine le voulût tirer de Paris avec Monsieur. Ceux de Paris mettoient des corps-de-garde si proche des portes du logis du Roi, que les sentinelles du régiment des Gardes et celles des Parisiens se parloient. Beaucoup de principaux de ceux qui suivoient le parti du duc d'Orléans se promenoient toute la nuit en troupe tout autour du Palais-Royal, où tout ce qui y logeoit se pouvoit dire prisonnier avec le Roi.

Dans les commencemens de ces fâcheuses aventures, il en survint une assez considérable. Un soir que Monsieur donnoit à souper à des dames, les Parisiens croyant que cette petite assemblée fût pour s'en aller, firent visiter leurs corps-de-garde avec tant de soin, et leur inquiétude donna tant de chaleur à ceux de leur parti qui faisoient ce corps-de-garde, qu'ils s'avancèrent jusqu'à la porte du Palais-Royal; et si le maréchal Du Plessis, qui entendit de l'appartement de Monsieur le bruit que faisoient insolemment ces gens, ne fût descendu, il seroit arrivé infailliblement un grand désordre : ils eussent forcé les gardes du Roi, et fussent entrés violemment jusques à ce qu'ils eussent vu Sa Majesté, dont ils se fussent saisis dans ce tumulte. Mais le maréchal étant sorti, fit avancer quelques soldats des gardes qu'il trouva sous les armes, et repoussa ces gens-là, qui sans doute eussent fait quelque chose de fort contraire au respect dû à Sa Majesté.

Telles choses, en de certains temps, sont de grande conséquence; et quand le parti que l'on a sur les bras suit une cause injuste, pour peu de résolution que l'on témoigne à soutenir le contraire, on y trouve un grand avantage, parce que la mauvaise cause affoiblit nécessairement le cœur. Cela parut tant que l'on fut à Paris dans la résolution que le maréchal Du Plessis suggéroit continuellement; et toutes les fois qu'il falloit en prendre quelqu'une, il se trouvoit si conforme aux sentimens de la Reine, qu'il n'avoit pas de peine à faire approuver les siens.

Cette manière de conduite sauva les personnes royales, qui se virent sur le point de s'aller jeter à l'hôtel-de-ville de Paris entre les bras des magistrats, plutôt que de se voir réduites à se rendre à ceux qui étoient si contraires à leurs intérêts, et qui menaçoient de les affamer dans le Palais-Royal, où, comme l'on peut croire, il n'y avoit pas de vivres pour soutenir un siége. La Reine avec tout cela, dans cette extrémité, montra beaucoup de fermeté, et ne put consentir de quitter son logement pour celui qu'on lui proposoit, dont peut-être n'eût-elle pas eu contentement. Le prevôt des marchands pouvoit bien être affectionné à son service, mais aussi pouvoit-il n'être pas le plus fort; et ceux qui paroissoient si contraires aux intentions de Sa Majesté, et qui avoient beaucoup de peuple à leur dévotion, n'auroient pas manqué, si toute la maison royale se fût retirée à l'hôtel-de-ville, d'essayer de leur côté de s'en rendre maîtres : de sorte que ces personnes si chères à l'Etat, pensant se tirer d'une peine, seroient tombées en plusieurs autres pires que la première. Le Palais-Royal leur étoit un logement ordinaire; et le changement qu'elles en eussent fait pour l'hôtel-de-ville n'auroit pas manqué d'inspirer de nouvelles pensées aux malintentionnés, qui tantôt étoient unis, et tantôt sembloient avoir des intérêts différens : et d'autant que cette nouveauté eût paru à tous fort extraordinaire, ils auroient chacun en leur particulier cherché les moyens de s'en prévaloir avantageusement; et de cette manière l'on auroit vu disputer la possession des personnes du Roi, de la Reine et de Monsieur, par des gens qui dans leurs différends eussent pu les mettre en péril de leur vie.

Le maréchal Du Plessis, à qui la Reine en parla, fut d'un avis tout contraire à cette proposition, jugeant qu'il falloit que tous ses serviteurs parussent avec la résolution convenable à de telles extrémités; que tous les partis à prendre étoient très-dangereux, mais qu'il lui sembloit que le meilleur seroit de ne rien changer dans l'apparence aux choses ordinaires; que plus on avoit sujet de se méfier du peuple de Paris, plus il falloit témoigner ne l'avoir pas, surtout en cette rencontre, puisqu'on étoit entre ses mains; et qu'il ne falloit point que les nouveautés fussent commencées de la part de Leurs Majestés, parce que si l'on faisoit quelque chose d'extraordinaire de la part de Sa Majesté, les mutins en paroîtroient moins criminels : et au contraire Leurs Majestés ne changeant rien à leur conduite accoutumée, donneroient moins d'occasions aux autres d'entreprendre quelque chose.

La Reine demeura ferme dans cette résolution; et bien que tous les jours elle eût de nouveaux sujets d'appréhender quelque chose de violent, elle l'attendoit toujours avec beaucoup de constance, sans vouloir jamais entendre à rien de cruel, ni qui fût contraire à la générosité, quelque avantage apparent qu'elle s'en pût promettre.

Cette populace de Paris faisoit souvent bien des folies. Il lui prit un matin fantaisie de mettre en pièces le carrosse du duc d'Epernon; et le même jour le comte d'Harcourt, venant au Palais-Royal, fut suivi par ces gens qui ne savent ce qu'ils font, et qui, suscités par des chefs de parti, émeuvent la tourbe, et la grossissent pour faire le mal. Ils crioient donc après lui *au Mazarin!* et l'ayant conduit jusqu'à la porte de ce palais, l'attendoient avec apparence de le vouloir maltraiter, parce qu'on leur avoit fait croire qu'il tenoit un bateau sur la rivière, près des Tuileries, pour tirer le Roi de Paris : mais après avoir considéré qu'en sortant il pourroit être en péril, il fut résolu que pour l'assurer, et ne pas témoigner qu'on craignoit ces mutins, il falloit que le maréchal Du Plessis le menât dîner chez lui à la porte du Palais-Royal, dans la rue Saint-Thomas-du-Louvre, tout vis-à-vis du corps-de-garde. Cela réussit, parce qu'avec quinze ou vingt gentilshommes qu'il ramassa avec le maréchal Du Plessis, ils sortirent ensemble, et mirent l'épée à la main au premier cri de *Mazarin!* qu'ils entendirent. Tout cela se dissipa; et le maréchal en menant un dans son logis, lui demanda avec douceur pourquoi ils en usoient ainsi; mais ce misérable étoit si épouvanté, que voyant qu'il ne savoit que lui répondre, il le fit mettre en liberté. Après le dîner, ils retournèrent de même à pied au logis du Roi, sans que personne osât ni parler, ni faire le moindre obstacle.

Tous les carrosses qui sortoient étoient visités aux portes de la ville. La Reine ayant envoyé le maréchal au Luxembourg dire quelque chose de sa part au duc d'Orléans, le sien n'en fut pas exempt à la porte Dauphine; et quoique ce fût fort honnêtement, ils fouillèrent partout. Monsieur alloit quelquefois se promener hors la ville; tellement que peu à peu ils s'accoutumèrent à voir aller le Roi à la chasse, et quelquefois la Reine avec lui, à des maisons proche de Paris, pour s'y divertir.

Un jour que Leurs Majestés étoient allées chez Tubœuf à Issy, elles revinrent si tard, que toute la ville crut qu'elles s'étoient retirées de Paris : ce que l'on fit bientôt après la majorité du Roi; mais ce ne fut pas sans avoir donné avant cela grand sujet de mortification au maréchal Du Plessis. La confiance de la Reine, l'estime qu'elle avoit pour lui, et la parfaite connoissance qu'elle avoit de sa fidélité, lui produisirent ce déplaisir. La Provence en fut l'occasion; car cette province étant en désordre, et en besoin de quelqu'un pour l'en tirer, ceux qui vouloient éloigner le maréchal d'auprès de la Reine firent proposer à Sa Majesté, par gens qui ne lui paroissoient pas suspects, de l'y envoyer.

C'étoit un prétexte plausible pour une chose très-considérable, et qui ne paroissoit le devoir arrêter tout au plus que six semaines. L'affaire sembloit pressante ; et ceux qui vouloient éloigner de la cour le maréchal Du Plessis le disoient encore beaucoup plus qu'elle ne l'étoit en effet. Il ne falloit pas être fort habile homme pour connoître le dessein de ceux qui tendoient ce piége. Le maréchal Du Plessis pouvoit bien juger que si l'emploi eût été bon, ils ne le lui auroient pas voulu procurer : il pouvoit être avantageux pour un autre, mais il étoit fort mauvais pour lui.

Etant gouverneur de Monsieur, qui n'avoit que onze ans, il ne l'eût pu quitter sans manquer pendant un long voyage à son devoir ; et son intérêt étoit la moindre raison qui le faisoit contrarier à ce que la Reine vouloit de lui. Sa Majesté croyant la Provence en nécessité de la présence du maréchal, trouvoit mauvais qu'il n'adhérât pas à sa volonté, et ne pouvoit s'imaginer que six semaines d'absence pussent nuire à son service, ni qu'il pût être éloigné pour plus de temps. La Reine avoit grande confiance à ceux qui appuyoient cette proposition ; tellement que le maréchal avoit fort à souffrir, et grand besoin de fermeté pour soutenir la presse qu'on lui faisoit de la part de la Reine, qui depuis quelques jours lui avoit fait un présent considérable : c'étoit la moitié des charges de la maison de Monsieur, dont Sa Majesté lui avoit donné la disposition, et d'une manière très-obligeante ; car le maréchal Du Plessis lui ayant proposé de faire vendre toutes ces charges pour envoyer l'argent au cardinal Mazarini, sur ce que la Reine lui avoit dit qu'elle étoit fort embarrassée pour lui en faire tenir, et qu'elle s'étoit engagée avec les cours souveraines de ne le point assister, elle approuva ce que le maréchal Du Plessis lui disoit sur ce sujet, qu'il prenoit sur lui le soin de faire recevoir par lettres de change au cardinal ce qui proviendroit de cette vente. Mais huit jours après Sa Majesté changea d'opinion, et dit au maréchal qu'ayant besoin de récompenser des personnes qui la servoient particulièrement, il falloit qu'elle se prévalût de ces charges, dont pourtant elle ne prendroit que la moitié, et lui donnoit l'autre.

Lorsque l'on fut à Fontainebleau, le maréchal Du Plessis demanda à la Reine s'il devoit prendre entière confiance à Bartet pour les affaires du cardinal Mazarini, ainsi qu'il lui écrivoit. La réponse de Sa Majesté confirma ce qu'avoit mandé le cardinal; et là-dessus le maréchal prit son temps d'ouvrir à la Reine les moyens qu'il s'étoit proposés pour le retour du cardinal.

Cette matière, qui, de toutes celles dont on lui pouvoit parler, lui étoit la plus agréable pour le bien de l'Etat, l'obligea de continuer la conversation, et de lui dire que s'il n'avoit pas obéi aveuglément pour le voyage de Provence, rien ne l'en avoit empêché que la proposition qu'il faisoit à Sa Majesté; et que si elle vouloit examiner en son particulier combien cet emploi lui étoit avantageux, elle verroit bien que la passion pour son service et pour le retour du cardinal alloit devant celle qu'il pouvoit avoir pour ses intérêts; et qu'enfin elle connoîtroit de quel mouvement venoit la proposition de l'envoyer en Provence; qu'on ne vouloit point de gens auprès d'elle que de la cabale des proposans, ni qui voulussent la servir fidèlement, et surtout pour le retour du cardinal; que si elle examinoit bien les choses, elle verroit clairement cette vérité; et que s'il eût obéi sans répugnance, on l'auroit laissé en Provence jusqu'à la ruine de tout ce qui pouvoit faire revenir le cardinal; et que lorsque ces messieurs auroient trouvé un homme à eux pour commander dans la province, ils l'en eussent tiré, en lui faisant cet affront, après qu'il l'auroit pacifiée pour un autre; et par dessus tout cela, que Monsieur étoit en un âge que son gouverneur ne pouvoit s'éloigner de lui sans manquer à son devoir.

De si bonnes raisons furent approuvées par la Reine, et parce qu'elles méritoient en effet l'approbation de Sa Majesté, et parce que le maréchal les disoit ensuite de la proposition du retour du cardinal, et des moyens plausibles pour cela; de sorte que Sa Majesté se radoucissant l'esprit, dit à une de ses confidentes qu'elle s'étoit raccommodée avec le maréchal Du Plessis. On partit de Fontainebleau après y avoir demeuré peu de jours, et l'on suivit le chemin jusqu'à Bourges, toujours avec satisfaction pour le maréchal. Il n'étoit pas encore dans le conseil; mais d'autant qu'il s'agissoit souvent de résoudre des actions de guerre, la Reine lui demandoit toujours son avis : la condition de maréchal de France vouloit que cela se fît ainsi. La Reine croyoit bien qu'elle n'en pouvoit prendre de meilleur en choses semblables, non plus que ces messieurs du conseil, qui pour leur propre intérêt n'oublioient pas, pour faire réussir les affaires militaires, de se prévaloir de ce que son expérience leur pouvoit apprendre. On avoit affaire à M. le prince, qu'on vouloit pousser; et s'il eût eu de bonnes troupes, on auroit bien mieux connu le besoin qu'on avoit d'un bon capitaine en cette conjoncture.

Leurs Majestés séjournèrent à Bourges, d'où la Reine dépêcha Bartet au cardinal Mazarini, après avoir communiqué partie de son instruction au maréchal Du Plessis. Ce n'est pas que l'intention de Sa Majesté ne fût qu'il la sût tout entière; mais comme elle avoit chargé Bartet de lui en dire le secret, il en réserva certaines choses qu'il ne lui fit savoir que dans le temps qu'il alloit monter à cheval; et c'étoit si matin, que le maréchal ne pouvoit parler à la Reine avant son départ, pour lui dire combien il improuvoit que Bartet allât à Paris, où il auroit conférence avec des personnes qui étoient fort contre les intérêts de Sa Majesté, et qui pourroient mettre dans l'esprit de Bartet de faire des choses très-opposées aux moyens de faire revenir le cardinal.

Ceux qui écriront l'histoire ne manqueront pas d'y mettre bien au long tous les différens intérêts de la cour en ce temps-là; c'est pourquoi je ne dirai qu'en passant que cette cabale, qui avoit tant contribué à l'éloignement du cardinal, n'avoit point changé de sentimens pour lui; et bien qu'il parût quelque nouveauté dans leur procédé à l'égard du cardinal, et que lui-même trouvât bon qu'on traitât avec eux, il est certain que c'étoit plus à dessein de leur ôter l'opinion qu'il pensât à revenir, que de leur faire confidence de ce qu'on projetoit pour lui sur cela.

Châteauneuf, qui depuis l'éloignement du cardinal étoit presque maître des affaires, ne devoit pas apparemment souhaiter son retour: il le lui avoit toutefois envoyé proposer, mais c'étoit seulement avec l'intention de plaire à la Reine, sachant bien que sa proposition, de la manière qu'il la faisoit, ne serviroit qu'à cela, et pour ôter au cardinal tout sujet apparent de pouvoir dire qu'il contribuât à son éloignement; car il le pressoit de se disposer à revenir, mais c'étoit ensuite de force choses qui n'étoient pas bien faciles à faire. Il vouloit que M. le prince avant cela fût battu, chassé de la Guienne, et de France; que la cabale du parlement qui lui étoit contraire fût ou détruite ou réduite à la raison; après quoi l'on pourroit espérer de persuader le duc d'Orléans.

Ces préalables au retour du cardinal étoient assez plausibles, et même ne s'éloignoient pas trop de son opinion; mais ils étoient tellement propres à le tenir toujours éloigné, et à ruiner le prince de Condé, ennemi de la cabale de Châteauneuf, que l'on ne pouvoit rien dire de mieux pour l'avantage de ces gens-là : car, sous le prétexte de perdre le prince de Condé afin que le cardinal revînt plus tôt, on ne refusoit rien de toutes les choses nécessaires pour cela; et la Reine avoit tellement cette expédition à cœur, qu'on ne pouvoit, sans la choquer, rien proposer qui ne fût pour la faire réussir, sans considérer qu'en s'éloignant de Paris si long-temps, elle y laissoit le duc d'Orléans en pouvoir de s'y établir, et de se mieux unir avec le parlement; et que son séjour ne servant qu'à cela, n'étoit d'aucune utilité pour ce que le comte d'Harcourt faisoit en Guienne contre le prince de Condé.

Il servoit principalement à l'autorité du duc d'Orléans et du parlement, et même à quelque chose de plus fort pour toute la cabale dont nous venons de parler, puisque l'éloignement du Roi sembloit ôter au cardinal le moyen de revenir, parce que, pour traverser la France, il lui falloit une armée, ainsi même que lui avoit mandé Châteauneuf. On n'osoit dégarnir la frontière, ni ôter au comte d'Harcourt ce qu'il avoit; et pour faire ces troupes nécessaires au cardinal il falloit du temps, et ce temps en donnoit au duc d'Orléans, et aux princes qu'il avoit auprès de lui, d'en faire aussi, comme on le vit ensuite; et c'est pour toutes ces raisons que le maréchal Du Plessis ne vouloit point que Bartet allât à Paris communiquer la résolution prise pour le retour du cardinal avec les personnes malintentionnées, parce qu'il les jugeoit opposées à ce dessein : et quoi que Bartet lui pût dire, il ne lui persuada point que ces gens-là ne déclareroient pas tout ce qu'il leur confieroit, comme il le connut peu de temps après. Les seules raisons qu'il dit au maréchal pour l'y faire consentir furent l'obligation de parole qu'il avoit avec eux de ne rien traiter pour le retour du cardinal qu'avec leur participation, et que le cardinal même en étoit d'accord.

Le maréchal Du Plessis ne laissa pourtant pas d'en parler à la Reine aussitôt qu'il le put, mais le mal étoit fait. Bartet parti, il n'y avoit plus de remède; il eût été même dangereux de faire voir qu'on s'en étoit repenti. Mais la Reine, peu après, éprouva tout ce que le maréchal lui avoit fait appréhender : l'arrivée de Bartet à Paris fut immédiatement suivie des oppositions formelles à ce retour, tant de la part du duc d'Orléans que de celle du parlement.

Le parlement donc, suscité par le duc d'Orléans et par ceux de son parti, voyant qu'il étoit besoin d'avoir des troupes pour couper chemin au cardinal, donna promptement les ordres pour cela; et le séjour du Roi à Poitiers leur donna principalement cette vue. Il étoit nécessaire que le cardinal traversât la France pour joindre le Roi, et qu'il passât assez près de Paris pour ne l'oser faire sans bonne escorte: plus il tardoit, plus il rendoit la chose difficile. La Reine le connoissoit bien; mais elle craignoit que, venant sans une armée, il ne hasardât sa personne.

Elle conféroit tous les jours avec le maréchal Du Plessis sur cet article, et il lui faisoit voir le besoin que les affaires avoient de celui seul en qui elle pouvoit se confier pour en avoir la direction; que la France s'en alloit perdue, qu'elle étoit déchirée de toutes parts; que les choses ne pouvoient plus durer ainsi; qu'on la trompoit lorsqu'on lui vouloit persuader qu'il étoit nécessaire de ruiner les partis factieux avant que le cardinal revînt; et que son retour mettroit toutes ces choses dans l'impossibilité, par l'acharnement que tout le monde avoit à sa perte, et par la haine que les peuples et les grands du royaume avoient pour lui.

Rien ne paroissoit mieux sensé: la Reine étoit convaincue toutes les fois que Châteauneuf alléguoit ces raisons, et que d'autres parloient comme lui. Tous les jours le maréchal Du Plessis avoit à détruire dans l'esprit de la Reine ce qu'on lui inspiroit à tous momens, et qu'on lui persuadoit d'autant plus facilement, qu'en lui disant que le retour du cardinal gâteroit les affaires, on n'oublioit pas de faire voir que la personne du cardinal seroit en péril en revenant, et même quand il seroit à la cour.

Le maréchal Du Plessis n'avoit pas une affaire peu

difficile entre les mains ; et toutefois la Reine ne le quittoit jamais que persuadée que le cardinal devoit revenir. Après que le maréchal avoit essayé de détruire les propositions qu'on lui faisoit, il lui faisoit aisément connoître qu'elle ne pouvoit répondre des affaires du Roi, qu'elle avoit entre les mains; qu'ayant un ministre pour les gouverner, et que ne se pouvant résoudre à faire venir celui seul qu'elle avoit honoré de sa confiance, il falloit qu'elle en choisît un autre, puisqu'elle voyoit périr la France et l'autorité du Roi, faute d'un homme qu'elle crût fidèle à son service. A cela elle ne pouvoit répondre que par l'impossibilité de prendre cette résolution.

Le maréchal, qui l'en jugeoit incapable, savoit bien qu'il ne hasardoit rien pour le cardinal en lui faisant cette proposition; à quoi il ajoutoit que, plus de quatre mois après que le cardinal seroit de retour, les affaires dépériroient tous les jours ; que les ennemis du cardinal, lorsqu'il seroit à la cour, feroient de nouveaux complots pour obliger la Reine à se repentir de l'avoir fait revenir; mais qu'enfin on verroit l'autorité royale s'affermir, et les affaires revenir peu à peu dans leur premier état. Le maréchal Du Plessis disoit encore qu'il seroit le premier à dire qu'il ne falloit pas qu'il revînt, si l'on avoit vu depuis son éloignement la France en repos, et le Roi aussi respecté qu'il devoit l'être : mais qu'au lieu que son éloignement eût produit cet avantage, le Roi lui-même avoit été forcé de quitter Paris; qu'il n'y avoit pas un endroit en France qui lui fût entièrement obéissant, et que les personnes les plus puissantes s'étoient autorisées, et avoient détruit la réputation du gouvernement de la

Reine; qu'il n'étoit donc plus question du cardinal, mais de ruiner la royauté, dont chacun vouloit avoir sa part; et qu'ils ne vouloient tous l'absence du cardinal que parce qu'il étoit habile, et attaché par un zèle inviolable au service du Roi et de la Reine.

Elle trouvoit ces raisons bonnes toutes les fois qu'elles lui étoient dites; mais il falloit souvent les réitérer, parce que souvent elles étoient détruites : et si elles n'eussent été soutenues par l'opiniâtre fermeté du maréchal, celle que la Reine avoit pour le cardinal eût enfin perdu sa force, qui bien des fois se trouva fort affoiblie. Le maréchal Du Plessis n'avoit pas seulement les ennemis du cardinal à combattre, mais encore le cardinal même : il falloit que, dans toutes les dépêches qu'il lui faisoit afin de le presser pour son retour, il lui dît tant de choses qui choquoient son humeur, lente à prendre les résolutions, que s'il n'eût connu la sincérité du maréchal Du Plessis, il l'auroit sans doute soupçonné. Mais ceux avec qui il consultoit par l'ordre du cardinal même se trouvoient si conformes à ce que le maréchal Du Plessis lui mandoit, qu'il ne savoit que lui dire; outre qu'il avoit si peu d'amis en qui il se confiât, que hors le prince Thomas il n'y avoit personne à qui les dépêches se montrassent; et Millet, qui étoit sous-gouverneur de Monsieur, les écrivoit. L'on fut près de deux mois avant qu'on prît la résolution définitive, le maréchal combattant sans cesse, et la Reine se cachant pour lui parler.

Il la trouva une fois seule avec deux autres, dont elle en croyoit un absolument au cardinal; et c'étoit celui-là qui, par une manière toute particulière, vouloit lui persuader que le duc d'Orléans ne haïssoit le cardinal que parce qu'il le voyoit haï de tout le monde, et par là concluoit qu'il n'avoit pas tort de ne point consentir à son retour. Il le faisoit avouer à la Reine, et l'engageoit par là tout de nouveau à ne le point faire revenir si tôt, afin que le temps pût adoucir toutes choses. Le maréchal entra là-dessus dans le cabinet. Ce lui fut, comme on peut croire, une belle occasion de faire paroître son zèle et son affection pour le cardinal; et il parla si fortement sur cette matière, que la conversation se rompit; et quand elle fut séparée, le maréchal en parla sérieusement à la Reine, qui ne put dire autre chose, pour s'excuser elle-même d'avoir souffert un tel discours, sinon que celui qui l'avoit fait n'avoit pas mauvaise intention.

Souvent il arrivoit de petites affaires de cette nature; mais toutes les fois que la Reine les connoissoit, elles servoient à redoubler son envie pour le retour du cardinal, et à mieux établir le maréchal dans son esprit. Cela paroissoit à chacun, et l'on croyoit sa faveur considérable. Les courtisans ne manquoient pas de lui en donner des marques; ceux qui avoient eu part aux bonnes grâces du cardinal s'adressoient à lui pour demander à la Reine ce qu'ils en désiroient, et Sa Majesté le trouvoit bon ainsi. Le Roi le traitoit fort bien, et souvent il lui faisoit l'honneur d'aller manger chez lui : les soirs on dansoit dans sa chambre, où Sa Majesté se trouvoit, et en toutes occasions lui donnoit des preuves de son estime et de son amitié fort particulières.

Enfin, après que le maréchal Du Plessis eut bien combattu contre les ennemis du cardinal et contre le cardinal même, ce ministre se résolut de suivre les sentimens de la Reine, que le maréchal avoit si fortement soutenus : mais pour le faire avec plus de sûreté, il falloit que ce fût avec secret; ce qui n'est pas toujours facile quand plusieurs personnes doivent agir. Nous avons déjà dit que le passage de Bartet à Paris ayant communiqué le dessein de la Reine, l'avoit presque mise dans l'impossibilité de l'exécuter; de sorte que deux mois ne purent ôter l'opinion que la chose ne pouvoit avoir d'effet. Les allées et venues, et tout ce qui se disoit à Poitiers pour cela, quoique secret, en augmentoit le soupçon; et le besoin d'un corps considérable de troupes pour accompagner le cardinal embarrassoit assez, parce que l'assemblée ne s'en pouvoit faire sans bruit; qu'il falloit pour quelques-unes avoir des ordres; et que n'ayant point de secrétaire d'Etat auprès du Roi qui fût des amis du cardinal, Le Tellier n'y étant pas, le comte de Brienne qui faisoit pour lui, bien que serviteur de la Reine, étant ennemi du cardinal, on ne savoit comment s'en prévaloir : tellement qu'on trouva l'expédient de faire signer au Roi la plupart de ces ordres. Le maréchal Du Plessis les lui donna en cachette pour cela. Ce jeune prince, ravi d'avoir à commencer de faire une action de maître par une chose de cette conséquence, fit si bien, qu'ayant lui-même cherché une écritoire, il signa tout sans que personne s'en aperçût, et le remit au maréchal, qui le fit tenir au cardinal par les correspondances ordinaires; et le cardinal se prépara à revenir : mais d'autant que son dessein commençoit d'être soupçonné, ses ennemis faisoient de nouveaux efforts, contre lui, soit ouvertement à Paris, ou par adresse à la cour.

La Reine se trouvoit souvent surprise en de certaines choses que ceux du conseil lui faisoient faire. Elle souffrit qu'on envoyât une confirmation au parlement de Paris de ce que le Roi avoit déclaré contre le cardinal avant sa majorité en termes généraux. Le maréchal Du Plessis fut averti qu'on l'avoit résolu; que l'on faisoit entendre à la Reine que cela étoit indifférent pour le cardinal; et que la chose ayant été déjà, le Roi ne lui nuisoit point par cette nouveauté. Il en avertit la Reine, qui lui promit d'y prendre garde, et de voir la pièce avant qu'elle fût envoyée. Sa Majesté lui tint parole; mais ne s'étant pas appliquée fortement à la considérer, elle ne découvrit point qu'elle mettoit de nouvelles armes entre les mains du parlement contre le cardinal. Ce ministre en fut bientôt averti, et sut en même temps ce que ce grand corps avoit fait contre lui. Ceux qui de Paris l'informoient de ce qui s'y passoit avoient soin de l'instruire de ce qu'on y tramoit à son désavantage: il en fit des plaintes à la Reine, et le maréchal de son côté ne se put empêcher de lui dire qu'il l'en avoit avertie; et que si elle eût bien considéré cet acte, ou qu'il lui eût plu de le lui faire voir, elle n'auroit pas souffert une déclaration du Roi si nuisible à celui qu'elle vouloit si fort aider. Elle avoua qu'elle avoit été surprise quand elle sut l'arrêt que le parlement avoit donné contre le cardinal, ensuite de cette déclaration nouvelle qui confirmoit celle qui avoit été faite pendant la minorité du Roi, qui se trouvoit en ce temps-là sans force. Le maréchal fit savoir au cardinal comme tout s'étoit passé, mais cela ne servoit de rien : aussi vit-il bien que tous les jours il arrivoit quelque incident de cette nature, et qu'il n'y avoit personne dans le conseil qui veillât pour lui. Il avoit écrit à la Reine de ne rien faire qui le regardât sans le communiquer au maréchal Du Plessis; elle en avoit bien l'intention, mais les gens qui lui avoient fait faire cette déclaration empêchoient, autant qu'ils pouvoient, que le maréchal Du Plessis ne sût ce qui se passoit. Le cardinal eût bien voulu qu'il eût été dans le conseil; mais il ne trouvoit pas à propos qu'il y dût entrer avant son retour, par la crainte de ce que cela pourroit produire à l'égard des autres affaires. Tout cela, joint à ce que nous avons dit, le fit résoudre à revenir, voyant bien qu'en retardant il ruineroit les affaires du Roi, et mettoit les siennes en état de n'avoir jamais de ressource.

[1652] Le cardinal passant en Champagne vit la maréchale Du Plessis, qui se trouva dans la maison qui porte ce nom, sur son chemin. Ce ne fut pas sans lui donner beaucoup de marques en paroles d'être satisfait de son mari; et lui disant qu'il n'auroit pas grand' peine à le distinguer de ses autres amis, il lui protesta qu'il n'avoit impatience d'être en son premier état que pour lui faire voir la reconnoissance des obligations qu'il lui avoit.

Il s'approche enfin de Poitiers, et remplit de joie le cœur de Leurs Majestés. Le Roi faisoit tous les jours avec le maréchal Du Plessis le dénombrement de ceux qui se réjouissoient de son retour : le nombre en étoit petit, mais ceux des personnes qui s'en affligeoient étoit très-grand. Son retour n'empêcha pas la liberté de parler contre lui : cependant presque toute la cour fut au devant de lui. Le maréchal Du Plessis croyoit avoir plus de raison qu'aucun autre de le voir des premiers; mais la Reine le lui défendit, et lui dit qu'il falloit laisser l'empressement à ceux qui en avoient besoin.

Le Roi fut à cheval assez loin, et le maréchal avec Monsieur dans son carrosse; on se mit après dans celui du Roi, qui ramena le cardinal chez la Reine. Il est inutile de parler de la joie qu'eurent les intéressés en cette entrevue, puisqu'on peut bien juger qu'elle fut grande. Les premiers complimens durèrent peu; après quoi le cardinal quitta la Reine, et passa à la chambre du maréchal, qui logeoit dans l'appartement de Monsieur, au même logis. Il y fut quelque temps pour y recevoir les visites de quelques gens qu'il croyoit encore de ses amis, ou qui faisoient semblant d'en être; ensuite de quoi le maréchal lui demanda s'il ne vouloit pas voir Leurs Majestés en particulier : et pour cet effet il alla chez la Reine savoir si elle l'agréeroit ainsi, et fut reprendre le cardinal dans sa chambre, pour le mener dans le petit cabinet de la Reine, où l'ayant laissé, il y demeura fort long-temps, puis vint souper chez le maréchal Du Plessis.

Toute la cour ne fut pas en doute, voyant la manière dont il vivoit avec le maréchal, qu'il ne le mît bientôt dans un poste plus considérable ; non qu'on crût qu'il voulût quitter Monsieur, mais parce qu'il avoit beaucoup servi le cardinal, qu'il avoit tout hasardé pour cela, qu'il s'étoit mis toute la France à dos pour avoir été le promoteur de son retour, et le confident de tout ce qui s'étoit fait sur ce sujet. On croyoit que le cardinal lui donneroit quelques marques de reconnoissance d'un zèle si constant, si fidèle, si utile, et si peu ordinaire. L'on croit assez ordinairement à la cour qu'il suffit, pour satisfaire à ce qu'on doit à ses amis disgraciés, de ne rien faire contre eux, sans chercher avec tant de soin et de passion les moyens de les servir, comme fit le maréchal Du Plessis en mettant sa fortune et l'établissement de sa maison en danger, et en s'attirant, ainsi que nous avons dit, toute la France contre lui, sans qu'on le pressât d'en user avec tant d'affection. Cela pouvoit lui faire espérer de plus grandes marques de gratitude que les caresses et les privautés; mais il témoignoit avoir des sentimens bien différens toutes les fois qu'on lui en parloit. Il connoissoit le cardinal, et savoit avec certitude que la meilleure conduite qu'il pourroit avoir seroit de ne point faire connoître que le cardinal lui eût obligation; et il ne doutoit point que ce qu'il avoit fait pour lui ne fût plutôt sa ruine que son avancement. Tous ses amis, et les autres encore, croyoient fort le contraire; mais l'événement ne fit que trop voir qu'il en avoit le mieux jugé, et la suite de ce discours fera bien voir qu'il ne s'étoit pas trompé.

Tant de gens qui avoient agi et parlé contre le cardinal ne pouvoient s'imaginer son retour : la plupart furent bien surpris de le revoir auprès du Roi, et peu de jours après avec la même autorité qu'il avoit toujours eue. Cela ne devoit pas être trouvé étrange, puisqu'il l'avoit toujours conservée effective pendant son absence; et que s'il avoit paru que la Reine eût fait quelque chose avant qu'avoir eu son avis, c'étoit que son éloignement, et le besoin d'agir promptement en de certaines affaires, ne compatissoient pas ensemble. Mais peu après l'on s'aperçut qu'il étoit aussi puissant que jamais.

Châteauneuf en donna des preuves par sa retraite, bien qu'elle parût volontaire; il se trouvoit trop bien à la cour pour la quitter, s'il eût cru pouvoir s'y maintenir. Il connut donc qu'il feroit mieux en demandant son congé, qu'on lui accorda, que d'attendre qu'on le lui donnât sans l'avoir demandé.

Le cardinal ne se vengea de personne; et, par une politique qui dégoûta fort ses véritables amis, il éleva et fit du bien à tous ceux qui l'avoient desservi, laissant pour une autre fois la récompense que ceux qui l'avoient soutenu devoient espérer, au moins ceux de qui il étoit le plus assuré, et qu'il pensoit si intéressés en sa perte, qu'eux-mêmes y perdroient autant que lui. Le maréchal Du Plessis fut le principal d'entre ces derniers, et qui en ressentit le plus fortement les effets. Cela n'empêchoit pas que le cardinal ne le traitât bien, et que toutes les apparences ne lui dussent faire espérer beaucoup. Il lui donnoit toutes les marques d'une parfaite confiance; aussi étoit-il malaisé que dans ces commencemens il en pût prendre en nul autre tant qu'en lui.

Lorsqu'il fallut résoudre ce qu'il y avoit à faire, le cardinal en demanda l'avis du maréchal, et ce fut peu de jours après son retour. Il n'hésita pas à répondre, car il avoit toujours été si contraire à s'éloigner de Paris, qu'il ne perdit pas l'occasion de presser pour s'en approcher; mais la révolte d'Angers changeoit en quelque manière la face des affaires. Le maréchal fut d'opinion qu'il falloit que le Roi s'avançât de ce côté-là, et qu'il fît attaquer la place avant qu'elle fût en état de se défendre; que les forces que le cardinal avoit conduites avec lui serviroient à cette expédition, pendant que le comte d'Harcourt apaiseroit les troubles de la Guienne; et qu'après que l'Anjou seroit sous l'obéissance du Roi, Sa Majesté tourneroit vers Paris, afin que sa présence pût amoindrir le mal qu'y faisoient les factieux, et l'autorité du duc d'Orléans, qui s'étoit acquis tant de pouvoir sur le parlement qu'il en étoit comme le maître, le gouvernoit à sa fantaisie, et par conséquent tenoit la ville à sa dévotion; et l'un ni l'autre ne disputoit jamais lorsqu'il s'agissoit de faire quelque chose contre le cardinal.

Cet avis étoit bien contraire à celui qu'avoient toujours donné ceux du parti de Châteauneuf, qui ne pensoient qu'à bien affermir le duc d'Orléans dans Paris. Le but étoit que ce prince ayant beaucoup d'autorité, et contredisant toujours au retour du cardinal, on n'osât jamais le faire revenir à la cour, et de prétexter l'éloignement du Roi du centre de son Etat, par la nécessité de détruire le soulèvement de la Guienne; à quoi l'on ne pouvoit, disoient-ils, bien réussir qu'en tenant le Roi près de cette province rebelle.

La Reine s'étoit laissée toucher de ces raisons, par l'envie qu'elle avoit de remettre promptement cette province en son devoir. Le cardinal vit toutefois bientôt qu'elle s'étoit trompée: aussi dit-il au maréchal qu'il étoit de son sentiment, et la suite fit connoître qu'il avoit raison. Le Roi partit quatre jours après : on demeura un mois entier à Saumur, pendant lequel l'on réduisit l'Anjou ; et toutes les autres choses nécessaires au service du Roi se firent ainsi que l'histoire les rapporte.

Le maréchal, après le retour du cardinal, et deux mois auparavant, étoit si fort considéré par tous ceux de la cour, que les plus éclairés ne doutoient point que ce premier ministre ne l'élevât aussi haut que l'importance de ses services sembloit le mériter ; car il avoit des obligations si grandes et si peu communes au maréchal, que peut-être n'a-t-on jamais vu que lui qui ait préféré le risque d'être accablé de tout ce que le cardinal avoit d'ennemis, à la simple satisfaction de l'amitié que le maréchal lui avoit promise, d'autant plus sincèrement qu'elle avoit rapport à la fidélité qu'il devoit à son roi.

L'ardeur du maréchal alloit souvent si loin que, pour avancer le retour du cardinal, il protestoit à la Reine qu'elle verroit dans peu l'entière ruine de l'Etat si elle ne le rappeloit, ou si elle ne prenoit un autre ministre pour la conduite des affaires. Le maréchal donnoit ce conseil bien hardiment, sans crainte de rien hasarder par cette alternative, sachant assez que la Reine n'avoit point changé de sentimens pour le cardinal, et que cela ne serviroit qu'à l'exciter pour hâter son retour.

Dans le séjour que l'on fit à Saumur, on ne fit, outre la réduction de la province, que s'affermir dans les conseils que donnoit le maréchal. On en part à dessein de s'approcher de Paris ; on vient à Tours, et à Blois, où l'on demeura quelques jours ; on y tint plusieurs conseils, tant pour les affaires de la guerre que pour les autres; et ce fut où le cardinal commença d'y faire demeurer le maréchal Du Plessis, et fit la même grâce au duc de Bouillon, bien que l'un ni l'autre n'eût point dans ces commencemens les patentes de ministre d'Etat, et ne les eurent qu'au temps que le cardinal s'éloigna pour la seconde fois de la cour. Ce fut lors que Leurs Majestés partirent de Pontoise sur la fin de l'été pour aller à Compiègne, et lui pour aller à Bouillon.

Après le petit séjour de Blois, le Roi continua le chemin vers Paris, ayant formé l'armée tant avec les troupes que le cardinal avoit amenées, et que le maréchal d'Hocquincourt commandoit, qu'avec ces autres qui avoient servi les campagnes précédentes; et ce furent celles dont on donna le commandement au maréchal de Turenne. Ces deux maréchaux servoient ensemble pour faire tête aux ennemis, qui paroissoient vouloir s'opposer à la marche que le Roi faisoit pour s'approcher de Paris; et il falloit outre cela que Sa Majesté, pour la sûreté de sa personne, eût un petit corps d'armée auprès d'elle, composé de ce qu'on appelle sa maison, c'est-à-dire partie des régimens des gardes françaises et suisses, de ses gendarmes et chevau-légers, de ceux de la Reine, avec les gardes du cardinal, et quelques troupes tirées de l'armée, afin que le quartier du Roi eût de quoi être gardé. Le commandement en fut donné au maréchal Du Plessis, qui n'étoit point incompatible avec le gouvernement de Monsieur, qui ne quittoit jamais le Roi.

Après avoir quitté Blois, on changea le dessein qu'on avoit eu de ne point passer dans Orléans, d'autant que l'exemple d'une ville de cette conséquence seroit considérable à Paris; ce qui fit qu'on aima mieux y entrer : cela n'eut pas toutefois la suite qu'on s'étoit promise. L'on sut que cette ville n'étoit pas bien intentionnée, et l'on alla coucher à Cléri. Le jour d'après ce fut à Sully; mais, dans le chemin qu'on fit d'un lieu à l'autre, Leurs Majestés essuyèrent un péril bien considérable, car l'armée des ennemis s'étant rencontrée en même temps de l'autre côté de la rivière de Loire, vis-à-vis du pont de Gergeau, ils attaquèrent ce pont mal gardé, et d'abord s'avancèrent tellement, qu'ils furent maîtres d'une grande partie; et par une barricade qu'ils y firent ils auroient eu moyen d'achever heureusement leur attaque par la prise de la ville, sans la mort de Cirot qui les commandoit. Comme cette attaque avoit été faite par lui fort inopinément, s'y étant résolu pour avoir su que ce poste qui couvroit la marche de Leurs Majestés étoit dégarni de ce qui lui étoit nécessaire pour se défendre, il n'avoit pu donner avis de ce qu'il entreprenoit aux officiers généraux de l'armée des ennemis, pour en être soutenu : tellement que sa mort ayant laissé les gens qui faisoient cette attaque sans personne d'autorité pour les commander, ils firent après les choses avec si peu d'ordre, que les maréchaux de Turenne et d'Hocquincourt se trouvant là, sans même avoir su la chose qu'au moment qu'elle se fit, purent plus aisément trouver moyen de s'opposer à cette insulte, dont les ennemis auroient assurément eu une entière satisfaction sans la mort de ce chef; car ces maréchaux qui arrivoient dans ce moment n'eussent pu rien faire pour les en empêcher. Le cardinal même y arriva peu après, dont la présence servit bien encore à nous garantir du malheur qui menaçoit : son humeur étant de voir tout sans considérer le péril où il s'exposoit, il fut aux lieux qu'on lui disoit pouvoir être les plus dangereux.

L'on peut dire que jamais la France n'avoit été dans un péril plus grand ; car si le passage de Gergeau eût été pris dans le moment que Leurs Majestés passoient dans la plaine qui en est voisine, il n'y avoit pas lieu de sauver leurs personnes. Ce même soir toute la cour vint à Sully, où elle passa le jour de Pâques; et le jour d'après elle vint à Gien, avec dessein de s'y arrêter quelque temps, comme l'on fit, afin que l'armée du Roi eût le loisir de passer, et de se mettre en état de faire ce que l'on jugeroit pour le mieux. Quelques jours ensuite il arriva un fâcheux accident aux troupes commandées par le maréchal d'Hocquincourt, qui furent chargées par les ennemis, séparées qu'elles étoient du corps qui étoit sous le maréchal de Turenne ; tellement que sans la valeur et la prudence du dernier cet accident auroit eu des suites dangereuses.

La nouvelle de ce malheur fut bientôt apportée à Gien. Le cardinal sortit de la ville : le maréchal Du Plessis fit prendre les armes à ce qui s'y trouva d'infanterie; et ayant fait sortir la cavalerie, la fit poster sur la hauteur proche de la ville, qui regarde le chemin par où l'on pouvoit aller à l'armée. Le cardinal demeura assez long-temps en ce même lieu; puis chacun se retira dans la ville, attendant de plus certaines nouvelles de ce qu'auroit pu faire le maréchal de Turenne après ce qui venoit d'arriver au maréchal d'Hocquincourt. Le duc de Bouillon s'en alla voir son frère, qu'il trouva en présence des ennemis, dans un poste assez avantageux pour ne les pas craindre.

Dans le reste de cette journée, on apporta plusieurs avis différens au cardinal; cela fit tenir aussi plusieurs conseils, sans aucune conclusion. Le jour d'après, ces mêmes conseils continuèrent; et parce que l'on ne pouvoit deviner encore si les ennemis, après l'avantage qu'ils venoient d'avoir, s'approcheroient de Gien pour y enfermer le Roi, on dit qu'il ne falloit point que Sa Majesté attendît cette extrémité; mais que, laissant une bonne garnison dans la ville, elle devoit se retirer promptement à Tours; et que celui qui commanderoit à Gien donneroit loisir à la retraite du Roi, et paieroit pour cela de sa personne et de toute sa garnison : ce qu'entendant, le maréchal Du Plessis, après avoir dit qu'il ne voyoit rien qui portât les affaires jusques à une telle résolution, il s'offrit, si l'on suivoit cette proposition, de commander les troupes qu'on laisseroit en ce poste, s'engageant de périr avec elles pour donner temps au Roi de s'éloigner. Mais il dit que devant que de se porter à faire voir tant de foiblesse, il étoit juste d'en avoir sujet; que tout le corps du maréchal de Turenne étoit en fort bon état; que l'on pouvoit même espérer le ralliement de celui du maréchal d'Hocquincourt, qui avoit eu bien plus de peur que de mal; et qu'en fort peu d'heures on sauroit au vrai ce que l'on auroit à faire, si l'on ne voyoit lieu de choisir une résolution plus vigoureuse.

Le cardinal, qui ne pouvoit souffrir les foibles pensées s'il n'y étoit contraint, fut bien aise que le maréchal eût ce sentiment, qui étoit le sien. Les choses ayant été bien discutées, et débattues assez long-temps, on en demeura là jusques au lendemain, que l'on eut avis que tout se rétablissoit; que les ennemis n'avoient pas tiré grand profit de ce qu'ils venoient de faire, et qu'on n'étoit plus forcé de prendre le chemin de Tours. Il fallut donc aviser quel seroit celui qu'on jugeroit le plus convenable au bien des affaires du Roi; et dans un petit conseil, qui se tint le matin chez la Reine, quelqu'un de considération proposa de faire repasser la rivière de Loire à toute l'armée, de marcher en remontant jusques à La Charité, où l'on passeroit; et qu'étant là l'on verroit où l'on mettroit la personne du Roi en Bourgogne, ou autre lieu que l'on jugeroit propre à son séjour, et qu'après on aviseroit quel service on pourroit tirer de l'armée.

Le cardinal n'avoit point voulu se trouver à ce petit conseil; mais ayant dit au maréchal Du Plessis son opinion sur ce qu'on pouvoit faire, et ayant trouvé celle de ce maréchal conforme à la sienne, et tout-à-fait opposée à celle que je viens de rapporter, celle du cardinal et du maréchal fut suivie. Ils prétendoient que, prenant sans besoin la route que celui du conseil du Roi dont nous venons de parler avoit proposée, cela feroit un si méchant effet, et décréditeroit tellement les affaires du Roi, qu'en faisant repasser l'armée à Gien pour couvrir sa marche de la Loire, les ennemis en prendroient une telle audace, et ceux qui servoient le Roi tant de frayeur, que le parti de Sa Majesté s'en verroit tout-à-fait abattu; que rien ne pouvoit nous obliger à faire paroître cette foiblesse, puisque l'armée ennemie n'avoit pu s'avantager par le petit malheur du maréchal d'Hocquincourt; qu'elle n'étoit point si proche de la nôtre que le Roi ne fût à Auxerre avant qu'elle pût rien entreprendre sur la marche du Roi, couverte de notre armée, qui toute ensemble ne craignoit point celle des ennemis. Cette question fut encore agitée par l'ordre de la Reine; mais l'avis du maréchal, soutenu de celui du cardinal, fut suivi préférablement à tout autre.

Le cardinal fut ensuite dîner chez le maréchal Du Plessis, où se trouva aussi le duc de Bouillon. Toute l'après-dînée se passa dans le cabinet du maréchal, où le duc de Bouillon et lui demeurèrent avec le cardinal. La conversation tomba sur ce qui s'étoit passé le matin chez la Reine, et beaucoup d'autres choses qui regardoient les affaires présentes du Roi, et sur quoi l'on devoit résoudre. Le cardinal, à quelques jours de là, fut à Briare conférer avec le maréchal de Turenne; le maréchal Du Plessis l'y accompagna : on y résolut de faire prendre au Roi la route dont nous venons de parler, qui seroit couverte de son armée.

Le départ de Sa Majesté ayant été l'effet de cette résolution, elle vint de Gien à Saint-Fargeau; et passant la rivière d'Yonne à Auxerre, vint à Sens, puis à Montereau, son armée marchant toujours à sa gauche, et celle des ennemis se retirant vers Paris. Le Roi vint de là à Melun et à Corbeil, pour marcher à Saint-Germain par Chilly, où Leurs Majestés couchèrent; et comme c'étoit montrer le flanc à Paris, on peut juger qu'avec le peu de troupes qui accompagnoient le Roi, il falloit être assez éveillé pour empêcher que l'on ne fît des prisonniers de la suite de la cour.

Le Roi demeura quelque temps à Saint-Germain, d'où il partit pour retourner à Corbeil. Leurs Majestés s'y arrêtèrent; et le Roi, peu de jours après, laissa la Reine sa mère et Monsieur, pour aller voir le siége d'Etampes. Le maréchal Du Plessis demeura à Corbeil, la Reine l'ayant ainsi désiré. Le duc de Lorraine s'étant approché d'Etampes, et le siége n'ayant pas réussi, l'on crut que le séjour de Melun seroit meilleur pour Leurs Majestés, et le voyage s'en fit par eau. Ce duc donnoit matière à bien de l'inquiétude, pour le peu de sûreté et de confiance que l'on avoit avec raison aux choses que l'on négocioit avec lui.

Pendant le séjour que l'on fit à Melun, Leurs Majestés voulurent aller voir Fontainebleau : elles y furent dîner; et dans le chemin de leur retour à Melun, le guidon des gendarmes de la Reine ayant trouvé un des gardes du cardinal hors des rangs, et lui commandant de s'aller remettre à sa troupe, l'autre lui répondit insolemment, bien qu'il le connût pour officier : tellement que n'ayant point obéi, et continuant son insolence, il força cet officier de se prévaloir, peut-être trop sévèrement, de son autorité, et en reçut un coup de pistolet qui l'étendit par terre.

Leurs Majestés passant aussitôt proche de ce blessé, s'enquirent et furent informées de ce qui s'étoit passé. Cependant l'officier qui avoit fait l'action vint faire ses plaintes au maréchal Du Plessis, qui le blâma d'avoir été si brusque, mais qui dans la justice ne le pouvoit condamner entièrement, puisqu'en telles occasions les désobéissances ne doivent point être tolérées, et qu'il faut de nécessité soutenir les officiers, quand ils n'ont point un tort notable, contre ceux qui leur sont soumis, et lorsque la faute des subalternes regarde l'obéissance qu'ils doivent à leurs supérieurs. Le Roi en parla au maréchal Du Plessis, qui lui répondit dans ce même sens : cela lui fit une méchante affaire avec le cardinal, qui ne pouvoit comprendre que la discipline militaire pût engager un officier à maltraiter un des siens, sans considérer qu'il en pourroit être offensé.

Le jour d'après, le cardinal étant seul avec la Reine fit entrer le maréchal Du Plessis, à dessein de se plaindre, en présence de Sa Majesté, du sujet qu'il en pensoit avoir; ce qu'il fit avec quelque aigreur, ne pouvant s'imaginer, disoit-il, que le maréchal n'eût dû faire châtier ce guidon de gendarmes, et ne croyant pas qu'un de ses amis pût souffrir qu'on eût si maltraité un de ses gardes, sans faire punir celui qui lui auroit manqué de respect si publiquement, à la vue de Leurs Majestés et de toute la cour.

Le maréchal ne se trouva pas fort empêché de ce qu'il avoit à répondre sur ce qu'avoit à faire un officier qui trouvoit un soldat hors de son devoir, et qui n'obéissoit pas quand on l'y vouloit remettre, avouant bien aussi qu'un officier peut châtier trop rudement, et qu'on peut avoir des égards pour de certaines gens que souvent on n'a pas pour d'autres; qu'il avoit même jugé qu'étant particulièrement son serviteur, il devoit faire connoître que les gens qui étoient à lui ne seroient pas plus exempts de châtiment que les autres, pour ne pas exciter la mauvaise volonté des troupes contre lui, par une différence qui fût contraire à la justice, en faveur de ceux qui étoient à lui; qu'au reste il s'estimoit bien malheureux qu'après les marques qu'il lui avoit données de sa fidèle amitié, et de la passion qu'il avoit pour ses intérêts, il pût être sujet à des soupçons contraires; ajoutant que rien ne l'avoit tant touché que ce reproche.

Le cardinal avoit été animé contre cet officier par Miossens, qui trouva son action trop violente, et qui fut bien aise aussi de plaire au cardinal en lui proposant d'assembler les officiers de la compagnie des gendarmes du Roi qu'il commandoit, et de toutes les autres compagnies qui se trouvoient auprès de Sa Majesté, pour en juger. Cette proposition fut fort agréable au cardinal, qui ne pouvoit concevoir que ceux qui étoient à lui dussent être sujets aux châtimens ordinaires auxquels les autres étoient soumis, et ne vouloit pas considérer le tort que cette conduite lui faisoit dans un temps où il en devoit tenir une si exacte, pour ne s'attirer pas, comme il fit, la haine des chevau-légers, et des gendarmes du Roi. Miossens fit tenir conseil, comme il l'avoit proposé au cardinal : et après avoir examiné l'affaire, on ne put faire autre mal à ce pauvre guidon que de lui ordonner d'aller chez lui; et parce qu'il n'étoit pas fort considéré, il trouva peu de gens qui entreprissent de le soutenir, ni qui voulussent contredire à la peine qu'on lui fit porter, et qu'il n'avoit pas méritée, ayant été forcé à ce qu'il avoit fait par la désobéissance de ce garde, accompagnée de paroles injurieuses.

Le maréchal Du Plessis ne pouvoit digérer ce que le cardinal lui avoit dit en présence de la Reine; mais les gens qui occupent des places comme celles de ce premier ministre n'ont pas de peine à raccommoder les dégoûts qu'ils donnent, puisque tout fléchit sous leur puissance. Il ne fut pas difficile au cardinal de remédier au mal qu'il avoit fait: des paroles aigres l'avoient causé, des paroles douces le guérirent. Comme ces vieux gendarmes et chevau-légers n'étoient pas fort affectionnés au cardinal, ce qu'il venoit de faire n'augmentoit pas leur amitié : cependant cette conjoncture fut utile à Miossens et à Saint-Mesgrin ; car comme ceux qui étoient sous leur charge étoient assez malintentionnés pour faire croire au cardinal que s'il ne s'acquéroit entièrement l'amitié des commandans, et s'il ne les engageoit à veiller soigneusement sur la conduite de leurs compagnies, sa personne pourroit être en danger, parce que dans les marches il passoit très-souvent au milieu des gendarmes et des chevau-légers, et qu'en un instant il pouvoit arriver des choses fort sinistres parmi de telles gens. Ces deux messieurs se trouvèrent si nécessaires au cardinal, qu'ayant d'ailleurs beaucoup de mérite l'un et l'autre, il s'engagea à leur procurer auprès du Roi de très-grands avantages.

La cour, après avoir demeuré encore quelques jours à Melun, vint à Corbeil, où elle fit quelque séjour. Il se fit plusieurs voyages de la part de Leurs Majestés vers le duc de Lorraine (1), qui sembloit vouloir trai-

---

(1) *Le duc de Lorraine :* Charles IV, duc de Lorraine. Ce prince se vendoit alternativement à tous les partis ; il étoit entré en France sous prétexte de secourir le prince de Condé. Il étoit alors campé à Villeneuve-Saint-Georges, et son armée pilloit les environs. Il négocia avec la cour, et s'engagea à retirer ses troupes. Comme il cherchoit à éluder cet engagement, Turenne marcha contre lui. Au moment où tout étoit

ter. Cependant les armées étoient fort proches. Je laisse aux historiens le soin d'apprendre ce qui se passa à Villeneuve-Saint-Georges. Depuis, Leurs Majestés ayant fait éloigner le duc de Lorraine, se résolurent de changer de poste, et de se placer entre Paris et la Normandie, pour affoiblir l'autorité du duc de Longueville, et le séparer d'avec le duc d'Orléans. Le Roi fut de Corbeil en un lieu nommé Le Chemin, maison du président Viole, où Leurs Majestés couchèrent. Le jour d'après, on passa la rivière de Marne sur le pont de Lagny pour se rendre à Saint-Denis, qui fut une des plus longues journées qui se puissent faire avec des troupes, la cour étant obligée de marcher en état de ne pas recevoir un affront; et le chaud fut si cruel qu'on n'en a point remarqué de plus rudes en Italie ni en Catalogne. On arriva à Saint-Denis, où le maréchal Du Plessis fit à l'instant poser les gardes pour la sûreté du quartier.

Leurs Majestés y séjournèrent assez long-temps: le voisinage de Paris et de l'armée ennemie n'empêchoit point le Roi et Monsieur de se baigner dans la rivière de Seine presque tous les jours; ils alloient voir notre armée campée vers La Chevrette, et pendant que nous fûmes à Saint-Denis on parla plusieurs fois d'accommodement; mais parce que les chefs des ennemis avoient des prétentions extraordinaires, et surtout pour l'avantage de ceux qui suivoient leur parti, on ne put rien conclure.

Leur armée étoit logée un peu au-dessous de Saint-Denis, de l'autre côté de la Seine. On alloit souvent

prêt pour l'attaquer, le roi d'Angleterre fit le traité, et le duc Charles retourna en Lorraine.

considérer ce qu'ils faisoient ; et le soir, avant la journée du faubourg Saint-Antoine, le Roi, Monsieur et le cardinal y furent quelque temps. On avoit quelque envie de faire un pont pour aller à eux ; mais la nuit même ils changèrent de place. Le maréchal Du Plessis, qui étoit chargé du quartier de Leurs Majestés, et que la proximité de Paris obligeoit à beaucoup de soin, ne manquoit pas d'être toutes les nuits à cheval pour visiter les gardes, et envoyer des partis jusqu'aux portes de cette grande ville pour être informé, autant qu'il se pourroit, du mouvement des ennemis. Il ne fut pas cette même soirée à mille pas hors de Saint-Denis, qu'on lui vint rapporter que leur armée avoit repassé la rivière de notre côté, et qu'elle étoit sur le bord des fossés de Paris marchant vers Montfaucon : cet avis lui paroissant assez considérable, le fit retourner diligemment à Saint-Denis éveiller le cardinal pour l'informer de cette nouvelle.

Aussitôt on dépêcha aux maréchaux de Turenne et de La Ferté, afin qu'ils vinssent promptement avec l'armée du Roi pour attaquer les ennemis dans leur marche. Cependant le maréchal Du Plessis fut éveiller le Roi pour l'informer de tout ce qu'avoit fait le cardinal. Le Roi s'avança promptement sans attendre l'armée, se trouva presque seul fort proche des ennemis avant qu'ils fussent au faubourg Saint-Antoine ; et le maréchal Du Plessis eut ordre de ne bouger d'auprès de la Reine et de Monsieur, qui attendirent à Saint-Denis avec de grandes inquiétudes quel seroit le succès de cette mémorable journée (1). Il est certain que si on eût laissé marcher les ennemis sans les obli-

---

(1) 2 juillet.

ger, en les pressant, de chercher une retraite si proche de Paris, ils auroient passé jusques à Charenton, où la sûreté n'auroit pas été pareille pour eux.

Le maréchal de Turenne étant plus voisin de Saint-Denis avec ses troupes que La Ferté, fut plus tôt aussi en état d'attaquer les ennemis. Le comte Du Plessis, l'aîné des deux qui restoient pour lors au maréchal Du Plessis, avoit son régiment d'infanterie en cette occasion; et comme il n'avoit que seize ans, et qu'il ne faisoit que commencer le métier de la guerre, voulant toutefois se trouver à ce qui se feroit ce jour-là, il y agit comme volontaire; et tantôt en une part, et tantôt en l'autre, il cherchoit de l'honneur avec ce qu'il y avoit de gens sans commandement, suivant néanmoins les principaux officiers, afin de se mêler parmi ceux qu'ils enverroient au combat; ce qu'il fit auprès du duc de Navailles, lieutenant général de l'armée : de sorte qu'ayant poussé dans la grande rue du faubourg, et passé une barricade que les ennemis y avoient, il se trouva embarrassé au milieu d'eux et prisonnier, dont il se déméla avec vigueur et fort heureusement.

Le Roi et le cardinal étant retournés à Saint-Denis, plaignirent la mort de plusieurs personnes de condition qui périrent dans cette rencontre, qui fut très-sanglante pour tous les deux partis, et dont Mancini, neveu du cardinal, fut du nombre. L'on demeura encore quelque temps à Saint-Denis après ce funeste jour; les traités y continuèrent sans fruit, ensuite de quoi on prit la route de Pontoise. La marche s'en fit en une journée; le séjour y fut assez long; et ce fut là que le cardinal se résolut de quitter une seconde fois

Leurs Majestés, pour faire cesser les mauvaises raisons que les ennemis alléguoient pour excuser leurs fautes. Le cardinal suivit cette pensée sans en demander conseil à personne (1).

Il est vrai qu'elle étoit plus raisonnable que la première fois, puisque les affaires étoient dans un état bien différent : car après la bataille de Rethel nous étions maîtres de tout si nous l'eussions voulu; et dans le temps dont nous parlons nous étions esclaves, et soumis aux moindres personnes dont Leurs Majestés pouvoient avoir besoin. Dans cette résolution, le cardinal n'oublia pas de bien assurer le maréchal Du Plessis de son amitié, et de le vouloir persuader par des paroles les plus pressantes du monde qu'à son retour il en auroit des preuves effectives; et que s'il étoit une heure dans son éloignement plus qu'il ne l'avoit projeté, il écriroit à Leurs Majestés pour les supplier de faire de grandes choses pour lui, faisant des excuses de ce qu'il s'étoit trouvé forcé de faire expédier à d'autres des lettres de duc; mais qu'ils n'en jouiroient point qu'à son retour, et que celles qu'il auroit seroient datées avant les précédentes. Le maréchal n'ayant point exigé cette promesse du cardinal, ne devoit pas douter qu'elle ne fût bien sûre : aussi ne le pressa-t-il pas avant son départ ni pendant son éloignement, qui fut plus long qu'il n'avoit cru, de lui tenir parole : et à l'égard de plusieurs personnes qui obtinrent cette dignité, dont même quelques-unes étoient ennemies du cardinal, le maréchal Du Plessis crut que si le cardinal faisoit pour ceux qui n'étoient pas dans ses intérêts, c'étoit par une

(1) Il se retira à Bouillon le 19 août.

certaine conduite qu'il croyoit lui être absolument nécessaire en un temps si fâcheux. Il pensa qu'à la fin ses amis auroient leur tour, et que non-seulement il pourroit espérer ce qu'on lui avoit promis, mais encore de plus grands avantages.

Il demeura donc assez tranquille en l'absence du cardinal, sans le presser; et continuant avec les soins particuliers de ses intérêts, comme il avoit fait dans son premier éloignement, il n'oublia rien de tout ce qu'il put imaginer se devoir faire, et s'y porta avec grande chaleur, soit pour lui conserver ses amis, soit pour éviter le mal que pouvoient lui faire ceux qui ne l'étoient pas. Dans tous les conseils où le secret de ses affaires avoit relation, le maréchal Du Plessis tenoit toujours la première place, parce que les gens du cardinal, qui étoient demeurés cette fois auprès de la Reine, le vouloient ainsi.

Le cardinal étant parti, Leurs Majestés allèrent loger à Liancourt. On n'y séjourna qu'un jour; et celui d'après elles vinrent à Compiègne, où elles demeurèrent quelque temps, mais non pas assez pour exécuter le dessein qu'avoit le Roi d'y faire bâtir quelques pavillons. Les nouvelles de Paris commencèrent à devenir bonnes. Le cardinal de Retz, connoissant que les affaires du Roi prenoient un meilleur chemin, et que Paris se lassoit du malheur que lui avoit causé la Fronde, vint trouver Leurs Majestés, afin d'avoir part à leur retour, dont on parloit fortement à Paris.

Leurs Majestés voyant que ce qu'elles y avoient de serviteurs y agissoient heureusement, résolurent de s'en approcher; et bien qu'elles ne tinssent pas le droit chemin, et qu'elles vinssent à Mantes, c'étoit afin de gagner le temps nécessaire pour ajuster celui de leur retour à Paris. De Mantes, elles vinrent à Meulan, et de là à Saint-Germain, où le prevôt des marchands et les colonels de la ville furent convier Leurs Majestés d'y revenir.

Quoiqu'il semblât que toutes les choses ne fussent pas préparées entièrement pour y recevoir le Roi, et que le duc d'Orléans parût n'être pas tout-à-fait dans la disposition qu'on pouvoit souhaiter pour cela, quand la Reine en parla au maréchal Du Plessis, il témoigna à Sa Majesté qu'en une occasion de cette importance il étoit presque impossible de ne pas hasarder quelque chose, pour ne pas perdre les avantages que la conjoncture présente offroit, la volubilité des peuples pouvant faire croire qu'il ne seroit pas fort malaisé aux malintentionnés de les faire changer. Tellement que la Reine, qui en arrivant à Saint-Germain avoit dit au maréchal qu'il étoit vrai cette fois qu'on retourneroit à Paris, mais que ce ne seroit pas lundi, comme il le croyoit, jugea pourtant après qu'il ne falloit pas tarder un moment, pour ne pas donner lieu au duc d'Orléans, ni à ceux qui vouloient empêcher le retour du Roi, de faire de nouveaux efforts pour cela. L'on résolut donc de partir ce lundi ; et pour ne marchander pas avec le duc d'Orléans sur ce sujet, l'on envoya des ordres à quelqu'un dans Paris de lui faire savoir que le Roi désiroit qu'en même temps que Sa Majesté y entreroit, il s'en éloignât ; mais celui à qui cette commission fut donnée étant un peu trop considéré, ne l'exécuta pas. Il communiqua la chose à la duchesse d'Aiguillon, qui lui conseilla de ne suivre pas si ponctuellement ses ordres, et de mettre cette affaire dans une négociation moins violente.

Cependant l'on marchoit de Saint-Germain pour Paris; et comme Leurs Majestés eurent passé le pont de Saint-Cloud, on leur rapporta cette nouvelle. Cela les obligea de tenir un petit conseil en cet endroit avec le prince Thomas, le maréchal de Turenne (qui s'y étoit rencontré quoique l'armée n'y fût pas), le maréchal Du Plessis, Le Tellier et Servien. Tous furent d'accord qu'il n'y avoit plus moyen de changer de résolution; que de l'entrée du Roi à Paris dépendoit le rétablissement de son autorité par tout le royaume, et que le retardement pouvoit causer la ruine de l'Etat. Et en effet elle s'en seroit infailliblement ensuivie, si dans ce moment on avoit témoigné quelque crainte, parce qu'assurément ceux qui s'opposoient au retour du Roi n'auroient pas manqué de se prévaloir de notre timidité pour faire changer les peuples, si nous eussions différé d'aller ce jour-là à Paris.

Cela fit résoudre d'envoyer le duc Damville, de la part du Roi, dire au duc d'Orléans qu'il seroit ce même jour à Paris; qu'il ne vouloit pas qu'il vînt au devant de lui, ni le voir au Louvre; mais qu'il s'en allât le jour d'après à Limours, où il apprendroit plus amplement ses volontés; et que cependant il lui écrivît une lettre, par laquelle il feroit savoir à Sa Majesté qu'il exécuteroit toutes ces choses ponctuellement. Le duc Damville s'en alla chargé de cette commission; et l'on marcha sur l'heure même avec partie des deux régimens des gardes, quelque autre petit régiment d'infanterie, les compagnies des gendarmes et des chevau-légers de la garde du Roi, et les gardes du corps de Leurs Majestés.

Le Roi demanda au maréchal Du Plessis, qui commandoit ces troupes, quelle place il prendroit pour sa marche. Il eût bien voulu que Sa Majesté se fût mise auprès du carrosse de la Reine sa mère, entre les deux bataillons des gardes françaises et suisses : mais comme ce prince, dès sa plus tendre jeunesse, a toujours désiré de faire quelque chose où il parût de la vigueur, il voulut être en un poste plus avancé, et se mit avec ses gardes du corps à la tête du régiment des gardes françaises, n'ayant devant lui que sa compagnie de chevau-légers, avec qui marchoit le maréchal Du Plessis; et après le carrosse de la Reine, où étoit Monsieur, suivoit le régiment des gardes suisses et un autre petit bataillon d'infanterie française, et la compagnie des gendarmes du Roi.

On s'achemina en cet ordre pour entrer à Paris (1), avec cette résolution que si le duc d'Orléans n'obéissoit, le Roi passant auprès du Louvre y laisseroit la Reine avec une compagnie des gardes françaises et une de suisses; et que lui, avec les troupes qu'on vient de nommer, marcheroit le long du quai, et passant sur le Pont-Neuf, iroit sans aucun retardement au palais d'Orléans. Peut-être que le maître de la maison eût pris un autre parti que celui d'y attendre le Roi, s'il n'eût obéi à ce que le duc Damville lui alla prescrire de la part de Sa Majesté; mais on étoit résolu d'user de toute la vigueur possible, et l'on se fût indubitablement saisi de sa personne.

(1) 21 octobre.

Comme le Roi et la Reine étoient près d'entrer dans l'allée du Cours au-dessous de Chaillot, le duc Damville arriva, qui apporta la lettre qu'on avoit demandée au duc d'Orléans ; de sorte que rien ne s'opposant à ce que l'on désiroit pour l'entrée à Paris, ni à tout ce qu'on y devoit faire pour le rétablissement de l'autorité du Roi, l'on marcha droit au Louvre ; et ce fut avec un si grand concours et applaudissement de tout le peuple, qu'on ne pouvoit presque trouver de place pour le passage des troupes et des carrosses de Leurs Majestés : la nuit survint même avant qu'elles pussent arriver au Louvre, où elles reçurent les complimens que font en telles occasions les malintentionnés comme les plus fidèles. Le jour suivant, on fit venir le parlement au Louvre, où le Roi le reçut dans la petite galerie.

Le duc d'Orléans, qui avoit promis de s'en aller à Limours, y satisfit dès la pointe du jour. Le Tellier l'y fut trouver, lui fit entendre les volontés du Roi, et lui prescrivit des conditions pour sa retraite à Blois. Le maréchal Du Plessis, qui avoit toujours pressé la Reine de ne rien négliger pour faciliter le retour du Roi à Paris, ne crut pas devoir perdre l'occasion de l'en faire souvenir, et du besoin qu'il y avoit de faire revenir promptement le cardinal. Cependant la confiance que la Reine avoit au maréchal Du Plessis continuoit toujours, et Sa Majesté ne faisoit rien de considérable qu'elle ne lui en parlât.

Le cardinal de Retz de temps en temps venoit au Louvre, mais ce ne fut que dans les commencemens que Leurs Majestés y furent revenues ; et d'autant qu'il avoit cessé d'y venir, le maréchal Du Plessis l'ayant trouvé dans une visite, lui en demanda la raison : il ne lui en donna point d'autre que celle de l'attente d'un traité qu'il faisoit avec le cardinal Mazarini. Ce traité ne vint point. Le cardinal de Retz alla au Louvre le jour suivant, où il fut arrêté. Cette action ne retardoit pas le retour du cardinal Mazarini ; il revint au commencement de février [1653], après avoir été deux ans hors de Paris. Il n'oublia pas les caresses accoutumées au maréchal Du Plessis ; mais il sursit encore l'exécution de ce qu'il lui avoit promis pour la récompense des fidèles services qu'il avoit rendus au Roi dans des temps où si peu de gens étoient demeurés fermes dans leur devoir. Ce manquement de parole envers le maréchal lui fit juger qu'il se tromperoit toujours quand il s'attendroit à des reconnoissances de la part de ce premier ministre.

Le cardinal mit en possession Créqui et Roquelaure de ce qu'il leur avoit fait espérer avant son départ de Pontoise, et ne laissa plus douter au maréchal Du Plessis que les marques si essentielles d'amitié qu'il lui avoit données pendant son absence lui donneroient dorénavant l'exclusion pour tout ce qu'il pourroit prétendre. Cet homme ne pouvoit jamais rien faire pour ceux à qui il étoit obligé, s'il n'avoit sujet de les craindre ; mais parce qu'il étoit bien assuré que le maréchal Du Plessis étoit fort son ami et qu'il ne lui manqueroit jamais, il ne pouvoit se résoudre de lui procurer aucun avantage.

Au commencement de l'année 1653, on fit les préparatifs de la campagne ; et sur la fin de l'été, le Roi étant venu à Laon, y résolut le siége de Sainte-Menehould, et pour cet effet vint à Châlons-sur-Marne, parce que voulant faire ce siége sans que les maréchaux de Turenne et de La Ferté s'en mêlassent, Sa Majesté crut que sa présence proche de la place attaquée y serviroit suffisamment : le cardinal crut même qu'avant de l'entreprendre il seroit bon que le Roi reconnût lui-même la place, et que cela donneroit réputation à l'entreprise. Comme ceux qui devoient commander n'étoient point les généraux de l'armée, le cardinal croyoit bien que, menant le Roi devant Sainte-Menehould, il pourroit donner des avis considérables pour sa prise à ceux qui en seroient chargés, sans oublier de se prévaloir des ordres du maréchal Du Plessis pour commander aux troupes qui feroient le siége, en cas que les trois lieutenans généraux qui en étoient chargés eussent besoin de lui. Il lui fit ordonner d'y suivre Sa Majesté quand elle iroit reconnoître la place ; à quoi il obéit, et en fit le tour en son particulier, dont il rendit compte au Roi et au cardinal, qui ne lui parlèrent de rien approchant de faire le siége.

Le Roi s'en retourna à Châlons, où les nouvelles vinrent que le marquis de Castelnau, le marquis d'Uxelles et Navailles, tous trois lieutenans généraux commandant au siége, ne se pouvoient accorder par la jalousie qui étoit entre eux, et que cela nuisoit au service du Roi. Cela fit qu'on résolut d'y envoyer le maréchal Du Plessis ; mais comme il n'avoit pas le commandement des armées, quoiqu'on l'eût toujours trouvé très-disposé à exécuter toutes les volontés du Roi, le cardinal ne savoit de quelle manière lui faire accepter le soin d'une entreprise de cette nature, et dont la suite ne paroissoit pas devoir être heureuse, croyant même à toute heure que la place dût être secourue sans qu'on pût l'éviter : outre que ce n'étoit pas fort bien traiter le maréchal Du Plessis de l'envoyer à ce siége, qui devoit apparemment ne pas réussir, pendant que les autres généraux avoient tous les avantages honorables du commandement des armées. Le cardinal, ne sachant comme lui en parler, envoya chez lui Le Tellier pour lui en faire la proposition, et le prier avec instance de ne le pas refuser en cette rencontre, puisqu'il n'y avoit que lui qui pût empêcher le Roi de recevoir un déplaisir considérable, étant bien certain que s'il ne se chargeoit de cette entreprise, l'on seroit contraint de lever le siége, le Roi présent.

Le maréchal Du Plessis ne sachant comment refuser le cardinal, sans répondre autre chose, demanda quand il falloit partir; et après qu'on lui eut dit que ce devoit être le plus tôt qu'il seroit possible, parce que les ennemis devoient ce même jour secourir la place, il s'en alla chez le cardinal pour lui dire qu'encore qu'on l'exposât à recevoir un affront à quoi il n'étoit pas habitué, il passeroit par dessus toutes sortes de considérations pour plaire au Roi, et qu'il partiroit à l'heure même. Pour marque de sa diligence, et de la déférence qu'il avoit pour tout ce que Sa Majesté souhaitoit de lui, il fut si tôt prêt à marcher, qu'il attendit plus d'une heure hors de la ville de Châlons les gendarmes et les chevau-légers de la garde du Roi, qu'on lui donnoit pour l'escorter. Il se hâta autant qu'il lui fut possible pour se rendre devant la place; et comme il a toujours été fort heureux en tout ce qu'on lui a commis, sa bonne fortune le suivit encore en cette occasion : car en entrant dans le commandement de cette petite armée, les premiers coups de canon que l'on tira donnèrent dans un des magasins de la ville où étoit une partie de la poudre, qui y mirent le feu, sans quoi les ennemis eussent eu lieu de faire de bien plus grands efforts pour leur défense.

L'arrivée du maréchal au commandement de ce siége donna de la surprise et de la douleur aux trois lieutenans généraux qui l'avoient commencé. Ils avoient tous trois beaucoup de mérite et d'expérience : le marquis d'Uxelles et Navailles avoient tous deux fait un assez long apprentissage en Italie sous le maréchal Du Plessis; et bien qu'ils fussent fort de ses amis, et qu'il n'y eût point de honte pour eux d'obéir à un homme de son caractère, ils eussent bien voulu tous trois avoir pu de leur chef terminer cette affaire, dont ils espéroient tirer de grands avantages pour leur gloire, étant une chose assez considérable pour eux de commander à un siége en présence du Roi, sans y avoir un maréchal de France au-dessus d'eux.

Le maréchal Du Plessis trouva cette entreprise en l'état que le cardinal la lui avoit dite. Les trois lieutenans généraux avoient fort long-temps disputé entre eux comme ils feroient leurs attaques, sans avoir pu s'accorder. Ils avoient essayé, en passant la rivière d'Aisne, de faire leurs approches pour s'attacher au plus foible de la place; mais parce qu'il falloit passer cette rivière assez près de la ville, les ennemis sortoient pour s'y opposer avec facilité : tellement qu'au lieu de se fortifier sur le bord de la rivière pour la passer après, il falloit qu'elle fût passée avant que ceux de la place eussent connoissance de notre dessein.

Le marquis de Castelnau, de qui venoit la proposition, n'en usa pas ainsi; car il alla faire un logement, qui même n'étoit pas sur le bord de la rivière de notre côté, et qui, ayant donné sujet aux ennemis de deviner sa pensée, leur donna de même le moyen de la rendre inutile. Ils vinrent se poster de l'autre côté de la rivière, afin que toutes les fois que nous entreprendrions de la passer ils nous en pussent empêcher, comme ils firent quand on l'essaya, avec perte de beaucoup de nos gens.

Le maréchal Du Plessis arriva dans le camp deux jours après que ces messieurs eurent été rebutés de cette attaque. Il en trouva une autre commencée, où il rencontra beaucoup de difficultés; car en s'approchant de la place on se mettoit dans un angle rentrant dont le château faisoit le côté de main droite, et à celui de main gauche il y avoit une grande hauteur fortifiée où ceux de la place s'étoient logés fort avantageusement. Le maréchal Du Plessis, considérant ces trois lieutenans généraux comme des personnes de mérite et de qualité qui devoient agir sous lui tout le reste du siége, crut qu'il valoit mieux essuyer tout le mal que lui feroit cette attaque, que de les dégoûter.

Le siége se continua donc de cette manière, et chacun à son tour servoit avec beaucoup de zèle. Les ennemis, de leur part, faisoient tous leurs efforts possibles pour se bien défendre. Ce n'étoit pas par de grandes sorties; mais elles étoient bien à propos, et fort à leur avantage. Ils avoient tellement intimidé le régiment des gardes françaises, qu'ils ne manquoient jamais de se rendre maîtres de la tranchée, et de ruiner le travail de la tête toutes les fois qu'il étoit de garde. Le maréchal se trouva trois fois dans la tranchée quand on fit ces sorties, et se vit réduit à la regagner tout entière, les ennemis ayant chassé les nôtres, et ruiné nos travaux avancés. Ces désordres continués tant de fois obligèrent le maréchal de changer la manière que ceux de ce régiment tenoient pour faire leur garde; et les mettant en état de se mêler à coups de main parmi les ennemis, et d'aller à eux par différens endroits quand ils sortiroient, sans se confier à leur feu dont ils ne s'étoient pas bien trouvés, il leur ordonna de se prévaloir de leurs piques et de leurs épées; ce qui leur réussit si heureusement, que ceux de la place n'affectèrent plus de sortir quand les gardes étoient à la tranchée, ni plus du tout sur les autres troupes, où ils ne trouvèrent pas mieux leur compte, parce qu'elles tinrent cette même conduite.

Le siége continua de cette sorte par le plus fâcheux et le plus incommode temps de toute l'année. La pluie, la neige ou la gelée donnoit aux troupes des fatigues incroyables. La circonvallation qu'avoient faite les trois lieutenans généraux avant l'arrivée du maréchal Du Plessis étoit presque toute au pied des collines, d'où ceux qui la défendoient étoient dans un péril continuel d'être assommés : cela donnoit bien de la peine au maréchal Du Plessis, qui n'avoit pas un moment de relâche, par la crainte qu'il avoit du secours.

La facilité que les ennemis avoient de mettre dans la place tout ce qu'ils auroient voulu n'est pas imaginable. Le voisinage de Clermont leur en donnoit les moyens, et les bois qui viennent depuis cette place jusqu'à Sainte-Menehould nous ôtoient la connoissance de ce que l'on y auroit voulu introduire par Clermont, soit d'hommes ou de poudres. Mais la mauvaise garde que les troupes faisoient augmentoit bien encore l'inquiétude qu'avoit le maréchal, et le réduisoit à passer les nuits à faire le tour de la circonvallation, où d'ordinaire il ne trouvoit pas de sentinelles ni de vedettes aux lieux où il y devoit avoir des corps-de-garde d'infanterie et de cavalerie.

Les officiers ne manquoient pourtant pas de les y poser; mais la saison et le temps étoient si rudes, et les soldats si misérables, qu'ils ne pouvoient demeurer en leurs postes; de sorte que toutes les nuits qu'il pleuvoit, le maréchal Du Plessis étoit obligé de les passer à faire la ronde le long des lignes avec ce qu'il pouvoit ramasser avec lui, tant de gentilshommes volontaires que le voisinage de la cour avoit fait venir à ce siége, que d'officiers de bonne volonté qui le suivoient à ces fatigues extraordinaires : tellement que de la circonvallation il venoit à la tranchée voir comment la nuit s'y étoit passée, et quand il n'étoit point à cheval il étoit la nuit à voir le travail, qui se conduisoit par son ordre particulier; et tout cela se faisoit avec tant de fatigue pour lui, qu'il n'en a peut-être jamais eu davantage en aucune expédition de guerre dont il ait été chargé.

Il avoit tant de sujets de chagrin pendant ce siége par la crainte qu'il avoit d'être forcé à le lever, qu'il ne s'est jamais donné tant de peines qu'il en souffrit pour hâter la prise de cette place. Il ne pouvoit digérer que le cardinal, le devant considérer avec raison pour l'homme de France le plus attaché à ses intérêts, l'eût voulu exposer à un mauvais succès, plutôt que d'autres gens qu'il n'avoit pas tant sujet d'aimer que lui : je dis de la levée du siége, parce que, le jour même qu'il l'envoya à l'armée, il croyoit que la place seroit secourue. Mais il s'étoit toujours montré l'homme de bonne volonté (dont le cardinal s'étoit aussi toujours prévalu) pour exécuter les choses les plus difficiles et les moins faisables, outre qu'il croyoit qu'il avoit un talent particulier pour les siéges.

Cette place ayant donc été poussée avec vigueur, et sans que les ennemis osassent entreprendre de la secourir (le duc de Lorraine même s'en étant approché avec un corps d'armée assez considérable); après toutes les oppositions que firent les assiégés, l'on attacha le mineur au bastion que l'on attaquoit, et qui couvroit une des portes de la ville. Aussitôt que la mine fut un peu avancée, le maréchal Du Plessis en envoya donner avis au Roi, et de la capitulation que ceux de la place demandoient. Mais comme le cardinal s'étoit mis dans l'esprit qu'il ne leur falloit donner aucune grâce que celle de les faire prisonniers de guerre, il le manda au maréchal Du Plessis, qui à l'instant renvoya les otages, parce que cette proposition fut absolument rejetée par le gouverneur de la place.

Il est vrai que le maréchal croyoit avoir fait quelque chose d'assez considérable d'avoir réduit cette place au terme où elle se trouvoit, après tous les obstacles qui s'opposoient à sa prise; et quand on parla de capituler, il ne s'attendoit pas que le château dût être du traité. Mais, à dire la vérité, il n'y avoit pas un grand sujet de s'en étonner, après la vigueur avec laquelle on avoit pressé ce siége; de sorte que le commandant se crut obligé de se rendre, quoique, après avoir perdu la ville, il se pût retirer dans le château, où, avec ce qu'il avoit de munitions, il ne pouvoit lui arriver pis que d'être prisonnier de guerre. Le cardinal ne vouloit pas examiner si précisément ce qui se devoit en cette occasion; et les flatteurs qui veulent toujours plaire, et diminuer par jalousie les services de ceux qui commandent les armées, applaudissent les maîtres, et souvent sont cause qu'ils font de grandes fautes.

Le Roi partit de Châlons aussitôt qu'il sut l'extrémité où se trouvoit la place, et vint coucher ce jour-là à une lieue près. Cependant le maréchal Du Plessis, ne voulant pas perdre les avantages qu'il avoit sur les assiégés, renvoya les otages comme nous venons de dire, et fit jouer la mine, qui fit une si grande brèche que les Suisses qui étoient de garde montèrent en bataille jusques au haut du bastion, et y commencèrent un logement. Le comte Du Plessis les releva avec son régiment, acheva le logement, et le poussa jusqu'au retranchement que les ennemis avoient sur le bastion; dont le maréchal donna incontinent avis au Roi et au cardinal, qui furent bien surpris de ce que le traité avoit été rompu, ne croyant pas que le maréchal en eût usé si brusquement. Le lendemain au matin, le Roi vint assez tôt au camp pour écouter de nouvelles propositions que les ennemis vouloient faire pour se rendre. Sa Majesté les accepta, bien qu'elles ne fussent pas autres que celles du jour précédent (1). Le maréchal Du Plessis eut quelque joie de voir qu'après une grande brèche la capitulation qu'il auroit pu faire avant cela fût encore trouvée avantageuse. Sa Majesté ordonna au maréchal de signer cette capitulation.

Le Roi dîna chez le maréchal, qui voulut bien faire connoître au cardinal que s'il avoit accepté le commandement de cette entreprise, ce n'avoit pas été sans bien juger quelle elle étoit, et de tout ce qui l'en pouvoit éloigner ; qu'il étoit fort aise de lui faire cette déclaration ; et que s'il avoit obéi sans contredire à la volonté du Roi, c'avoit été seulement pour plaire à Sa Majesté, et non pas comme un homme qui ne savoit pas le déplaisir qui lui en pouvoit arriver. Le cardinal Mazarini fut assez embarrassé pour répondre à ce discours, qui le surprit d'autant plus qu'il ne s'y attendoit pas : sa méthode étoit ordinairement de diminuer la grandeur et l'importance des services rendus, par le peu d'inclination qu'il avoit à les récompenser.

Le Roi témoigna beaucoup de satisfaction au maréchal Du Plessis de la prise de Sainte-Menehould, disant hautement que tout autre n'en seroit pas venu à bout comme lui. Toute la cour arrivant à Châlons lui en fit compliment ; et la Reine, qui lui a toujours montré beaucoup d'estime, lui en parla fort obligeamment. Cette action fut plus considérée qu'elle n'auroit peut-être été dans un autre temps : toutes les difficultés qui s'opposoient à la prise de la place en furent cause. Elle étoit assez bien fortifiée, la saison très-fâcheuse, la facilité du secours très-grande,

(1) 26 novembre.

les lieutenans généraux divisés dès le commencement du siége, la place attaquée par l'endroit le plus incommode et le plus fort; ajoutez à tout cela le voisinage de la cour, qui brûloit d'impatience de retourner à Paris : et par dessus tout on peut juger quel déplaisir Leurs Majestés auroient eu, aussi bien que le cardinal, si l'on eût été forcé de lever un siége entrepris par leur ordre et fait en leur présence. Toutes ces choses élevèrent le bonheur de cette action, et causèrent, avant qu'elle fût achevée, d'étranges inquiétudes et de très-grandes peines au maréchal Du Plessis.

Le siége dont je viens de parler est la dernière expédition de guerre qu'ait faite le maréchal Du Plessis.

Après le siége et la prise de Sainte-Menehould, Leurs Majestés revinrent à Paris, où le maréchal Du Plessis s'attacha avec assiduité pour faire, s'il lui étoit possible, que les dernières années qu'il devoit employer avec l'autorité de gouverneur de Monsieur ne fussent pas inutiles à ce prince, et particulièrement en le maintenant dans les bons sentimens qu'il lui avoit inspirés pour se conserver les bonnes grâces du Roi son frère, et de persuader à Sa Majesté qu'il seroit incapable toute sa vie de rien faire contre son devoir; le maréchal ne pouvant s'imaginer que Monsieur pût jamais trouver de solide avantage qu'en se conservant dans une véritable union avec le Roi.

Le maréchal Du Plessis n'a jamais rien oublié pour empêcher Monsieur de tomber dans les accidens où l'on a vu souvent les frères de rois prêts à s'abymer. Ce n'est pas qu'il allât d'une extrémité à l'autre, ni qu'il voulût que Monsieur s'abaissât tellement que le Roi ne l'eût en aucune considération ; mais il vouloit que cette considération vînt de l'estime, et que si le Roi le croyoit incapable de rien faire contre son devoir, il s'attachât à l'aimer et à l'estimer, par la connoissance qu'il auroit de ses excellentes qualités, de son intelligence dans les affaires et dans la politique, et parce qu'il seroit propre dans toutes les grandes actions de la guerre, par une valeur proportionnée à sa naissance, et par la capacité qu'il se donneroit pour le commandement des armées : et il a si heureusement réussi à bien former l'esprit de ce grand prince, qui avoit des sentimens très-élevés dès sa tendre jeunesse, que l'on n'en sauroit douter en connoissant toutes les belles actions qu'il a faites, et le soin particulier qu'il a pris de plaire au Roi son frère.

[1654] L'hiver, ensuite de ce siége, fut assez tranquille, sans qu'il se passât rien de considérable pour le maréchal Du Plessis. Le cardinal Mazarini commençant de penser aux moyens de trouver de l'argent, soit pour faire la guerre, soit pour sa propre satisfaction, n'oublia rien pour se contenter en cela, comme il a paru à sa mort quand on a vu ce qu'il possédoit. Je suis obligé de dire ceci, parce qu'il ôta au maréchal ce qu'il put des charges de la maison de Monsieur, dont la Reine lui avoit donné la moitié; et ce fut dans le commencement de la campagne suivante que le cardinal s'opiniâtra à priver le maréchal de ce qu'il pourroit avoir en vendant la charge de surintendant des finances de Monsieur, quoique le maréchal lui fît voir le brevet qu'il avoit du Roi pour ces charges, où celle-là étoit comprise, et qu'il vendit cinquante mille écus. Ce fut à Reims où le cardinal lui fit voir ses bonnes intentions, lorsque le Roi fut s'y faire sacrer(1), et où le maréchal Du Plessis porta le sceptre royal à la cérémonie.

Le maréchal Du Plessis souffroit beaucoup de se voir si maltraité d'un homme qui étoit obligé par tant de raisons à être son ami.

Le maréchal Du Plessis ne commanda pas l'armée la campagne suivante, et il s'appliqua seulement à l'éducation de Monsieur, et à lui inspirer des sentimens de valeur, parce qu'on étoit à la guerre, et que c'étoit un temps assez propre à lui donner des instructions de cette nature. Cette campagne commença par le siége de Stenay, où le Roi fut plusieurs fois, partant de Sedan, pour voir ce qui s'y passoit, et donner plus de chaleur aux assiégeans. Le cardinal voulut que le maréchal y accompagnât le Roi, soit pour être ordinairement auprès de sa personne, soit pour donner son avis dans les conseils qui se tenoient pour hâter la prise de la place; aussi alloit-il souvent à la tranchée, afin de rendre compte au Roi de l'état des travaux.

La place étant soumise, Sa Majesté retourna à Sedan, où la Reine et Monsieur l'attendoient; et bientôt après la cour s'en alla demeurer à Peronne, afin de faire donner les assistances possibles pour le secours d'Arras. Les soins du cardinal pour cela succédèrent heureusement, après quoi le Roi fut voir cette importante place; et le maréchal Du Plessis le suivant auprès de Monsieur, ne perdoit aucuns momens de faire observer à ce prince pourquoi chaque chose avoit

(1) 7 juin 1654.

été faite, soit par les Espagnols pour le siége, soit par les Français pour le faire lever.

Quand Sa Majesté eut été quelque temps à Arras, elle repassa par Bapaume, puis se rendit à Péronne, à Montdidier, et de là à Paris pour quelques jours, le maréchal Du Plessis suivant toujours le Roi auprès de Monsieur. De Paris on retourna à La Fère, afin que le cardinal Mazarini pût avec plus de facilité faire savoir aux maréchaux de Turenne et de La Ferté ce qu'ils auroient à faire avec les armées qu'ils commandoient. Il fut même jusqu'à Guise pour conférer avec le maréchal de Turenne; il mena le maréchal Du Plessis avec lui pour être de cette conférence. Le cardinal retourna aussitôt à La Fère avec le maréchal. Leurs Majestés y séjournèrent peu; et comme c'étoit dans le mois d'octobre, elles retournèrent à Paris.

Il ne s'y passa rien de considérable pour le maréchal Du Plessis; car de parler de la part qu'il avoit dans les conseils, cela n'étoit pas d'un grand avantage pour lui, parce que le cardinal résolvoit lui-même toutes choses sans communiquer ses desseins que rarement, s'il n'y étoit forcé, pour ne pas faire de faute dans les actions de la guerre. Le maréchal Du Plessis y étoit appelé assez souvent, outre les jours ordinaires réglés pour les conseils qui se tenoient devant le Roi, où l'on ne décidoit guère d'affaires de conséquence; et ces conseils ne se tenoient si régulièrement que pour obliger les personnes de qualité qui en étoient, et pour faire croire au public que le cardinal ne décidoit rien sans leur participation.

Cependant le maréchal Du Plessis n'oublioit aucune chose de ce qu'il devoit à l'éducation de Monsieur, et rendoit compte presque tous les matins au cardinal de sa conduite sur ce sujet, et des soins qu'il prenoit pour le conserver dans les bonnes grâces du Roi. Ces heures du matin que le maréchal prenoit ainsi étoient comptées pour des marques d'amitié de la part du cardinal, parce que, pendant qu'il s'habilloit, c'étoit le temps auquel les secrétaires d'Etat venoient lui rapporter les plus considérables affaires dont ils étoient chargés; et surtout Le Tellier, qui avoit celles de la guerre, et qui étoit dans sa confidence bien plus particulièrement que les autres. Le maréchal de Villeroy voyoit aussi à ces mêmes heures de privauté le cardinal, avec lequel il étoit en commerce pour plusieurs choses du dedans du royaume dont il avoit beaucoup de connoissance, et pour beaucoup d'autres affaires importantes, tant de la guerre qu'autres, pour lesquelles le cardinal connoissoit en lui une très-grande capacité, ce maréchal ayant toujours été en estime d'être un des premiers hommes de l'Etat, et des plus propres aux grandes choses.

[1655] La cour demeura, comme tous les autres hivers, à Paris, où le cardinal Mazarini, continuant d'être maître des affaires, ne cherchoit qu'à divertir le Roi. Il le menoit à Vincennes, où la Reine mère et Monsieur alloient quelquefois prendre part à ce qui s'y faisoit. Le maréchal Du Plessis ne manquoit pas à l'assiduité qu'il devoit avoir auprès de ce prince en ces petits voyages, et partout ailleurs. Sur la fin de mai l'on partit pour la campagne, et Leurs Majestés allèrent à Chantilly: Monsieur les y suivit; et le maréchal aussi. On continua la route pour La Fère par Compiègne et par Noyon. A La Fère, on reçut les nouvelles du siége de Landrecies. Quelques jours après on considéra que si l'armée des ennemis s'approchoit de La Fère et l'investissoit, la nôtre, qui assiégeoit Landrecies, seroit obligée de quitter son entreprise pour venir délivrer le Roi, qui se trouveroit enfermé; et bien que l'on ne dût pas craindre qu'elle fût prise avant Landrecies, il n'étoit pas toutefois raisonnable de hasarder la personne du Roi dans un lieu d'où il n'auroit pas la liberté de sortir quand il lui plairoit.

Le cardinal demanda avis à quelques-uns des principaux de la cour de ce qu'il y avoit à faire sur cela. Il en parla au maréchal Du Plessis; mais le cardinal voyant qu'il étoit du sentiment de tous les autres, et qu'en retenant le Roi plus long-temps à La Fère on donnoit un moyen sûr aux ennemis de secourir Landrecies, on en fit partir la Reine et Monsieur sur le soir du vingt-huitième juin pour aller à Soissons; et le Roi deux jours après, de grand matin, pour y venir aussi. Les ennemis avoient déjà paru assez près de La Fère; ce qui fit bien voir qu'un plus long séjour du Roi en ce lieu-là n'auroit pas été trop à propos. L'on demeura le reste du siége de Landrecies à Soissons, où le Roi avoit tous les jours des nouvelles de ce qui se faisoit par son armée.

Le maréchal Du Plessis en reçut une de son fils qui l'inquiéta fort. Il apprit qu'en faisant un logement avec son régiment sur l'effet d'une mine dans le bastion attaqué, il y avoit été blessé à la tête de plusieurs coups de hampes de hallebardes, après avoir combattu long-temps au haut de la brèche, et fait une des plus belles actions dont un homme de son âge pût être capable. Peu après Leurs Majestés ayant eu nouvelles de la prise de Landrecies (1), retournèrent à La Fère, d'où elles partirent ensuite pour aller à Guise, ayant eu l'avis du siége de La Capelle par les troupes du Roi. Le Roi tint conseil de guerre, où le maréchal Du Plessis, qui l'avoit suivi à ce petit voyage, fut appelé.

Sa Majesté revint aussitôt à La Fère, pour en revenir le vingt-neuvième juillet; et ce fut pour se mettre à la tête de son armée, laissant Monsieur à La Fère auprès de la Reine mère : dont le maréchal Du Plessis eut grand déplaisir, car bien que ce jeune prince n'eût pas quinze ans, son gouverneur eût bien souhaité qu'il eût suivi le Roi en cette expédition, où il pouvoit, sans beaucoup de risque, commencer à connoître quantité de choses que ceux de son rang ne doivent pas ignorer. Mais comme les gouverneurs de ces princes ne sont pas toujours les maîtres de leur conduite, et qu'ils sont forcés de se soumettre aux volontés des puissances supérieures, le maréchal Du Plessis fut contraint de garder le silence, et de demeurer en ce lieu-là avec Monsieur, qui lui sembloit être d'un âge déjà trop avancé pour demeurer dans un lieu de repos, où l'on faisoit une vie oisive qui lui déplaisoit beaucoup.

Il faisoit aussi tout ce qu'il pouvoit pour faire connoître à Monsieur la douleur qu'il en avoit, afin de lui donner l'émulation nécessaire en telles occasions, qui d'ordinaire augmente l'envie d'acquérir de la gloire; et toutes les fois qu'il venoit des nouvelles de ce qui se faisoit à l'armée, le maréchal Du Plessis les redisoit à ce jeune prince, en l'informant sur chaque ac-

(1) 14 juillet.

tion comme il le falloit, pour l'instruire de la manière qu'elles s'étoient faites et qu'elles se devoient faire.

La prise de Saint-Guilin (1) fut la dernière de cette campagne, où le maréchal Du Plessis perdit un de ses gentilshommes domestiques, qui se nommoit Romanet, et qui ayant été son page, avoit été instruit par lui dès sa jeunesse pour l'approche des places, et pour tout ce qui dépend des siéges; et il s'y étoit rendu si recommandable que le cardinal l'estimoit au dernier point, et l'avoit demandé au maréchal Du Plessis avec empressement, lui témoignant qu'il lui feroit un sensible plaisir, et qu'il lui en auroit obligation. Peu de jours après cette place fut remise entre les mains du Roi. Sa Majesté revint à La Fère, puis à Chantilly recevoir le duc de Mantoue, et de là à Paris, puis à Fontainebleau, où le Roi fut malade de la fièvre tierce; pendant lequel temps le cardinal alla sur la frontière donner ordre à beaucoup de choses nécessaires, et la cour retourna bientôt après à Paris.

[1656] L'année suivante de 1656 se passa comme la dernière à l'égard du maréchal; et le soin qu'on lui avoit donné de Monsieur l'avoit en quelque manière éloigné du commandement des armées depuis le siége de Sainte-Menehould.

Le maréchal eût bien souhaité qu'on lui eût permis de mener ce prince à la guerre, bien qu'il fût assez jeune; il profita même d'une petite occasion d'éprouver son cœur au siége de Montmédy, où le Roi étoit allé, et Monsieur avec lui. Cela donna lieu à son gouverneur de l'approcher de la place, d'où on lui tira

(1) 25 août.

plusieurs coups de canon et de mousquet, au milieu desquels il demeura toujours intrépide. Il fit même si bonne mine, et soutint ce premier péril de si bonne grâce, que le maréchal Du Plessis en fit dès ce jour-là un très-bon jugement, et avec raison.

Il n'eut pas les autres campagnes grand sujet de faire voir à chacun ce que valoit ce prince, dont il étoit bien fâché, et d'être lui-même par cette raison sans emploi. Il est vrai que celui de travailler à perfectionner Monsieur étoit grand; mais comme le maréchal Du Plessis ne pouvoit pas le conduire comme il eût désiré, cela lui donnoit beaucoup de chagrin. Il étoit sans cesse avec la Reine sa mère, qui véritablement étoit une princesse d'une très-haute vertu; mais chacun sait que les belles qualités des femmes ne servent d'ordinaire pas beaucoup à l'instruction des jeunes princes, et principalement sur le fait de la guerre. Ainsi le maréchal Du Plessis souffroit assez de n'avoir pas une entière liberté de satisfaire à son devoir.

Il se passa donc quelques années pendant lesquelles le maréchal Du Plessis n'eut rien à faire qu'à conduire Monsieur. Il étoit dans les conseils du Roi; mais cet avantage n'étoit d'aucune autre considération, pour ceux qui le possédoient, que d'être distingués d'avec les autres personnes de qualité. Tout le monde sait qu'il ne se parloit de rien dans ces conseils qui fût bien secret, que même l'on n'y prenoit l'avis de personne, et que ce qui s'y résolvoit partoit directement de ce que prononçoit le cardinal Mazarini.

[1658] Enfin la campagne de Dunkerque se commença, et le cardinal voulut que le maréchal Du

Plessis laissât Monsieur auprès de la Reine sa mère à Calais, et qu'il suivît le Roi, qui fut voir le siége; et ce fut à dessein que ce maréchal fût un de ceux qui seroient toujours auprès de Sa Majesté dans tous les endroits périlleux où elle iroit pour empêcher qu'elle ne s'exposât trop, et lui faire voir néanmoins les choses qui se passoient, et l'entretînt des raisons pour lesquelles elles se faisoient. L'on peut dire sans flatterie, de ce grand prince, que souvent on étoit obligé de lui parler avec moins de respect qu'on ne lui en devoit pour l'empêcher de se trop avancer; et ce fut très-souvent pendant le siége de Dunkerque, mais une fois plus qu'en toute autre après la prise de cette place, allant reconnoître celle de Bergue-Saint-Vinox, qui ne faisoit que d'être investie.

Ensuite de cette journée, le Roi tomba dangereusement malade, et retourna à Calais, où, dans le grand péril de sa vie, Monsieur témoigna tant de tendresse et tant d'appréhension du danger où le Roi fut, qu'on ne peut assez louer sa conduite et ses nobles sentimens. On jugea bien que le maréchal Du Plessis n'avoit pas manqué à son devoir; mais Monsieur s'acquitta très-bien du sien. Encore qu'il se fût montré très-bien intentionné, l'on crut néanmoins qu'on avoit essayé à le porter contre le gouvernement présent, et l'obliger, si le Roi mouroit, de changer tout. Le cardinal eut ce soupçon; et croyant que madame de Fienne, qui étoit des amies du maréchal, avoit poussé Monsieur à le vouloir ainsi, ce premier ministre l'éloigna de la cour après la guérison de cette fâcheuse maladie: mais ce fut certainement sans aucune raison. Il eut même quelque légère créance que le maréchal pouvoit avoir part à cette pensée; mais comme c'étoit injustement, cela n'eut aucune suite.

Une si importante scène étant finie, toute la cour revint à Paris, où l'on ne séjourna qu'autant qu'il falloit pour redonner des forces au Roi; puis l'on partit pour le voyage de Lyon [1659], où madame de Savoie se trouva pour faire voir madame sa fille à Sa Majesté. Le maréchal Du Plessis à son ordinaire y fut avec Monsieur; et l'hiver étant fini, l'on s'en retourna à Paris. Dans l'été de l'année 1659, le Roi partit pour Bordeaux, ayant été précédé par le cardinal, qui fut négocier le mariage du Roi et la paix à Saint-Jean-de-Luz et à l'île de la Conférence. Le tout fut signé au mois de novembre, et le cardinal vint trouver le Roi à Toulouse; puis l'on fut pendant le reste de l'hiver en Provence, à dessein de se rendre bien maître de Marseille, qui paroissoit n'être pas bien ferme dans son devoir.

[1660] Le fils aîné du maréchal tomba malade à Carcassonne : les sentimens de père et la raison l'obligèrent à demeurer auprès de ce fils, qu'il avoit marié au mois de juillet précédent à une riche héritière de bonne maison, fille de Bellenave. Le comte Du Plessis étant hors de danger après vingt jours de fièvre, le maréchal Du Plessis ayant prié l'évêque de Comminges son frère de demeurer auprès de lui, s'en alla avec son cadet, chevalier de Malte, rejoindre la cour à Aix. Il n'y fut pas sitôt arrivé, que le cardinal le fit aller à Marseille voir si le projet qu'on lui avoit apporté en plan pour la citadelle étoit bon, si la situation étoit bien prise, et si la chose réussiroit selon son intention. Le maréchal y séjourna un jour, ainsi que le Roi lui avoit ordonné. A son retour, il conseilla au cardinal de faire encore une citadelle ailleurs qu'au lieu projeté, parce qu'il en falloit une plus considérable pour être bien assuré d'une aussi grande ville, et aussi peuplée de gens accoutumés à ne pas trop obéir : celle qu'on lui proposoit étoit à la vérité bien placée pour se rendre maître du port, mais elle ne suffisoit pas pour bien disposer de la ville.

Le cardinal, qui appréhendoit la dépense dans un temps où l'on étoit obligé au ménage, se contenta de celle dont on lui avoit apporté le dessin, attendant qu'on vît si l'on auroit besoin de l'autre. Ensuite de cela l'on fut à Toulon, puis à Marseille; et voulant profiter du temps favorable, en attendant que le roi d'Espagne se pût rendre sur la frontière avec l'Infante, le cardinal pensa qu'il falloit tirer Orange des mains du prince d'Orange, puisqu'il n'y avoit plus de retraite en France pour les huguenots que celle-là. Il fit plusieurs propositions à celui qui en étoit gouverneur pour l'en faire sortir, mais il n'en accepta aucune : tellement que, sans perdre temps, on commanda au maréchal Du Plessis de l'aller assiéger. Il s'y porta avec le peu de troupes que le Roi lui put faire donner, et l'investit. Ceux de dedans tirèrent quelques coups de canon; mais enfin, comme ils virent que celui qui les attaquoit ne s'amusoit plus à leurs feints traités, ils promirent de rendre la place. La composition faite, le maréchal revint trouver le Roi en Avignon. C'étoit la semaine sainte; et peu de jours après Sa Majesté voulut aller voir cette nouvelle conquête, qu'il trouva fort bonne, située avantageusement, et si bien fortifiée qu'il eût fallu tout au moins un mois pour la prendre, et non pas cinq jours comme quelqu'un l'avoit publié; et ce fut ce qui obligea le maréchal Du Plessis de supplier Sa Majesté de la vouloir visiter.

La cour s'en alla depuis à Perpignan, où le cardinal voulut que le maréchal lui donnât son avis pour les fortifications nécessaires à cette importante place; après quoi l'on prit le chemin de Bayonne et de Saint-Jean-de-Luz, où le mariage du Roi se fit. Pendant qu'on y séjourna, le gouvernement de Champagne vaqua. Le cardinal, qui avoit souvent promis au maréchal Du Plessis de lui en faire donner un, ne tint pas sa parole : le comte de Soissons, qui avoit épousé sa nièce, lui fut préféré. Le maréchal Du Plessis n'étoit pas fort pressant pour ses intérêts, mais il n'étoit pas insensible; et il voulut bien en cette occasion le faire connoître au cardinal.

Ce ministre agissoit plus en homme habile qu'en homme fort touché de l'amitié qu'on avoit pour lui; il faisoit pour ceux qu'il jugeoit dans le temps présent lui être bons à quelque chose. Le maréchal Du Plessis l'avoit servi bien solidement pour son retour en France : il y avoit déjà quelques années que ces bons offices étoient rendus; et la mémoire s'en perd facilement dans le cœur de ceux qui ne mettent pas leur plaisir à faire du bien à leurs amis, et qui n'en font qu'à ceux qu'ils craignent, ou qu'ils veulent gagner. Ils font une espèce de magasin des autres de qui ils sont assurés, et ils croient les tenir enchaînés à leur intérêt par les espérances qu'ils leur donnent, et souvent même sans prendre ce soin, connoissant leur fidélité et l'honneur dont ils font profession :

cela dure jusqu'à ce que la fortune produise quelques occasions qui rendent ces gens d'honneur pressamment nécessaires. Mais tout se trouvoit dans une conjoncture peu favorable au maréchal Du Plessis : la paix étoit faite, cette tranquillité le rendoit, en un sens, inutile ; et bien qu'étant auprès de Monsieur il dût être considéré dans la paix, le cardinal croyoit avoir mis si bon ordre dans cette maison, que le crédit n'y étoit point partagé, et qu'ainsi il ne pouvoit rien appréhender quand le maréchal eût été mécontent. Ce cardinal se seroit néanmoins mécompté si le maréchal n'avoit eu une fidélité à toute épreuve, car il avoit certainement plus de crédit pour les choses essentielles auprès de ce prince que ce ministre ne pensoit ; mais outre la sûreté qu'il y avoit au maréchal, le cardinal en trouvoit encore une très-grande en l'amitié que Monsieur avoit pour le Roi, et dans ses nobles sentimens : tellement que sans rien craindre, et sans considérer les engagemens qu'il avoit avec le maréchal, il ne feignit point de lui manquer en ne lui donnant pas ce gouvernement, où il pouvoit très-bien servir par l'attachement qu'on avoit pour lui dans ce pays-là, qui est celui de sa naissance.

Le mariage du Roi fait avec les cérémonies accoutumées, on reprit le chemin de Paris. Le cardinal, qui donnoit le poids à toutes choses, tomba malade peu de temps après l'arrivée du Roi à Paris. Cette maladie dura jusqu'au neuvième de mars de l'année suivante [1661], qu'il mourut à Vincennes.

Ce ministre, maître de toutes les affaires, s'étoit conservé cette autorité par la grande jeunesse du Roi, lequel, jusqu'à cette occasion de la paix, avoit bien voulu qu'il gouvernât l'Etat. A sa mort le Roi se trouva tout d'un coup chargé du poids des affaires, dont Sa Majesté ne voulut pas même être soulagée par le conseil, qui de long-temps étoit établi, et qui étoit composé de plusieurs princes, seigneurs et officiers de la couronne. Le maréchal Du Plessis en étoit, comme j'ai déjà dit. Le Roi désira en faire un moins nombreux, et fit venir les anciens pour leur déclarer que c'étoit son intention, ajoutant néanmoins que lorsqu'il s'agiroit de quelque affaire extraordinaire il les manderoit tous, ou partie, selon que la chose dont il seroit question l'y obligeroit. Depuis cette déclaration ce conseil ne s'assembla plus. Le Roi quelquefois, selon qu'il pouvoit avoir affaire des uns ou des autres, les faisoit appeler; mais c'étoit peu souvent.

L'on alla à Fontainebleau quelque temps après la mort du cardinal, et après le mariage de Monsieur, qui se fit à la fin du mois de mars (1). Il fut résolu avant la mort de ce ministre, qui avoit dit assez souvent au maréchal Du Plessis qu'il n'étoit pas assez peu connoissant des choses du monde pour n'être pas assuré qu'on trouveroit fort étrange qu'il fît épouser la sœur du roi d'Angleterre au frère unique du Roi; mais qu'il étoit si confirmé dans l'opinion qu'il avoit de ses bonnes intentions, qu'il ne croyoit rien faire contre la prudence par cette alliance, qui pourroit être blâmée avec raison quand on ne considéreroit pas les sentimens de ce prince pour le Roi son frère.

Le séjour de Fontainebleau fut assez long; et comme le maréchal Du Plessis n'avoit point encore pris les ordres du Roi pour sa conduite à l'avenir auprès de Mon-

(1) Ce mariage eut lieu le 1er avril.

sieur, il les lui demanda en lui rendant compte de celle qu'il avoit tenue jusque là. Il est vrai que Sa Majesté lui dit, après l'avoir entendu, qu'il n'avoit point d'autres mémoires à lui donner sur ce sujet qu'à lui prescrire de continuer de même qu'il avoit commencé, l'assurant qu'il étoit fort satisfait de Monsieur, et bien persuadé qu'il lui avoit toujours inspiré dans sa grande jeunesse, et conseillé depuis, ce qu'il en pouvoit désirer.

Le séjour de Fontainebleau produisit le voyage de Nantes, où le Roi fit arrêter le surintendant Fouquet. La Reine mère ne fit point ce voyage; Monsieur demeura avec elle, et le maréchal Du Plessis ne le quitta point. La grossesse de la Reine fit qu'on demeura à Fontainebleau jusqu'à la naissance du Dauphin. Monsieur fut père bientôt après le Roi son frère; ce fut d'une fille qui naquit à Paris, où l'on demeura l'hiver de l'année 1662. Et comme la paix étoit faite, l'on ne pensa plus qu'à passer doucement le temps qu'on avoit accoutumé d'employer à la guerre; et le maréchal Du Plessis n'eut d'autre application qu'à continuer à faire son devoir auprès de Monsieur.

[1662] Quand le Roi fit des chevaliers du Saint-Esprit, le maréchal Du Plessis fut du nombre de ceux qu'il honora du cordon bleu; et l'on ne voulut point d'autres preuves de sa noblesse que de savoir qu'il étoit neveu du maréchal de Praslin, qui avoit été aussi chevalier de cet ordre. Le Roi choisit le maréchal, en l'année 1663, pour aller en Italie commander l'armée qui étoit destinée pour obliger le Pape à faire justice à Sa Majesté, et à réparer l'offense qui avoit été faite à Rome au duc de Créqui, son ambassadeur.

Cette résolution fut prise dans le même temps que Sa Majesté crut être obligée d'aller à Metz pour réduire au devoir le duc de Lorraine, qui ne satisfaisoit pas aux engagemens qu'il avoit avec le Roi. Monsieur accompagna Sa Majesté dans cette petite expédition, où le maréchal Du Plessis le suivit. La reddition de Marsal termina ce voyage; et aussitôt après l'on retourna à Vincennes, où la cour demeura jusqu'au commencement du mauvais temps, que l'on revint à Paris. L'on avoit promis au maréchal Du Plessis, il y avoit quatorze ans, de le faire duc et pair; ses services parloient pour lui. Cependant le Roi sur la fin de cette année en mena quatorze au parlement, et le maréchal ne fut pas de ce nombre.

La veille que le Roi alla au Palais pour les faire recevoir, Sa Majesté étant venue le soir au Palais-Royal, le maréchal, qui le rencontra comme il alloit à la chambre de Madame, le fit ressouvenir que la coutume étoit, lorsqu'il alloit au parlement, de faire avertir les maréchaux de France de s'y trouver pour y remplir leurs places; et que cet ordre ne lui ayant point été donné, il avoit cru être obligé de l'en informer, parce qu'il craignoit que s'il manquoit à lui rendre ce devoir, Sa Majesté ne crût que ce seroit volontairement qu'il feroit cette faute. Le Roi lui répondit qu'il n'avoit point défendu qu'on lui donnât les ordres accoutumés, mais que s'ils lui faisoient la moindre peine il l'en vouloit bien excuser. Le maréchal ne manqua pourtant point de se trouver le lendemain au parlement, placé après le dernier duc; ce que le Roi ayant remarqué, sembla avoir de l'impatience d'être de retour au Louvre pour le conter avec étonnement à la Reine sa mère et à tous ses ministres ; et ce grand prince, en sortant de chez la Reine, en fit un remercîment très-honnête au maréchal.

Ce fut le 15 décembre, qui se rencontra le même jour que le maréchal Du Plessis avoit gagné la bataille de Rethel. Cette remarque fut faite par des personnes de la cour, et surtout par un homme de beaucoup d'esprit qui avoit été fort attaché au cardinal Mazarini, lequel dit au maréchal que le souvenir d'une action si importante et si glorieuse devoit lui donner plus de joie que tous ces nouveaux ducs n'en avoient de leur promotion.

Le maréchal Du Plessis, pour ne pas paroître tout-à-fait insensible à ce traitement, en parla aux ministres : il ne sortit pas néanmoins des termes du respect qu'il devoit au Roi ; mais il leur fit connoître avec assez de force qu'il croyoit que ses services méritoient qu'on le considérât davantage : il ajouta qu'il avoit une extrême joie de voir la confiance et l'estime que le Roi avoit en sa fidélité, puisqu'en même temps qu'on préféroit tant de gens à lui dans la distribution des honneurs, Sa Majesté ne laissoit pas de le préférer à tous les autres pour le commandement de la seule armée qu'elle eût, et qui devoit être menée hors de France. Le Roi, en lui donnant les derniers ordres pour son départ, le traita fort bien ; et il reçut de Sa Majesté toutes les marques de bienveillance qu'il pouvoit désirer. Il eut une extrême joie de se voir honoré des bonnes grâces du Roi ; et il connut bien que cette nombreuse promotion de ducs, à laquelle il n'avoit point eu de part, ne nuisoit pas à sa réputation, qui étoit la seule chose dont il étoit touché.

Toutes les négociations n'ayant pu réduire le Pape, le Roi fit passer beaucoup de troupes en Italie par le Piémont, le Montferrat, le Milanais, l'Etat de Gênes, le Parmesan et le Modénois, où elles s'arrêtèrent, commandées par Bellefond, lieutenant général, et La Feuillade, maréchal de camp. Ils y attendoient, ou la paix, ou le maréchal Du Plessis avec le reste de l'armée.

Il est certain que le Roi eût été bien aise de n'être point contraint de faire cette guerre. Les considérations qu'avoit Sa Majesté pour cela sont assez faciles à juger : elle connoissoit le peu d'utilité qu'elle en pouvoit tirer, la perte du temps qu'on pouvoit mieux employer ailleurs, et la ruine de ses troupes, qu'elle devoit croire assurée, étant obligées de séjourner dans un pays où la température de l'air est si contraire à tous les étrangers, qu'il est presque impossible que la première année qu'ils y servent la maladie ne les diminue extrêmement.

Pour les forces des ennemis, bien qu'elles fussent assez considérables, on les devoit peu appréhender, parce qu'elles n'étoient point aguerries, et que celles de France l'étoient beaucoup. Outre les raisons que j'ai alléguées, qui engageoient le Roi à ne pas désirer cette guerre, celles de la religion, et le désir qu'il avoit de n'être pas ennemi du Pape, lui faisoient souhaiter qu'un bon traité la terminât; mais voyant que rien ne se concluoit, et qu'avant que le maréchal Du Plessis avec le reste de l'armée fût en Italie la saison pourroit être fort avancée, Sa Majesté lui ordonna de partir.

[1664] Il arriva le dimanche avant le carême à Lyon;

de là il passa jusqu'à Vienne, dont le comte de Maugiron son beau-fils étoit gouverneur. Après y avoir demeuré un jour seulement, il reçut l'ordre de retourner à la cour, parce que pendant qu'il avoit été en chemin les nouvelles étoient venues que le Pape, voyant le général parti et proche des Alpes, dont il connoissoit bien la route, se résolut de donner toutes les satisfactions que Sa Majesté pouvoit désirer. (1). Ainsi finit par un accommodement cette guerre, avant que d'être commencée.

Le maréchal ayant fait cette avance, eût été bien aise d'aller jusqu'à Rome, et exécuter avec fidélité ce que le Roi lui avoit confié; car, outre les affaires de la guerre, Sa Majesté l'avoit chargé de quelques négociations considérables dont il eût bien souhaité de s'acquitter : mais puisque Sa Sainteté n'avoit point voulu qu'il eût cet avantage, il fut assez content que le seul commencement de son voyage eût contribué à ce que Sa Majesté en attendoit. Le Roi reçut le maréchal fort obligeamment à son retour. Il lui parla du secours qu'il vouloit envoyer à l'Empereur contre le Turc, et de son dessein pour Gigery.

L'on étoit en ce temps-là à Saint-Germain, d'où l'on partit aussitôt après; et l'été se passa dans les divertissemens de cette saison, partie à Fontainebleau, et partie à Vincennes. On y reçut les nouvelles de ce qui s'étoit fait en Hongrie par les troupes du Roi, et comme les choses alloient à Gigery. Le maréchal Du Plessis fut un des quatre que le Roi appela pour lui donner avis de ce qui se devoit faire ensuite du commencement de cette entreprise; les maréchaux de

(1) Le traité fut signé à Pise.

Gramont, de Turenne et de Villeroy furent les autres. On retourna passer l'hiver à Paris à l'ordinaire.

[1665] L'année 1665, l'on vint de bonne heure à Saint-Germain, où la Reine mère commença d'être fort mal; elle fut même sur le point de mourir. Elle témoigna au maréchal Du Plessis, en qui elle avoit beaucoup de confiance, tant de fermeté, un si grand mépris de la vie, et si peu de crainte de la mort, qu'on peut dire sans flatterie qu'il y a peu de courages qui aient jamais surpassé celui de cette grande princesse. Le Roi la fit porter de Saint-Germain à Paris, quelques jours après cette extrémité où elle s'étoit trouvée.

Le 14 de novembre de la même année, le maréchal Du Plessis fut enfin duc et pair d'une manière fort obligeante. Il ne poursuivoit point cette dignité par aucune sollicitation; mais comme il y pensoit le moins, un jour qu'il étoit dans sa chambre au Palais-Royal, il y vit entrer le chevalier de Beuvron, qui lui dit de la part de Monsieur qu'il l'allât trouver. Il fut agréablement surpris quand, sans rien savoir de ce qu'on lui vouloit, il trouva Monsieur qui lui apprit l'honneur que le Roi lui faisoit, et le mena à Sa Majesté, qui lui dit en même temps qu'en considération des longs services qu'il lui avoit rendus, elle le faisoit duc et pair. Les maréchaux d'Aumont et de La Ferté-Senneterre furent aussi honorés de cette dignité; et comme ils n'étoient pas à la cour, le Roi leur envoya des courriers.

Après qu'ils furent arrivés, le Roi voulut faire la grâce tout entière; et parce que, sur la difficulté que faisoit la grand'chambre du parlement de Paris de consentir que celles des enquêtes et des requêtes assistassent à la réception de ces ducs, Sa Majesté, pour éviter l'embarras qui pouvoit suivre cette contestation, eut la bonté de vouloir bien elle-même les mener au Palais, où elle les fit recevoir en sa présence.

Le marquis de Montausier, que le Roi a depuis fait gouverneur de M. le Dauphin, avoit eu des lettres de duc sans qu'il se pressât beaucoup de les faire vérifier au parlement, parce que n'ayant point d'enfans, cela lui étoit de peu d'utilité, ayant les honneurs du Louvre pour sa personne. Néanmoins, voyant que les maréchaux Du Plessis, d'Aumont et de La Ferté alloient être reçus au parlement, il supplia le Roi de lui faire la même grâce, ce que Sa Majesté lui accorda; et il fut reçu avec les trois autres.

Au retour du Palais, le maréchal Du Plessis remercia encore une fois Sa Majesté, lui témoignant tout le sentiment et toute la reconnoissance possible d'une grâce qui lui étoit si considérable pour sa famille, et qui ne lui laissoit plus rien à désirer, pour mourir content, que d'avoir le moyen de rendre encore quelques services qui fussent agréables et utiles à Sa Majesté. Le Roi reçut son compliment avec bonté, et lui fit connoître qu'il ne devoit pas désespérer qu'il ne lui donnât bientôt les moyens d'avoir cette satisfaction.

[1666] Depuis ce temps-là il ne s'est rien passé de fort considérable qui touche le maréchal Du Plessis. La mort de la Reine mère, arrivée le 20 janvier de l'année 1666, affligea toute la cour. Le Roi quitta Paris le même jour, et fut à Versailles, pour s'éloigner d'un lieu qui lui pouvoit sans cesse renouveler sa douleur. Monsieur, qui étoit extrêmement affligé d'une si grande perte, fut aussi à Saint-Cloud; et le jour d'après il ordonna au maréchal Du Plessis d'aller faire ses complimens au Roi, et lui donner de nouvelles assurances de l'attachement fidèle qu'il auroit toute sa vie au service de Sa Majesté, qui reçut cette marque respectueuse de l'affection et de la fidélité de Monsieur avec joie. Le Roi entretint long-temps le maréchal Du Plessis sur le sujet de Monsieur, lui témoignant fort obligeamment et fort sérieusement l'envie qu'il avoit que Monsieur l'aimât, et qu'il n'oublieroit aucune des choses nécessaires pour le maintenir dans les bons sentimens qu'il avoit pour lui.

Le rapport que le maréchal Du Plessis fit à Monsieur de ce que le Roi lui avoit dit donna beaucoup de joie à Son Altesse Royale: il est vrai que cela seul étoit capable d'adoucir l'extrême déplaisir que lui causoit une perte si considérable. Il n'y a personne qui ne connoisse combien la Reine mère étoit utile à Monsieur et à toute la maison royale: elle y a si bien établi l'union, qu'il n'y a pas la moindre apparence qu'on y voie jamais de mésintelligence. Cette tendre amitié se conservera toujours par la bonne opinion que Sa Majesté a de Monsieur, et par la ferme et constante résolution que ce prince a faite de ne jamais manquer à la moindre chose de ce qu'il doit au Roi. Le maréchal Du Plessis en a bien des fois donné des assurances à Sa Majesté; il a souvent eu lieu de le faire par la connoissance particulière que l'honneur qu'il avoit eu d'être gouverneur de Monsieur lui avoit donnée des sentimens de ce grand prince, et par les ordres exprès qu'il en avoit eus de lui.

Les frères des rois en France sont si considérables à l'Etat, que rien ne peut tant contribuer à la félicité du royaume que leur attachement au service des rois, et l'amitié des rois pour eux ; et l'on ne sauroit donner assez de louanges à ces deux augustes frères de la liaison que la bonté de l'un et la fidélité de l'autre ont conservée entre eux jusques à maintenant, et conserveront, s'il plaît à Dieu, inviolablement à l'avenir.

[1670] Quand feu Madame, un peu avant sa mort, fut en Angleterre, le maréchal la suivit en ce voyage, et Sa Majesté Britannique le reçut d'une manière très-obligeante. Ce prince, outre toutes les autres marques de considération qu'il lui donna, voulut qu'il eût une table qui fût toujours servie avec autant de propreté que de profusion. Cette table le suivit à Londres, où le maréchal eut la curiosité d'aller; et quoiqu'il fût tous les jours régalé chez les plus grands seigneurs d'Angleterre, elle ne diminua point. Cet accueil si plein de bonté fit connoître et la magnificence de ce grand roi, et l'estime qu'il faisoit du maréchal Du Plessis.

[1671] Quand le second mariage de Monsieur fut résolu avec madame la princesse Elisabeth-Charlotte, fille de l'électeur palatin, Monsieur fit choix du maréchal Du Plessis pour l'aller recevoir sur la frontière, et pour l'épouser en son nom. Il partit pour cet effet sur la fin du mois d'octobre de l'année 1671, avec une partie de la maison de Monsieur et toute celle de Madame. La cérémonie des noces se fit à Metz, par l'ancien archevêque d'Embrun, évêque du lieu ; puis on partit aussitôt pour Châlons, où Monsieur s'étoit rendu, et où le mariage fut confirmé et consommé.

Cette cérémonie a été le dernier emploi qu'ait eu le maréchal Du Plessis jusqu'au temps que ces Mémoires sont écrits. Et comme il y a quelques années qu'il est sans action, et qu'il croit que le Roi est persuadé qu'étant si avancé en âge il n'est plus propre aux travaux de la guerre, il se regarde aussi comme s'il étoit déjà dans le tombeau; car il n'a jamais fait cas de la vie que par rapport à la gloire de servir son maître. Le désir qu'il a toujours eu de s'ensevelir dans les triomphes du Roi lui a aussi toujours fait croire qu'il lui restoit encore assez de force pour s'acquitter des emplois dont il auroit plu à Sa Majesté de l'honorer; mais comme il a été dans tous les temps très-soumis aux ordres de Sa Majesté, et persuadé que Dieu donne des lumières aux rois pour le gouvernement de leurs États que les particuliers n'ont pas, quelque douleur que lui ait donnée le repos dans lequel la bonté du Roi l'a laissé pour ménager son grand âge, il a aisément pris le parti de trouver sa consolation dans son obéissance. Il a même considéré que n'ayant jamais eu de malheur dans tous ses emplois, il devoit bénir Dieu de l'en avoir retiré, parce que s'il lui en étoit arrivé quelqu'un dans sa vieillesse, il seroit mort avec trop de douleur.

Il a long-temps balancé, depuis qu'il s'est vu en quelque manière inutile au service du Roi, s'il quitteroit la cour, pour ne penser plus dans la retraite qu'à ce qui doit suivre cette vie périssable. Mais il a cru que la Providence l'ayant attaché auprès du plus grand roi du monde, et de qui il a reçu tant d'honneurs, il devoit lui marquer sa reconnoissance en demeurant au lieu où il pouvoit au moins être témoin de la gloire de Sa Majesté. Il a voulu jouir du plaisir de voir le Roi dans la perfection où il est maintenant, après l'avoir vu croître en mérite aussi bien qu'en âge depuis son enfance, et avoir sujet de bénir Dieu de ce que Sa Majesté est devenue l'objet de l'amour de ses sujets, de la terreur de ses ennemis, et de l'étonnement de tout le monde.

Le maréchal Du Plessis n'a donc été retenu à la cour que par le charme de tant de rares et royales qualités que le Ciel a si abondamment départies à ce grand prince. Il n'a jamais pu se lasser d'admirer la grandeur d'ame de Sa Majesté, la justesse de son esprit, l'égalité de son humeur, la douceur de ses mœurs, l'honnêteté qu'elle a pour tous ceux qui ont l'honneur de l'approcher, sa capacité et son application continuelle aux affaires de son Etat; sa justice, cette clémence qui lui donne tant de promptitude à pardonner, et tant de lenteur à punir; sa prudence dans ses entreprises, son intrépidité dans les périls de la guerre, sa force à en supporter les fatigues; enfin tout ce qui distingue ce prince incomparable de tous les autres princes du monde. Et l'on peut dire que, comme il n'y a jamais eu de monarque qui ait eu tant d'élévation que le Roi, il y a peu de sujets qui aient jamais eu une si grande idée de leurs maîtres, et tant de fidélité, de respect et d'amour pour leurs souverains, que le maréchal Du Plessis pour Louis-le-Grand.

RELATION
DU SIÉGE DE ROSES,

EXTRAITE DES MÉMOIRES DU MARQUIS DE CHOUPPES,

PREMIÈRE PARTIE, PAGE 172.

Huit jours après, M. le cardinal Mazarin m'envoya chercher pour me communiquer un dessein qu'il avoit fort à cœur : c'étoit le siége de Roses. Il exigea de moi un grand secret, fondé sur ce que cette place étant située sur la mer, il falloit l'assiéger en même temps par mer et par terre; ce qui seroit très-difficile à exécuter, à moins qu'elle ne se trouvât investie avant que les ennemis eussent appris qu'on avoit formé le projet de l'assiéger. Il me dit que j'étois destiné à commander l'artillerie à ce siége; il me chargea de faire tous les préparatifs nécessaires, mais le plus secrètement qu'il seroit possible, et sous d'autres prétextes, pour ne point donner de soupçon aux ennemis. Je promis à M. le cardinal de suivre exactement tout ce qu'il me prescrivoit; mais je le priai de trouver bon que je communiquasse l'ouverture qu'il venoit de me faire au maréchal de La Meilleraye, mon supérieur et mon ami, qui auroit lieu d'être blessé si, dans la place où il étoit, une pareille entreprise se fût faite sans qu'il en eût connoissance, et qui, vu nos anciennes liaisons, me pardonneroit encore moins qu'à tout autre de lui en avoir fait un mystère, et d'avoir en quelque façon concouru à lui donner ce désagrément. M. le cardinal me défendit de la part du Roi de lui en parler; il me dit que si on en faisoit un mystère au maréchal, ce n'étoit pas faute de confiance en lui; mais que l'affaire ne pouvant réussir que par le secret, le Roi n'avoit absolument voulu mettre dans la confidence que quatre personnes absolument nécessaires pour l'exécution de ce projet : savoir, le comte Du Plessis-Praslin, lieutenant général, qui devoit commander l'armée de terre; le commandeur de Goutte, qui devoit commander l'armée navale; M. de Fabert, qui devoit y servir en qualité de maréchal de camp; et moi, qui devois y commander l'artillerie, et faire tous les préparatifs nécessaires pour le siége. M. le cardinal ajouta qu'il se chargeoit d'envoyer à Roses toutes les troupes, les vaisseaux, les galères, les officiers généraux et les vivres nécessaires, et de me faire fournir tout l'argent qu'il faudroit, tant pour les achats que j'aurois à faire que pour les voitures et les travaux du siége.

Ce fut au mois de janvier de l'année 1645 que cette résolution fut prise. Comme il me falloit du temps pour faire mes préparatifs, je ne perdis pas un moment. J'envoyai à Marseille faire une partie de mes achats; je fis monter à Lyon quinze pièces de canon; j'y fis acheter deux cents milliers de poudre, et des balles et de la mèche à proportion. Je fis faire en Bourgogne huit mille boulets, dix mille grenades, cinq cents bombes, et dix mille outils à pionniers. M. le cardinal Mazarin me fit toucher cent mille écus pour tout cela.

Après avoir ainsi préparé toutes choses, je m'embarquai à Châlons, pour me rendre à Lyon par la Saône. Je fis embarquer sur le Rhône toutes mes munitions; je m'y embarquai aussi, et les conduisis jusqu'à Arles, où je fis venir toutes celles que j'avois fait acheter à Marseille; j'envoyai ensuite le tout par le canal en rade près de Narbonne. Je m'y rendis en même temps, et j'y trouvai tous les officiers d'artillerie qui m'étoient nécessaires. J'y achevai tous mes préparatifs, et pris toutes les mesures nécessaires pour que l'ouverture de la tranchée pût se faire en même temps que l'armée arriveroit devant Roses. Pour cela je fis embarquer sur plus de soixante barques toute mon artillerie et mes munitions, et je donnai ordre à celui qui commandoit l'équipage de ménager si bien les choses qu'il n'arrivât au cap de Quiers, qui est à une lieue de Roses, que le jour précis que je lui marquai, qui étoit le même que l'armée de terre devoit arriver devant la place. J'avois eu soin de faire courir le bruit à Narbonne que tous ces préparatifs se faisoient pour l'armée de Catalogne, commandée par le comte d'Harcourt.

Le comte Du Plessis et M. Fabert arrivèrent devant Roses vers le 15 de mars, avec toutes les troupes nécessaires pour le siége : on les avoit fait venir d'Italie; ils furent très-contens de trouver tous les préparatifs faits. Nous tînmes conseil de guerre; il fut arrêté qu'il falloit, sans perdre de temps, faire avancer nos troupes à Figuières, comme si nous avions eu dessein d'aller joindre l'armée de Catalogne. Nous empêchâmes par ce moyen qu'on ne pénétrât notre véritable dessein.

M. de Fabert, en qualité de maréchal de camp, fut chargé de la conduite des troupes qui alloient à Figuières, avec ordre d'aller de là investir Roses; ce qu'il ne put exécuter, parce qu'étant arrivé à La Jonquière, par où il étoit nécessairement obligé de passer, et où l'on trouve deux chemins pour aller à Figuières, l'un par la montagne et l'autre par la plaine, il fit marcher son infanterie par la montagne, et prit le chemin de la plaine avec sa cavalerie. Il rencontra la cavalerie de Roses, qui le battit et le prit prisonnier.

J'étois demeuré avec le comte Du Plessis-Praslin; nous fûmes surpris et affligés de ce contre-temps: nous ne laissâmes cependant pas de continuer notre marche; nous allâmes camper ce jour-là à Castillon, et nous arrivâmes le lendemain matin devant Roses. Nous employâmes toute la journée à prendre nos quartiers, et à escarmoucher très-vivement avec la garnison ennemie, qui étoit composée de trois mille hommes de pied et de cinq cents chevaux. Nous fûmes fort incommodés par l'artillerie de la place, dans laquelle il y avoit plus de deux cents pièces de fonte. Les quartiers étant pris, on ne perdit point de temps pour faire l'ouverture de la tranchée; ce qui fut facile par la ponctualité avec laquelle les ordres que j'avois donnés à Narbonne avoient été exécutés, car à peine étions-nous arrivés devant la place, que je fus au cap de Quiers; j'y trouvai toutes mes barques arrivées; je fis décharger les choses les plus nécessaires pour commencer le siége: ce qui se fit avec tant de diligence, que trois jours après notre arrivée on ouvrit la tranchée; et le jour même qu'elle fut ouverte je fis mettre en batterie neuf pièces de canon, qui le lendemain furent en état de tirer sur la place. Mais comme les assiégés nous opposèrent plus de cinquante pièces de canon, la journée ne se passa pas à notre avantage: notre batterie fut rasée par le canon des ennemis; nous eûmes cinq pièces démontées, quatorze commissaires d'artillerie et vingt canonniers tués. Le comte Du Plessis fut fort étonné de voir notre artillerie si maltraitée; mais ayant reconnu que le défaut venoit de ce que notre batterie étoit trop éloignée de la place, je le priai de faire pousser la tranchée cinq cents pas en avant, afin que j'y pusse faire porter une batterie. Cela fut exécuté sur-le-champ; et dans la même nuit j'y fis loger dix pièces de canon sur une même ligne, qui commencèrent à tirer à la pointe du jour. Les ennemis furent très-étonnés de se voir battus de si près. Cette manœuvre réussit si bien, que pendant tout le reste du siége nous eûmes sur les ennemis le même avantage qu'ils avoient eu sur nous le premier jour : il y eut même cela de singulier, qu'ils ne purent jamais venir à bout de démonter une seule de nos pièces de canon. Ces heureux commencemens furent bientôt traversés par un de ces événemens que la prudence la plus attentive ne peut prévoir, et auquel l'habileté la plus expérimentée ne peut apporter de remède.

Deux jours après la construction de la batterie dont je viens de parler, il survint une pluie si abondante et si continuelle pendant quatre jours de suite, que les travaux et le camp furent presque entièrement submergés. La garde, qui étoit dans une redoute à la tête de la tranchée, fut noyée sans qu'il en échappât un seul homme; de manière que nous fûmes contraints d'abandonner la tranchée et le canon. Le désordre fut si grand, que les soldats n'ayant pas de hutte dans le camp qui pût résister à la violence de la pluie et de l'inondation, furent obligés d'aller se réfugier dans les cassines des montagnes voisines, et il ne resta presque dans le camp que les seuls officiers.

Cet événement jeta M. Du Plessis-Praslin dans un grand embarras. Il assembla le conseil de guerre; il étoit composé de messieurs de Vaubecourt, de La Trousse, du marquis d'Uxelles, de Navailles, Saint-Mesgrin, Courtail et moi. Les avis furent partagés; la pluralité opinoit à lever le siége. Ils disoient qu'il n'étoit pas possible de le continuer, qu'il n'y avoit pas cinq cents soldats dans le camp avec les officiers, et que la garnison ennemie étant composée de plus de trois mille hommes de pied et de cinq cents chevaux, nous serions bien heureux si nous pouvions nous retirer sans être taillés en pièces.

La Trousse, Saint-Mesgrin et moi, qui étions d'un avis contraire, nous répondîmes que les soldats n'ayant quitté le camp qu'à l'occasion du débordement des eaux, ils reviendroient dès qu'elles seroient écoulées; que jusqu'alors nous n'avions rien à craindre de la part de la garnison ennemie; que l'inondation qui avoit suspendu nos travaux, et qui se répandoit tout autour de la place, étoit une barrière qui nous mettoit hors d'insulte, puisqu'ils ne pouvoient, tant que ce déluge dureroit, venir dans nos tranchées ni dans le camp.

Ces raisons, quoique bonnes, ne persuadèrent point ceux des officiers généraux qui avoient été d'avis de lever le siége; et comme de leur côté ils ne purent venir à bout de nous faire goûter une résolution qui nous paroissoit aussi déshonorante pour l'armée que contraire au service du Roi, toute la matinée se passa en contestations : le conseil de guerre se sépara sans rien conclure, et fut remis à l'après-dîner. Cependant La Trousse, Saint-Mesgrin et moi voyant que la pluralité n'étoit pas pour nous, et craignant avec raison de nous voir obligés de céder au torrent si nous ne prenions des voies efficaces pour empêcher la levée du siége, nous prîmes le parti de dépêcher, au sortir du conseil de guerre, un courrier au comte d'Harcourt pour lui donner avis de ce qui se passoit, et le prier de venir en diligence. On jugera aisément que nous ne mîmes pas le comte de Praslin de notre secret.

J'avois été surpris et fâché que Vaubecourt, notre premier maréchal de camp, bon officier et mon ami particulier, eût donné les mains au projet de la levée du siége. Je fus le voir dès que notre courrier fut parti, et je n'oubliai rien pour lui faire changer d'avis; mais il me répondit que quoiqu'il fût persuadé qu'il eût mieux valu ne point lever le siége, cependant il étoit dans le principe qu'il convenoit encore mieux de prendre un mauvais parti en suivant l'avis de son général, que de s'opiniâtrer à en soutenir un bon en suivant ses idées particulières. Ces maximes m'étoient toutes nouvelles; j'avois toujours imaginé que le service du Roi étoit préférable à toute autre considération; que les généraux les plus habiles pouvoient quelquefois prendre un mauvais parti; que quand cela arrivoit, un honnête homme, loin de les applaudir, leur devoit parler avec franchise et liberté; que ce seroit aller contre les intentions et le service du Roi d'en user autrement, puisqu'il n'avoit donné voix de délibération dans le conseil de guerre à ses officiers généraux qu'afin que toutes les lumières étant pour ainsi dire mises en commun, on se déterminât dans les occurrences avec plus de maturité et plus d'utilité pour son service. Je dis tout cela à mon ami sans pouvoir rien gagner sur son esprit. Le comte Du Plessis fit rassembler le conseil de guerre. Les pluies continuoient toujours; notre armée navale avoit été obligée de lever l'ancre après avoir vu périr deux galères. Ces deux circonstances donnoient un nouveau poids aux raisons de ceux qui étoient pour la levée du siége. Nonobstant cela nous persistâmes toujours dans notre premier avis, persuadés que notre armée navale reviendroit dès que le temps seroit plus calme. Nous sentions bien d'ailleurs qu'il n'étoit pas possible de jeter du secours dans la place plus par mer que par terre. Cependant, comme le comte Du Plessis étoit le maître, et que la pluralité des voix étoit pour lui, la levée du siége fut résolue malgré nos oppositions; et en conséquence il m'ordonna de faire enterrer les canons, de faire rassembler les poudres pour y mettre le feu, et de faire en même temps brûler tous les outils et les affûts.

Je n'avois garde de me charger de l'exécution d'un pareil ordre. Je répondis au comte Du Plessis que j'étois prêt à remettre le commandement de l'artillerie à qui il jugeroit à propos; mais que je ne me prêterois jamais à une pareille manœuvre tant que je conserverois quelque autorité. Il me répondit qu'il avoit autant de douleur que moi de se voir contraint à prendre ce parti; mais qu'il se rendoit à la pluralité des voix. Je répliquai qu'il n'y avoit aucune considération qui dût le déterminer en pareil cas contre son honneur, celui de l'armée et le service du Roi; qu'il étoit le maître de ne pas suivre la pluralité, et qu'il ne devoit pas balancer à le faire. Je lui représentai qu'il avoit tout lieu de craindre qu'une pareille démarche ne le perdît sans ressource dans l'esprit du cardinal Mazarin; et que ce ministre, qui avoit formé le projet du siége de Roses, et qui en désiroit passionnément le succès, ne lui pardonneroit de la vie de l'avoir abandonné sans nécessité. « Si « M. le cardinal Mazarin, me répliqua-t-il, étoit ici en personne, « je suis persuadé qu'il approuveroit qu'on levât le siége, pour « peu qu'il considérât l'état des choses, et l'extrémité à laquelle « nous nous trouvons réduits. —Vous aurez beau dire, répartis-je,

« vous aurez de la peine à persuader qu'une armée puisse être
« défaite par la pluie, et qu'un général se trouve obligé de lever
« un siége, brûler ses poudres et enterrer ses canons, sans avoir
« vu l'ennemi. — Nous sommes bien heureux, me dit-il, de ne
« l'avoir pas vu dans l'état où nous sommes : si nous avions été
« attaqués, nous étions bien sûrs d'être battus à plate couture. —
« Plût à Dieu, répliquai-je un peu ému, que cela fût arrivé !
« notre honneur du moins seroit à couvert. Dans ces sortes d'oc-
« casions on n'est pas obligé de répondre du succès ; au lieu qu'on
« est responsable au Roi, au public et à la postérité d'une mau-
« vaise manœuvre. » Cette altercation aboutit à obtenir que l'exécution de l'ordre qu'il m'avoit donné seroit suspendue ; ainsi le
conseil finit sans rien conclure.

La Trousse, Saint-Mesgrin et moi n'oubliions rien pour tirer les
choses en longueur, et donner par là le moyen et le temps au
comte d'Harcourt d'arriver, comme nous l'en avions prié. Il arriva
enfin le troisième jour. Nous avions si bien fait par nos menées,
qu'il n'y avoit encore rien de conclu. Il vient mettre pied à terre
dans ma tente. Je l'informai de l'état des choses ; après quoi il s'en
alla chez le comte Du Plessis-Praslin, où il fit venir tous les officiers
généraux, et tint le conseil de guerre. Nous lui expliquâmes nos
raisons de part et d'autre ; il nous écouta avec grande attention ;
il voulut ensuite voir la situation du camp et de la place avant de
dire son avis. Après avoir bien considéré toutes choses, il revint
dans le conseil, et dit tout haut qu'il étoit de l'avis des sieurs de
Saint-Mesgrin, La Trousse et Chouppes ; que la ville de Roses,
l'honneur des armes du Roi et le service de Sa Majesté, méritoient
bien qu'on hasardât quelque chose ; qu'il voyoit bien que la continuation du siége n'étoit pas sans péril, mais qu'il falloit donner
quelque chose à la fortune. Etant revenu à cet avis, il fut résolu
que l'on continueroit le siége ; et, par un effet de bonne fortune, le
vent changea en même temps : je me rappelle que ce fut le vendredi saint de l'année 1645 que les pluies cessèrent. Les eaux s'é-
coulèrent pendant le reste du jour et le lendemain. Tous nos soldats revinrent le jour de Pâques ; de manière que nous fûmes en
état ce jour-là de reprendre nos tranchées, nos redoutes et nos canons ; de remettre toutes choses dans le même état où elles étoient

avant l'inondation. Notre armée navale, qui s'étoit retirée, revint investir la place du côté de la mer; après quoi le comte d'Harcourt s'en retourna à Barcelonne, fort content de la résolution qu'il nous avoit fait prendre.

On ne songea plus qu'à pousser le siége avec vigueur. La garnison ennemie nous incommoda fort, par les sorties continuelles qu'elle faisoit: néanmoins la place fut obligée de capituler, après soixante jours de tranchée ouverte.

Pendant que nous étions occupés devant Roses, M. le cardinal Mazarin faisoit toutes ses dispositions pour l'armée de Flandre, qui devoit être commandée par M. le duc d'Orléans. Le prince m'avoit demandé pour y commander l'artillerie. Cela obligea M. le cardinal à me dépêcher un courrier pour me faire revenir: heureusement qu'il n'arriva que dans le temps que Roses capituloit; de sorte que je portai à Leurs Majestés la nouvelle de la prise de cette place.

RELATION DE LA BATAILLE DE RETHEL,

EXTRAITE DES MÉMOIRES DE PUYSÉGUR,

TOME 2, PAGE 393.

M. DE VILLEQUIER m'avoit laissé avec trois régimens d'infanterie et deux de cavalerie dans le camp de Saint-Médard, avec ordre de faire tout ce que je trouverois à propos. Je marchai avec ces troupes-là aux faubourgs de Laon. Pendant que les ennemis faisoient le siége de Mouzon, M. le maréchal Du Plessis étoit vers Châlons, où M. de Villequier revint joindre les troupes, et marcha de ce côté-là, croyant qu'il n'y avoit rien à faire davantage. Je lui demandai congé d'aller à la cour, qui pour lors étoit à Fontainebleau, où j'arrivai le 28 novembre. En saluant M. le cardinal, il me dit: « Ne manquez pas d'être demain à six heures à mon « lever; » et commanda sur l'heure même à M. de Besemos, capitaine de ses gardes, de me faire entrer. Je fus le matin à six heures à son appartement, comme il me l'avoit ordonné. Besemos me dit : « Il n'est pas encore éveillé ; attendez, je vous ferai parler « à lui. Il a aussi mandé à M. le comte d'Harcourt de se rendre « ici. » Dans le temps que j'attendois qu'il fût éveillé, M. le comte d'Harcourt entra dans l'antichambre, et s'en vint parler à moi. Il me dit : « Je sais qu'on t'a mandé de venir ici, et on m'y fait « venir aussi ; que crois-tu que cet homme me veuille ? — Mon« sieur, lui dis-je, je ne sais pas ce qu'il vous peut vouloir. J'ai ouï « dire qu'on vouloit ôter M. le prince du château de Marcoussis, « où il est détenu prisonnier, parce qu'il est trop près de Paris, « et qu'on le veut mener au Havre. » Il me fit réponse qu'il n'étoit pas homme à servir de prevôt. « Monsieur, ce n'est pas vous faire « prevôt, lui dis-je ; l'emploi que le Roi vous donne marque qu'il « se fie en vous. — Je vous réponds, me dit-il, que je refuserai cet « emploi-là. » Je lui répliquai que je ne croyois pas qu'il le dût faire ; qu'il étoit au Roi, et qu'il y devoit être attaché plus qu'un autre ; qu'il étoit son grand écuyer ; et que si le Roi se fâchoit contre lui, comme je ne doutois pas qu'il ne le fît, qu'il le feroit arrêter, et qu'il n'auroit que ce qu'il méritoit ; que pour moi, je serois fort aise que M. le prince ne fût pas prisonnier, mais qu'il fût en liberté ; que j'étois autant son serviteur et son ami, si l'on le pouvoit ainsi dire d'une personne de sa condition, qu'aucun autre le pourroit être ; mais que si le Roi me commandoit de le prendre, de le garder, et de le mener en quelque lieu que ce fût, je le ferois ; que l'on doit tout au Roi quand on est né son sujet, et de plus quand on est officier de sa couronne, comme il étoit. Enfin, pour conclusion, je lui dis que si l'on l'y vouloit envoyer, qu'il ne le refusât point ; qu'il n'y avoit pas long-temps qu'il étoit revenu de commander en Normandie ; qu'il y avoit réussi ; et que le Roi n'ayant que peu de troupes pour y faire conduire M. le prince, il se servoit de lui ; et qu'il ne devoit point refuser d'y aller. Aussitôt Besemos sortit, qui lui dit que M. le cardinal lui vouloit parler, et qu'il entrât ; et me dit à moi : « Vous parlerez à « Son Eminence quand M. le comte d'Harcourt sortira. » Il ne fut qu'un demi quart-d'heure avec M. le cardinal, et puis il sortit, et me dit en sortant qu'on lui commandoit d'aller avec les gendarmes, les chevau-légers du Roi, et le régiment de La Valette, tirer M. le prince de Marcoussis pour le conduire au Havre. L'on me fit entrer dans le cabinet de M. le cardinal, où étant il me dit : « Puysé- « gur, j'avois dessein de faire assiéger Rethel par l'armée du ma- « réchal de Praslin, qui m'avoit envoyé Bougy, maréchal de camp, « qui me demande de mettre l'armée en quartier d'hiver; mais « j'aurois bien voulu qu'on eût repris Rethel auparavant. » Je lui dis : « Monsieur, votre dessein est fort bon, et je vous assure que « vous le prendrez en quatre ou cinq jours. » Il me dit qu'il ne pouvoit pas bien croire cela, parce qu'il y avoit une grande circonvallation à faire; que je ne fusse pas opiniâtre, et qu'il m'en alloit montrer le plan. Il le fit apporter, et me fit voir du côté de Reims une grande plaine, dans laquelle il disoit qu'il falloit faire cette grande circonvallation, et encore une autre du côté de Thiérache. Je lui dis que j'envisageois bien la plaine, mais qu'à sa sortie étoit un faubourg; que plutôt que d'aller à ce faubourg on pouvoit passer deux ruisseaux au milieu desquels étoient les Minimes; et qu'en forçant le bout du faubourg on se logeroit dans l'île des Minimes, et que pas un secours ne pourroit forcer deux mille hommes que l'on pourroit mettre là-dedans; et qu'outre cela on prendroit le faubourg, qu'on se logeroit dans les maisons sans que ceux de la ville pussent sortir sur ceux du faubourg, à cause qu'on en barricaderoit le bout tout le plus près de la ville que l'on pourroit, et qu'ainsi ce côté-là seroit en toute assurance; et que pour l'autre côté qui regardoit la Thiérache, il y avoit un grand marais où l'on ne pouvoit passer que sur un pont de brique qui y étoit; qu'on feroit au-deçà du pont une redoute pour mettre cent hommes dedans, et une garde de cavalerie derrière; que les ennemis ne la pourroient pas surprendre la nuit pour jeter un corps d'infanterie dans la place; que l'armée ne viendroit pas de ce côté-là; et que quand même elle y viendroit, elle ne pourroit pas forcer cette redoute, d'autant que les troupes de notre armée la soutiendroient; que les vivres ne pouvoient être coupés, parce que les ennemis ne se mettroient pas des deux côtés pour les empêcher; car s'ils fermoient les passages du côté de Reims, les vivres arriveroient du côté de Laon et de Sisonne. M. le cardinal dit : « Et des vivres pour l'infanterie? » Je lui répondis : « Il ne s'en « faut pas mettre en peine; » et qu'en donnant du pain pour six

jours, on en auroit pour plus de temps que la place ne tiendroit ; que tout ce qui pourroit pâtir à ce siége-là ce seroit la cavalerie; mais que l'on pourroit faire apporter de l'avoine au Pont-à-Verd, et en faire venir de là au camp pour leur en donner, et y faire aussi conduire du foin. Je lui dis qu'auparavant que cela fût venu nous aurions pris la place; et que s'il le vouloit faire avant que les grandes gelées vinssent, il n'y avoit pas de temps à perdre. Il me répondit qu'il ne tiendroit pas à lui; mais que le maréchal Du Plessis étoit incommodé, et demandoit à se retirer. « Si par ha-
« sard, lui dis-je, il ne pouvoit pas servir, je vous promets de faire
« en sorte que les deux lieutenans généraux, messieurs de Ville-
« quier et d'Hocquincout, entreprendront ce siége-là; et que de
« mon côté je lui promettois de faire tout ce qui me seroit pos-
« sible pour que la réussite en fût avantageuse, et que la chose
« étoit fort faisable sur ma parole. »

Dans ce même temps-là on lui vint dire que M. le maréchal de L'Hôpital étoit là qui demandoit à parler à lui. « Mon Dieu, dit-
« il, qu'on le fasse entrer. » Et comme il fut entré, M. le cardinal lui dit : « M. le maréchal, Puységur me fait la prise de Rethel
« si aisée, que cela me donne encore plus d'envie de l'entrepren-
« dre. A l'entendre parler, vous diriez qu'il n'y a qu'à marcher
« pour entrer dedans; il m'assure qu'il le fera prendre en six
« jours, et qu'il n'y faut point de circonvallation. » M. le maré-
chal de L'Hôpital lui dit que j'avois raison; qu'il ne falloit qu'emporter le faubourg du côté des Minimes, et faire une redoute au pont de brique. Je fus fort aise de ce que M. le maréchal de L'Hôpital s'étoit trouvé de mon sentiment. M. le cardinal nous envoya lui et moi chez M. Le Tellier, lui dire qu'il fît la dépêche pour faire aller l'armée assiéger Rethel. Il me voulut envoyer pour en faire la proposition à M. le maréchal Du Plessis; mais je lui dis qu'il étoit plus à propos qu'il envoyât M. de Bougy pour la lui faire; et que pour moi j'irois à Reims pour voir quelle assistance nous voudroient donner messieurs de la ville; et qu'après je joindrois messieurs de Villequier et d'Hocquincourt, le régiment de Piémont étant dans les troupes que ces messieurs commandoient. Il m'ordonna de lui écrire de Reims ce que j'aurois fait avec les habitans, pour avoir quelques munitions et quatre pièces de ca-

non. Messieurs de Reims accordèrent très-volontiers de fournir ce qu'on leur demandoit, dans l'assurance que je leur donnai que leur canon seroit remené dans leur ville. Dans le temps que j'étois à Reims, M. d'Hocquincourt y passa, qui venoit de l'armée, et qui vouloit aller à Peronne. Je lui parlai, et lui fis connoître le service qu'il rendroit au Roi en aidant à prendre Rethel; que Sa Majesté et la Reine s'attendoient bien qu'il n'épargneroit rien pour cela; et que M. le cardinal le prioit de vouloir y faire son possible, et de laisser sortir quelques munitions de Peronne, pour les faire conduire au siége de Rethel. J'eus peine à lui faire promettre qu'il reviendroit: néanmoins il me le promit à la fin, et que ce seroit dans quatre jours très-assurément; que pour cet effet il auroit des chevaux de relais sur le chemin; mais que pour des munitions et du canon il n'en donneroit point, qu'il n'en avoit pas trop dans sa place. Je le pressai fort sur ce sujet-là. Il me repartit qu'il avoit promis à la plus belle du monde qu'il n'en donneroit pas; et effectivement il n'en donna point. J'écrivis à M. le cardinal, et lui mandai que ceux de Reims donneroient ce qu'ils pourroient pour prendre Rethel; que M. d'Hocquincourt n'avoit pas grandes munitions dans Peronne; qu'il n'en pouvoit pas donner; et que je ne l'avois pas fort pressé là-dessus, parce que ceux de Reims nous assistoient assez pour cela, et qu'il auroit fallu trop de temps pour faire venir les munitions de Peronne à Rethel. Je lui mandai aussi que je lui conseillois de venir, et que la place ne tiendroit pas six jours. Il résolut de le faire.

Cependant l'armée marcha; et partant d'auprès de Châlons, vint à Rethel en un jour, et le lendemain on attaqua le faubourg des Minimes: ce fut M. de Manicamp qui en fit l'attaque avec le régiment de la marine. On l'emporta d'emblée, et l'on prit même le faubourg qui tient au bout du pont qui sort de la ville pour aller à Reims. M. le cardinal vint à ce siége, et se logea dans un château proche de Rethel, qui étoit au comte de Cerny. M. le maréchal Du Plessis prit son logement en un village appartenant à M. de Mouy, et qui étoit aussi proche de Rethel, où il trouva des fourrages et tout ce qu'il lui falloit, parce que les terres de M. de Mouy avoient été conservées par les troupes des ennemis. Le régiment de Piémont passa la rivière, et eut son quartier du côté du pont de brique avec une partie de l'armée. Les Allemands y étoient aussi logés. M. de Manicamp, qui étoit logé au faubourg du côté de Reims, et qui ne devoit pas faire d'attaque avec ses troupes, s'avisa (dans le temps qu'on étoit au conseil chez M. le cardinal, et qu'on avoit résolu d'attaquer cette nuit-là les dehors de Rethel, qui sont de grandes terrasses fort élevées du côté de la rivière) de faire mettre une pièce de bois sur un rouleau, et la faisoit soutenir par des cordes, et par ainsi en fit appuyer un bout contre la fenêtre du corps-de-garde qui regarde le pont, si bien qu'un bout portoit sur ladite fenêtre, et l'autre tenoit à terre; et à la faveur de la mousqueterie, qui tiroit toujours vers cette fenêtre, il fit monter cinq ou six soldats tout le long de cette pièce de bois, qui entrèrent dans le corps-de-garde des ennemis, qui vinrent et les en chassèrent. Ils ressortirent par la même fenêtre, et se retirèrent dans le faubourg. Sur les quatre heures du soir les ennemis firent battre une chamade du côté de M. de Manicamp, et demandèrent à se rendre. On envoya aussitôt avertir M. le cardinal, et on fit venir tout le conseil, qui leur accorda de sortir avec armes et bagages, et tout ce qu'ils voulurent; tant on avoit envie de les avoir. C'étoit le treizième jour de décembre. M. le cardinal m'appela, et me dit que j'avois été son devin jusques à cette heure, et que j'eusse à lui dire ce qu'il y avoit à faire ensuite de cela. Je lui dis : « Monsieur, « si j'en étois cru, vous feriez passer toutes les troupes, tant celles « qui sont à Assy que celles qui sont au quartier de M. de Praslin, « au-deçà de la rivière, parce que vous savez bien que M. de Tu- « renne n'a pas passé l'Aisne, qui n'est qu'à six ou sept lieues « d'ici; et qu'assurément il se sera mis en devoir de venir secourir « cette place. Il pourroit bien vous tomber cette nuit sur les bras, « et enlever quelqu'un des quartiers. » Il me dit que j'avois raison. M. le maréchal ne voulut point sortir du sien; toutes les troupes qui y étoient disoient qu'il ne falloit pas sortir; et ce qui les obligeoit à dire cela étoit qu'ils avoient de quoi manger dans leur quartier, tant pour eux que pour leurs chevaux. Il se trouva que M. de Turenne marcha cette nuit-là; et si M. de Duras ne se fût point égaré par les chemins, assurément qu'il auroit enlevé du moins un quartier, soit celui de M. le maréchal, soit celui des Allemands. M. le cardinal ayant eu avis que l'armée des ennemis venoit à Rethel, envoya un de ses gentilshommes avec deux de ses gardes et un guide, qui portoit des ordres à tous ceux qui commandoient dans les quartiers. Les ordres étoient écrits sur une feuille de papier pour chacun des quartiers séparément; et entre l'ordre d'un quartier à un autre il y avoit une distance pour faire écrire l'heure qu'on le recevoit. Celui du régiment de Piémont portoit d'être à minuit au bout du pont, pour passer la rivière. Je vis l'ordre de ceux qui devoient passer devant moi, et je signai que j'avois reçu le mien à neuf heures du soir; que j'avois vu celui de ceux qui devoient passer les premiers, et qui étoit entre les mains de ce gentilhomme, et qu'il n'avoit encore été à pas un de ces quartiers-là; que je serois le lendemain 14 de décembre au bout du pont, et que je m'y trouverois même plus tôt qu'il ne faudroit. J'y arrivai effectivement à neuf heures, et plus d'une heure et demie auparavant que les troupes qui devoient arriver avant moi y fussent venues, tant l'abord du pont étoit difficile à approcher, à cause des eaux et des boues. M. le cardinal envoya au devant de moi. Je lui mandai que je le suppliois de trouver bon que je fisse passer le régiment avant que d'y aller; et le régiment étant passé, je m'en allai au galop au quartier où étoit Son Eminence. Je la trouvai au logis de M. de Pradel, capitaine aux gardes, qui étoit couchée sur son lit, fort attaquée de la goutte; et messieurs les généraux qui en sortoient pour se retirer chacun chez soi. M. le cardinal me dit qu'il m'avoit attendu long-temps pour résoudre ce qu'il y auroit à faire, et que tous ceux du conseil avoient dit qu'il falloit faire un pont d'or à son ennemi. Je lui dis : « En vérité, monsieur, c'est un vieux « proverbe; et par cette raison on ne manquera pas de dire que « vous avez acheté Rethel, et que l'armée du Roi est si foible « qu'elle n'oseroit paroître devant celle des ennemis. Ainsi, mon- « sieur, il y va de l'honneur des armes du Roi, du vôtre en par- « ticulier, et de celui de tous ceux qui sont ici. Cette armée ne se « peut retirer, et passer la rivière d'Aisne, sans que vous la com- « battiez. M. de Turenne ne peut pas aller aujourd'hui à plus de « deux lieues d'ici; il le faut suivre. S'il passe la rivière aupara- « vant que nous la passions, nous pourrons l'attaquer au demi ou « aux deux tiers de passé; enfin il ne se pourra pas retirer sans « que nous ayons avantage sur lui. » Il appela ces messieurs, et leur dit qu'il trouvoit mes raisons si bonnes, qu'il falloit suivre les ennemis, et tâcher de les combattre lorsqu'ils passeroient la rivière. Il fut résolu qu'on les suivroit. Je lui dis encore qu'il falloit faire demeurer les bagages de l'armée, afin que nous pussions aller plus vite, et commander qu'on n'y laissât que les valets, un sergent, et quinze hommes de chaque régiment; qu'on ne passeroit pas plus de deux nuits sans être de retour. Lorsque cela fut commandé, tout le monde se mit à crier contre moi, en disant que je n'avois là qu'un mulet, et qu'il m'étoit bien aisé de conseiller que les autres laissassent leur bagage. Je leur répondis : « Si je n'ai « ici qu'un mulet, et que je le laisse, je laisse aussi bien tout mon « bagage que vous qui laissez votre chariot. » Je dis à M. le cardinal que quand les Français alloient au combat, et qu'ils avoient leur bagage derrière eux, chaque capitaine y envoyoit une partie des meilleurs hommes qu'il eût, et qu'ainsi les troupes étoient affoiblies de leurs plus forts soldats ; que les ennemis faisoient tout le contraire, en faisant monter sur leurs chevaux les valets qu'ils ont au bagage, et les faisant combattre comme eux. Leur raison est que s'ils gagnent la bataille, ils sont assurés qu'ils ne perdront pas leur bagage, où il ne demeure que les femmes, et les gens qui ne sauroient combattre; et s'ils la perdent, ils perdent toujours leur bagage.

Il étoit deux heures et demie quand l'armée prit les armes pour marcher. M. le cardinal me dit dans ce temps-là : « Puységur, si « les ennemis, se voyant pressés, tournoient à vous et venoient « pour vous combattre, et que par malheur on perdît la bataille, « que diriez-vous ? » Je lui répondis : « Monsieur, si les ennemis « viennent pour nous combattre, je suis assuré que nous les bat- « trons, à moins que Dieu ne se voulût déclarer tout-à-fait contre « nous. — Ils sont aussi forts que vous, me dit-il. » Je lui répondis que je croyois bien qu'ils l'étoient en cavalerie, mais non pas en infanterie; et que très-assurément, pourvu que nos lieutenans généraux ne voulussent pas à l'envi l'un de l'autre chercher à qui donneroit le premier coup d'épée, et que nous marchassions en bon ordre, nous en viendrions à bout. Il me dit qu'il y avoit du hasard à tout cela; et je lui répondis que rien n'alloit sans hasard; que l'emploi de nos armes étoit fort juste; que nous étions tous à un même maître, et tous à une même solde ; qu'il étoit vrai qu'il y avoit un corps d'Allemands assez considérable, mais que je ne savois pas qu'ils eussent aucun mécontentement, et qu'ils me sembloient bien zélés pour leur part; que l'armée des ennemis étoit composée de bien des sortes de nations; que les Espagnols ne souhaitoient rien tant que de retourner en Flandre; que les Lorrains n'étoient pas fort échauffés pour le service d'Espagne, et qu'ils aimeroient mieux fuir que de se faire tuer; que les meilleurs hommes que je connusse là étoient les troupes de M. le prince, mais que j'étois assuré que quoiqu'ils fussent vaillans, et qu'ils l'eussent témoigné en d'autres occasions, c'étoit parce qu'ils servoient le Roi: mais présentement qu'ils étoient contre son service, ils avoient l'ame ulcérée, et un grand remords de conscience d'être réduits à prendre les armes contre leur propre roi. Il me dit : « Puységur, allez-vous-en ; ayez bien soin que l'armée marche « en bon ordre, et qu'elle soit bien en bataille; et dites à mes- « sieurs d'Aumont et d'Hocquincourt que la chaleur de leur cou- « rage ne les emporte pas, et qu'ils marchent en bon ordre, sans « jalousie l'un de l'autre. » Au même temps il me montra son pied, qui étoit fort enflé et fort rouge de la goutte, et me dit : « Sans ce cruel mal j'irois avec vous autres. » Je lui dis : « J'espère, « si les ennemis nous attendent, que nous réussirons, et que nous « les battrons. » J'allai joindre les troupes, qui commençoient à marcher. La nuit nous surprit à un quart de lieue de La Neuville-les-Trois-Clochers; ce sont trois villages distant d'un demi-quart de lieue l'un de l'autre. M. le maréchal Du Plessis me dit : « Hé « bien ! M. de Puységur, vous êtes cause que nous avons marché : « voilà la nuit qui nous prend ; où voulez-vous loger l'armée à « l'heure qu'il est ? » Je lui répondis : « Monsieur, il faut encore « marcher un quart de lieue, et nous trouverons deux ou trois vil- « lages ici près. » Je pris cinquante maîtres avec trois gentils-hommes du pays, et les majors des régimens qui vinrent avec moi. Je mis le quartier du Roi avec toute l'infanterie au village de La Neuville, sur le grand chemin de Châlons ; la cavalerie allemande logea au village de la gauche, celle des Français à celui de la main droite, où j'envoyai un régiment d'infanterie pour garder le quartier. M. le maréchal envoya aussitôt un parti à la petite guerre, qui revint sur les neuf heures du soir, qui rapporta que M. de Turenne se retiroit en grande diligence. M. le maréchal dépêcha un homme à M. le cardinal pour lui en donner avis. Il avoit aussi envoyé un autre parti pour suivre les ennemis et être assuré du lieu où ils pouvoient être, qui ne revint qu'entre une et deux heures après minuit, et qui rapporta que M. de Turenne avoit logé ses troupes dans des villages, et que le quartier des Cravates étoit à Poivre. Je me trouvai chez M. le maréchal lorsque cela lui fut dit. Il envoya aussitôt au quartier de la cavalerie pour les faire monter à cheval, après quoi on fit prendre les armes dans son quartier; et en attendant il se fit donner l'ordre de bataille sur lequel il vouloit combattre. On posa cet ordre sur la table : je le considérai attentivement, et le mis fort bien dans mon esprit. Il étoit composé de quinze escadrons sur l'aile droite de la première ligne; de sept bataillons, dont les gardes étoient au milieu; Picardie avoit la droite, et Piémont la gauche; il y avoit quinze escadrons à l'aile gauche, commandés par M. d'Hocquincourt. Pour la seconde ligne, les Allemands en faisoient l'aile droite. Il y avoit aussi sept bataillons et quinze escadrons à l'aile gauche, qui étoient commandés par des maréchaux de camp. Nous marchâmes en cet ordre-là droit à Poivre, où le jour nous prit. Je m'avançai avec cinquante maîtres, et allai droit au village. Les Cravates en avoient rompu le pont, et sortoient du quartier quand j'arrivai. Je parlai à de pauvres femmes qui étoient là, à qui je demandai s'il n'y avoit point de pont au-dessus ou au-dessous. Elles me dirent qu'il y en avoit un dessous, mais qu'il étoit rompu, et qu'à demi-lieue au-dessus étoit la source du ruisseau. Je retournai trouver M. de Villequier, à qui je dis qu'il falloit changer de marche, et qu'au lieu d'aller de front il nous falloit tourner par le flanc pour chercher la source du ruisseau, qui étoit à demi-lieue de là. Je fus avec lui droit aux troupes; nous fîmes faire à droite à la ligne, et marchâmes pour trouver cette source; et comme nous fûmes avancés quatre ou cinq pas, M. de Turenne fit tirer six volées de canon, qui étoit son signal pour assembler ses troupes, et leur faire prendre leur champ de bataille. Chacun me demandoit ce que cela pouvoit signifier. « Cela veut dire, leur répondis-je, « qu'il fait assembler ses troupes, qu'il prend son champ de ba-

« taille, et qu'assurément nous allons combattre. » En disant cela le brouillard commençoit à se hausser, qui est un signe de beau temps en hiver, et le contraire dans l'été. A mesure que le brouillard haussoit, nous voyions les jambes des chevaux, puis les chevaux, et après les hommes dessus. Je vis cette armée qui alloit par son flanc gauche, et qui marchoit comme si elle eût voulu venir en France. Je dis à M. de Villequier : « Voyez-vous bien cette « armée, monsieur, qui va par son flanc gauche? elle est assuré-
« ment sur une hauteur, et en tournant à droite elle sera en ba-
« taille. » Elle marcha comme cela tant que la hauteur dura. Je lui dis encore : « Assurément qu'il y a un fond entre eux et nous;
« nous avons été attrapés comme cela à la bataille de Sedan; nous
« regardions des troupes qui étoient sur une hauteur, et leur pre-
« mière ligne étoit remontée d'un fond qui venoit droit à nous. »
Je marchai avec dix maîtres; et à vingt pas de là nous y trouvâmes qu'il y avoit une grande vallée entre eux et nous. Je lui dis qu'il falloit changer notre marche. « Nous l'avons déjà changée
« une fois sans en avoir donné avis à M. le maréchal; cela n'est
« pas trop bien; il l'en faut avertir : c'est ici un coup de partie. »
Je lui envoyai dire par un aide de camp, et demanda : « Qu'y a-t-il donc à faire à cette heure? » Je lui répondis : « Monsieur, le
« contraire de ce que nous faisions : nous marchions par le flanc
« gauche, et il nous faut marcher par le droit; et pour cela que
« les escadrons ne bougent de leurs places jusques à ce que je
« leur dise de marcher. » Je me mis à la tête avec lui; et il dit à M. de Romecourt qu'il allât tout le long de la ligne avertir qu'on ne bougeât point qu'ils ne vissent passer les autres devant eux, et nous tournâmes comme cela; et lorsqu'un escadron étoit passé, et que la distance étoit assez grande, un autre suivoit, et ainsi les uns après les autres jusques au dernier. Je laissai M. de Villequier à la tête de la cavalerie; et quand j'eus joint l'infanterie, je vis qu'il alloit trop vite, et qu'elle ne le pouvoit pas suivre parce qu'il avoit gelé, que le soleil avoit un peu de force, et que la boue s'attachoit aux souliers des soldats. Je lui mandai que je le priois d'aller tout doucement : cela ne dura pourtant qu'un moment. Il reprit son premier train; et je fus obligé de galoper, et de le prier moi-même de faire halte, lui disant que si les ennemis descen-

doient de la hauteur dans la grande distance qu'il y avoit entre l'infanterie et lui, ils pourroient tailler l'un ou l'autre en pièces. Je le fis arrêter, et marcher l'infanterie; et quand elle fut à son aile droite, couverte de la cavalerie qui étoit sur la gauche, nous marchâmes ensemble par le flanc; et quand je vis qu'il n'y avoit de place au plus juste que ce qu'il lui falloit pour se mettre en bataille, je le laissai aller, et donnai la distance aux escadrons qu'il falloit qu'ils eussent les uns des autres. Je mis l'infanterie en bataille dans le même ordre; puis nous fîmes à gauche, et nous nous trouvâmes en présence de l'armée ennemie. M. de Pradel, qui commandoit les gardes, s'avisa qu'il n'avoit pas la droite, et me pria que je l'y fisse mettre. Je lui dis: « Monsieur, il est vrai que « la main droite vous étoit due; mais maintenant que nous sommes « en présence des ennemis, et si proche d'eux que leur canon « donne dans nos bataillons, vous tirer du milieu et vous mettre « à l'aile droite, faire venir Picardie à l'aile gauche, tirer Pié- « mont de l'aile gauche pour venir auprès de vous qui auriez la « droite, cela ne se peut sans courir risque de perdre le combat. » Il me répéta qu'il m'en prioit. Je lui répondis que la chose ne dépendoit plus de moi; que je ne m'étois point mêlé de mettre l'armée en bataille que lorsque j'avois vu que c'étoit tout de bon, et qu'il falloit combattre, ayant promis à M. le cardinal de faire tout de mon mieux pour que l'ordre y fût observé, et qu'il savoit bien qu'on ne s'étoit engagé de venir ici qu'à ma persuasion. Là-dessus il me dit qu'il l'alloit prendre. Je lui dis qu'il pouvoit faire tout ce qu'il voudroit, mais que s'il en arrivoit mal il répondroit de sa tête. C'est un homme fort prompt de son naturel: il s'en alla aux gardes, et leur fit faire à droite pour aller prendre l'aile droite. Je me persuadai que Picardie disputeroit, et que cela pourroit apporter de la confusion; je fus trouver les officiers, et leur fis faire à gauche pour aller à l'aile gauche; et envoyai un officier de Piémont faire faire à droite au régiment pour se venir mettre auprès des gardes. M. de Turenne, qui étoit sur le haut, et qui nous y auroit attendus immanquablement, n'eût été qu'il crut tirer avantage du désordre qu'il croyoit être dans notre infanterie, parce qu'il falloit qu'allant d'un côté et d'autre ils fussent comme dans un peloton, fit descendre sa cavalerie pour nous venir charger.

En descendant de la hauteur il fit rencontre sur son aile de notre aile droite, qui résista avec cet escadron des vieilles troupes à ceux de M. de Turenne. Dans le même temps qu'ils combattoient, les escadrons qui étoient venus fondre sur nous nous croyoient trouver en désordre; mais m'étant rencontré au milieu de l'infanterie; je fis faire à gauche à ceux de main droite qui étoient allés par le flanc pour tourner le front aux ennemis, et à ceux de la gauche à droite pour faire la même chose, avec défense de ne point tirer à moins que la cavalerie ne fût à quatre ou cinq pas de nos bataillons; ce qui fut fort bien observé: et ce qui m'avoit porté à faire cette défense étoit que nous n'avions point de piques. Les ennemis sonnèrent la charge, nous dirent des injures, et n'osèrent nous enfoncer. Ils firent une caracole, et tombèrent sur les troupes qui nous joignoient, qui étoient des étrangers, comme les régimens de Guérès, de Cravates et de Bins; enfin sur les escadrons les plus proche de nous, et les renversèrent. Bins et Guérès y furent tués. Ils nous tournèrent pour nous attaquer en flanc, nous tournâmes comme eux; ils vinrent encore sur notre aile gauche, nous tournâmes de ce côté-là; ils se mirent derechef devant nous, sonnant toujours la charge, mais n'osant nous enfoncer. Je m'avisai de leur dire : « Vous allez mal passer votre temps; voilà M. d'Hoc-
« quincourt, dont vous voyez reluire les épées, qui s'en vient vous
« tailler en pièces. Est-ce que vous ne voyez pas bien que vous
« avez perdu le combat? M. d'Aumont a battu votre cavalerie qui
« étoit à votre aile gauche, et votre seconde ligne a pris aussitôt
« la fuite. » Ils tournèrent la tête, et regardant ne virent point de troupes autour d'eux; ils ôtèrent la paille qu'ils avoient à leurs chapeaux, qui étoit la marque pour se reconnoître dans la mêlée du combat, et se mirent à fuir.

Dans ce temps-là, une partie de leur infanterie étoit descendue par derrière la chaussée de Brunehaut; ils faisoient environ quatre à cinq mille hommes, qui étoient les troupes de M. le prince et de M. de Turenne, que M. Du Bourdet commandoit. Avant que d'attendre et savoir qui avoit gagné ou perdu, je fis faire à notre infanterie un quart de conversion, afin de tourner vers la leur, qui étoit derrière la chaussée; et comme nous avions plus de front qu'ils n'en avoient, l'aile droite les auroit pris par le flanc gauche, et notre aile gauche par le flanc droit ; je fis marcher l'infanterie droit à eux. Comiac, capitaine aux gardes, et le major d'Herbouville étoient avec moi. Comme j'étois connu d'eux tous, ils crièrent : « M. de Puységur, faites-nous bon quartier ! » Comiac répondit : « Point de quartier ! » Là-dessus ils tirèrent une salve de coups de mousquets. Comiac et le major d'Herbouville y furent tués. L'infanterie arriva, qui en tua quelques-uns : ils s'abstinrent d'en tuer davantage, étant tous Français, et gens qu'ils connoissoient. Cette infanterie étant défaite, et les officiers pris, je fis marcher sur le haut de la hauteur d'où M. de Turenne étoit descendu, et remis l'infanterie en bataille. M. de Villequier revint, et me dit que j'étois témoin comme les choses s'étoient passées, et que je savois qu'il avoit fait son devoir. Je lui répondis : « Mon« sieur, vous n'avez pas besoin de témoins pour faire connoître « que vous êtes brave; toute la France le sait. » Aussi est-il bien véritable qu'il y fit fort bien, et les sept escadrons qui étoient à notre aile droite y firent aussi des merveilles. Les escadrons de M. de Turenne qui étoient à son aile gauche y firent leur devoir, quoiqu'ils aient été battus. La seconde ligne des ennemis n'y fit rien qui vaille ; elle prit la fuite. Ce qui obligea M. de Turenne à descendre pour venir au combat, et quitter l'avantage qu'il avoit d'être sur une hauteur, fut le désordre dans lequel il crut qu'étoit notre infanterie, à cause du changement des gardes à l'aile droite ; et que la vérité est que notre seconde ligne, dont l'aile droite étoit de troupes allemandes, n'étoit pas encore arrivée, et ne faisoit que commencer à paroître. Après avoir mis les troupes sur la hauteur, M. de Villequier me dit que M. de Manicamp étoit blessé. Je m'avançai à quatre ou cinq cents pas du lieu où il étoit. Don Estevan de Gamare, qui étoit prisonnier, étoit près de lui. Mon cheval, qui n'avoit mangé de quarante heures, approchant de M. de Manicamp, et moi n'en tenant pas bien la bride, il prit la paille que don Estevan de Gamare avoit à son chapeau, et le lui fit tomber de dessus la tête ; cela le mit en grande colère contre moi. Je m'excusois autant qu'il m'étoit possible sur la faim de mon cheval ; et quoi que je pusse faire, il me fut impossible d'obtenir de pardon ni pour moi ni pour ma bête.

Dans cette bataille les ennemis perdirent trois ou quatre mille

hommes, qui furent tués ou faits prisonniers. Le colonel Rose, qui avoit quatre escadrons de la première ligne de l'aile gauche de notre infanterie, et autant sur l'aile gauche de notre seconde ligne, y furent tous; et quand ils virent que la bataille étoit gagnée, ils revinrent et coururent après les ennemis, dont ils en firent un tiers prisonniers. M. le maréchal Du Plessis vouloit camper sur le champ de bataille, comme on faisoit anciennement quand on en avoit gagné une. Je lui dis: « Monsieur, il ne fait pas bon camper
« au quatorzième de décembre : il faut laisser mille ou douze cents
« chevaux, les y faire camper avec autant de fantassins qui ran-
« geront ces charrettes, se mettront dedans, et s'en chaufferont; et
« si les compagnies des cavaliers commandés trouvent du fourrage
« en leur quartier, ils en porteront à ceux qui sont en garde. »
Il vint des paysans des environs; on leur demanda quel village il y avoit là auprès : ils dirent qu'il y avoit Sompuis, qui est un grand village, et deux ou trois autres autour, dans lesquels on mit la cavalerie; et M. le maréchal Du Plessis me commanda d'aller devant à Sompuis, pour y cantonner les troupes. Quatre régimens d'infanterie y allèrent avec huit compagnies franches, les gardes des généraux : je les cantonnai toutes; un chacun fut à couvert, et tout-à-fait bien. Ce lieu avoit été conservé, et nous y trouvâmes toutes les granges pleines de blé, de seigle et de foin. Le soir, les généraux étant arrivés, je fus chez M. le maréchal Du Plessis. M. de Villequier me mena à son logis pour me faire souper. Je trouvai qu'on se mettoit à table; mais y voyant don Estevan de Gamare, je n'y voulus pas manger, afin qu'il prît sa réfection à son aise et avec plus de satisfaction. Je mis fis donner seulement un verre de vin, et m'en allai au lieu où étoit logé le régiment, et je me couchai dans du foin. Deux jours après, M. le cardinal vint à Sompuis. On resserra un peu les généraux, et il se trouva assez de logement pour lui et pour toute sa suite. Sitôt qu'il fut arrivé, il se coucha à cause de sa goutte, et me dit : « Puységur,
« tout nous a réussi comme vous me l'aviez dit; qu'est-ce qu'il y
« auroit maintenant à faire?» Je lui dis : « Monsieur, il y auroit
« une belle chose. (M. Colbert y étoit présent.)—Hé quoi, dit-il?
« —Ce seroit d'aller au Havre trouver M. le prince, et lui dire :
« Monsieur, toutes les forces d'Espagne, les vôtres, et tous vos

« amis, n'ont pu empêcher que nous n'ayons gagné la bataille;
« mais, bien loin de me servir de ce bel avantage, je viens ici,
« l'ayant fait agréer à la Reine, pour vous sortir tous trois de pri-
« son, et vous remener à la cour; mais à condition que vous servi-
« rez bien le Roi, et que vous serez de mes amis. » Il me répondit :
« Vous n'êtes pas le premier qui m'a dit cela; voilà une lettre du
« bonhomme secrétaire qui me mande la même chose : mais cela
« ne se peut pas faire, la Reine est trop en colère contre M. le
« prince à cause de l'affaire de Jarzé. Tout ce que je vous puis
« dire est que je vous demande la vérité comme le combat s'est
« passé, parce que les uns disent que c'est la cavalerie qui l'a ga-
« gné, et les autres assurent que c'a été l'infanterie. Je leur ai dit
« que je le saurois de vous. — Monsieur, lui dis-je, la cavalerie a
« fort bien fait, et l'infanterie aussi; il y paroît par le gain de la
« bataille, qui va mettre la fronde de Paris bien bas, et élever Votre
« Eminence bien haut. » Il me dit : « J'ai écrit à la Reine, et lui
« demande la compagnie de Comiac pour d'Ortie; et d'Ortie vous
« donnera dix mille écus pour récompense du service que vous avez
« rendu à la bataille. On a de coutume de donner dix mille livres
« à celui qui met l'armée en bataille quand on la gagne; et vous,
« vous aurez dix mille écus au lieu de dix mille livres. »

FIN DES MÉMOIRES DU MARÉCHAL DU PLESSIS.

TABLE DES MATIÈRES

CONTENUES

DANS LE CINQUANTE-SEPTIÈME VOLUME.

MÉMOIRES DU MARÉCHAL DE GRAMONT.

Suite de la seconde partie. Page 1
Relation du passage du Rhin, par le comte de Guiche. 105

MÉMOIRES DU MARÉCHAL DU PLESSIS.

Notice sur le maréchal Du Plessis. 121
Au Lecteur. 143
Mémoires du maréchal Du Plessis. 145
Relation du siége de Roses, par le marq. de Chouppes. 442
Relation de la bataille de Rethel, par le comte de Puy-ségur. 449

FIN DU TOME CINQUANTE-SEPTIÈME.

www.ingramcontent.com/pod-product-compliance
Lightning Source LLC
Chambersburg PA
CBHW070206240426
43671CB00007B/562